은신처에서 보낸 날들

일러두기

<은신처에서 보낸 날들>은 좋은이웃 출판사에서 2014년 11월 30일 발행한 초판본 <우리, 같이 살아요>를 새롭게 복간한 책입니다.

은신처에서 보낸 날들

장길수 지음

열아홉

✧

우리가 노예를 해방시키고자 하는 것은,

우리 자유인들의 자유를 확실히 하자는 것이다.

- 에이브러햄 링컨

차례

●

추천사 I

'오래도록 길 가지 못하고'

세상엔 불가사의한 일이 참 많다.

삼십여 년 전, 1994년 어느 여름날로 기억된다. 당시 여덟 살 어린 딸이 아침에 일어나자 꿈 이야기를 했다.

"아빠가 중국에서 120년을 살아야 한대요. 그게 무슨 뜻이에요?"

한낱 치기 어린 어린아이의 꿈이려니 했는데, '120'이라는 숫자가 왠지 켕겼다. 결국, 잘 다니던 직장에 사표를 던졌다.

나는 일 년 정도 있다가 귀국할 심산으로 중국으로 발길을 돌렸다. 그런데 웬일인지 발걸음이 동북삼성東北三省(중국 동북지방으로 길림성, 요녕성, 흑룡강성을 일컫는다) 쪽으로 옮겨졌다. 말로만 듣고 역사책에서나 본 찬란했던 고구려, 발해 역사 유적지가 그곳에 있었다. 어느 날 문득 돌아보니, 발해 왕궁에 널려진 깨진 기왓장을 들고 기뻐하는 자신을 발견했다.

그러던 1996년 어느 날, 평양에서 탈출해 온 20대 청년과 인연이 됐다.

그 청년은 북한의 유수한 대학의 학생으로, 외교관을 꿈꾸던 전도가 유망하던 청년이었다. 하루는 홍콩 무협 영화가 담긴 비디오테이프를 가지고 길을 걷다가 보위부의 불심검문에 걸렸다. 그 죄로 잘 다니던 대학에서 퇴학을 맞았다. 일순간에 청년의 꿈이 산산이 무너져 내렸다.

청년의 아버지는 그를 어느 플라스틱 그릇 공장에 취직을 시켰다. 그곳에서 청년은 희망 없이 살아가는 노동자들을 보고 깊은 충격을 받았다. 하루아침에 공장 노동자로 전락한 청년은 오랜 고민 끝에 탈북을 결심했다.

그리고 얼마 후 중국 연길에서 필자를 만난 것이다. 당시 청년은 나에게 대뜸 이렇게 말했다. "선생님, 북한은 지옥입니다. 이렇게 말하면 아마 믿지 못하시겠지요. 그곳은 사람 사는 곳이 아닙니다." 나는 청년에게 "얼마간 비용을 대줄 테니 부모님들이 계신 고향으로 돌아가는 게 어떠냐. 통일되면 그때 만나자."고 했다.

그러나 청년은 요지부동이었다. "지옥에서 평생을 노예처럼 사느니 단 하루를 살다 죽더라도 '자유'를 누리며 살고 싶습니다." 그 후부터 청년은 나와 함께 은신 생활에 들어갔다.

내 상식으로는 도저히 믿기지 않는 청년의 말을 이해하기까지는 3년이란 세월이 흘렀다. 말이 3년이지, 청년을 돌보다가 중국 땅을 벗어나기까지 겪은 사연을 어찌 필설로 다하랴. 1998년, 우여곡절 끝에 청년과 함께 한국으로 오는 비행기 안에서 결심했다.

‘앞으로 탈북자를 만나는 일은 없을 거야’

평양 청년을 만난 것과 거의 동시에 한 조선족 서 씨 성을 가진 여성을 만났다. 그 여인은 중국 연길에서 꽤 큰 식품도매업을 하고 있었는데, 사업 수완이 남달랐다. 하루는 북에서 온 편지 한 통을 내게 건넸다. 북한의 함경도 어느 도시에 살고 있다는 열네 살짜리 어린 조카의 애절한 편지였다.

“중국에 계시는 친지분들께 마지막일지 모르는 편지를 씁니다. 아버지는 먹지 못해 시신경이 마비돼 눈이 멀고, 어머니는 나무하러 산에 오르다가 쓰러진 후 코피를 쏟고 거동을 못 합니다. 우리 두 형제는 앞으로 어떻게 살아야 하나요….”

서 씨 여인은 그동안 사업 관계로 북한을 드나들었지만, 북한 친지들과는 연락하지 않고 지냈다. 나는 그녀에게 속히 행장을 꾸려 조카를 도와주고 왔으면 좋겠다고 말했다.

서둘러 수속을 밟아 북한으로 들어간 지 사흘 뒤 그녀는 몰라보게 초췌한 모습으로 돌아왔다.

“사람들이 다 죽어요. 차마 눈을 뜨고 볼 수가 없어요. 어딜 가나 시체 썩는 냄새가 진동하고, 장마당에는 인육人肉이 거래되는 끔찍한 장면을 보았습니다. 배가 고파 사람을 잡아먹었다는 죄목으로 한 가족이 많은 군중이 지켜보는 가운데 공개처형을 당하는 광경을 목격했어요. 그때 어린 남매도 부모와 함께 총살을 당했는데 그들이 무슨 죄가 있다고….”

내 귀를 의심했다. 더 할 말을 찾지 못하였다. 21세기 백주대낮에 사람을 잡아먹고, 인육이 시장에서 거래되고 있다니….

내가 3년 동안 청년에게서 들은 거짓말 같은 이야기가 서씨 여인의 북한 방문을 통해 사실로 드러났다. 나는 그 후 조심스레 북한에 들어가 그 끔찍한 현장을 두 눈으로 확인하고, 두 방망이 치는 놀란 가슴을 쓸어내려야 했다. 사업이고 뭐고 눈에 차지 않았다. 우선 죽어가는 북한 주민들과 탈북자들의 참상을 세상에 알려야 한다는, 어떤 사명감 같은 것이 솟구쳐 올랐다.

그 후 한국에 들를 때마다 미친 듯이 사람들을 만나고 기자를 만났지만 내가 보고 듣고 경험한 것들을 아무도 믿으려 하지 않았다. 멀쩡하던 사람이 중국을 다녀오더니 이상한 이야기를 하고 다닌다며 고개를 가로저었다.

1999년 어느 날, 서 여인에게 한 소년이 나타났다. 소년은 여인의 목을 조르며 살려달라고 소리쳤다. 손의 힘이 얼마나 센지 숨통이 막혀 죽을 것만 같았다. "살려주마!" 여인은 가쁜 숨을 몰아쉬며 소년에게 말했다. 순간, 눈이 떠졌다. 꿈이었다. 이상한 꿈이었다. 소년은 누구며, 왜 나에게 살려달라고 했을까. 여인은 날이 밝기 무섭게 소년을 찾아 거리로 나섰다. 얼마나 시간이 흘렀을까. 그녀가 사업하던 서시장西市場 부근에서 꿈에 본 바로 그 소년과 극적인 해후를 했다. 기적 같은 일이 벌어지는 순간이었다. 중국에서 집도 절도 없이 떠돌던 '꽃제비' 장길수 소년과의 운명 같은 인연은 그렇게 시작됐다.

소년은 혼자가 아니었다. 외할아버지와 외할머니 등 외가 쪽 열다섯 명 대가족이 두만강을 건너온 터였다. 이들은 낯선 이국땅에서 풍찬노숙하며 정처 없는 유랑 생활을 하고 있었다.

이들 가족은 하나같이 온전한 가정을 이루지 못하고 있었다. 자식과 형제를 잃은 가족이거나, 아니면 부모를 잃거나 처자를 북에 남기고 탈북한 결손가정이었다.

길수 소년 일가의 탈북 대장정은 함경북도 회령에 살던 외할머니가 탈출하면서 시작되었다. 외할머니는 중국에서 살다가 지난 1961년도에 북조선으로 귀화를 했다. 그러나 북조선 당국은 그녀를 '성분 미해명자'로 분류하였고, 직장이나 여러 면에서 줄곧 불이익을 당해야 했다. 결국 길수 외할머니는 1997년 3월, 일가 중 가장 먼저 탈북을 하였다. 이후 3년에 걸쳐 15명의 가족이 모두 탈출에 성공하였다.

길수 외할머니는 그 이듬해인 1998년 1월, 다시 두만강을 건너가 남편(68세)과 아들을 데리고 나왔으며, 그 아들이 또 길수 소년 등 5명을 북조선으로부터 탈출시키는 데 성공했다. 이후 남은 가족의 '구출 작전'은 길수 소년과 이종사촌 형인 리민국 군이 맡았다. 이들 두 소년은 두 차례나 북조선으로 들어가 네 사람을 탈출시켰다. 그 과정에서 각각 4~5차례 북조선 당국에 체포되어 수용소에 갇히기도 하였다. 그곳에서 숱한 구타와 고문을 당한 뒤 천신만고 끝에 마지막 탈출에 성공했다. 다행히 길수가족은 서 여인을 만나 이와 같은 사연을 전하게 되었다.

그때부터, 서 여인은 이들 가족의 대모大母가 됐다. 길수 소년은 물론 모든 식구가 '큰어머니'라고 불렀다. 특히 아이들은 큰어머니와 함께 많은 이야기를 나눴다. 큰어머니는 북한에서의 삶과 중국에서 떠돌며 경험한 것들을 그림으로 표현하고 일기와 글을 써보도록 독려했다. 이들에게는 생경한 경험이었지만, 이국에서의 꽃제비 생활을 면케 해 준 큰어머니의 격려와 보살핌을 고마워하며 잘 따랐다.

나에게는 '큰아버지'라는 호칭이 붙었다. 일순간 나는 열여섯 대식구를 거느린 가장 신세가 됐다. 얼마 후 길수 소년의 일기 일부가 그가 그린 크레용 그림과 함께 〈눈물로 그린 무지개〉(문학수첩, 2000년 5월 초판 발행)를 통해서 소개됐다. 이 책은 길수가 중국 큰어머니와 인연이 된 바로 다음 해인 2000년 5월, 한국에서 출판되었다.

김대중 정부가 들어서고 북한에 대해 '햇볕정책'을 펼치기 시작했다. 2000년 6월, 김 대통령이 북한에서 남북정상회담을 하여 세간의 관심을 한껏 끌고 있었다. 곧 통일이라도 되는 듯한 분위기가 온 사회를 뒤덮고 있었다. 그러나 그런 광경을 멀리서 지켜보던 길수 소년은 남북 정상들이 만났다는 감격보다는 걱정이 앞섰다. 소년은 당시 상황을 이렇게 일기에 적고 있다. "남북회담이 열린 후부터는 자유의 땅을 디뎌보지 못할 것 같아 근심이다. 중국 은신처에서 숨죽여 살아야 하는 우리는 어떻게 되겠는지."

소년은 눈만 뜨면 인사가 "언제 우리가 자유의 땅을 밟게 됩니까."였다.

"자유란 도대체 어떤 것이기에 이다지도 찾기가 어려운지. 인생이란 무엇이며, 불안이란 왜 생기는 것인지. 칼로 배를 찔러 병원 침대에 누워 있으면 어떨까 하는 생각도 해보았다…."

_ 2000년 6월 29일 일기에서

많은 한국인이 사상 처음으로 김대중 대통령이 노벨 평화상을 받았노라고 들떠 있을 때, 정부에서는 〈눈물로 그린 무지개〉를 출판하지 말라는 압력이 출판사로 들어왔다. 남북화해 분위기가 고조되고 있는 마당에 찬물을 끼얹어서야 되겠냐고 했다. 캄캄한 중국 땅 은신처에서 앞날이 막막해 '칼로 배를 찌르고 싶다'던 한 소년의 슬픈 이야기는 세상의 관심 밖이었다.

그 후, 길수 소년 등 8명의 가족은 위험한 국경 도시인 길림성 연길을 떠나 비교적 안전한 요녕성 성도인 대련시로 은신처를 옮겼다. 기약 없는 은신 생활의 시작이었다. 한번은 답답해하는 가족들을 데리고 바닷가로 산책을 나간 일이 있었다. 항구에는 한가롭게 오가는 여객선들도 보였다. 일렁이는 파도와 갈매기 떼를 물끄러미 바라보던 길수 어머니가 조용히 입을 뗐다.

"이렇게 바다를 마주하고 앉으니 착잡하고 캄캄했던 저의 앞길이 탁 트이는 것만 같습니다. 저기 저 유람선들은 자유롭게 바닷길을 오가는데, 우린 왜 이렇게도 그리는 조국 대한민국에 갈 수 없는지요?"

"……"

"조국의 품이 이 바닷물과 잇닿아 있다는 것을 생각하니, 우리를 구원해 줄 따뜻한 손길이 있을 것만 같습니다. 우리가 정말 조국에 가지 못하고 이 중국 땅에서 캄캄한 날들을 보낸다면, 온 식구가 유서를 한 장씩 품에 안고 몽땅 저 검푸른 파도에 몸을 던지고 싶습니다."

갑자기 길수 어머니의 숨이 가빠지기 시작했다. 나는 그저 멀리 수평선만 바라볼 뿐, 할 말을 찾지 못했다.

"우리가 혹, 살면 대한민국의 품에 안기고, 죽더라도 우리 가족 시체가 서해안 바닷가에 닿아 대한민국 사람들이 우리의 유서라도 발견해서 불쌍한 우리 처지를, 안타까운 우리 마음을 알아준다면 죽어서라도 한이 풀릴 것 같습니다."

길수 어머니는 끝내 감정이 북받쳐 소리 내어 울고 있었다. 그녀의 비장한 각오를 듣고 있자니 나의 가슴은 미어져 내리는 것 같았다.

우리는 해가 어스름해서야 은신처로 돌아왔다. 길수 어머니는 바닷가에서 지었다는 노래를 들려줬다.

산을 넘고 들을 지나 두만강을 건넜건만
이국땅에 우리 쉴 곳 그 어디도 없다네
그 누가 알아주랴 안타까운 이내 심정을
바다 건너 남쪽 땅에 우리 마음 전해다오

길수 소년이 자유를 찾아 중국 땅을 벗어나기 3개월 전, 길수 어머니는 잠시 대련 은신처를 벗어나 연길에 들렀다가, 결국 불행한 사태를 맞았다. 한 탈북자의 밀고로 중국 공안에 체포된 것이다. 백방으로 그녀의 구명을 위해 애를 태웠지만 결국 중국 정부에 의해 강제로 북송되고 말았다. 얼마 후 남은 가족들은 천신만고 끝에 꿈에 그리던 한국행의 장도에 올랐다. 그리고 황급히 그녀의 구출을 위해 백방으로 뛰었지만, 안타깝게도 북송되고 말았다.

필자가 길수 어머니와 헤어진 지도 벌써 두 번 강산이 변할 만큼 세월이 많이 흘렀다. 그런데도 가끔씩 길수 어머니가 꿈에 나타나곤 한다.

이 세상에서 잃어버린 자식을 찾아 헤매는 부모의 마음보다 더 큰 고통이 또 어디 있을까. 또한, 부모 잃은 자식들의 애달픈 마음을 어찌 다 헤아릴 수 있을까.

나는 오늘도 아흔아홉 마리의 양을 들에 두고, 잃은 양 '한 마리'를 찾아 들녘을 헤매는 양치기 소년인지도 모르겠다.

처음 인연을 맺을 당시 열다섯이던 길수 소년은 이제 마흔을 바라보는 중년이 되었다. 오늘도 그는 머나먼 타국에서 생사를 알 수 없는 어머니와 큰형, 아버지를 그리며 밤잠을 뒤척이고 있다.

길수 소년이 일기를 처음 쓰기 시작한 것이 1999년 9월부터이다. 마지막 일기는 2001년 5월 29일에 끝난다. 한국 땅을 밟기 한 달 전쯤이다. 길수는 처음 몇 달 치 일기를 '문제 기록장'이라며 스스로 찢어버렸다. 그의 일기는 몇 주 또는 한 달 이상씩 빈 공간이 보인다. 은신처를 옮길 때마다 빠트리기도 하고, 사춘기 청소년이 겪는 방황의 기간이기 때문일 것이다. 북한에서 태어난 길수는 생전 처음 써보는 일기가 어쩌면 고역이었을 것이다. 밖으로 나가 뛰어놀기를 즐겼던 그에게는 견디기가 어려운 임무였을 것이다.

길수 소년은 필자와 인연이 된 이후, 한국행을 손꼽아 기다렸다. 그러나 날이 가고 달이 가고 해를 넘겨도 큰아버지로부터 '한국으로 가자'는 희망의 말을 들을 수 없었으니 얼마나 답답했으랴. 은신처의 일상은 늘 긴장의 연속이었다. 언제 공안들이 들이닥칠지 모르는 불안과 공포의 날들이었다. 거기서 오는 스트레스는 가족 간의 갈등으로 이어지고, 길수는 물론 열다섯 명이나 되는 가족들과 장마당 할머니와 큰어머니, 그리고 십여 명의 보호자들까지 30여 명 가까운 이들 모두가 피를 말리고 가슴을 태우는 고통의 나날이었다.

지금, 이 순간에도 저 북녘땅 어디선가에는 한 줌 강냉이 알이라도 얻기 위해 농민 시장을 배회하는 꽃제비 아이들이 있을 것이다. 자유自由라는 두 글자를 얻기 위해, 죽음을 무릅쓰고 두만강을 건너는 이들이 있을 것이다. 중국 공안의 눈을 피해 정처 없이 이국땅을 헤매다가 짐승처럼 팔려 다니는 우리의 가엾은 누이들은 또 얼마일까. 부디, 낯선 이국땅 어디선가 '자유의 그 날'을 하염없이 그리며 눈물 마를 날이 없는 북한 동포들이 있음을 대한민국 국민들이 잊지 말았으면 한다.

오늘도 책상 앞에 걸려있는 옛 선조의 시 구절을 가만히 읊조려 본다. 퇴계 이황 선생이 42세 때 충남 천안에서 지은 것이다.

민다유리아득안

民多流離我得安

백성은 이리저리 떠도는 자 많은데 나만 편안함을 얻어

도봉아자구반환

道逢餓者久盤桓

길에서 굶주리는 사람들 만나,

오래도록 길 가지 못하고 머뭇거리네

끝으로, 이 책이 만들어지기까지 알게 모르게 성원해 주신 많은 분들에게 다시 한 번 진심으로 감사를 드린다.

_2021년 가을, 부천 복사골에서

문국한 북한인권국제연대 대표

✦ 문국한

1952년 충북 충주에서 태어나 청주에서 성장했다. 서울에서 대학을 나온 후 잡지사, 출판사, 중국 여행 업무에 종사하였다. 1994년 중국에 진출하여 사업을 구상하던 중 1996년 평양을 탈출한 탈북 청년을 만난 것이 계기가 돼 탈북자 구출 운동에 뛰어들었다. 1999년 장길수 가족과 인연이 되었다. 그들로부터 '큰아버지'로 불리며 3년여 동안 중국과 한국을 오가며 함께 생활하면서 구명운동을 펼쳤다. 2001년 6월 26일, 그들 중 7명을 이끌고 북경 유엔난민기구(UNHCR)에 전격적으로 진입하여 국제사회의 주목을 받기 시작하였다. 이듬해 2002년 5월, 김한미 가족 5명을 요녕성 심양주재 일본 총영사관에 진입을 도왔으며 탈북자 문제에 대한 국제 여론을 환기시켰다. 그 외 중국 주재 미국, 독일, 스페인 영사관과 문화원 등 외국 공관을 통한 탈북자들의 대량 망명을 이끌어내는 견인차 역할을 했다. 이러한 활동에 대해 미국의 〈워싱턴 포스트〉 지는 "탈북자들의 고통을 국제적으로 알리는 계기가 됐다"고 전했으며, 시사 주간지 〈뉴스위크〉는 그의 탈북자 구출을 가리켜 "동포애가 엮어낸 꿈같은 한국행"이라고 소개했다. 국내 언론들도 그의 활동을 "아시아 인권 투쟁사에 기록할만한 대사건"이라고 대대적으로 보도했다.

탈북자 구출뿐만 아니라, 중국 현지인을 통해 굶주리는 북한주민들을 직접 찾아가 식량과 의료품을 지원하는 사업을 지속적으로 추진해오고 있다.

2004년, 국회 의원회관에서 처음 출발한 〈북한대학살 세계 순회전시회〉는, 한국의 여러 도시를 순회 전시하는 효시가 됐다. 그 후 일본을 거쳐, 미국 워싱턴DC 연방 국회, 매릴랜드 주, 뉴욕, 휴스톤, 텍사스, 로스엔젤레스, 캐나다 등을 순회 전시를 하면서 북한의 인권 실상과 탈북주민 문제를 세상에 알렸다.

●

추천사 2
'길수야, 미안하다'

길수야,

이렇게 편지로나마 너의 안부를 묻는 게 얼마 만인지 모르겠구나. 네가 꽃제비가 돼 중국 땅을 떠돌다가 기적같이 한국 땅을 밟은 지도 벌써 오랜 세월이 흘렀구나. 큰어머니는 요즘 새삼 세월이 쏜살같이 빠르다는 것을 실감하고 지낸단다. 네가 중국 은신처에서 쓴 일기가 드디어 세상의 빛을 보게 된다니 그저 꿈만 같구나.

네 일기가 공개된다니 두려운 것도 사실이다. 너나 나나 꾸미지 않은 모습 그대로를 세상 앞에 드러내는 것이 어디 쉬운 일이냐. 그러나 늦은 감이 없진 않지만, 어찌 보면 지금이 기회인지도 모르겠구나.

길수야, 며칠 전 동네 시장에서 팥죽 한 그릇을 먹다가 문득 중국에 있을 때 너와 나눈 대화 장면이 떠올랐단다. 어느 날, 은신처의 식사가 부실해 모처럼 너희들에게 뭔가 먹여야겠다고 생각하고, 한국을 갔다가 배워 온 '닭백숙'을 좀 해주려고 했지. 그런데 네가 뭐라고 한 줄 아니?

"큰어머니, 죽粥이란 죽 자도 듣기 싫습니다. 아무리 맛있게 만든다 해도 싫습니다."

나는 네 말에 조금 놀라기는 했지만, 이내 네 말뜻을 알아챘지.

네가 살았던 북녘땅 사정을 몰랐더라면, 그리고 그곳에 자주 드나들지 않았더라면 그날 네가 했던 말뜻을 헤아리기 어려웠겠지. 닭죽 대신 '닭곰'(닭을 삶아낸 후 고기만 발라내 찹쌀과 함께 버무려 만든 중국 연변식 요리)을 해 주었더니 "큰어머니, 세상에서 가장 맛있습니다." 하며 뛸 듯이 좋아하던 네 모습이 아련히 떠오른다. 언제 다시 만난다면 그날 선보였던 그 닭곰을 꼭 해주고 싶구나.

길수야, 네 일기를 보니 신발 이야기가 나오더구나.

큰어머니가 신발 장사를 하는데, 그 흔한 운동화 한 켤레조차 사주지 않는다고 꽤나 서운했지? 이제는 말할 수 있지만, 큰어머니는 신발 장사를 하지 않았단다. 사실 너를 만나기 전, 십몇 년 동안 시장에서 제법 큰 식품점을 운영하긴 했지. 돈벌이도 잘 됐단다. 그러나 운명처럼 큰아버지를 만나 북한을 드나들면서부터는 일손이 잡히질 않았단다. 결국, 잘 나가던 사업을 접을 수밖에 없었지. 아, 그 많고 많은 사연을 어떻게 다 말할 수 있겠니.

길수야, 그때 마음 같아서는 붙임성 좋고, 눈물 많고, 남달리 정이 깊었던 너에게 그깟 운동화 한 켤레쯤 사준다는 것이 무슨 대수였겠니. 그런데 누구에게 뭔가 하나라도 쥐어주면 열다섯 사람의 눈총이 따갑게 와 닿으니….

길수야, 그때는 그저 하루하루 당장 먹는 문제가 우선이었고, 누군가 병에 걸리면 병원에 가는 것이 급했다. 그리고 은신처를 좀 많이 옮기지 않았니? 대충 손꼽아 보니 스물 몇 번도 넘게 이사를 다녔더구나. 그 집세를 물어야 하고, 수도세며 전기세 등 돈 들어갈 곳이 산적해 있었으니 미처 네 운동화를 사줄 마음의 여유가 없었다고 해야 옳겠지.

길수야, 네 어머니가 누군가의 밀고로 연길 공안국에 잡혔을 때, 1만 위안(150만 원)을 뇌물로 주면 풀려나온다는 말을 듣고, 그 돈을 마련하느라 얼마나 애간장을 태웠는지 모른다. 큰아버지도 그 무렵 자금이 다 떨어져 중국 오가는 여비조차 마련할 길이 없던 때였지. 나는 지인들을 찾아가 손이 발이 되도록 빌면서 그 돈을 마련해야 했지. 그때는 정말이지 이 일을 그만두고 어딘가 멀리 도망이라도 가고 싶었단다. 그런 일이 어디 한두 번이었겠니.

장마당 할머니가 하루는 나에게 이런 말을 했단다.

"길수네가 당신 피붙이도 아닌데 언제까지 이렇게 고통을 당하겠는가. 요즘 큰아버지도 많이 힘들어하는 것 같고, 당신도 집안 꼴이 말이 아니니 이제는 이 일에서 손을 놓는 게 어떠냐."

열여섯 가족을 위해 미친 듯이 뛰어다니던 모습을 지켜보던 장마당 할머니가 오죽 답답했으면 그런 생각을 다 했겠니.

길수야, 그때 큰아버지가 장마당 할머니에게 뭐라고 한 줄 아니? "속담에 '원수는 외나무다리에서 만난다'는 말을 아시지요? 이 일이 좀 어렵지만, 여기까지 와서 그들을 버리면 그들과는 영원히 원수가 됩니다."

큰아버지는 조용히 웃으시며 말씀하셨지.

"사람들은 누구나 언젠가는 저세상으로 돌아가지요. 그때, 영원한 세계의 외나무다리에서 원수 같은 길수가족을 만난다면 어떻게 피해갈 수 있지요? 미운 감정은 지상에서 다 풀고 가야지, 저세상에서는 풀 수 없어요. 조금만 더 견뎌봅시다."

큰아버지는 우리들이 힘겨워할 때마다, "자식이 외지에서 생사의 고비를 넘기고 있다고 생각해보세요."라고 하시며 늘 독려하셨지. 사실, 큰아버지의 인간에 대한 헌신적 사랑이 없었다면 우린 벌써 남남이 된 지 오래였을 거야. 큰아버지의 말씀을 들은 장마당 할머니는 그 후, 너희를 향한 미움의 감정이 사라지기 시작하셨지.

길수야, 네가 한국으로 간 지 두 달 만에 장마당 할머니는 유명을 달리하시고 하늘나라로 먼저 가셨단다. 너를 한국에 보내놓고 그토록 보고 싶어 하셨는데…. 이제는 하늘나라에서 기뻔 마음으로 너희들을 응원하실 거야.

길수야, 네가 어느 날 유학을 간다고 한국을 떠난 후 벌써 오랜 세월이 훌쩍 흘렀구나. 천우신조로 자유의 땅을 찾은 너희들이었지만, 아직도 한국이 낯선 나라라며 답답해하며 떠나던 네 뒷모습이 새삼 떠오르는구나. 그곳에서는 어떻게 지내느냐.

이곳 큰어머니도 너를 한국으로 보낸 이후 중국에 남겨진 남편과 생이별을 한 지도 벌써 오래되었단다. 나도 너희들처럼 가족들과 한참을 헤어지고 보니, 몹시도 가족이 그립구나.

길수야, 우린 어쩌면 동병상련同病相憐의 인연을 짊어지고 가는지 모르겠구나. 언제면 다시 만나, 밤이 새도록 얼싸안고 옛이야기를 나누며 속심을 털어놓을 수 있을까.

✦ 서영숙

1952년 중국에서 출생한 조선족 여인. 1999년 여름, 꿈을 통해 길수 소년과 인연을 처음 맺었다. 2002년 한국으로 망명, 귀화했다. 저서로는 〈꽃제비〉, 〈공개처형 목격담〉(좋은이웃 출판사 펴냄) 등이 있다.

●

추천사 3

‘북한 인권과 통일을 향한 나의 사명’

제가 북한인권법에 관심을 두게 된 것은 2004년, 북한의 인권 유린이 전 세계에 충격을 주면서 대한민국이 아닌 미국과 일본에서 먼저 북한인권법을 제정하고, 유엔에서도 2005년 이후 한 해도 빠짐없이 결의안을 채택했던 때였습니다. 저는 북한 인권 문제 해결을 위한 국제사회의 관심과 노력을 지켜보면서 안타까움을 느끼지 않을 수 없었습니다. 대한민국이 문제해결의 주도적 당사자임에도 그 의무와 책임을 회피하고 있었기 때문입니다.

저는 당시 여당이었던 민주당 의원들과 미국의 한미 의원협회에 참석해 북한인권법에 관해 이야기를 했습니다. 그러나 민주당 의원들은 ‘이 법이 절대 통과되면 안 된다, 한반도에 전쟁이 일어날 우려가 있다’고 주장을 했습니다. 그리고 나중에는 그 법이 통과되는 것을 막기 위해 당시 여당 의원 30여 명의 서명을 받아 미국 의회에 보내기도 했습니다. 미국에서 ‘이게 어떻게 된 일이냐. 한국에서 왜 북한인권법 통과를 막느냐' 며 저에게 연락이 왔습니다. 그래서 제가 야당 의원들을 그 숫자만큼 서명을 받아 보냈습니다. "우리는 찬성을 한다, 통과를 시켜달라."

미국 사람들은, 전쟁이 일어날 우려가 있다는 이유로 인권이 침해되어도 좋다는 궤변을 절대 받아들이지 않았습니다. 인권은 양보할 수 없는 절대적이고 보편적이며 천부적인 가치라는 것이었습니다. 결국 미국에서는 상하 양원에서 만장일치로 통과가 되었습니다.

미국 의회가 처음으로 북한인권법을 통과시켰을 때, 저는 너무나 부끄러웠습니다. 우리가 꼭 해야 할 일을 미국 의회가 먼저 했기 때문입니다. 그 무렵, 탈북 러시(rush)가 일어나면서 북한의 가혹한 인권실태와 국군포로, 납북자들의 실상이 낱낱이 공개되고 있었습니다. 그러나 당시 노무현 정부는 북한 정권을 자극해서는 안 된다는 이유로 북한인권 결의안 표결에 불참하거나 기권하고 있었습니다.

저는 북한인권법 제정을 위해, 미국 의회와 인권단체를 찾아다니며 북한 인권 실태와 인권법 제정 경위를 파악하고, 중국, 태국, 베트남, 캄보디아, 라오스와 같은 동남아시아의 탈북자 현장도 방문했습니다. 납북된 목사 사건의 진상규명과 중국 내 탈북자 실태 파악을 촉구하는 기자회견을 열던 중, 중국 공안 요원들이 난입하여 11시간 동안 대치하기도 했습니다.

그리고 2005년 8월 11일, 저는 제17대 국회에서 북한인권법*을 대한민국 국회의원 최초로 발의했습니다. 북한인권법 제정 발의 이후에는 탈북자 강제송환 중단, 국군포로와 납북자 송환 등을 촉구하는 4건의 결의안을 국회에 추가로 발의했으며, 북한 인권 토론회를 여러 차례 개최하고 북한 인권 자료집도 발간했습니다. 북한인권국제연대 문국한 대표와 수잔 숄티 여사와 함께 국회에서 북한 홀로코스트 전시회를 열기도 했습니다. 박근혜 의원도 긴 치마를 입고 참석했습니다.

2015년 10월에는, 과거 동독의 공산주의 독재에 맞서 민주화운동에 앞장섰던 독일 드레스덴 시민위원회로부터 북한인권법 제정에 기여한 공로로 '드레스덴 인권평화상'을 받았습니다. 당시 수상소감에서 저는, "핵무기가 김정은 체제를 영원히 지켜주지는 못할 것이다. 인권을 탄압한 정권은 반드시 붕괴한다는 것을 역사가 증명하고 있기 때문이다"라고 말했습니다. 북핵에 맞서는 가장 강력한 무기가 바로 북한인권법입니다. 정치범 수용소와 공개 처형 같은 인권 탄압이 공공연하게 자행되고 있는 상황에서 북한의 인권 개선이야말로 북한의 핵 개발 저지와 한반도 평화 통일로 가는 첫 단추입니다.

제가 2009년 무렵 경기도지사 출마를 위해 국회의원직을 사퇴하려고 하자, 북한 인권 운동가들은 북한인권법 통과에 차질을 우려해 반대했습니다. 저는 그럴 리가 없다고 생각했습니다. 그러나 8년간 도지사로 일하고 정치권에 돌아와 보니, 10년 전 발의한 북한인권법이 여전히 통과되지 않고 있었습니다. 전 세계 115개 국가가 UN 북한인권 결의안을 통과시켰지만, 그간 북한 인권 법안은 수차례 제출되었다 폐기되기를 반복하면서 외교통일위원회 법안심사 소위원회에서 잠들어 있었던 것입니다. 민주당은 겉으로만 북한 인권을 내세우며 실제로는 북한 정권 지원법이나 다름없는 북한인권증진법안을 내놓으며 발목을 잡고 있었습니다. 당시 박지원 의원은 북한인권법이 대북 화해와 교류에 악영향을 준다며 결사코 반대하는 등 강경한 입장을 보였습니다. 한반도 통일을 방해한다는 황당한 이유를 들었습니다.

저는 북한 인권을 말하면 남북의 화해와 평화가 깨진다는 논리를 이해할 수 없었습니다. 무엇을 위한 화해, 누구를 위한 평화입니까? 우리 북한 동포들이 세계에서 가장 참혹한 인권 유린 상태에서 살아가는 것을 외면하면서 인권을 중시하지 않는 정당은 선진 정당이라고 할 수 없으며, 인권을 중시하지 않는 국회가 선진 국회라고 할 수 없고, 또 그런 나라가 선진국이 될 수도 없습니다.

그 무렵 UN 총회에서는 압도적인 찬성으로 북한인권 결의안이 통과되었고, 워싱턴에서는 북한인권보고서 토론회가 열리는 등 국제사회는 북한 인권 개선을 향해 뜨거운 관심을 보내고 있었습니다. 저는 당시 미국 국무부 초청으로 미국 워싱턴D.C.에서 미 전략국제문제연구소(CSIS)가 주최한 북한인권 국제회의 '북한인권: 나아갈 길' 토론회•에 참석했습니다. 엄청난 폭설도 북한 주민들의 인권을 지켜주고자 하는 이들의 발길을 막지 못했습니다. 400쪽에 달하는 UN북한 인권 보고서를 만든 호주 대법관 출신의 마이클 커비 전 COI(북한인권조사위원회) 의장은 대한민국에서 10여 년 전 발의된 북한인권법이 아직도 통과되지 못하고 있는 현실을 개탄스러워 했습니다.••

대한민국 국회는 북한인권법을 조속히 통과시켜야 한다고 호소한 끝에, 2016년 국회 본회의장에서 재석 236인, 찬성 212인, 반대 0인, 기권 24인으로 여야가 합의한 북한인권법이 통과되었습니다. 미국보다 12년, 일본보다 10년 늦게, 그리고 제

• 이날 200명이 넘는 전문가들과 시민들이 온종일 자리를 지키며 북한 인권 개선을 향한 높은 관심을 보여주었다. 참가자들은 지난 COI 보고서 발표 이후의 진전된 상황을 논의하며 김정은을 反인도 범죄자로 규정하고, 국제형사재판소 회부를 건의한 UN 총회 북한인권 결의안 통과 및 안전보장이사회 의제 채택 이후의 인권운동 전략을 심도 있게 토론했다.

•• 호주는 매년 UN 차원의 북한 인권 결의를 공동 제안국으로 주도하고 있으며, 북한 인권 발의안을 만장일치로 채택하기도 했다.

가 북한인권법을 국회에 처음 발의한 이후 11년 만에 북한인권법이 만들어진 것입니다. 당시 박근혜 대통령은 초대 북한 인권 대사로 이정훈 대사를 임명했습니다.

북한 인권의 참상이 알려지고 이를 해결하기 위한 노력이 시작된 지 30여 년이 다 되어갑니다. 어렵게 북한인권법을 통과시켰지만, 문재인 정부는 이를 시행하지 않고 있습니다. 오히려 국가인권위원회는 지난해 연말 북한인권법의 폐지를 주요 정책과제로 제시한 바 있습니다. 통일부는 북한 인권재단 사무실을 폐쇄하기로 했습니다. 인권 변호사 출신인 문재인 대통령은 인권을 철저히 탄압하고 있습니다. 3년 이상 북한 인권재단 이사도 임명하지 않고, 박근혜 대통령을 4년 7개월간 감옥에 가둬두고 있습니다. 김정은 눈치 보기가 도를 넘었습니다. 이런 정부는 '진보'가 아니라, '야만' 정부라 하지 않을 수 없습니다. 국제 인권 전문가들은 한국 정부가 북한 인권 문제에 적극적으로 나서지 않고 있으며, 북한 인권 개선을 위한 한국 내 북한인권법도 무의미하게 방치되고 있다고 비판합니다.

한편, 미국의 북한인권법은 새로 연장이 되어 2018년에 통과 시행되고 있습니다. 그 핵심적인 내용 첫 번째가 바로 '북한으로 더 많은 자유의 소식을 전해야 한다, 깜깜한 북한에 정보를 제공해야 한다'는 것입니다. 라디오 방송과 USB, 소형 SD 카드, 영상 재생기, 핸드폰 등 전자 매체를 활용할 것을 제시하면서 300만 달러, 즉 연 30억 원 이상의 보조금을 지원하도록 되어 있습니다. 북한에 풍선을 못 보내는 것이 아니라, 오히려 온갖 정보를 많이 보내라고 미국 국민들이 혈세 30억 이상을 지원하고 있습니다.

하지만 문재인 대통령은 대북전단금지법을 만들었습니다. 이것은 미국 의회가 만장일치로 통과시킨 북한인권법과 UN의 북한인권결의안을 정면으로 위반하는 것입니다. 미국의 하원 톰 랜토스 인권위원회는 이를 두고 청문회를 하기도 했습니다. 미국 국무부가 발표한 〈북한 인권 보고서〉는 탈북자를 짓밟고 있는 문재인 정부의 대북전단금지법은 표현의 자유를 심각하게 해치고 자유민주주의의 기본 가치를 짓밟은 매우 잘못된 법이라고 확실하게 못 박고 있습니다.

저는 경기도지사 8년을 역임하며 속속들이 경기도 사정을 알게 되었습니다. 임진강과 경기도 북부 지역에서는 북한 땅과 주민들을 손에 닿을 듯 가까이 볼 수 있습니다. 저는 나무 한 그루 없이 헐벗은 북한의 산과 밤이면 불빛 하나 없이 깜깜한 땅을 바라볼 때마다 북한 동포들이 겪고 있을 고통에 마음이 무거워지곤 했습니다. 그러나 제 후임인 이재명 경기도지사는, 평화 유지와 안보를 위해 경기도 북부 지역에서의 전단 살포를 금지해야 한다고 이야기합니다. 세상 사람들 모두가 눈을 감고 귀를 닫고 있는 줄 알고 거짓 선전 선동을 하고 있습니다.

저는 이 거짓말을 알리기 위한 서한을 작성해 미국 의회와 백악관, 국무부, 그리고 국방부에 보냈습니다.

인권은 그냥 얻을 수 있는 것이 아닙니다. 인권은 오직 싸워서 쟁취하는 것입니다. 인권은 그 누구도 거스를 수 없는 인류의 보편적이고, 양도할 수 없는 권리입니다. 그 어떤 상황이나 명분에 의해서도 타협할 수 없는, 심지어 전쟁 중에도 침해해서는 안 되는 고귀하고 신성한 것입니다. 북한 인권을 외면하면서 다른 인권을 이야기한다는 것은 위선입니다.

제가 북한 인권개선에 열정을 쏟는 이유는, 인권의 소중함을 그 누구보다 잘 알기 때문입니다. 저는 서울대 학생시위와 노동운동을 하면서 두 차례나 투옥되는 등 커다란 시련을 겪었습니다. 대학에서 두 차례 제적을 당하고 25년 만에 졸업했습니다. 대학에서 제적된 후 노동운동에 투신하였습니다. 7년 동안 노동자로 살며 노동운동을 하다가 구속돼 온갖 고문을 당한 뒤 2년 6개월간 수감생활을 하기도 했습니다. 제가 캄캄한 감옥에 갇혀있을 때, 누군가가 나를 생각해주고, 나를 위해 기도하고 있다는 것을 아는 것만큼 큰 희망은 없었습니다.

저는 주사파 1기이자, 전대협을 창설한 이인영과 같은 고려대 주사파들과 감옥에서 2년 반을 함께 살았습니다. 이들은 국가보안법 위반으로 감옥에 잡혀 와서도 감옥 안에서 교도관들

몰래 이불을 덮어쓰고 단파 라디오를 들으며 주체사상을 학습했습니다. 주체사상을 신봉하던 이인영의 동지들 수십 명이 지금 국회의원이 되었습니다. 그리고 탈북자들을 북송시키고 대북 전단 금지법을 만들었습니다. 대한민국에 남아있는 김일성주의자들은 '우리민족끼리'라는 이름 아래 반미, 반일선동에 앞장서고 있습니다. 헌법상 대한민국 국민인 2천 4백만 북한 동포는 3대 세습 독재와 굶주림에 신음하고 있지만, 저들은 탈북자들의 인권을 철저히 외면하며 북한 주민을 더욱 노예로 만들고 있습니다.

오늘 문재인 대통령은 2018년에 교황을 만나서 김정은의 친서를 전달한 이후 두 번째로, 교황에게 김정은을 만나 달라는 요청을 거듭 전했습니다. 이 자리에는 이인영 통일부 장관이 수행을 하며 김정은 대변인 역할을 했습니다. 국가정보원장 박지원도 작년 목포의 산정동 성당을 방문해 광주 교구장, 대주교, 전남 지사, 목포 시장이 다 함께 참석한 미사에서, 국정원은 대한민국을 대표해 프란치스코 교황이 김정은을 만나도록 노력하고 있다고 발표하기도 했습니다. 이들은 마치 북한 땅에 종교의 자유가 있는 것처럼 가짜 선전 선동을 하려고 합니다.

1945년 이후 북한은 김일성, 김정일, 김정은교 외에 모든 종교를 말살시켜버렸습니다. 많은 순교자들이 박해 속에서 돌아가셨습니다. 조선노동당 박해로 순교한 홍용호 프란치스코 평양 대교구 주교, 함경남도 덕원 수도원의 신상원 베네딕토 아빠스, 공산군에 의해 각목으로 구타를 당해 순교한 김치호 베네딕토 신부, 황해도 매화동 성당에서 낫과 칼에 맞아 순교한 김정숙 마리안나 수녀 등 총 백여 명 이상의 명단이 파악되고 있습니다.

의정부 교구에는 북녘의 순교자들을 위해 기도하는 '북한 지역의 순교자 기념 순례지'인 참회와 속죄의 성당이 있습니다. 이곳에서는 지금도 북한 지역 순교자 시복 시성을 위한 기도를 합니다. 또, 파주 통일동산 앞에는 북한 순교자들을 위해 기도하는 성당이 있습니다. 경북 칠곡 왜관에 있는 베네딕트 수도원에서도 순교자들을 위한 시복 시성 기도를 계속하고 있습니다.

홍용호 프란치스코 주교와 80위, 신상원 보니파시오 아빠스와 동료 37위 등 119명의 행방을 묻고, 무너트린 성당과 신학교, 그리고 수도원을 복원할 것을 전제로 교황이 북한에 가야 합니다. 그리고 조선노동당이 얼마나 종교를 박해하는지에 대한 책임을 물어야 합니다. 교황이 한 많은 땅, 깜깜한 어둠의 땅 북한에 가서 김정은을 축복한다면, 그것은 면죄부를 주는 것밖에는 되지 않을 것입니다.

_2021년 11월, 김문수 전 경기도지사

✦ 김문수 전 경기도지사가 발의한 북한인권법의 주요 내용은, 정부는 헌법상 대한민국 국민인 북한 주민의 기본인권 향상을 위한 노력을 촉구하고 국군포로, 납북자, 이산가족, 탈북자 문제를 적극적으로 해결하며, 북한 인권 기록보존소를 설치하고, 북한 인권 대사를 임명할 것 등의 내용을 담고 있다. 북한 인권 기록보존소, 북한 인권재단, 북한 인권 대사와 같은 기구와 조직은 북한인권법의 핵심이다. 탈북자들의 증언에만 의존하고 있는 북한 인권실태를 정확히 조사하고, 독재자와 하수인들의 인권탄압 내용을 엄정히 기록하여, 나중에 응당한 처벌을 받도록 하기 위한 장치들이기 때문이다.

●

추천사 4

‘우리는 이 일을 접을 수 없다’

2002년 4월 19일이니까 20년 전의 일이다.

나는 그날을 어제처럼 선명히 기억하고 있다. 그날도 이미 알려진 북한인권운동가 수잔 숄티가 대표로 있는 디펜스 포럼 재단에서 정례 오찬 강연회가 있었다. 그때, 강연해줄 연사가 전 CIA 국장 제임스 울시였다. 필자는 또 뉴욕에서 3시간 반을 운전하여 워싱턴 D.C. 연방 국회 하원 청사 건물 레이번 빌딩으로 갔다.

그날 강연과 오찬이 끝나자, 수잔 숄티 대표가 나에게 시간이 있으면 누구 한 사람을 만나 보라고 권했다. 한국인 두 사람이 밖에 있다가 걸어 들어오는데, 그중 한 사람이 문국한 씨였다.

“어쩐 일로 오셨습니까?”

“탈북난민 한 가족을 구하려고 합니다.”

“몇 사람, 누구입니까?”

“김한미 가족으로 모두 다섯 사람입니다.”

“우리 집으로 함께 갑시다.”

이렇게 문국한 씨를 만났다.

그다음 달 5월 8일, 김한미 가족의 심양 일본영사관 진입 시도, 전원 체포 사건이 터졌다. 한국, 북한, 중공, 일본, 미국 이렇게 5개국이 관여하는 국제적 대사건이 되었다. 중국 땅 심양에서 탈북난민 가족 5명이 일본영사관에 뛰어 들어갔는데 중국 공안이 일본 땅인 일본 영사관 안까지 쫓아 들어가 이 가족을 몽땅 체포했던 것이다.

또한 미국에서는 수잔 숄티 대표와 필자가 미리 준비했던 김한미 가족 미국 망명 신청서를 국무부에 시간을 맞춰 제출 접수했다. 어찌 된 거냐? 다섯 나라 모두 난민 정책이나 난민 대우 처리가 엉망진창이었다.

우선 북한 정권은 사람들을 먹여 살리기는커녕 계획적으로 굶겨 죽이는 살인 정권이었다. 한미 가족도 굶어 죽지 않으려고 고향을 떠나 두만강을 건너 만주 땅 난민 신세가 되었다.

중국은 탈북난민들을 국제규약에 서명한 대로 정치적 난민으로 인정하지 않고, 경제 유민이라고 우기면서 몽땅 강제 북송하고 있었다.

당시 대한민국은 중국을 떠도는 탈북자들의 울부짖는 소리에 귀를 틀어막고 있었다. 오로지 2,000만 북한 백성을 억압하고, 노예처럼 부려먹는 세습 독재자와 악수하기에 바빴다.

심양 일본영사관에서 일하는 직원들은 영사관의 '소브린티'(sovereignty, 영토주권)가 무엇인지, 난민이 어떤 사람들인지, 전혀 감이 없는 면사무소 직원들보다 더 한심한 관리들이었다.

일본영사관 직원들은 중국 공안이 영사관에 무법 무단 진입하여 난민들을 잡아가는데도 팔짱 끼고 구경만 하고 있었다.

미국 정부는 어떤가? 수잔 숄티와 필자가 영문으로 작성하여 워싱턴 미 국무부에 제출한 김한미 가족 미국 망명 신청서를 받아놓고도 아무 조치를 하지 않았다. 탈북난민? 그런 사람들이 있었던가?

5월 9일부터 언론과 방송에서 난리가 났다. 북한에서는 왜 사람들이 줄을 서서 떼로 도망쳐 나오는가? 중국은 저 불쌍한 사람들을 왜 난민으로 인정하지 않고 강제 북송하는가? 대한민국은 왜 자국민을 받아들이지 않고 수수방관하는가? 일본 정부는 자기 영토주권을 침범당하고도 왜 가만히 있는가? 미국 정부 국무부는 망명 신청을 받은 사실조차 제대로 파악하지 못했는가?

거의 한 달 동안 미국 신문, 일본 신문, 한국 신문들이 연일 김한미 가족 사건을 대문짝만하게 보도했다. 참 예기치 못했던 큰 수확이자 필자로서는 탈북난민 구출 운동의 시작이었다.

4월 19일 그날 밤, 문국한씨와 함께 필라델피아 북쪽에 있는 우리 집으로 와서 거의 밤을 새우다시피 하면서 그의 이야기를 들었다.

문 선생은(그날부터 이제까지 필자는 10년 연하인 문국한 씨를 문 선생으로 불러왔다) 이미 2001년 6월, 장길수 가족 7명을 북경에 소재한 UN 난민기구를 통해 난민 지위 인정과 한국 망명을 요구하여 관철 시킨 전과(?)가 있었다.

알고 보니 북경의 유엔난민기구를 통해 한국에 온 7명과, 몽골을 통해 온 3명, 심양일본 영사관을 통해 입국한 5명은 모두 길수의 친인척 들이었다. 이들 길수가족 한미가족 모두를 문 선생은 3년간이나 만주 땅에서 숨기고 입히고 먹히다가, 더 이상 지탱할 수가 없어서 탈출시키기로 결심한 상황이었다.

그날, 문 선생은 자신을 다윗, 중국을 골리앗에 비유했다. 성경 얘기에서 보듯, 골리앗이 제아무리 크고 강해도 어딘가에는 약점이 있는 법이다! 문 선생은 2001년 7월에 모스크바에서 열릴 국제올림픽위원회에서 2008년 하계 올림픽 개최지를 선정한다는데, 초점을 맞추어 길수가족 탈출시기를 기획한 것이었다.

중국은 2008년 올림픽을 다른 나라, 캐나다 프랑스 일본에 빼앗길까 전전긍긍하고 있을 때, 문 다윗이 골리앗 중국의 콧잔등에 조약돌 새총을 쏘아 맞힌 격이었다. 중국은 길수가족 망명이 국제적 문제로 비화해서 올림픽을 놓칠까 봐 이들 길수가족 7명을 사건 사흘 만에 얼른 한국으로 보내주었다. 외국공관을 통한 탈북난민의 한국행이 시작된 것이었다.

한미가족 망명 사건으로 필자도 북한 인권 운동가란 명찰이 붙었다.

평생 건축설계를 하면서 나, 내 가족, 내 형제들만을 위하여 살아온 재미교포 소시민이 앨리스의 이상한 나라에 온 기분이었다.

사람들을 살리자! 북한 주민들을 살리자! Save North Koreans! 탈북자 강제북송 결사반대! Don't repatriate NK refugees! 순간에 재미교포 건축가에서 전문 시위꾼으로 바뀌는 순간이었다. 후회는 없었다.

우여곡절, 천신만고 끝에 한미가족이 한국행의 티켓을 거머쥔 것이 2002년 5월이었다. 그해 여름, 나는 서울에 나가서 한미가족도 만나고 길수도 만났다. 한미가족은 처음에는 미국 망명을 꿈꾸었다. 그러나 삼엄한 미국 영사관을 포기하고 담장 하나 사이를 하고 있던 일본영사관에 뛰어들었다. 그때 난민신청서에서 나를 '미국에 이민 가 사는 외삼촌'이라 적었었다.

한미 네가 한국으로 와서 처음 전남 순천에 살게 되어 그곳을 다녀왔다.

당시 잊을 수 없는 것은, 일부러 조금 비싸다고 하는 일식집에서 저녁을 먹게 되었는데, 길수는 식탁에 놓인 맛있는 음식을 쳐다볼 뿐, 먹지를 않았다.

"왜 안 먹냐?"

"그저요."

알고 보니 길수는 그런 음식을 먹어본 적이 없었다. 북한에서는 허구한 날 강냉이만 먹다가 강냉이도 없으면 뱀을 잡아먹고 쥐를 잡아먹었다. 함께 온 길수 외삼촌이 그린 그림에는 인육을 삶아 먹는 끔찍한 그림이 있다. 도저히 믿을 수 없는 일들이 그림으로 그려져 있었다.

문 선생이 길수가족과 한미가족을 중국 땅에서 숨기고 돌볼 때, 이 난민 가족에게 그림도 그리고, 종이학을 접으라고 문방구를 마련해 주었다. 그중 길수 형제가 그림 재주가 있어서, 북한에서 경험한 것들을 수백 장의 끔찍한 그림으로 그려냈다.

배가 고프다 못해 한 가족 모두가 마지막 만찬을 차려 먹은 후 쥐약을 먹고 집단 자살했다는 그림, 너무 배가 고파서 나무껍질을 벗겨 먹는 그림, 인육을 돼지고기라고 장마당에서 팔고 있는 그림. 그리고 저 끔찍한 공개처형…

길수는 만주 땅에서 숨어 사는 동안, 무료하고 겁나는 시간을 보내고 북한 지옥을 세상 사람들에게 알리기 위해 줄곧 그림을 그렸다. 다른 가족들은 종이에 메시지를 쓴 후, 종이학을 접었다. '살려 달라'고 절규하는 그 종이학이 수십만 마리가 될 때까지…

2002년 9월, 미 연방 국회의 샘 브라운백 상원의원과 테드 케네디 상원의원의 초청으로 워싱턴 D.C. 연방 국회 러셀 로툰다홀에서 장길수 그림 전시회가 열렸다. 설계 사무실에서 쓰는 패널과 도구들을 싣고 내려와 문 선생과 함께 그림들을 전시했다. 미국 연방 상원의원들을 만나러 오는 사람들, 상원 건물을 관광차 찾아온 사람들로 러셀 빌딩은 시장바닥이었다. 지나가던 사람들이 멈춰 서서 이 그림들이 무어냐고 물어봤다.

"바다 건너 멀리 조선민주주의인민공화국, 북한이란 나라가 있는데, 그곳에 사는 2천만 주민들이 굶어죽고 맞아죽는 것을 보다 못해 탈북자가 그린 그림들을 전시하는 중입니다."

"그럼 이 그림들이 북한이란 나라에서 실지로 일어나고 있단 말입니까?"

"그렇습니다. 사실 이 그림들보다 더 끔찍한 일들이 일어나고 있습니다!"

길수 그림 전시회 때 일어난 두 가지 일을 아직까지 잊지 못한다.

샘 브라운백 연방 상원의원이 도와줘서 전시회를 할 수 있었고, 전시회 시작하는 날, 많은 인사들을 초청하여 리셉션까지 열어주었다.

하지만, 전시회를 찾아와서 거의 한 시간 동안 관람을 하고 필자에게 그림에 관하여 이런저런 것을 물어본 분은 당시 공화당 상원의원, 월남전에서 포로가 되었다가 살아남은 존 매케인 한 사람뿐이었다.

존 매케인 의원은, 2008년 미국 대선에서 공화당 대통령 후보로 분투하였으나 버락 오바마가 당선되면서 대통령이 되지 못했다.

그림 전시회를 다 돌아본 매케인 의원은 필자에게,

"저 난쟁이 같은 한 놈 때문에 이 그림에 나오는 사람들이 이렇게 고생을 한단 말인가?"라며 한탄을 했다.

또 한 가지 일은, 길수를 데리고 문 선생과 셋이서 워싱턴 D.C. 연방 국회의사당 앞 잔디밭을 걸어가고 있었다. 미국에는 도토리나무와 잔디가 있으면 다람쥐가 있다. 있어도 참 많이 있다. 그런데 우리와 함께 걸어가던 길수가 갑자기 돌멩이 하나를 집어 들더니 다람쥐에게 조준하여 던질 자세다.

"야, 너 뭐 하는 거냐?"

"저 다람쥐 잡으려고요."

"그건 잡아서 뭘 해?"

"먹어보려고요!"

어이가 없었다. 북한에서 쥐를 잡아먹고 산 길수가 미국 수도 워싱턴에 와서 다람쥐를 잡아먹겠다는 것이다. 아무튼 다람쥐도 무사했고, 길수도 식당에 가서 사람들 먹는 음식을 먹었다.

문 선생이 길수를 데리고 워싱턴 시내 한복판에 있는 홀로코스트 박물관에 갔다. 나도 함께였다. 혹시나 홀로코스트 박물관에서 현대판 홀로코스트인 북한의 동족 대학살 전시회를 할 수 있을까 하는 욕심(?)에서였다.

홀로코스트 전시관에 진열된 유물들과 사진들은 끔찍했다. 그러나 길수의 반응은 덤덤했다. "북한에서는 지금 저보다 더 한 일들이 일어나고 있어요!"

생각해 보니 길수 말이 맞다. 지금 북한에는 히틀러만큼, 아니 더 지독한 김정은이 판치고 있다. 지금 북한에는 아우슈비츠 살인 수용소보다 더 지독한 요덕 정치범수용소가 있다. 북한 사람들은 가스실에 끌려가서 독살당하는 게 아니라, 아주 천천히 굶주려 말라 죽어가고 있다.

'지브랄타의 바위'(지중해 끝 지브랄타에 우뚝 솟은 바위산. 유럽과 아프리카를 잇는 길목이고 바다로는 지중해와 대서양을 이어주는 중요한 요지다)같은 문 선생과 필자는 그 후 북한 인권 전시물을 짊어지고 한국, 미국의 여러 도시와 캐나다를 싸돌아다녔다.

"이것들 좀 보시오! 사람들이 죽어요! 사람들 살립시다!"며 외쳤다.

2004년 10월에는 경기도지사를 두 번 지낸 김문수 지사의 도움으로 대한민국 국회 의원회관 안의 전시공간에서 정식으로 전시회를 열 수 있었다.

북한 인권을 위해 뛰어든 지도 20년이란 세월이 흘렀다. 링컨에 매료되면서 자연스럽게 뛰어든 일은 북한 인권 문제였다. 어느 날, 링컨이 나에게 북한 동포 노예들을 구하라고 떠밀었다.

"난 그런 힘이 없어요!"

"힘이 있든 없든 그 일을 해야 한다."

2003년부터 중국 내 탈북자를 구하는 일을 시작했다. 링컨은 노예를 해방시켰고 남북으로 갈라지려는 나라를 한 나라로 지켰다. 북한 주민 2,000만이 노예 상태나 다름없다. 흑인보다 북한사람이 더 딱하다. 흑인 노예는 먹여서라도 살렸지 않은가. 북한은 이미 90년대 후반에 300만 명이 죽었다. 인구의 15%가 죽은 것이다.

북한에서는 김정일이 죽었는데 3대 세습 독재 김정은이 나와서 아직도 사람들을 죽이고 있다.

아직도 중국 땅에서는 탈북 난민들이 헤매고 있다.

아직도 북한은 지옥 그대로다.

내 몸이 부서져도 이 일은 해야 한다. 죽을 때까지 해야 한다.

〈2007년 12월 10일, 동경 북한 인권 국제회의 연설문〉

이 자리에서 여러분을 모시고 이렇게 말씀드릴 기회를 주신 것에 대하여 깊이 감사드립니다. 이렇게 초청해 주셔서 여러분께 북한 인권에 관하여 제 의견을 말씀드릴 수 있다는 것이 저에겐 큰 영광입니다. 저는 한국계 미국 시민으로서 미 동부 뉴저지주에서 공립학교 건물들을 설계하는 건축가입니다. 미국에는 1968년에 갔는데 그 후 40년간 줄곧 학교 건축 설계에 종사해왔습니다. 지금도 하고 있습니다. 그런데 2000년에 들어서면서 갑자기 제 인생이 확 바뀌었습니다. 북한에서 탈출하여 1997년 남한에 오신 최고위 탈북인사 황장엽 선생의 책을 읽었습니다. 황 선생께서 쓰신 "어둠의 편이 된 햇볕은 어둠을 밝힐 수 없다"란 책이었습니다. 그 저서에서 황 선생께서는 북한에서 1995년부터 1998년 사이에 3백만 이상의 북한 주민들이 굶어 죽었다고 말씀하셨습니다. 그것도 사실은 최소한 그렇다는 것이고, 더 많은 사람이 굶어 죽었을 수도 있습니다. 선생께서는 말씀하시기를, 이 사람들은 천재天災 때문에 죽은 것이 아니고 김정일이란 악마 독재자에게 죽임을 당한 것이라고 말씀하셨습니다. 김정일은 백성들을 먹여살릴 수 있었습니다. 그러나 그는 죽은 제 아비 김일성의 시신을 안치한 금수산 기념궁전 건립에 거의 9억 불이란 돈을 썼습니다. 김정일이 제 아비 김일성에 대한 효성심에서 그랬겠습니까? 아닙니다. 그자는 북한에서 권력을 장악하고 확실하게 하기 위하여 그 짓을 한 겁니다. 그자는 자신의 권력 확립을 위하여 3백만이란 자국민을 기획적으로 굶겨 죽인 것입니다.

저는 1980년대부터 시작하여 미국 16대 대통령 에이브러햄 링컨을 읽고 번역했습니다. 여러분도 잘 아시다시피 링컨은 1860년대 미연방이란 나라를 분열에서 구하고 그 당시 4백 만이나 되던 흑인 노예들을 해방시킨 역사적 위인偉人입니다. 링컨이 2000년경 저에게 말했습니다. "너는 나에 관하여 읽고 책까지 번역했으면서, 네가 고국이라고 하는 한반도 땅에서 3백만이 죽도록 가만있을 거냐! 네가 사람이냐!" 링컨이 꾸짖는 바람에 그때부터 북한 인권 일에 나서게 되었습니다. 다행히 곧 훌륭한 분들을 만나게 되었습니다.

2001년 11월 어느 날 저녁, 워싱턴에 있는 수잔 숄티 여사에게 이메일을 보냈습니다. 제가 도와드릴 일이 있습니까? 5분도 안 되어서 답이 왔습니다. 도와줄 일들이 너무 많습니다. 그 후 지금까지 수잔 숄티와 계속 함께 일해왔습니다. 서울에 있는 문국한 씨는 2002년 4월에 만났습니다. 워싱턴을 찾아온 문국한 씨가 탈북가족 5명을 구해야 하는데 돈도 없고 방도가 없어서 워싱턴을 찾아왔다는 것이었습니다. 바로 김한미 가족의 이야기입니다. 문국한 씨는 돈을 들고 당장 중국으로 돌아갔고, 수잔과 저는 망명신청서를 준비하여 미 국무성에 제출했습니다. 한미짱 이야기는 여러분도 다 잘 아시는 이야기입니다. 한미가족은 남한으로 오게 되었고, 2006년 4월에는 요코다 사키에 여사, 김성민 씨와 함께 백악관에서 부시 대통령을 면담했습니다.

수잔과 몇몇 북한 인권운동가들이 모여 워싱턴에서 2003년 6월, 북한자유연대란 NGO 단체를 만들었습니다. 북한 주민들의 인권과 자유, 존엄성을 찾아주기 위하여 여러 단체가 유대 강화하기 위하여 만든 단체로서 이제는 60개 단체가 참여하고 그 단체들 회원들을 다 합치면 수백만 미국인, 한국인, 일본인, 기타 외국인들이 참여하는 단체가 되었습니다. 자유 연대에 속한 개인회원 중 중국에서 난민을 직접 돕고 보호하고 구출하는 일을 하시는 분들도 있습니다.

북한자유연대 회원들은 당파를 초월하고 종교를 초월하여 모인 단체입니다. 목적은 하나입니다. 북한 인권을 신장하고 모든 나라의 대북정책은 북한 인권에 기초하여야 한다는 것입니다. 자유 연대는 그동안 이 목적을 위하여 미연방 국회의원들, 각 나라 NGO들, 외국 정부들과 긴밀히 활동해왔습니다. 미국, 일본, 남한의 NGO들과 긴밀히 협조해왔고, 특히 남한에 있는 탈북자 단체들과는 모든 사업 활동에서 긴밀히 협조해왔습니다.

북한자유연대의 제일 자랑스러운 한 가지 성공의 예는 2004년 미연방 국회의 북한인권법안이었습니다. 그러나 이 법안은 부시 대통령 행정부의 대북정책 변화로 큰 실효를 발휘하지 못하고 있습니다. 그래서 자유 연대는 아직도 계속 이 법안의 집행을 미 국무부와 미연방 국회에 촉구하는 노력을 하고 있습니다. 자유 연대는 탈북난민 강제북송에 항의하는 집회를 워싱턴 중국대사관 앞에서 매년 해왔고, 여러 청문회와 기자회견을 했으며, 기록영화를 상영하고, 2004년 4월부터 지난 4월까지 매년 북한 자유의 날 행사를 해왔습니다. 지금 이 자리에도 그 행사에 참석하셨던 낯익은 얼굴들이 많습니다. 감사합니다.

북한자유연대의 목표가 무엇인가? 여러 가지가 있습니다.

- 북한과 협상할 때 세계 각국 정부는 북한 인권을 중요한 문제로 거론할 것
- 중국에 숨어있는 탈북난민들을 돕고 중국의 강제북송 정책을 규탄하고 수정하고자 최대한 노력할 것
- 북한에 있는 정치범수용소들을 철폐할 것
- 북한에 있는 모든 납북자와 전쟁포로들의 귀환을 적극 요구할 것
- 모든 수단과 방법을 동원하여 북한에 외부정보를 들여보낼 것
- 북한 주민들에게 직접 식량을 지원하고 정권에 주는 모든 지원을 중단하도록 각국 정부에 압력을 가할 것

- 북한 주민들에게 자유와 인권과 존엄을 찾아줄 것

North Korean Freedom Coalition, 북한 자유 연대는 이 목적들을 이루기 위하여 노력하고 있습니다.

이 일을 하기 위해서는 저는 누구와도 손을 잡습니다. 미국인들과도 손잡고, 일본인들과도 손잡고, 중국인들과도 손잡고 한국인들과도 손잡습니다. 이 일을 함께하는 사람들, 사람들 살리자는 사람들은 전부 나의 동지들이요, 형제자매들입니다. 바츨라브 하벨 전 체코 대통령이 유엔에 와서 북한 인권을 주창하셨습니다. 그분이 바로 나의 대통령입니다. 저는 북한 인권을 주창하는 분들은 정치인과도 손잡고 기독교인들과도 손잡고 불교인들과도 손잡을 것입니다.

이 일을 하는 데는 한국인, 일본인, 미국인이 없습니다. 우리 모두가 한 민족이고 형제자매들입니다. 독재와 싸우는 사람들은 모두 한 민족입니다. 어린 일본 소녀가 납북되어 사라지면 그 아이는 저의 딸이나 마찬가지입니다. 한국어부가 납북되어 사라지면 그 가족이 제 가족입니다.

1862년 12월, 제 영웅 에이브러햄 링컨은 미국 국민들에게 이렇게 말했습니다.

우리가 흑인 노예들에게 자유를 찾아주고자 함은 우리 자유인들의 자유를 확실히 하고자 함입니다. 노예들에게 자유를 찾아주고 우리 자유인들의 자유를 확실히 하는 것은 두 가지 모두가 영예스러운 일입니다. 우리는 지금 우리가 어떻게 하느냐에 따라서 이 세상 마지막 최고의 희망이랄 수 있는 이 나라를 영예롭게 지키든가, 아니면 치욕 속에서 영원히 잃어버릴 수도 있습니다.

43년 전, 1963년 6월, 존 F. 케네디 대통령은 베를린 벽 앞에서 독일 말로 이렇게 외쳤습니다.

Ich bin einer Berliner! 저도 베를린 시민입니다.

케네디 대통령은 억압당하는 동독사람들을 위하여 독일 사람이 된 것입니다.

로널드 레이건 대통령은 1987년 6월 베를린 벽 앞에서 이렇게 외쳤습니다.

Tear down this wall, Mr. Gorbachov! 이 장벽을 무너뜨리시오, 고르바초프 씨!

그래서 베를린 장벽은 1990년에 무너졌습니다.
우리도 그분들과 함께 외쳐야 합니다.

북한의 노예들에게 자유를 찾아주고자 함은 우리 자유인들의 자유를 확실히 하고자 함이다! 우리 모두가 북한 사람들이다!

저 벽을 무너뜨려라, 김정은아!

_남신우 북한인권국제연대 미국 대표

✦ 남신우

1942년 서울에서 태어나 경기고, 서울대 공대 건축과를 졸업하고 미국으로 유학, 캔자스 주립대학교에서 건축학을 전공했다. 미국 건축가협회 정회원, 링컨 포럼의 종신회원이다. 1999년에 '고어 비달'이 지은 〈소설 링컨, Lincoln, A Novel〉을 〈대통령 링컨, 전3권〉이란 제목으로 출판, 2003년에는 '데이비드 허버트 도널드'가 지은 〈링컨 전기〉를 〈링컨, 전 2권〉이란 제목으로 출판하였다. 북한자유연대의 부회장으로 활동하였으며 북한 인권 문제에 정열적으로 힘을 쏟고 있다.

✧

망망대해 같은 중국을 떠도는 탈북자들과

노예와 같은 삶을 사는 북한 동포들,

자유의 날이 속히 오기를 기도하는 모든 이들에게

이 책을 바칩니다.

1

상갓집 개

설날

아침 일찍 일어나니 외할머니가 맛있는 음식을 준비해 주셨다. 푸짐한 음식을 마주하니 북한에 계시는 아버지 혼자 어떻게 설을 쇠시는지 궁금했다. 무엇을 잡수시고 있는지, 무엇을 하시는지, 어디에 가셨는지…

북한에서 살 때는 비록 푸짐한 음식상은 아니지만 군대 간 큰형을 빼고는 모두 모여앉아 강냉이밥이라도 배불리 먹으면서 즐겁게 설 하루를 보내곤 했다. 그러나 오늘 이 자리에는 나 혼자뿐이다. 어머니와 작은형은 같은 도시에 있으면서도 함께 있을 수 없다. 아버지와 큰형은 멀리 북한에 떨어져 있으니 더 가슴이 아프다.

설날이라도 별로 기쁘지 않다. 집 식구는 다 뿔뿔이 흩어졌다. 찾는 사람도 찾아갈 곳도 없다. 생각 같아서는 당장이라도 아버지에게 달려가 설 인사도 하고 괴로움도 나누고 싶다.

아버지와 형을 여기 중국 땅으로 모시고 와서 함께 살았으면 하는 생각도 든다. 그러나 그것은 그저 생각일 뿐이다. 언제쯤 통일이 되어 온 집안 식구가 한데 모여 설도 쇠면서 함께 살 수 있을는지.

부끄러움

아침에 이모부가 찾아와서 장마당 할머니네 집에 가자고 했다. 잘못한 일도 없고 잘한 일도 없는데 왜 오라고 했을까, 혹시 내가 말을 잘못해서 말 공비(빈말뿐인 경우에 하는 북한식 표현)

가 되지 않았나 근심하며 장마당 할머니네 집에 들어섰다.

그 때, 나는 너무 기뻐서 말도 제대로 못했다. 며칠 후에 오시겠다던 큰어머니가 돌아온 것이다. 지금까지 소식 한 번 없다가 이렇게 불쑥 나타나니 얼마나 기뻤는지 모른다.

우리를 아껴주고 사랑해 주고 돌봐 주는 큰어머니가 한 번씩 왔다 가실 때면 한쪽 팔이 뚝 떨어져 나가는 것 같다. 그래서 이번에는 몇 달 있다가 가시라고 말씀 드릴까 생각했다. 그런데 큰어머니가 하시는 말씀이 "이번에는 한 달 정도 있다가 갈 것이다."라고 하였다. 내 생각대로 되는 것 같다.

큰어머니는 지금까지 무엇을 했으며 어떻게 지냈는가를 친절하게 물어보셨다. 나는 얼른 대답을 하지 못했다. 지금까지 아무것도 한 것 없이 놀기만 했기 때문이다. 그 말을 듣고 나니 좀 부끄러웠다. 한 달 동안 돈을 얻으러 다니고 놀고만 있었으니 말이다. 글도 쓰고 그림도 그렸더라면 좋았을 걸.

글쓰기

오늘 큰어머니께서 우리 은신처에 오셨다. 큰어머니가 계시니 마치 명절 같은 분위기가 되었다. 큰어머니는 "매일 송아지처럼 뛰어다니던 너희들을 집에 가두고 글을 써라, 그림을 그려라 하니 얼마나 답답했겠는가."라며 우리의 심정을 알아주셨다.

정말 우리는 집에서 한 발짝도 나가지 못하고 틀여박혀 있어 답답했다. 그래도 큰어머니가 오시면 그런 생각은 온데간데

없이 사라지고 만다. 큰어머니는 우리에게 매일 글도 쓰고 일기도 쓰고 그림도 그리면 글재간도 늘고, 밖에 나가지 않으니 사고도 안 생긴다고 하셨다. '어이구, 또 글을 써야 하는구나!'

목욕

어제 내린 눈으로 시내는 하얀 눈무지 속에 잠겼다. 길을 오고가는 사람들의 볼은 앵두알처럼 익어가고 있다. 나와 외삼촌은 함께 장마당 할머니네 집으로 향하였다. '오늘은 큰어머니에게 말해 꼭 목욕을 해야지' 할머니네 집에 들어서니 큰어머니가 와 계셨다.

큰어머니는 책이며 원주필(볼펜)이며를 한 가방 사 가지고 오셨다. 매일 일기를 꼭꼭 쓰라고 하셨다. 큰어머니가 일기는 어떻게 쓰고 그림은 어떤 그림을 그리라고 알려주며 계속 말을 하니 목욕을 하겠다고 말할 수가 없었다.

그래서 점심에 보신탕을 사 먹으러 가자고 할 때 가지 않고 그 돈으로 목욕을 하겠다고 말하려고 했지만 끝내 말이 나가지 않았다.

결국 시장에 가서 보신탕을 먹었다.

오늘은 보신탕을 먹었으니 내일 다시 와서 말하자 하고 생각했다. 큰어머니와 재미있게 이야기하다가 저녁에 집으로 돌아왔다. 더운 곳에 들어오니 땀이 나며 몸이 지긋지긋해 참을 수 없었다. 그래서 할머니에게 목욕을 하고 싶다고 말했다. 할머니는 집세를 물 돈밖에 없다고 딱 잘라 말하다가 1시간 동안이나 질기게 달라붙으니 3위안을 주셨다.

목욕을 하니 너무 시원해 날아갈 것 같았는데 할아버지 할머니도 돈이 없어 안 가는 목욕탕에 나 혼자 갔다 오니 좀 쑥스러웠다.

안네의 일기

오늘은 큰어머니가 가방에 책을 한가득 넣어 가지고 우리 집에 들어섰다. 나는 원래 책 읽기에 흥미가 없어 책을 들고 얼마쯤 보고는 그 책을 다시 볼 생각을 하지 않았다. 나와 반대로 외삼촌은 책 읽기를 즐긴다. 서점에 가거나 길거리에서 파는 책을 보면 그곳에 앉아 책을 본다. 그러면서 언제면 돈이 많아져 책을 다 볼까 하고 말하곤 한다. 삼촌은 책은 말없는 길동무라고 말한다.

나는 책 읽기에 전혀 관심이 없다. 그렇지만 오늘은 큰아버지가 꼭 보라고 한 〈안네의 일기〉 책을 끝까지 다 보고, 큰어머니가 가져온 책도 다 볼 작정이다. 이제부터 책 읽기 습관을 길러야겠다.

삼륜차 수리

오늘은 아침부터 외할아버지와 함께 삼륜차 수리를 하고 있다. 수리를 다 해놔야 아무 일이나 바쁜 때에 해서 살아갈 수 있기 때문이다.

아침부터 책을 들었다 놨다 하는 나를 본 할아버지는 “빨리 수리를 같이 하자!"고 소리를 쳤다. 오늘은 왜 큰어머니가 오시지 않는지. 손에 기름 묻히기가 싫었다. 아무래도 할 일인데 할아버지 수고도 덜어드리며 같이 수리를 하자고 생각하니 싫증나던 생각도 어디론가 달아나 버렸다. 할아버지와 함께 수리를 하니 알지 못했던 수리 방법도 잘 배우게 되었다.

귤 맛

큰어머니가 화영이와 함께 아침 일찍 귤 한 상자를 가지고 들어오셨다. 원래 귤을 좋아하던 나는 뒤로 돌아앉아 정신없이 거의 반 상자나 먹어치웠다. 화영이가 하는 말이 귤을 많이 먹으면 배에서 '꾸룩꾸룩' 소리가 난다고 한다.

여기 중국에서는 귤을 많이 먹을 수 있지만 북한에서는 그런 적이 없었기 때문에 '꾸룩꾸룩' 소리가 나도록 먹었다.

북한에 있을 때, 어느 해인가 조선인민군 창건 50돌 날이었다. 군부대 가족들은 명절 분위기로 들끓었다. 나는 그날 친구 병국이네 집에 놀러갔다.

한참 이야기하며 놀고 있는데 연대 소장인 병국이 아버지가 종이 봉지를 들고 들어오셨다. 병국이 아버지는 그 봉지를 들고 "이것은 귤인데, 이번 명절에 장군님께서 연대장과 연대 정치위원에게 한 상자씩 친히 선물로 주신 것이다." 라고 하셨다.

그리고 그것을 온 연대 군관들이 다 같이 나누어 먹으려고 나눴다고 하셨다. 병국이 아버지는 병국이네 집 식구와 나에게 귤 반 개씩을 나누어주셨다. 그러다 보니 병국이 아버지의 몫이 없어졌다. 병국이 아버지는 귤을 드셨다며 사양하는 것이었다.

나는 귤이란 것을 그림으로만 보았지 먹지도 만져보지도 못했는데 오늘은 운수가 좋은 모양이라고 생각했다. 나는 귤을 한참 구경하다가 한 조각씩 뜯어 맛을 보았다. 처음 먹어보는 귤이 너무 맛있어서 더 먹었으면 하는 마음이 생겼던 옛 기억이 새롭다.

오늘은 웬일인지 '큰아버지가 우릴 버리지 않을까?' 하는 생각이 떠나지 않는다. 이번에도 우리가 잘못을 저질러서 안 좋게 가셨기 때문이다.

큰아버지는 가실 때 장마당 할머니와 이모부의 말을 잘 들으면 그것은 곧 큰아버지의 말을 잘 듣는 것이라고 하셨다. 그런데 나는 할머니가 자꾸 욕을 한다고 할머니에게 반박을 했다. 큰아버지의 말씀을 듣지 않고 잘못을 저질렀던 것이다. 할머니에게 반박한 것이 후회는 됐지만 그때로써는 화를 참을 수가 없었다. 그리고 어떻게 보면 잘 됐다는 생각도 든다.

이제부터는 할머니와 큰어머니와 집 어른들의 말씀을 잘 들을 것이다. 글도 많이 쓰고 일기와 그림도 많이 그려서 큰아버지가 오시면 "지금까지 놀지 않고 하라는 일을 했습니다."라고 말할 작정이다. 그리고 큰아버지가 오시면 지금까지 궁금했던 것을 모두 물어볼 생각이다.

헛 궁리

큰어머니가 큰아버지로부터 온 전화 내용을 우리에게 말해 주었다. 큰아버지는 한 사람 한 사람의 심리와 행동들을 다 알고 있고 무엇을 하는지까지도 다 알고 계신다고 했다.

전번에도 큰어머니가 그런 말을 할 때 '저 말은 거짓말이다' 하고 믿었다. 멀리 떨어져 있는 큰아버지가 점쟁이도 아니고 귀신도 아니고 신도 믿는 것 같지 않은데 우리 일을 다 알 수가 없다고 믿었던 것이다. 그것은 큰어머니의 말일 것이다 하고 생각했었다.

그러나 이번에 큰아버지의 말씀이 다 들어맞기에 '야!' 하고 감탄하며 더 말을 못했다. 정말 나는 지금 아무 생각도 없이 헛 궁리를 하고 글도 잘 쓰고 있지 않았다. 큰아버지가 어떻게 다 알고 있는지 의문스럽다. 이제부터라도 헛 궁리 하지 말고 글도 잘 써야겠다는 생각이 든다. 이번에 큰아버지가 오면 우리가 언제면 한국으로 갈 것 같은가 하고 물어봐야겠다.

지옥 굴

속으로 외삼촌에게 얼마나 감사의 인사를 했는지 모른다. 오늘이 바로 삼촌이 우리를 북한 지옥굴에서 구원해 준 지 1년이 되는 날이다. 참 잊을 수 없는 날이다.

죽음과 두려움도 가리지 않으며 삼촌과 함께 심한 경계망을 뚫은 날이다. 두만강을 건너와 이렇게 중국에서 생활하는 내 모습을 바라보면 이게 꿈인가 싶다. 내가 계속 북한에 있었더라면 굶어죽었거나 군대에 가서 김정일을 목숨으로 보위하겠다는 구호를 높이 외치며 죽었을 것이 뻔하다.

중국에 왔기 때문에 큰아버지 큰어머니와 같은 분들을 만나 자유를 찾아갈 희망도 있다. 숨어서 살지만 먹을 것 근심 없이 생활하고 있다. 이것은 삼촌과 할머니, 할아버지가 죽음도 두려워하지 않고 우리를 구원해 준 덕이다. 언제쯤이면 이 은혜에 보답을 하겠는지.

금연

담배를 끊으니 신체상에도 좋지만 어른들에게 꾸지람도 듣지 않고 도덕에 어긋나지도 않으니 얼마나 좋은지 모른다. 이따금씩 담배를 피우고 싶을 때 나는 내 자신이 죽는 길이라고 생각하고 나 자신을 단속한다.

내가 담배를 피우지 않으면 큰아버지 큰어머니는 물론 우리 친척들도 다 잘했다고 할 것이다. 내가 담배를 뗄 수 있었던 것은 큰아버지 큰어머니와 장마당 할머니 그리고 우리 집 식구들 덕분이다. 그들과의 약속을 지키느라 이번 기회에 떼게 된 것이다. 한 가지 나쁜 습관을 떼니 얼마나 좋은지 모른다.

신세

할머니와 함께 시장에 나가 점심에 먹을 음식을 사왔다. 큰어머니는 먹고 싶은 음식은 다 사라고 하면서 할머니에게 50위안을 주셨다. 그러나 그 돈으로 사먹고 싶은 것은 많으나 그럴 수 없었다. 큰어머니와 함께 가면 이것저것 사달라고 할 수 있겠지만 할머니와 같이 나가 음식을 사면서 큰어머니의 돈을 다 쓰면 어쩌나 하는 생각이 들었다. 할머니도 자꾸 돈을 많이 쓰는 것 같아 그만 썼으면 하는 눈치였다.

큰어머니도 어디서 돈이 샘솟듯이 생겨나서 우리에게 아끼지 않고 매일 맛있는 음식이며 과일이며를 사오시겠는가. 사오면 좋다고 먹지만 한쪽으로는 우리에게 돈을 너무 쓰는 것 같아 근심이 된다. 오늘도 큰어머니가 사온 음식으로 명절을 쇠는 것 같다. 우리도 언제면 신세를 지지 않고 도와주며 살겠는지.

일기를 찢다

일기장을 꼼꼼히 살펴보았다. 그동안 써 놓았던 것을 보니 너무 한심해서 찢어 버렸다. 아마 3개월치는 되는 듯 싶다. 전부터 큰어머니가 나에게 하시던 말씀, '아무리 일기를 잘못 썼어도 고치지 말라'던 것을 잊은 것이다. 그러나 내가 쓴 일기는 일기가 아니라 완전한 문제 기록장과 다름없었다.

일기를 찢은 다음 다시 쓰려고 하니 머리가 복잡해서 더 이상 쓸 수가 없었다. 그래서 이제부터는 일기를 쓰지 않겠다며 일기장을 꾸겨 넣었다.

순간이나마 아무것도 하지 않는다는 마음에 편안한 생각이 들었다. 저녁이 되어 한참을 생각하니 큰어머니와 큰아버지가 시키신 일인데 그런 것도 하지 않으면 어쩌나 하는 생각을 하며 일기를 다시 쓰기 시작했다.

배부른 흥정

밥상 앞에 앉으니 상 위에는 밥 한 그릇과 물 한 그릇만 있을 뿐 다른 것은 하나도 찾아볼 수 없었다.

삼륜차를 가지고 나가서 5위안이나 10위안 씩 벌 때는 그래도 채소 한 가지라도 놓고 먹었다. 그러나 지금은 겨울이라 짐 신는 사람도 거의 없고 말도 잘 통하지 않아 더 힘들다. 그렇다고 해서 집세와 쌀, 전기세까지 내주는데 채소 사먹을 돈까지 달라고 할 수는 없었다. 북한에서는 쌀겨조차도 없어 굶어 죽는 사람이 수두룩한데, 나는 지금 배부른 흥정을 하려는 것 같았다.

그래도 북한에서의 생활에 비하면 지금은 잘사는 편이다. 그런데 이런 임시적인 어려움도 못 이겨내겠는가. 그 어떤 곤란도 이겨내야지.

비디오 테이프

화영이가 아침부터 찾아와 록상(비디오 테이프)을 보러 밖으로 나가자고 외삼촌에게 조른다. 삼촌은 할 수 없이 화영이와 나를 데리고 어디론가 갔다.

록상은 이미 돌아가고 있었다. 그런데 그 집에 놀러왔던 다른 친척이 별로 좋아하지 않는 눈길을 보냈다. 나는 '너희 집도 아닌데 무슨 상관이냐'는 심정으로 그냥 앉아 텔레비전을 보았다.

북한에서는 오랫동안 텔레비전 구경을 못 했고, 록상은 더구나 볼 수 없었기 때문에 우리는 항상 록상을 재미있게 보았다. 우리 집에도 언제 록상이 생겨서 마음대로 보고 다룰 수 있겠는지.

북한에서 살 때 우리 마을에는 60채 정도의 집이 있었는데 텔레비전을 가지고 있는 집은 열 집도 안 되었다. 그래서 재미있는 영화 같은 것을 볼 때면 텔레비전을 가지고 있는 집은 완전히 터져나갈 지경이었다. 록상이 얼마나 재미있던지 우리는 점심도 안 먹고 저녁까지 보았다. 언제쯤 북한 사람들도 텔레비전을 갖추어 놓고 자유롭게 기를 펴며 살겠는지.

간호원

오늘 저녁은 외삼촌과 함께 상에 마주앉아 일기도 쓰고 그림도 그리다가 논쟁이 붙었다. 삼촌이 하는 말이 "의사 학교에 가기만 하면 다된 것이니 그리 열성을 내서 자습하거나 공부를 안 해도 되니, 남이 하는 것만큼 하면 된다."고 하였다. 그리고 의사도 하고 진료소도 꾸리고 하다못해 의사 직업이 없으면 의사 자격증으로 간호원을 해도 된다고 말하였다.

나는 삼촌의 말을 다 듣고 나서 그렇게는 안 된다고 부정하였다. 나는 삼촌에게 이렇게 말했다.

"지식도 따라가지 못할 뿐만 아니라, 숱한 의사들이 한국에 쌓여 있을 것이다. 의사 직업을 얻자고 해도 누가 삼촌 같은 사람을 받겠는가! 한국에 간 탈북자들 중에도 정착을 못해서 거지가 된 사람이 있다는데 우리도 그 정도나 되지 않으면 다행이겠는데 의사는 무슨 의사고 진료소는 무슨 진료소인가!"

물론 한국에 가면 의사도 되고 병원도 꾸릴 수 있겠지만, 나는 거의 불가능하다고 생각했다.

할머니는 너무 듣기 싫어 우리가 더 이상 말을 못하게 하였다. 글을 쓰며 생각해 보니 내가 너무했다는 생각이 들었다. 삼촌의 작은 희망이나마 짓밟아 버린 것 같아 속으로 얼마나 미안했는지 모른다. 내가 무엇을 안다고 그렇게 우겼는지 알다가도 모를 일이다.

음력 설

큰어머니가 저녁에 하시는 말씀이 내일쯤 물건이 오니 잠시 떠나신다고 하셨다. 장사할 물건이 도착하고 사람도 기다린다는 것이었다. 오늘 저녁이나 내일쯤 큰아버지에게서 전화만 오면 당장 떠나신다는 것이었다. 언제쯤 오시는가 물어보니 일이 잘되면 음력설 전에 오시고 잘 안 되면 오지 못할 수도 있다고 하셨다.

큰어머니가 우리와 보름도 같이 계시지 않고, 언제 오실지도 모르는 상황에서 또 가시니 큰어머니 없이 어떻게 지낼까 하는 근심이 생겼다. 예전에는 큰어머니 없이도 잘 지냈는데.

지금은 어쩐지 큰어머니와 떨어지기가 아쉽다. 몇 달 동안 같이 있으면서 음력설도 같이 보내고 큰아버지를 같이 기다릴 것으로 믿었는데 정말로 아쉬움이 남는다.

언제쯤 오실지 모르지만 될수록 빨리 큰아버지나 큰어머니가 오셨으면 좋겠다. 빨리 오셔서 음력설도 같이 보냈으면 좋겠다.

이모부 생일

오늘은 이모부의 생일이다. 큰어머니와 할머니, 온 집 식구와 친척들이 이모부의 생일을 축하하려고 애란이 아주머니(장마당 할머니의 딸) 집에 모였다. 큰어머니가 돈 100위안을 내놓은 것으로 이것저것 맛있는 음식도 차렸다.

중국 땅에 와서 처음으로 맞는 이모부의 생일은 큰어머니와 여러 친척들이 모여 같이 쇠니 그야말로 생일 같았다. 분위기도 좋았다. 그러나 이모부는 지난 여름 북한으로 송환된 이모를 그리면서 북한에 있을 때 이모와 자식들이 부어주는 술을 먹으며 쉰 생일날이 제일 행복했다고 하였다. 이모부는 술을 들며 오늘 이렇게 생일상까지 받고 보니 정말 감사하다고 하였다.

이모 없이 쇠는 생일날 이모부의 마음이 얼마나 슬플까 하고 생각해 보았다. 이모가 있었더라면 오늘 이모부가 기쁘게 생일을 쇠고 슬퍼하지도 않겠는데, 나로서는 이모부의 슬픈 심정을 달래 줄 길이 없었다.

상갓집 개

어머니가 집으로 돌아오셨다. 어머니는 남의 집 가정 보모로 들어갔지만 북한 사람이라는 것을 안 집주인이 일 시키는 것을 꺼려하였다. 또 북한 사람이라고 사람 취급을 하지 않고 공자(월급)도 주질 않는다고 했다. 뿐만 아니라 그 집 아이들까지도 '거지! 거지!'하며 천대한다고 했다. 그래서 그것이 싫어 나왔다고 하셨다.

어머니는 어디에서 무슨 일을 하든지 한 달을 채 넘기지 못하신다. 공자를 받지 못하게 되면 절반이라도 받은 것으로 만족하는 분이다.

어머니가 나가고 나면 중국 공안(경찰)에게 잡히지는 않았는지, 사고가 나지는 않았는지 걱정이 되었다. '나라 없는 백성, 상갓집 개만도 못하다'는 속담과 같이, 북한 사람들은 가는 곳마다 짐승같이 숨어 살아야 한다.

탈북자들은 일자리를 얻지 못해 여기저기 빌어먹으며 돌아다니다가 중국 공안에 잡히게 되면 찍소리도 못하고 북한으로 강제 송환되어야 한다. 언제쯤이면 자유로운 세상을 보게 될는지.

장마당 할머니

아침부터 장마당 할머니에게 졸랐다. 언제쯤 우리가 한국에 가게 되며, 16명(2000년 1월 김한미가 태어나 길수가족은 모두 열여섯 사람으로 늘었다)이 다 가지 못하면 절반이라도 갔으면 좋겠다고 말했다. 할머니는 그런 소리는 큰어머니와 큰아버지의 기대에 어긋나는 말이라고 했다. 기일은 좀 늦을 수 있으나 무조건 한국에는 간다고 하셨다.

지금까지는 할머니가 하는 욕에 반박도 하고 그릇된 생각도 했었다. 하지만 지금은 잘되라고 하신 욕도 고깝게 받아들였던 내 자신이 미웠다.

우리를 다 한국으로 보내고 나면 갑자기 허전해서 어떻게 하느냐며 눈물을 글썽이신다. 그런 장마당 할머니의 모습을 보며 내 잘못된 생각을 꼭 고치리라 다짐했다.

석탄 건져 낸 꿈

아침에 일어나자마자 간밤에 꾼 꿈 이야기를 집 식구들에게 하였다. 꿈은 이렇다. 점심시간쯤 나와 외삼촌이 수확을 다 한 큰 배밭에 갔는데 한참 돌다 보니 한 나무에 밥상만한 커다란 배가 누렇게 익어서 흔들거렸다.

나는 하도 신기해서 나무 위에 올라가 그 배를 땅에 떨구었는데, 밭이 좀 경사가 져서 데굴데굴 굴러 강물에 빠졌다. 강물에 가 보니 그 큰 배가 석탄으로 변해 큰 덩어리는 물에 잠기고 쪼가리들이 살짝 언 얼음 위에 놓여 있었다.

그것을 건지려고 하니 외삼촌이 석탄을 건져내지 못하게 얼음을 마구 디뎌 놓아 내가 들어가려니 얼음이 딱 깨졌다. 그러자 큰어머니가 옷을 벗고 들어가 건져내라고 하셨다. 그 석탄을 건져내면 120만 원의 상금을 탄다고 했다. 증명할 것도 있어야 한다며 물에 들어가서 석탄을 건져내는 나의 모습을 사진으로 찍기도 했다.

그 석탄을 다 건져내자 큰어머니가 장마당 할머니에게 “이 석탄을 가지고 가서 상금을 타오라."고 했다. 장마당 할머니는 "그 석탄을 가지고 어떻게 돈을 타는가."라고 했다. 그 때 곁에 있던 장마당 할아버지가 당신이 돈을 타오겠다고 하며 버스에 올랐다. 그 다음에는 전혀 생각이 나지 않는다.

꿈 이야기를 하자 장마당 할머니는 좋은 꿈이라며 큰아버지가 큰 성과를 거둔 모양이라며 기뻐했다.

오해

요즘은 나와 외삼촌 사이에 오해가 생긴 것 같다. 며칠 동안 말도 잘 안 하고 어쩌다가 말을 하면 신경질적으로 나온다. 왜인지 외삼촌이 한마디, 한마디 말하는 것이 나에게는 대단히 불편스럽다. 그래서 나도 외삼촌과 말도 크게 안 하고 있다. 다른 때 같으면 큰어머니를 만나러 갈 때마다 항상 같이 다녔는데 지금은 나 혼자 다니곤 한다.

물론 내가 생각이 좀 짧아서 외삼촌의 눈에 거슬릴 수 있다. 나도 자기 잘못을 잘 모르고 남의 잘못만 생각하니 그럴 수 있다. 외삼촌과의 오해를 빨리 풀어야지.

고양이 앞에 쥐

며칠 동안 어머니가 노무시장(인력시장)에 출근하신다. 항상 어머니를 보내고 나면 근심에 쌓여 하루 종일 아무 일도 할 수가 없다.

같이 일하는 사람들이 북한 사람이라는 것을 알고 신고하지는 않았는지, 공안에 잡히지는 않았는지, 나쁜 사람의 손에 걸려 팔려가지는 않겠는지, 어디서 어떻게 될지 모르니 근심이다. 이모도 밖으로 돌아다니다가 결국 공안에 잡혀 북한으로 강제송환되고 말았는데, 어머니까지 잡히면 정말 의지할 곳이 없어진다.

외할아버지와 외할머니는 늙었지, 외삼촌도 자기 몸 하나 건사하기 힘들지, 중국 친척들은 남보다 못하지, 정말 어머니가 없으면 북한에 다시 갈 수도 없고 고아가 될 것이다.

날이 어두워지면 어머니가 오기만을 기다리다 문 소리가 나면 나가 보곤 한다. 어머니가 하루 일을 마치고 돌아오시면 돈을 얼마 벌었는지보다 안부부터 물어본다.

탈북자들은 일을 해서 돈을 벌려고 해도 벌 수가 없다. 죽을 정도로 일을 해도 돈을 제대로 못 받고, 공안만 보면 고양이 앞에 쥐가 되고 만다. 공안이 옆을 지날 때면 가슴이 조마조마해진다.

언제면 우리 탈북자들도 일하면 일한 것만큼 보상을 받고, 죄 지은 일이 없이는 공안을 무서워하지 않으며 살날이 오겠는지. 그날이 오면 나는 소리높이 외치겠다. '탈북자 자유 만세!'

구걸

얼마 전의 일이다. 서시장(중국 길림성 연변조선족자치주 최대의 시장)을 돌다가 북한 사람을 만났다. 그 사람들은 우릴 보고 여기서 돌다가는 돈을 벌 수 없으니 흥안교회를 찾아가면 20위안씩 무조건 준다고 했다. 그래서 그 교회를 찾아갔더니 북한 사람을 안내하는 집사 두 사람이 우릴 만나 주소와 이름을 쓰라고 하고서 나보다 나이가 많은 사람에게는 30위안을 주고 나에게는 10위안을 주었다. 나는 10위안을 얼른 주머니에 넣고 그들에게 졸랐다. 다른 사람들은 30위안을 주면서 나는 왜 10위안만 주냐고 했다. 북한 사람이면 다 한 가지지 왜 차별을 하는가 하고 그들에게 따져 물었다.

10위안을 가지고는 하루도 못 사니 10위안이라도 더 달라고 했다. 그랬더니 그들은 들은 체도 하지 않는다. 계속 시끄럽게 굴면 10위안을 마저 빼앗겠다면서 나를 교회 문 밖으로 내밀었다.

10위안이라도 더 얻기 위해 그렇게 구걸하고 비는 나의 처지가 처참하기 그지없었다. 우리도 언제면 난민으로 인정받고 자유세상에 가서 잘 살겠는지. 그 때가 되면 중국에서 천대하고 멸시하던 자들을 찾아가 본때를 보여줘야지.

좋은 소식

참으로 오랜만에 큰아버지의 전화를 받았다. 얼마나 기뻤는지 모른다. 큰아버지가 곧 오신다고 하니 더욱 보고 싶었다. 큰어머니에게 전화를 넘겨주었을 때 큰어머니가 좋아서 눈물을 흘리는 것을 보고 좋은 소식이 있을 거라고 생각했다. 곧 한국으로 갈 것 같은 생각이 들면서 기분이 무척 좋았다.

이번에 큰아버지가 오시면 좋은 소식을 가져오겠지? 큰아버지가 말씀하신 대로 글도 쓰고 큰어머니의 말씀도 잘 듣고 큰아버지를 기다려야지. 자유를 찾고 싶은 마음이 날이 갈수록 간절해진다.

일본 손님

오늘 저녁에는 큰아버지가 보낸 일본 손님 한 분이 오셨다. 일본에서까지 왔다니 얼마나 감사하고 기뻤는지 모른다. 큰어머니 말씀이 "이 분은 한국에 계시는 큰아버지가 보내서 오신 분."이라고 하셨다.

이번에는 좋은 소식을 가지고 왔을 것이라고 생각했다. 그러나 일본 손님은 그런 소리는 전혀 하지 않았다. 그 동안 안전하게 있으면 통일이 된 다음 한국으로 다 갈 수 있다는 소리에 나는 앞이 탁 막히고 말았다.

가출

큰어머니와 장마당 할머니가 화가 단단히 나셨다. 지금까지 어머니가 들어오지 않은 데 대해 나에게 욕설을 퍼붓는다. 큰어머니는 너무 화가 나서 "너희 엄마는 아예 뚝 잘라 버리겠다."고 했다. 어머니가 오시지 않아 욕을 듣는 것만 해도 신경질이 나는데 떼 버리겠다느니 어쩌겠다느니 하니 정말 화가 치밀었다. 그래서 문을 차고 할머니네 집을 나서며 다짐했다. 오늘 엄마를 꼭 찾아오리라.

그렇게 결심하고 버스에 올랐다. 버스에 앉아 곰곰이 생각해 보니 정작 어머니가 없어 진심으로 속을 태우는 것은 큰어머니와 나 뿐이었다.

큰어머니는 3일째 아침 6시부터 로무시장과 과기대(한국 기독교재단에서 1992년 개교했다. 연변조선족자치주 연길시에 세운 기술대학. 정식 명칭은 연변과학기술대학교이다.) 등을 찾아 다니며 고생도 하고, 밤에 잠도 제대로 자지 못하셨을 뿐만 아니라 할머니네 집에 와서 항상 얼굴에 그늘이 비낀 것처럼 근심하고 속을 태우셨다.

내가 어머니가 있는 집을 찾아 가지고 전화를 했을 때 큰어머니가 얼마나 좋아하셨는지 모른다고 할머니가 말씀하셨다. 자식도 그리 크게 생각지 않는데 큰어머니가 저렇게 근심하고 속 태우고 찾아다니며 애를 쓰는 것을 보면 세상에 큰어머니 같은 사람이 없다는 생각이 든다. 그런 분을 큰어머니로 모시고 있는 내가 얼마나 행복한지 모른다.

이사

장마당 할머니네 집 뒤에 있는 새집으로 이사를 했다. 몇 달 전부터 계획하고 생각했었지만 돈이 없어 그렇게 하지 못했다. 그런 가운데 이렇게 이사를 하게 되니 얼마나 기쁜지 모른다.

자그마한 은신처지만 이것이 진짜 우리 집이라면 더 잘 살겠다는 생각도 들었다. 그리고 큰어머니가 셋돈을 안 주시면 어쩌나 하고 근심도 했다. 그러나 이미 집에 들어왔는데 다시

나가라고는 하지 않겠지.

전에 살던 외할아버지 은신처에서는 할아버지의 귀중품인 반도체(라디오) 소리 때문에 잠을 제대로 잘 수 없었는데, 그 소리가 들리지 않으니 딴 세상에 와서 자는 느낌이 들었다. 눕자마자 잠이 스르르 왔다.

가스 중독

아침에 일어나니 모두 석탄가스(연탄가스)를 맡아 죽을 지경이었다. 장마당 할머니네 집으로 걸어가려고 했다. 그런데 아랫다리가 후루루 떨리고 속이 메슥거려 어찌나 힘든지 쓰러질 것 같았다.

겨우 할머니네 집에 들어가서 김칫국을 마시고 누우니 집이 빙빙 돌고 토할 것 같았다. 밖에 나가 토하고 들어오니 할머니가 눈물을 뚝뚝 떨구며 무릎을 꿇고 앉아 기도를 하고 있었다. 우리를 병원에 데리고 가 200위안어치의 땐디(링거주사)를 맞혔다. 땐디를 맞는 순간도 정신이 가물가물하였다.

할머니가 큰어머니를 모시고 오셨다. 큰어머니를 보니 좀 죄송했다. 괜히 집을 옮겨서 이렇게 하루아침에 200위안 씩이나 써버리니 벌지도 못하는 처지에 정말로 죄송했다.

우리를 대하시는 큰어머니의 심정은 친부모의 사랑 못지않았다.

큰어머니가 옆에 앉아 계속 눈물을 흘리셨다.

부모에게서도 받지 못했던 사랑을 큰어머니에게 받았다.

이발

오늘 아주 오랜만에 머리를 깎으러 큰어머니와 함께 이발소에 갔다. 머리가 너무 자라 막 동굴에서 나온 사람 같았다. 3일 전부터 장마당 할아버지에게 머리 좀 깎겠다고 말하려 했지만 온 겨울을 떨며 10전, 20전씩 모으는 돈이기에 주저주저했던 것이다.

머리를 깎으려고 의자에 앉으니 이발사가 한마디 하였다.

"지금까지 이렇게 질서가 없고 늙은이 같은 머리는 처음 봅니다."

그 말을 들으니 기분은 좀 나빴지만 북한 사람은 어느 모로 보나 표가 난다는 생각도 들었다.

북한 사람들이 중국 사람들에 비해 뒤처진 것만은 사실이다. 하는 행동도 야생인 같다고 늘 말한다. 언제쯤 북한이 개혁 개방이 되어 중국 사람들 못지않게 생활할지, 그 날이 정말로 그립다. 그날이 빨리 와서 우리도 잘 사는 모습을 보여주고 싶다.

2

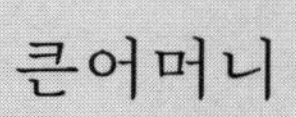

큰어머니

미련함

지금까지 왜 그렇게 철없이 행동했던지 장마당 할머니의 말씀을 듣고서야 진심으로 죄송한 생각이 든다. 그리고 우리 낯짝이 얼마나 두꺼운가도 알게 되었다. 더 달라고 조르는 미련한 내 자신을 돌이켜보게 된다.

큰어머니는 경제가 넉넉하지 못해도 우리가 해달라는 것은 아무런 소리도 없이 다해 주시고, 매일매일 하루에 100위안씩은 우리에게 투자를 하신다. 그런데도 우리는 '우리가 애써 번 돈이 아닌데 무슨 상관인가?'라는 생각으로 어떤 요구든 숨기지 않고 모두 말해 버린다.

큰어머니도 우리 요구를 들으면서 싫을 때도 있을 것이고, 자기 자식이라면 뺨을 한 대 때리고 싶은 생각도 들 것이다. 하지만 우리가 그랬던 것도 큰어머니에 대한 믿음의 표시라고 생각한다.

흑룡강 아저씨

연길역으로 나갔다. 기차 홈으로 빠져 나오는 사람들을 하나하나 살펴보던 나는 '야, 이젠 안 온다.' 하고 생각했다. 그러다가도 혹시 홈으로 나와 우릴 기다릴 수도 있다는 생각으로 많은 사람들 가운데 서서 큰소리로 불렀다. 그래도 대답은 없었다.

집 식구들은 '올 사람이 알아서 오겠지, 추운데 마중 나가지 말라.'고 했다. 그렇지만 아무리 미운 사람이라도 몇 달 만에 흑룡강 먼 곳에서 찾아오는데 마중을 안 나가면 되겠는가. "다른 사람들이 안 나가면 나라도 나가야 되겠다. 그래도 우리 집에 와 있을 아저씨들인데." 하고 나온 것이다. 그렇지만 눈이 많이 내려 기차가 연착이 됐는지 아저씨들은 보이지 않았다. 나는 '오긴 오겠는데…' 하며 기다리다 집으로 돌아왔다.

하여튼 간에 친척끼리는 좀 오해가 생겨도 오래 가질 않는 모양이다. 또 온다니 반갑고 그립다. '혈육끼리의 싸움은 칼로 물 벤 자리'라는 말이 옳은 것 같다.

장춘

오늘 저녁 기차로 오시기로 한 큰아버지를 마중하기 위해 큰어머니가 장춘 은신처로 떠났다. 큰아버지는 이곳 연길 은신처에는 음력 설날에 들어서게 된다.

큰아버지가 오시는 시간만 알 수 있다면 역전으로 마중을 가고 싶다. 그러나 시간도 모르니 나갈 수도 없다. 사실은 큰어머니와 함께 장춘으로 가고 싶었다. 장춘이란 곳도 가 보고 싶었고, 큰아버지를 한 시간이라도 더 빨리 만나고 싶어서였다. 그리고 큰어머니에게서 그전에 "한번 생각해 보자"고 하신 말씀을 얼핏 들은 것이 있기도 해서였다.

그런데 큰어머니가 혼자 떠나셨다. 큰어머니와 함께 가고 싶은 나의 마음은 간절했었다. 아직 나이가 어려 세상 구경을 못 해서인지 아무 곳이나 자꾸 돌아다니며 놀고 싶다. 하여튼 큰어머니가 큰아버지를 목적지까지 아무 일 없이 안전하게 모셔와 우리와 상봉했으면 좋겠다.

폭죽

정각 12시가 되니 온 시내가 치통(폭죽) 터지는 소리로 요란했다. 너무 소리가 커 집 식구들은 치통을 사서 터트리는 재미보다 구경하는 것이 돈도 안 들고 더 재미있다며 모두 구경을 한다. 치통 터지는 소리가 전쟁이 일어난 것처럼 곳곳에서 들렸다.

중국에 첫발을 들여놓았을 때, 어머니는 치통 터지는 소리를 공안이 총을 쏘며 탈북자를 잡으러 오는 소리로 착각해서 온 하루를 산 속에 숨어서 추위에 벌벌 떨며 보낸 적이 있다.

중국 사람들이 음력설이면 몇백 위안어치 씩 치통을 사서 터트리며 재미나게 노는 것을, 어머니를 비롯한 탈북자들은 중국 공안이 총을 쏘며 잡으러 온다고 무서워하니 얼마나 안타까운 일인가.

민철이 노래

음력설 저녁이다. 이종사촌인 화영이와 민국이, 민철이 이렇게 삼남매가 우리들 은신처로 놀러왔다. 우리 가족들은 2시간 동안이나 온 동네가 떠나가도록 춤을 추고 노래를 부르며 놀았다. 마침 민철이가 노래할 차례가 되었다. 그런데 가사 중에 '김정일 장군님'이라는 대목이 나왔다. 그 소리가 나오자마자 외할아버지는 큰 목소리로 말했다. "야, 이놈아! 김정일이 싫어서 온 사람이 김정일을 숭배하는 노래를 부르냐? 그렇게 좋으면 당장 다시 가라!"

철없는 어린 민철이는 아무 말도 안 하고 얼굴이 빨갛게 되어 자리에 앉고 말았다. 어린아이가 야단을 맞으니 내가 욕을 먹는 것 같았다. 조용히 앉아서 말씀을 하셔도 되는데 큰 소리까지 치시니 민철이도 기분이 나빴을 것이다.

할아버지는 항상 아무 사람에게나 그런 식으로 대하신다. 그래서 성격이 급한 어머니가 참지 못하고 몇 마디 내쏘게 되면 집안이 시끄럽게 된다.

할아버지가 빨리 그런 것을 고치고 온 집안 식구들을 좀 더 자상하게 대해 주신다면 존경받을 것 같다고 생각했다.

하루가 백 년

한국에 계시는 큰아버지, 큰어머니, 그리고 대한민국에 계시는 여러분들에게 직접 설 인사를 드리지 못하고 먼 곳에서 글로써 설 인사를 드립니다.

새해에도 큰아버지 가족과 대한민국에 계시는 여러분들이 옥체 만강하시고 하시는 바 일이 모두 잘 되기를 먼 곳에서 진심으로 바라며 새해 인사를 삼가 올립니다.

저 혼자 드리는 설 인사로만 생각지 마시고 전체 북한 동포와 탈북 동포들의 인사로 받아 주신다면 더욱더 감사하겠습니다.

세상 밖에 던져졌던 우리들을 사람답게 살도록 해 주시고 하나된 조선을 만들기 위해서 헌신분투하시는 큰아버지를 바라볼 때면 눈시울이 뜨거워집니다. 아무것도 하지 않는 우리들에게 '길수가족'이라는 명칭까지 달아 주시고 전 세계가 다 아는 가족으로 널리 소개, 선전해 주신 큰아버지에게 진심으로 감사를 드립니다.

한 민족, 한 핏줄이라는 한 가지 이유만으로 언제 어디서 어떻게 잡혀 죽을지 모르는 우리 탈북 동포들을 죽음의 길에서 구원해 주시려는 큰아버지. 추운 날씨와 머나먼 이국땅도 마다하지 않으시고 그토록 애쓰시는 큰아버지를 생각할 때면 헛되게 산 제 자신이 죄송할 뿐입니다.

북한에서는 사람이 세상에 태어나면 누구나 자유권을 가진다며 노래까지 지어 부릅니다. 그러나 그것은 완전한 거짓말이며 허위 허식이고 날조입니다.

세상에 태어나 자유를 누리고 싶어 하는 것은 인간의 본성입니다. 그러나 북한은 김정일을 비방하는 말 한마디만 하면 정치범 수용소로 끌려가 일생을 그곳에서 보내야 합니다. 이런 북한 사람들의 생활을 더 이상 말하지 않아도 잘 아시리라 믿습니다.

피 끓는 나이에 마음껏 뛰놀고 싶고, 공부하고 싶고, 대한민국 어린이들처럼 자유를 누리고 싶은 것은 탈북자 어린이들의 간절한 마음입니다. 그러나 수시로 조여드는 중국 공안들의 포위망 속에서 하루를 사는 것이 백 년을 사는 것처럼 지겹고 두렵습니다.

만약 여러분의 친자식이 그런 처지에 빠져 있다면 어떻게 하시겠습니까? 저희들을 친자식처럼 생각하시고 자녀에게 쏟는 사랑의 10분의 1이라도 주십시오. 죽어 가는 북한 백성들과 죽음을 앞둔 탈북자들이 자유를 찾고 행복을 누릴 수 있도록 조금이나마 도와주신다면 여러분들의 지극한 정성으로 죽어도 웃으면서 죽을 것이며, 곤란하고 공포에 떨며 살아도 웃으며 살 것입니다.

대한민국에 계시는 여러분들께서 우리 큰아버지를 여러모로 지지해 주시고 협조해 주신다면 이국땅에서 사는 우리 탈북자들은 그 어떤 곤란과 죽음도 두려워하지 않고 통일이 되는 날까지 웃으면서 힘차게 살아갈 것입니다.

자유를 찾고 싶어 몸부림치는 저의 자그마한 소원을 헛되게 하지 마시고, 전체 탈북자들을 구원한다는 심정으로 협조해 주시고 도와주시기 바랍니다.

다시 한번 새해에도 복 많이 받으시기 바랍니다.

자유를 찾고 싶습니다.

마음껏 뛰놀고 마음껏 배우고 싶습니다. 구원해 주십시오.

대표

오후에 큰어머니가 오셔서 "큰아버지가 장춘에 오셨는데, 광철이하고 아이들 중 한 사람을 대표로 보내라."고 했다. 이모부는 당신이 가겠다고 하면서, 아이들 중에서 한 사람 보내는 것도 자기 자식들 중에서 보내 달라고 야단이다.

장춘이란 곳에 가 보고 싶고 큰아버지를 만나고 싶은 심정은 나를 비롯해 누구나 할 것 없이 다 같았을 것이다. 그래서 나는 생각해 보았다. 큰아버지가 장춘에 혼자 계시는 것이 아니라 여러 사람들과 함께 있을 거라고. 그래서 나는 장춘에는 글도 잘 쓰고 말도 잘하는 외삼촌이 가야 한다고 말했다. 서로가 자기를 보내 달라고 조르고 있었다. 장춘으로 가고 싶은 마음은 나도 마찬가지였다. 처음에 외삼촌을 보내자는 말을 했지만 정작 외삼촌이 가게 되니 기분이 좀 좋지 않았다.

그러나 시간이 지나니 오히려 내가 가겠다고 말하지 않기를 참 잘했다는 생각도 들었다. 오늘 저녁은 새벽 3시까지 모두가 잠을 자지 않았다. 큰아버지에게 드릴 녹음을 하고, 맹세문을 쓰고, 빨간 입술 연지로 맹세문에 손도장을 찍고 하면서 야단이다.

사기꾼

큰아버지는 어떤 사람일까?

평범한 장사꾼인지, 아니면 우리 글이나 그림을 팔아먹는 사람인지, 그렇지 않으면 한국에서 파견한 정보원인지, 아니면 하늘에서 내려온 사람인지? 정말로 큰아버지에 대한 물음표가 날이 갈수록 늘어난다.

그러나 확실한 것은 큰아버지가 불쌍한 탈북자들과 통일을 위해, 민족을 위해 헌신분투하고 우리가 참된 자유를 누릴 수 있도록 애쓰시는 고맙고도 성실한 분이라는 것이다. 한국에 가게 되면 정말로 큰아버지에 대해서 모든 것을 다 알아봐야겠다. 그때까지 힘과 용기를 내어 힘차게 살아가야지.

오늘 저녁 온 집안 식구가 다 모여 앉아 서로의 잘못을 말해주고 고쳐 주기 위해, 번영하는 우리 앞길을 위해 의견도 나누고 잘못도 고쳐 주는 좋은 시간을 가졌다.

첫 대상은 나였다. 처음에 광철이 아저씨가 조리 있게 말했다.

"길수야, 네가 고쳐야 할 것은 도덕성이 없고 물질을 좋아하는 것, 남의 말을 잘 듣지 않고, 성격이 안 좋은 것이야."

듣고 보니 이야기의 기본은 없었으나 차근차근 이야기해 주니 이해가 되었다. 내 자신을 돌이켜보니 인간의 기본적인 도덕도 지키지 않았던 적이 많았다.

만약에 단번에 '임마, 고칠 건 고쳐라! 안 그러면 정말 없애버린다!'라고 말한다면 가슴이 뜨끔하긴 하겠지만, 정말로 고치고 싶은 생각은 들지 않고 반발심이 생겨 '네 말 안 듣는다'라고 속으로 코웃음을 쳤을 것이다.

어쨌든 어른들에 대한 도덕과 예절을 지키지 않고 물질에 대한 욕심이 많다는 것은 사람이 가져야 할 것 중에서 제일 나쁜 것임에 틀림없다. 그것은 부모 탓도 아니고 다른 사람 탓도 아니다. 모두가 내 자신의 잘못이다.

큰아버지가 오시기 전까지 단번에 고치지는 못해도 어느 정도라도 개변해서 조금이나마 떳떳한 마음으로 가정의 화목을 이루어 큰아버지 앞에 나서야겠다.

큰아버지가 처음 우리를 만났을 때, 나에게 '백만 대군을 이

끌 장군'이란 칭호까지 주신 것이 얼마나 무겁고 힘든 것인지 이제야 좀 알 것 같다.

큰아버지가 오실 때까지 떳떳하고 깨끗하고 선량한 마음으로 살며 열심히 노력해야겠다.

쥐구멍

오늘 장춘에 있는 은신처로 갔던 장마당 할머니가 도착했다. 나는 '야, 좋은 소식이 있겠구나!' 언제 한국으로 간다, 온다 하는 소리를 할 줄로 믿고 정말로 기뻐했다. 자나 깨나 손꼽아 기다리던 제일 큰 소식이었으니까.

그러나 그런 소식은 전혀 없고 우리가 빨리 자유를 찾아가자면 글과 그림을 많이 쓰고 그려야 한다는 것이었다. 큰어머니가 책과 크레용을 가득 내놓을 땐 정말로 기가 막혔다.

그러나 큰아버지가 우리를 한국으로만 데려간다면 죽을 때까지라도 기어이 쓸 것이다. 그 기간에 애로와 싫증 그리고 실망도 생길 것이다. 그러나 기어이 밝고 밝은 우리의 앞날을 위해 참아야지.

큰아버지가 나에게 특별히 준 녹음기며 라디오 같은 선물을 모두에게 나누어 주었다. 그러나 나에게 특별히 준 선물이 없으니 그땐 좀 섭섭했었다. 맨날 '길수, 길수' 하지만 선물 하나도 주지 않으니 정말로 실망하게 된다. '나쁘게 생각할 필요는 없다. 나는 이미 전에 믿음도 사랑도 선물도 받았으니 괜찮다' 하다가도 '내가 얼마나 잘못하고 잘못 보였으면 그랬으랴!' 하는 생각이 든다.

큰아버지가 우리 가족들에게 보내주는 녹음기 카세트로 멀리서 큰아버지의 목소리를 들으니 정말로 기쁘다. 만나지는 못해도 우릴 버리지 않고 카세트로 녹음도 해 보내 주시고, 짤막한 편지도 써 보내 주시고, 우리가 실망할까봐 용기를 잃을까봐 노래도 부르고 시도 써서 보내 주셨으니 정말로 기쁘다.

우리집 식구들은 한결같이 말했다. 큰아버지는 우릴 안 버린다고, 끝까지 믿고 따르면 쥐구멍에도 해뜰 날이 올 것이라는 것을 우리는 확실히 믿는다.

오늘 큰아버지의 모습을 직접 보지는 못했으나 우리를 생각해주고 믿어주고 참된 인간으로 만들어 주기 위해 그토록 애쓰시는 큰아버지에게 진심으로 감사의 인사를 드리고 싶다.

인연

내가 큰어머니를 처음 만난 것은 장마당 할머니가 운영하는 작은 가게에서였다. 내가 북한에 갔다가 붙잡혀 수용소에 있다가 탈출해서 중국에 넘어온 지 사흘밖에 안 되는 날이었다. 그때 나의 모습은 쓰레기통에서 막 주워 온 사람 같았을 것이다. 그때 나의 생각은, 중국에서 살아가자면 우선 무엇보다 돈이 있어야 한다는 것이었다. 여기는 돈이 좌지우지하는 나라다. 돈만 있으면 무엇이든지 다 해결할 수 있다.

그래서 나는 그때 생각에는 돈 뿐이었다. 돈, 돈만이 살 길이다. 그래서 돈을 벌려고 애를 썼지만 나의 능력으로는 100위안을 초과하지 못했다.

내가 큰어머니를 만난 날은 정말 하늘에서 내려다 준 날이고 시간이었다. 그날은 장마당 할머니에게 오기가 좀 싫었다. 그러나 나는 아무 생각 없이 발길을 옮겼다. 그때까지만 해도 장마당 할머니와 그리 관계가 가깝게 이루어지지 않아 좀 서먹서먹했었다. 그리고 나는 물론 온 집안 식구들도 교회나 한국 사람에게 돈을 빌거나 하는 것은 전혀 모르고, 오직 자기 능력만을 믿고 순수하게 살아야 한다고 생각했다.

어떤 때는 나의 힘과 능력에 대해서 실망도 해 봤다. 그러다가 뛰어다니기도 해보고 장사도 해보았지만 나는 인생에 대한 허무감과 고통, 무서움과 괴로움에 1분 1초라도 시달려 보지 않은 적이 없었다. '인생이란 그저 이런 것인가?' 라고만 생각했다.

그때는 지금처럼 넓게 생각하거나 인생이란 어떻게 살아야 한다는 것을 상상도 할 수 없었다. 오직 한 가지, 김일성, 김정일을 증오할 뿐이었다. 처음에 중국에 발을 들여 놓았을 때는 길가의 돌조각 하나까지 다 신기했지만, 생활해 보니 인간이 사는 세상은 말과 피부 색깔과 풍습이 다를 뿐 모든 것이 같았다.

여기 중국 조선족들이 한국에 대해서 좋아하고 한국 사람들에 대해 호기심이 생긴 것을 보고 나도 그곳에 가 보고 싶었다. 한국 사람들을 많이 만나보지는 못했어도 말을 어떻게 한다는 것에 대해서는 알고 있었다. 한국에 갔다 온 중국 조선족들에게서 한국말을 쓰는 것을 들어보니 평양이나 개성 쪽의 말과 비슷하다는 것도 알게 되었다.

북한에서 한국에 대한 악선전만 들어 왔기 때문이기도 하고, 또 한민족 한 동포라서 그런지 만나고 싶었다. 한국 사람이란 과연 어떤 존재인가? 남보다 무엇이 특출해서 중국인들과 조선족들이 그렇게 우러러 보는가? 모두가 키가 크고 잘생겼을까? 아니면 다른 사람들보다 코라도 다 삐죽하게 나왔을까?

나는 북한에서 살 때 텔레비전으로 한국 사람들이 거리에서 시위 투쟁하는 장면을 식구들하고 보았다. 그때 아버지가 하시는 말씀이 "남조선은 못살고 거지 판이라더니 어디에 천이 많아서 구호들을 써 들고 다니고, 옷도 다 저렇게 잘 입었을까?" 하시곤 했다. 아버지의 말씀을 듣고 보면, 북한이 얼마나 한국에 대해 악선전을 하고 외부세계와의 관계를 딱 잘라 놓았으면 저런 말씀이 다 나오겠는가 했다. 언제면 그 숱한 북한 백성들이 낡은 머리 사상을 깨치겠는지. 그날이 빨리 왔으면 좋겠다.

조선 사람의 특징

오늘은 쓸데없는 논쟁이 시작되었다. 집 식구가 모두 모여 앉았는데 외할아버지가 이런 말을 했다.

"그 사람(한국 큰아버지)은 한국에서 아무 힘도 권력도 없는 사람이다. 나는 이전부터 그렇게 생각하고 지냈다. 우리 가는 길이 잘 되리라고는 믿지도 않았다. 기다려서 되면 더욱 좋고 안 되면 그만이다. 그러니 이제부터 자기 살 도리를 좀 해두는 것도 좋을 것 같다. 그러다가 안 되면 녹는 것은 우리뿐이다."

학철이 아저씨는 이런 주장이었다.

"우리가 큰아버지가 하라는 일을 급석급석 다 해놓자. 글도 한 세 권씩 쓰자. 그리고 다 데려가지 못하면 한둘이라도 데려가 달라고 그렇게 확답을 받고 글 쓴 것도 주고 그렇게 하자. 그리고 만약 우리가 다 못 간다고 결정 내렸다 치면 그 사람들도 인간이니 한 사람당 못해도 1만위안 씩은 줄 것이다. 그러면 그 돈이 15만 위안이 되니 그 돈으로 한둘이라도 먼저 가자."

나는 이 말들이 다 틀리다고 부정은 하지 못했다.

어쨌든 큰아버지가 이 일을 하다가 안 될 수도 있다. 그러니 이런 생각을 하는 것이 완전히 나쁘지도 않다. 우리 처지에서는 그런 생각도 할 수 있다고 본다. 이런 생각 저런 생각, 좋은 생각 나쁜 생각 다 합치다 보면 좋은 생각도 나올 것이다.

광철이 아저씨와 학철이 아저씨 생각도 비슷하고, 우리 엄마 생각도 그러하였다. 그런데 나는 이 말보다 제일 걱정거리가 있었다. 그것은 화영이가 옆에 앉아 이 말을 다 듣고 있었기 때문이다.

사실 화영이가 이런 말을 옮기는 것이 나쁘다고 생각하지는 않는다. 그런 조건을 만들어 주는 사람들이 있기 때문에 하게 되는 것이다. 남의 허물은 너나 할 것 없이 다 들먹였다고 본다. 남이 잘 되는 것을 싫어하고 배 아파하는 것은 조선 사람의 특징이다. 그러나 생각해 보면 그런 말을 안 하는 것이 좋을 것 같다. 모든 불행은 자기 자신의 혀끝에서부터 시작되는 것 같다.

모두가 남의 허물질을 안 하고 말도 함부로 하지 말자고 맹세하고 다짐했으니 그런 일은 다시는 없으리라고 믿는다.

이렇게 서로가 자기의 의견을 주장하며 음성을 높이는데, 우리 외삼촌이 자기주장을 세우며 모든 사람의 잘못된 생각을 닦아세웠다. 삼촌은 처음에는 큰아버지가 우리에게 〈저승으로 갈 때 무엇을 가지고 가려나〉라는 책을 주었을 때 이상한 생각이 들어 실망도 했고 믿고 싶지도 않았다고 말했다. 그러나 그 책을 보고 듣고 하니 왜 그 책을 주었는가, 왜 우리에게 그랬는가 하는 생각을 하게 되었다며 큰아버지는 우릴 꼭 구원할 수 있다고 확실히 믿는다고 했다.

마지막에는 외삼촌이 나섰다. 모두에게 잘못된 생각을 바로 잡아주려고 노력했다. 참으로 나는 삼촌이 대단하다고 생각한다. 그런 삼촌을 모시고 있으니 정말 기쁘다.

까나리 소동

오늘 오후에 친척뻘 되는 분의 짐을 삼륜차로 옮겼다. 그분은 할아버지뻘 되는데 수고했다며 인조 고기와 까나리를 두 꾸러미나 주셨다. 요즘은 정말 반찬이 없어 밥도 제대로 못 먹었는데 참 잘 됐다고 생각했다.

집으로 가져온 까나리를 보더니 할아버지가 '그렇게 먹으면 며칠 못 간다'며 소금을 뿌리면서 아껴 먹자고 하셨다. 그것을 본 할머니와 어머니는 소금을 안 쳐도 짠데 더 넣었다고 하면서 음성을 높이셨다. 소금을 치지 말라고 온 집안 식구가 반대하여도 외할아버지의 고집을 꺾지 못했다.

외할머니는 나이 70살이면 해주는 대로 먹을 것이지 늙어서 자식 손자들 앞에서 무슨 주책이냐며 한마디 하셨다.

여러 가지 말이 오고가다가 외할아버지가 화가 나셨는지 까나리에 소금 한 봉투를 다 쏟아 부었다. 더는 입에 댈 수 없을 정도로 되고 말았다. 화가 난 집 식구들은 '할아버지가 죽을 때까지 다 잡수시오!' 하며 욕설을 퍼부었다.

반찬이 생겨서 좋아했던 나는 버릇없다는 말을 들을 줄 알면서도 할아버지께 그 소금을 다 부으면 어쩌자는 거냐고 따졌다. 그랬더니 성격이 칼날 같은 외할아버지가 내게 다가와 "이 나쁜 놈!" 하며 내 머리를 한 대 때렸다.

중국에 와서 할아버지에게 맞은 것이 벌써 다섯 번째다. 외할머니와 외삼촌은 할아버지를 향해 왜 손자를 때리느냐며 한마디씩 거들었다.

한참 옥신각신하는데 문 두드리는 소리가 들렸다. 그래서 우리는 언제 그랬나 싶게 조용해졌다. (그러나 누가 오든지 간에 이 논쟁은 끝나지 않을 것 같다.)

광철이 아저씨가 오는가 했는데 장마당 할머니 부부와 애란이 아주머니가 오셨다. 우리 모두 그분들을 반갑게 맞았다.

장마당 할머니는 내일 아침 기차로 떠나는 아저씨들에게 줄 자그마한 선물을 들고 오셨다. 설날에도 못 오셨는데 오늘이라도 찾아주시니 정말로 감사하다.

장마당 할머니는 큰아버지에 대한 이야기를 들려주셨다.

이번에 큰아버지가 오셨을 때 할머니께서 '너무 힘들어 이제 길수 가족을 돕는 일을 그만 두겠다'고 선언하셨다는 것이다. 그런데 큰아버지는 할머니를 이해시키고 더욱 신심을 안겨 주셨다고 하였다.

장마당 할머니는 당신이 보건대 큰아버지는 우리 일에 끈질기고 이악스러우니 성공할 것이라고 하였다. 또 일을 하는데 있어 체면 깎이는 것도 아랑곳하지 않는 됨됨이가 된 사람이라고 말을 하셨다.

그런데 우리집 식구들은 물론 나까지도, 누가 그런가 하면 그런가 하고, 다른 사람이 저런가 하면 저런가 한다. 큰아버지에 대한 믿음이 확실치 못한 것 같다. 누가 한국에 못 갈 것 같다고 하면 그 소리를 곧이듣고 실망하여 글 쓸 생각도 안 한다. 그리고 장마당 할머니의 말씀처럼 신심이 생기는 말을 들으면 글도 잘 쓰게 된다. 왜 신심이 확고하게 되는지 나도 모르겠다.

큰아버지가 속을 확 터놓고 말씀하셨으면 좋겠는데, 그런 성격이 아니니 정말 궁금하고 답답하기만 하다. 우리에게 얘기하면 우리가 다른 사람에게 모두 말해 버릴 것 같아 그러시는지 모르겠다.

큰어머니의 말씀을 들으니 큰아버지 성격이 원래 '말보다 실천이 앞서는 분'이라는 것을 알게 되었다.

큰아버지로부터 언제쯤 한국에 가자는 말씀을 들을 수 있을까?

외할머니

오늘 새벽 광철이, 학철이 아저씨가 흑룡강(중국의 동북지방. 강 하나를 두고 러시아와 마주하고 있는 곳이다. 여기서 말하는 '흑룡강'은 김한미 가족이 은신해 있는 흑룡강 성의 가목사를 일컫는다.)으로 떠났다. 외할머니도 몇 분 안 돼 어디론가 나가셨다. 어제 일로 기분이 안 좋아 바람을 쐬러 이곳서 멀지 않은 작은할머니 집에 가신 줄 알았다.

그런데 알고 보니 외할머니 4촌 친척뻘 되는 의사 집에 가셨다는 것이다. 돈은 없고 날이 갈수록 다리는 아프고 해서 그 집에 침을 맞으러 가셨다고 한다.

외할머니는 그 집의 커다란 철문을 30분 동안 두드리고 소리치고 나서야 겨우 들어갈 수 있었다고 한다. 그런데 뭐라고 말할 새도 없이 다짜고짜로 '이젠 침을 놓지 않는다'며 할머니에게 마구 화를 냈다는 것이다. 할머니는 너무 기가 막혀 침 맞으러 왔다는 말씀은 꺼내지도 않았단다.

외할머니는 그 의사 영감에게 "집에 찾아온 손님을, 그것도 남도 아닌 친척을 그냥 내쫓는가, 언 몸이나 녹이고 가라고 해야 옳은 게 아니냐."고 말을 하니 빨리 몸을 녹이고 가라고 했단다. 그리고 그 영감은 자기 부인에게 문을 열어 줬다고 계속 고함을 치니, 부인은 부끄러워서인지 숨어 버렸단다.

외할머니는 화가 머리끝까지 올라 할 말을 다 하고 싶어, 침 맞으러 온 손님들에게 조금만 밖에 나가 있으라고 사정했지만 그 사람들은 꼼짝도 하지 않더란다. 할 수 없이 할머니는 문을 쾅 닫고 나왔다고 한다. 그러면서 할머니는 다시는 그 집에 찾아가지 않겠다고 백 번은 다짐했다고 한다.

외할머니 말씀을 들으니 친척도 남보다 못할 때가 있구나, 북한같이 못사는 나라에서 오니 온갖 천대를 받으며 사는구나 하는 생각이 들었다. 내가 신분만 괜찮다면 당장이라도 달려가 혼내주고 싶고 죽여 버리고 싶다. 그런데 후에 알고 보니 아주 오래 전, 그 친척과 외할아버지 사이가 좋지 않은 사연이 있다는 것을 알게 되었다.

외할머니는 계속 말씀하셨다.

"내가 북한이 아니라 한국에서 왔다면 그것들이 그렇게 못하겠지. 아마 굽실거리며 야단이었을 거다. 못사는 세상에서 산 죄로 이렇게 친척들에게도 천대를 받으니 정말 참기 어렵다!"

이와 같은 일은 우리 가족뿐 아니라 중국에 온 전체 탈북자들이 겪는 일일 것이다. 하루 빨리 통일이 되어 우리와 전체 탈북자들이 자유를 찾아 한국으로 갈 수 있으면 좋겠다. 그 때가 되면 정말로 보란 듯이 잘살 수가 있으련만.

비행기 바퀴

오늘은 소화가 잘 안 되어 삼촌과 함께 서시장 근처에 있는 약방에 가서 침도 맞고 돈이라도 좀 얻어가려고 하루 종일 그곳에서 놀면서 약방 총경리(주인)를 기다렸다.

내가 이 약방을 알게 된 것은 학철이 아저씨가 위병을 떼려고 한약을 얻으러 갔을 때였다. 초약도 싸게 샀고, 침도 공짜로 맞았고, 그 약방에 있는 한국에서 오신 분들을 만나 목욕도 하고 식당에 가서 불고기도 얻어먹은 적이 있기 때문이었다.

그 분들은 우리에게 점심 사 먹으라고 50위안이나 주었었다. 그렇지만 그 돈으로 점심을 안 먹고 25위안씩 학철이 아저씨하고 나누어 가졌다. 앞으로 신발도 사고 바지도 사고 여러 가지 돈 들 일이 많으니 돈을 모으려고 그랬던 것이다.

그 한국 사람들은 너희들이 글이라도 쓴 것이 있으면 가져오라고 했다. 앞으로 많이 쓰면 한국으로 가져가 많이 도와주겠다고까지 말했다. 그 말에 '예' 하고 대답은 했지만 속으로는 '야, 똥이나 확 처먹어라!' 하고 코웃음을 쳤다.

그 날은 그렇게 지나갔는데, 오늘에야 학철이 아저씨하고 같이 그 약방으로 갔다. 정작 문을 열고 들어가자니 부끄럽기도 하고 미안했다. 잘못한 것도 없는데 어쩐지 큰 잘못을 저지른 사람처럼 어쩔 바를 몰랐다.

그러다 그냥 쑥 들어갔다. 들어가니 주인은 "왜 왔는가." 하고 묻는다. 나는 "소화가 안 돼 침을 맞으러 왔다."고 얼결에 대답했다. 주인은 내 말을 믿고 침을 놓는다. '어떻든 침이라도 맞으면 좋아지겠지' 생각하고 한참 앉아 기다리는데 한국 분들이 들어왔다. 허리 굽혀 인사를 하니 "오! 너희들 왔느냐." 하며 웃어 주었다. 그 사람들은 오늘 한국으로 비행기 타고 간다고 하였다.

그 사람들을 따라 지금이라도 한국에 가고 싶었다. 정 안 되면 비행기 바퀴에라도 매달려 가고 싶었다. 그러나 그것은 허황한 나의 생각일 뿐이었다. 이 사람들이 오늘 돌아가니 우리에게 10위안이라도 주려니 생각했는데 그저 가 버리는 것이었다. '야 더러운 것들!' 하고 나는 그 사람들이 나에게 마땅히 돈을 주어야 되는데 안 주는 것처럼 속으로 욕했다.

그 사람들이 간 다음 온 저녁 해가 질 때까지 그 약방 총경리(사장)에게 도움을 받고 싶어 기다렸다. 그러나 끝내 말도 못하고 그냥 돌아오고 말았다. 집까지 걸어오며 생각했다. 남에게 의지해서 뜯어먹으려는 것이 얼마나 힘들고 미안한 일인가. 자신의 노력으로 제 힘으로 살아가는 것이 최고라는 것을 오늘 다시금 절실히 느꼈다.

술 취한 이모부

오늘 아침에 화영이가 헐레벌떡 우리 집을 찾아왔다.

"여기, 우리 아버지 안 왔어?"

아버지가 어젯밤에 일을 하고 아침에 현장에서 나갔다는데 오질 않았다고, 아버지가 잡히지나 않았는지 모르겠다고 말했다. 그 말을 듣자 외할머니를 비롯한 온 집안 식구들이 근심에 쌓여 안타까워했다. 나와 외할아버지는 이모부가 오늘도 어디에선가 술을 먹고 취해 일어나지 못해 오지 못한 것이라고 주장하면서도 은근히 걱정이 되었다. 이모가 북한으로 잡혀갔는데 이모부까지 잡히면 사촌 형제 세 사람은 완전한 고아가 되고 말 것이다.

너무 속상한 나머지 할머니와 어머니, 나 이렇게 셋이서 장마당 할머니를 찾았다. 장마당 할머니는 "내가 왜 이렇게 속을 태우며 사는가!"라고 말하며 눈물을 흘리셨다.

할머니는 또 "올해는 너희들 때문에 속을 썩이고 고생하는 해다."라고 말씀하셨다. 할머니의 말씀이 맞다. 야생인 같은 우리를 거느리고 통제하자니 얼마나 속이 썩고 애가 타겠는가. 우리는 그런 심정을 다 알고 있으면서도 어쩔 수 없었다. 또 고치려 해도 단번에 다 고치기가 힘들었다.

할머니가 한참 울고 있는데 저 멀리에서 이모부가 술에 취해서 자전거를 타고 휘청거리며 오고 있었다.

"할머니, 저기 이모부가 오십니다!"

할머니는 너무 좋아 눈물을 그치고 그곳을 바라보며 '휴!' 하고 한숨을 내쉬었다.

이모부 얼굴을 보니 어디서 싸움을 했는지, 아니면 넘어졌는지 콧등과 얼굴이 벗겨지고 장갑에는 피가 묻어 얼룩이 져 있었다. 어디에 갔었느냐고 할머니가 따지시니, 같이 일하는 사람들이 술을 마시자고 해서 술을 좀 마시고 오다가 넘어져서 콧등이 벗겨졌다고 말했다.

할머니는 욕을 하시려다 말고 큰 사고를 쳤다는 한마디만 하셨다.

그러자 이모부가 말했다.

"내가 무슨 사고를 쳤는가. 만약에 공안이 잡으러 온다면 벙어리 흉내를 내서라도 살아날 것이다."

할머니는 술 마신 사람하고는 더 이상 말을 못하겠다며 이모부를 집으로 보내셨다.

한참 후에 이모부를 찾으러 간 화영이와 애란이 아주머니가 이모부 소식을 물어보려고 왔다. 화영이는 아버지의 상처를 보며 눈물을 흘렸다. 아버지가 오시지 않아 근심하던 것도 이젠 좀 풀린 것 같다.

우리 탈북자들이 언제쯤이면 마음 놓고 다니며 일할 수 있겠는지. 한 시간만 없어져도 공안에 잡히지는 않았는지, 죽었는지 살았는지 하는 근심을 안 할 날이 언제쯤 오려는지.

큰어머니

오늘부터 어머니와 내가 외할머니네 은신처에 같이 있지 않고 따로 은신처를 잡고 나와 살게 되었다. 저녁이면 잠도 제대로 못 자게 하던 외할아버지의 그 반도체(라디오) 소리와 가마목에 앉아 할아버지의 잔소리질하는 소리를 듣지 않아도 되니 얼마나 좋은지 모른다. 이렇게 좋은 걸 왜 얼른 나오지 못했는가 하는 생각이 다시금 든다.

이전에도 그런 생각을 하긴 했었다. 그러나 경제가 딸려 우리에게 신발도 사주지 못하는 형편인 것을 알면서 어떻게 우리가 따로 나가 살겠다고 할 수가 있었겠는가. 우리에게 신발을 사주겠다고 하고는 경제가 허락하지를 않아 항상 빚진 사람처럼 지내고 있을 큰어머니의 마음은 얼마나 괴로울까.

따로 나오니 조용하고 소리치는 사람도 없고 저녁에도 일찍이 잠을 잘 수도 있고 아침 일찍 일어날 수도 있어 무척 좋다.

통일

저녁에 어머니와 함께 아랫집에서 한국 드라마를 보았다.

영화를 한창 보는데 몇십 년 만에 아들과 어머니가 만나서 서로 부둥켜안고 우는 장면이 나왔다. 옆에 앉아 텔레비전을 보던 어머니도 눈물을 줄줄 흘리셨다. 북한에 두고 온 형과 아버지를 생각하시는 모양이다.

우리 처지도 그들과 비슷한지 모른다. 통일이 되면 그리운 아버지와 형님을 만날 수 있을 것이고, 통일이 되지 않으면 영영 못 볼 수도 있다.

그 동안 방송을 통해 이산가족 얘기를 들었지만, 실제로 이산가족이 되고 보니 괴롭고 안타깝다. 죽었는지 살았는지도 모르는 부모형제들과 불쌍한 북한 동포를 생각하면 빨리 통일이 되어야 한다는 생각이 더욱 간절하다.

오늘 어머니 일기장을 보고 아버지와 형님을 북한에 남겨두고 살길을 찾아온 어머니의 아픈 마음을 더욱 잘 알게 되었다. 그런 생각을 하니 어머니 곁에 있는 내가 얼마나 행복한지 잘 알게 되었다.

나라도 어머니 속을 태우지 않고 잘 모셔서 통일이 되면 건강하고 씩씩한 몸으로 북한에 있는 아버지와 형님을 만나 기쁨과 슬픔을 나눌 수 있도록 해야겠다.

빨리 통일이 되어야 수백만의 이산가족들이 죽기 전에 자기 부모형제 자식들을 만나게 될 것이다. 그러면 지나간 긴긴 세월을 추억하며 옛말을 할 것이다. 온 집안 식구들이 행복과 자유를 누리며 재미있게 살 날이 언제나 오려는지.

7천만 우리 겨레가 모두 힘을 합쳐 애쓰고 노력하면 내일이라도 통일이 될지 모를 일이다.

기도

밖에 나간 어머니가 10시가 넘도록 집에 들어오시질 않는다. 참 속상하다. 어디 가서 잡히지는 않았는지, 납치당하지는 않았는지 알 길이 없어 더욱더 근심된다. 어머니를 기다리며 빈 집에 홀로 있자니 정말로 근심되고 외롭다. 그래서 밖에 나가 1시간 동안이나 어머니가 언제면 올까 하고 하늘만 바라보며 하느님께 기도를 했다.

"은혜가 풍성하신 하느님 아버지. 이때까지 큰아버지 큰어머니를 만나게 해 주시고 안전하게 근심 없이 생활하도록 보살펴 주신 데 대하여 진심으로 감사드립니다. 하느님 아버지, 여느 때는 하느님 아버지를 크게 찾지 않으나 슬프고 외롭고 무섭고 기분 나쁠 때는 언제나 하느님 아버지를 찾사오니 용서하여 주십시오. 오늘 저녁도 어머니가 밖에 나가 10시가 넘도록 오시질 않으니 하느님께서 어머니를 은신처까지 잘 인도하시고 그 어떤 마귀 사탄에도 빠지지 않게 보호하여 주시기를 간절히 기도 드립니다. 그리고 또 우리 어머니가 요즘 여러 가지 질병으로 고통을 받으니 예수님의 피로써 그 질병을 깨끗이 씻어 주시고 건강한 몸으로 통일이 되는 날까지 살 수 있도록, 모든 북한 동포들도 건강한 몸으로 통일의 새아침을 맞을 수 있도록 하느님 아버지께서 인도하여 주시오며 은혜를 베풀어 주시옵소서. 하느님 은혜 감사하며 살아 계신 예수님의 이름으로 기도 드립니다. 아멘."

개똥

오늘은 음력 보름을 쇠기 위해 할머니하고 시장에 채소와 여러 가지 음식을 사러 갔다. 이것저것 사고 싶은 물건도 많다. 먹고 싶은 음식들도 많고, 이름을 모르는 물건도 많았다. 돼지고기와 명태, 채소를 몇 가지 사 들고서 시장을 돌아보며 할머니에게 이것저것 사 달라고 졸랐으면 좋겠다는 생각이 들었다.

내 주머니에 돈이 있으면 갖고 싶은 물건과 먹고 싶은 음식을 마음대로 사겠는데 아쉬웠다. 그래서 그때 '내가 나이는 어리지만 좀 일을 해서 돈을 벌고 싶다'고 생각했다. 일을 하면 신체 단련도 되고 좋을 것 같다.

눈은 풍년이다. 갖고 싶은 것이 너무나 많은데 내 주머니는 텅 비어 있다. 할머니나 큰어머니나 다른 사람들에게 "돈이 얼마 필요한데 얼마만 주세요."라고 말하려 하다가도 "야, 어린 나이에 너무 돈에 신경을 쓴다. 그러면 안 돼."라고 할까봐 그냥 스쳐 지날 때도 많다. 자기가 애써 번 돈을 그저 쉽게 내놓을 사람은 한 명도 없다.

어떤 사람들은 "야, 너는 어려서부터 물질에 어둡다."고들 말한다. 그것이 나의 제일 큰 잘못인 것 같다.

내가 특별하게 까불거리니 그런 말은 좀 듣는다. 지금 나와 삼촌의 신발은 형편없이 다 찢어져 있다. 거리를 다닐 때면 다른 아이들은 몇 백 위안짜리 구두를 신고서 '이건 한국 신이오, 이건 미국 신이오' 한다.

겨우 30위안짜리 신도 나에게는 최고로 비싼 신발인데 그것마저 없어 다 찢어진 신발을 신고 거리를 나돈다. 늙은이도 아닌 10대의 나이에 헌 신발을 끌고 다니는 사람은 아마 연길 시내에서도 드물 것이다.

그래서 할 수 없이 체면 불구하고 "신발을 사게 20위안이라도 좀 주세요."라고 사람들에게 말한다. 한 번 말해 안 되면 두 번 세 번이라도 말한다. 그러면 "야, 너 돈에 너무 신경 쓴다."라고들 한다.

내 주머니에 신발 사 신을 돈 몇 푼이라도 있으면 그 따위 소릴 하겠나. 나도 또래 아이들처럼 멋도 부리고 옷도 잘 입고 싶다. 어쩌다 중국 아이들이 앞에서 마주올 땐 내 옷차림이 너무 초라해 다른 길로 피해 가기도 한다.

'이번에 꼭 신발 사 신어야지!' 하고 몇 달 동안 아껴 30~40위안을 모은다. 그러나 정작 신발을 사자고 보면 그 돈이 아깝다. 가정 형편도 어려운데 또 혼자 신발을 사 신으면 다른 사람 보기가 정말 미안하기도 하다.

철없는 소리지만 큰어머니는 나를 만나서부터 신발을 사주겠다고, 또 후에는 아이들의 신발을 한국에서 부쳐 와야겠다고, 이번에 꼭 사준다고 열 번은 말했다. 큰어머니가 한국에 가면서 신발을 사온다고 하였다.

몇 달 후에 큰어머니가 부를 때면 '이번엔 한국 신발 신어 보겠구나!' 하고 생각만 해도 기뻤다. 개똥도 한국 것이 좋다고들 말하는데, 신발은 더 좋겠지? 이번엔 신어 보겠지? 하고 기쁜 마음으로 큰어머니를 만난다. 그러나 큰어머니를 만나면 신발 소리는 까맣게 잊고 있다.

경제가 늘 빠듯하고 또 사업이 복잡하고 바쁘시겠지. 그건 나도 잘 안다. 한쪽 다리 감옥에 넣고 일을 하신다는 걸. 그러나 사주지 못할 형편이면 말을 하지 말아야지, 올 때마다 신발을 사오는가 했다가도 계속 실망하게 된다.

내 보기엔 큰어머니가 실천보다 말이 먼저 앞서는 경향이 조금 있는 것 같다. 이런 글을 쓰면서도 큰어머니나 큰아버지가 "야, 너희들을 살려내려고 그렇게 애쓰는데 이러는구나. 은공도 모르는구나."하고 욕이라도 할까봐 이런 일기 쓰기가 좀 미안하다.

그러나 이런 생각을 했으면 그래도 일기에 쓰는 것이 옳은 것 같다. 우리와 인연이 된 바에는 큰아버지나 큰어머니가 목에 칼이 들어가는 한이 있더라도 끝까지 올해 중으로 해결해 줬으면 하는 생각이다.

북한에 강제로 송환되는 날까지 글도 쓰고 그림도 그리고 끝까지 따르고 믿고 싶다. 마음을 굳게 먹고 그 어떤 유혹에도 흔들리지 않도록 마음의 준비를 해야지.

신발 좀 사오세요

오늘은 큰아버지에게서 전화가 왔었다. 몇 달 만에 큰아버지의 음성을 듣고 보니 참으로 좋았다. 어제 큰어머니에게서 온 전화를 장마당 할머니가 받았는데, 지금 형세가 좋아 장사도 걷어치우고 우리들의 자료를 정리하고 있다고 한다.

큰어머니는 너무 좋아 막 울었다고 할머니에게 전했단다. 그래서 오늘 전화에 큰아버지가 좋은 소식이라도 전할 것 같았는데 이전과 마찬가지로 글도 열심히 쓰고 일기도 쓰고 그림도 그리라는 것이었다. '야, 글 쓰라는 소릴 너무 들어 이젠 전화가 와도 또 그 소리일 것이다' 하고 생각을 하니 지금은 그닥 기쁘지 않다. 처음에 전화 올 때는 기뻐서 뚝뚝 뛰었는데. 점점 기쁜 마음이 사그라드는 것 같다.

전화를 하면서 큰아버지가 "이제 귤을 한 상자씩 안 먹느냐. 귤을 많이 먹어 키도 많이 컸겠다. 지금은 누가 귤을 사 주는가?" 하고 물어보셨다. 나는 "이제는 안 먹습니다. 별일 없습니다."라고 했지만, 거짓말이다.

지금 오랫동안 과일을 못 먹어 속에 피가 솟는 것 같다. 큰어머니가 있을 땐 그래도 한 주일이 멀다 하고 먹어서 귤 먹기가 좀 싫어지기까지 했지만, 지금은 큰어머니가 빨리 왔으면 하는 생각이다. 그리고 전화가 왔을 때 내가 큰아버지에게 부탁을 못 드린 것이 한 가지 있었다. '신발 꼭 사오세요!'라고 말이다. 다음에 전화가 오면 꼭 부탁을 해야지.

신발을 훔치다

오늘은 하도 심심하고 적적해서 삼촌과 함께 연변과학기술대학으로 돈을 좀 얻으려고 찾아갔다. 방송에서 연변과학기술대학에 탈북자들의 상담실과 도와주는 조직이 있다고 하기에 어떨까 해서 찾아갔다.

정문에는 공안들이 떡 틀고 앉아 있어 들어가지 못하고 뒷문으로 겨우 들어갔다. 청사에 들어가니 당직을 서는 사람들이 수두룩하여 학교 학생들처럼 보이도록 하면서 2층으로 올라갔다. 웬일인지 조마조마해지고 공안이 막 붙잡으러 오는 것 같아 살금살금 이 칸 저 칸 문을 열어 보았는데 방학이어서인지 문은 모두 잠겨 있고 아무도 없었다.

허탕을 쳤다는 생각을 하면서 여기까지 오는 차비가 아까웠다. 그냥 돌아가려고 하다가 '온 김에 한 바퀴 돌아보고 가자' 하고 온 청사를 다 돌아보았다. 위층에서 기침 소리가 나거나 발자국 소리가 나기만 해도 놀라서 와닥닥 뛰어 아래층으로 내려가 숨었다가 다시 위층으로 올라갔다.

여기저기 돌아다니다 청사에서 빠져 나와 뒷문으로 나가는데 택시 한 대가 서더니 그 안에서 한국 사람들이 내렸다. 삼촌이 "야, 한국 사람이다!" 하고 소리쳤다. 우리는 그들이 가는 곳을 따라가 보았다. 그런데 그들은 개인 집으로 그냥 들어가고 말았다.

그런데 집집마다에는 문에 이름이 써 있고, 사진도 붙어 있었다. 어떤 문에는 노랑머리 서양 사람들의 사진도 붙어 있었다.

'여기가 외국 사람들 사는 사택인가?' 하고 생각하는데 30대쯤 되어 보이는 여성이 오더니 "여기는 왜 왔는가?" 하고 물었다. 말씨를 들어 보니 한국 사람이 틀림없었다.

"한국 사람을 만나러 왔습니다."

"그 사람 이름이 뭐죠?"

"아무 사람이라도 됩니다."

자기는 한국 사람인데 여기 대학에서 한국어를 가르친다고 하였다. 그때다 싶어 "우리는 북한에서 왔습니다."라고 하자 그녀는 뒤로 돌아서 집 문을 열었다. 어떤 한국 아주머니가 나오자 그녀에게 우리를 가리키며 "저 사람들이 북한에서 왔다."고 말한다. 그러자 그 여자는 문을 쾅 닫고 들어가 버렸다. 그 집 문 앞을 왔다 갔다 하면서 그 여인들이 밖으로 나오기를 기다렸는데 아무런 소식도 없었다.

불쌍한 사람들이 도움 받으려고 찾아왔는데 아무 말도 없이 들어가 버리니 괘씸했다. 그냥 가려고 하는데 삼촌이 복도 신발장에 신발이 있는 것을 보고 "야, 신발이나 가져가자!" 하며 그곳에 있는 신발과 바꾸어 신었다. 또 그곳에 있는 사과 한 봉지도 가지고 나와 막 밖으로 나가려는데 경비원이 올라왔다.

그 경비원은 "너희들 북한 사람이지?" 하며, 구걸질을 하려면 시내에 나가야지 왜 여기에 오느냐고 하였다. 여기는 한국 사람들이 살기 때문에 자기들도 마음대로 들어오지 못하는 곳이라고 했다.

"너희들이 정 이렇게 자꾸 오면 할 수 없다. 공안국에 신고

해 데려갈 수밖에 없다."고 했다. 우리는 다시는 안 오겠다고 말하고는 주인이 막 신발을 찾으러 오는 것 같아 재빨리 뛰어 버스를 타고 그곳을 빠져 나왔다.

속이 얼마나 두근거리는지, 버스를 탔는데도 막 따라오는 것 같았다. 이런 짓 다시는 하지 말자고 삼촌하고 이야기했다. 이러다가 자칫하면 잡혀서 북한으로 강제송환 될 것 같았다.

이제부터 이런 버릇 고치고 제 힘으로 노력해 살아야지.

한국 방송

저녁에 KBS 방송을 들었다. '보고 싶은 얼굴, 그리운 목소리'를 듣는데 '길수가족' 이야기가 나왔다. '길수가족'이 중국에 숨어 사는데 한국에 계시는 많은 분들이 지원을 한다는 내용이었다. 나는 그 방송을 듣자마자 손뼉을 쳤다. 얼마나 기뻤는지 모른다. 한국에 계시는 큰아버지가 얼마나 수고하시는지 절실히 느꼈다.

한국에서 우리를 도와주시는 분들에게 여기서 내가 할 수 있는 일이란 글을 쓰고 그림을 그려 북한의 현실을 보다 빨리 알리는 일인 것 같다.

지금까지 큰아버지 전화를 받으면 희망보다는 실망이 생겼는데, 한국에 계시는 분들이 많이 도와주고 협조한다는 소식을 들으니 정말로 힘과 용기가 솟는다. 지금 얼마나 기분이 좋은지 당장 장마당 할머니에게 달려가 이 소식을 알리고 싶었다.

'큰아버지 정말로 감사합니다'

오늘 밤은 너무 기뻐서 잠도 올 것 같지 않다.

천대

오늘 애란이 아주머니네 집으로 놀러 갔다. 책상 위에 치통(폭죽) 두 개가 놓여 있었다. 나이는 17살이지만 나는 아직도 아이들 마음과 같다. 그런 물건을 북한에서 보지 못해서인지 호기심에 끌려 애란이 아주머니에게 그걸 하나 달라고 했다. 그러자 바로 승낙해서 주머니에 넣고 밖에 나와 몽땅 다 터쳐 버리고 말았다. 정말 재미있었다. 이따금씩 나도 사서 터치지만 어쩐지 오늘이 더 재미있었다.

집에 들어와 불을 때는데 영국이(애란 아주머니 아들)가 문을 열고 들어서자마자 '이 머저리' 하고 혼잣말로 중얼거렸다. 당장에라도 혼내 버릇을 고쳐 주고 싶었지만 여러 가지를 생각하면서 '어쨌든 참자.' 하고 올라오는 분노를 겨우 참았다. 영국이가 나가자 어머니는 나를 보고 "어째서 영국이 것을 가지고 와서 소란을 피우는가!" 하며 욕설을 퍼부었다. 내가 잘못하긴 잘못했다. 어린아이들이 가지고 노는 1위안짜리 치통을 가져와 소란을 피웠으니 정말 부끄러웠다.

한창 욕을 먹고 있는데 문을 열고 영국이가 또 들어왔다. 손에는 무언가를 쥐고 있었다. 치통이었다. 영국이는 여섯 개를 한데 묶어 불을 달아 집 안에 던져 넣고 달아났다. 영국이가 나가자마자 치통 터지는 소리가 요란했다. 사방이 막힌 집 안에 치통 터지는 소리가 탕탕 울렸다. 귀가 멍해지고 화약 연기와 냄새가 집 안에 콱 들어찼다.

나는 영국이 녀석이 얼마나 괘씸하던지 그 자리에 영국이가 있었더라면 가만 두지 않았을 것이다. 우리를 업신여기고 아무 짓이나 막 하는 것 같아 너무나 괘씸해서 뒤쫓아갔다. 어머니가 알고 "야, 영국이를 욕이나 하지 절대로 손대지 말라."고 신신당부했다.

당장이라도 쫓아가서 밟아 놓고 싶었다. 처음 영국이가 왔을 때 형님이 잘못했으니 분풀이를 말라고, 이 형이 사주겠다고 좋게 말해 보냈는데 정말 참을 수가 없었다.

그러나 집 문을 열고 나갈 때하고 그 집 문을 열고 들어갈 때하고 생각이 좀 달랐다. 그저 욕이나 몇 마디 하고 말자고 생각했다. 집에 들어가니 애란 아주머니와 어머니, 그리고 외할아버지도 계셨다. 나는 많은 욕을 못하고 나와 버렸다. 그랬더니 어머니와 외할머니도 몇 마디 욕을 하다 말았다. 조그만 아이들도 내가 잘못했다고 하도 그러니 우릴 업신여기고 얕보는 것 같아 마음이 아팠다. 고달픔 속에서 설움과 천대와 멸시를 받으며 사는 우리 탈북자들을 생각하면 정말 가슴이 아프다. 하루 빨리 자유를 찾고 싶다.

돈 장사

오늘은 삼촌과 함께 조선(북한) 돈을 가지고 서시장으로 가서 한국 사람들을 만나 돈이나 벌자고 생각했다. 오후 내내 시장을 돌아다녔지만 한 사람도 만나지를 못했다.

할 수 없이 한국 옷을 파는 곳에 올라가 보니 한국 사람이 옷을 팔기에 삼촌이 조선 돈을 들고 가 이 돈을 기념으로 가지라고 했다. 그러자 그 사람은 조금 있으면 순찰하는 보안이 올라오니 빨리 가라는 것이었다. 그래서 삼촌과 나는 아래층으로 뛰어 내려와 밖으로 나왔다. 그 사람에게서 돈을 바꾸려다가 쫓겨 내려온 삼촌은 크게 실망했다.

한창 구경하며 돌아다니는데 한국말을 하는 사람들이 스쳐 지나갔다. 물건을 사려고 하는 그들 옆에 서서 말소리를 들으니 한국 사람들이 분명했다. 그 다음부터는 그 사람들의 뒤를 쫓아다녔다. 30분 정도 따라다니다가 사람들이 없는 곳에 갔을 때 그 사람들에게 "한국에서 오셨으면 조선 돈하고 돈을 바꾸어 달라."고 하자, 그 사람은 "너희들 북한에서 왔지?" 하고 물었다. 우리는 그렇다고 했다. 그러자 그 사람은 사실 조선 돈은 필요 없지만 기념으로 가지고 가겠다며 그 돈을 넣고 삼촌과 나에게 각각 한국 돈 만 원씩을 주었다.

우리는 너무 좋아 '감사합니다!' 라고 인사를 하고는 한국 돈을 구경하며 걸었다. 어찌나 좋은지 둥둥 떠다니는 기분이었다. 처음으로 한국 돈을 받아 봤다.

조선 돈 600원이면 중국 인민폐로 18위안인데 150위안을 가졌으니 열 배나 이득을 본 셈이다.

그 다음에는 더 돌지 않고 자전거를 타고 집으로 향했다. 기분이 너무 좋아 자전거를 빨리 타다가 뒹굴기도 하고 마주 오는 사람과 부딪히기도 했다.

한국 돈을 실컷 만지작거리다가 거리에 있는 암달러 상인들에게 가서 돈을 바꾸었다. 할머니가 알면 또 돈을 어디다 어쨌라 할까봐 가만히 나 혼자 바꾸었다.

맨발의 꽃제비

오늘은 장마당 할머니하고 삼촌, 화영이, 나 이렇게 넷이 시장에 신발을 사러 갔다. 우리는 몇 달 만에 슬리퍼 같은 신을 벗어 던질 수 있어 정말 기뻤다. 할머니가 신발 가게에서 신발을 골라 주셨다. 50위안짜리 구두였다. 몇 년은 신을 것 같았다. 중국에서 처음으로 비싼 신발을 사서 신을 수 있었다. 북한 같으면 이런 신발은 고위급 간부들이나 신을 수 있는 것이다. 백성들은 너무 비싸 신을 엄두조차 내지 못한다.

우리는 1년에 잘해야 신발 두 켤레를 신을 수 있었다. 그 신발은 한 달만 신어도 다 헤져 기워야 하고, 기운 데를 또 기워서 신고 다녀야 한다. 어떤 아이들은 신발이 없어 학교에 가지 않겠다고 한다. 학교에 가기 싫었는데 신발이 없다는 구실이 생겨서 차라리 잘 됐다고들 한다.

북한에 비하면 중국은 신발이 조금만 헤져도 새 것을 살 정도로 풍족해서 여러 가지 형태의 신발을 신고 다닌다. 아마 몇 달에 한 번씩은 신발을 사 신는 것 같다.

북한에서는 먹을 것도 없어 죽어 가는데 신발이 다 무엇인가? 그래서 북한의 꽃제비들은 맨발로 다닐 때가 많다.

여기 중국을 생각하면 눈이 휘둥그레질 정도다. 중국에선 맨

쌀밥만 먹고 강냉이는 짐승 사료로 많이 쓴다고 하기에, 처음에는 거짓말이라고 생각했다. 강냉이를 사람이 먹어야지 짐승이 먹으면 어떻게 하냐며 잘 살긴 잘 사는 모양이라는 생각도 했다.

그런데 정말 중국에 와보니 집집마다 쌀밥을 먹고, 또 먹고 싶은 것을 마음대로 먹는 것을 보았다.

처음 중국에 와서 '이곳이 천국이구나!'라고 생각했다.

도시를 얼마나 멋있게 잘 꾸려 놓았는지 놀랐다. 중국에서 보면 제일 못한 시골 같다는 곳이 이 정도니 정말 놀랍다.

울타리에 꽉 붙들어놓고 바깥세상을 내다보지도, 나가지도 못하게 하는 북한이 더욱더 증오스럽다.

대식가

저녁나절에 사기꾼 같은 사람이 놀러왔다.

전에 우리 가족에게 '20명만 채워 오면 한국에 보내준다'고 거짓말을 했던 바로 그 사람이다. 지난 일을 생각하면 괘씸하였지만 찾아오는 사람도 없고 하니 그래도 반가웠다.

그는 우리 집에 올 땐 하다못해 사탕이나 심심풀이로 먹는 해바라기 씨라도 들고 온다.

오늘은 맥주와 명태 등 여러 가지 음식과 술을 들고 왔다. 나는 술을 못 먹지만 어른들과 마주 앉고 보니 '나도 이젠 좀 컸구나!' 하는 생각이 들었다. 흐뭇했다.

그 사람과 삼촌과 나는 양고기구이 집으로 향했다. 오랜만에 가보는 양고기구이 집이다. 술을 먹지 않는 나는 양고기만 구워 먹었다. 술안주 할 것도 남기지 않고 내가 거의 다 먹어치웠다. 그때 그 사람이 말은 안 했으나 얼마나 미안하든지 앉아 있기에 민망할 정도였다.

아직도 배에 기름이 생기지 않아서인지, 키가 클 때가 되어서인지 알 수 없다. 어쨌든 내가 아직도 아무 음식이나 많이 먹는다는 것은 사실이다.

큰어머니가 귤을 한 상자 사와도 20분도 안 돼서 삼촌과 한 상자를 다 먹어 치울 정도니 대식가라고도 할 수 있다.

무엇을 그릴까

날이 가면서 점점 일기 쓰기도, 그림 그리기도 싫다.

모든 사람이 다 그렇다. 나도 물론 쓰고 그리기가 점점 싫어진다. 쓰지 말았으면 하는 생각도 든다.

지난 번, 큰어머니가 책과 연필, 크레용 등 쓰고 그릴 도구를 한 가방 가져왔을 때 기쁨보다는 걱정이 앞서 "아, 이렇게 많이?" 하고 말한 적이 있다.

일기는 그런 대로 매일 쓰고 있으나 그림은 아직까지 한 장도 그리지 못했다. 일기를 쓰자면 북한에서의 생활도 쓰고 하는데, 그림은 무엇을 그릴까 하고 생각하면 아예 골머리가 아프다. 그림을 너무 많이 그려서 이제는 그릴 것도 없다고 생각했다. 마른 나무에서 물을 짜는 격이다.

그림을 안 그리자니 그러면 안 될 것 같다. 큰아버지가 시킨 임무이기도 하여 몇 장은 그렸지만, 그림을 제일 잘 그린다는 형님도 "이제는 정말 그림 그릴 감이 있을 것 같지 않다."고 했다.

우리의 앞날과 자유를 찾아 주시려고 밤낮이 따로 없이 분투하시는 큰아버지에 비하면 아무것도 아니지만, 이젠 모두가 그림이라면 뒤돌아서고 종잇장도 만지지 않는 정도가 되었다.

왜 이렇게 그림을 계속 그려야 하는지 모르겠다.

어머니의 눈물

어머니와 아주 작은 문제로 말다툼을 했다. 그 일로 내가 얼마나 버릇없고 망종처럼 행동했는지에 대해서 많이 느꼈다. 이국땅까지 와서 하나밖에 없는 어머니를 노엽게 했다고 생각하니 가슴이 아팠다. 어머니는 '너하고는 같이 못 살겠다'고 하시며 짐 보따리를 싸 가지고 나가셨다.

어머니가 나가시니 어쩐지 마음이 불안해졌다. 그래서 삼촌이 집에 두었던 술을 몽땅 마셔 버렸다. 평상시에 술이라고는 모르고 살았는데 오늘은 술에 취하고 싶었다. 그렇게 쓰던 술이 오늘은 그리 쓰지 않았다. 얼마 후 옷을 입고 밖으로 나왔다.

대문을 나서니 한쪽 벽 옆에 쪼그리고 앉아 울고 있는 어머니 모습이 보였다. 그냥 못 본 척하고 지나갔다. 울고 있는 어머니를 힐끗 뒤돌아보니 어머니 눈에서 눈물이 줄줄 흘러내리고 있었다.

정신은 멀쩡했지만 시간이 갈수록 몸이 점점 비틀거렸다. 그때는 아무 정신없이 소리치고 싶은 심정이었다. 그러나 어머니에게 버릇없이 굴던 내 자신을 한탄하며 울고 또 울었다.

형이 돌아왔다

아침에 일어나니 이모부네 집이었다. 정신을 차리고 일어나 장마당 할머니네 집으로 갔다.

할머니는 대뜸 “네가 어제 술에 취해 내 옷에 토해서 이렇게 빨래를 한다.” 하시면서 욕을 퍼부었다. 조용하게 살아야 할 처지에 그렇게 복잡하게 살면 안 된다며 꾸짖으셨다.

할머니 말씀이 하나도 틀리지 않았다. 그걸 알면서도 나는 왜 잘못을 저질렀을까. 고치려고 노력은 하는데 잘 안 돼서 걱정이다.

한참 할머니에게 교육을 받는데 어제 저녁에 왔다던 한길이 형이 들어왔다. 몇 달 만에 형을 만나니 반가웠다. 형은 키도 많이 큰 것 같았다. 중국에 처음에 왔을 때는 마치 쓰레기에서 주워 온 사람 같았는데, 지금은 완전히 다른 사람이 되었다.

어제 저녁에는 술에 취해 형이 온 줄도 몰랐던 것이다. 형 대신 어머니를 잘 모시겠다고 다짐했었는데, 어머니와 다툼질까지 했으니 형을 대하기가 참으로 미안했다.

형은 나에게 아무 말도 하지 않았다.

“그 동안 잘 있었는가.”

그저 이 한마디 뿐이었다.

어머니는 한길이 형을 오랫동안 어느 기독교 단체의 은신처에 보내 놓고 마음이 안 놓여 계속 근심하며 많이 우셨었다.

아버지 생각

나는 비록 중국에서 숨어 살지만 좋은 음식이나 물건이 생기면 제일 먼저 북에 계신 아버지와 형님이 생각난다.

아버지와 형님을 생각하면 잠자리에 누워서도 눈물이 난다. 설날이나 다른 명절 때면 집에서 홀로 계시는 아버지가 무엇을 잡수시고 무엇을 하시는지 걱정된다.

아버지는 올해 50살. 인민학교(초등학교) 선생님이시다. 아버지는 가족을 먹여 살리기 위해 가을이면 여기저기를 돌아다녀야 했다. 체면도 가리지 않고 강냉이와 여러 가지 낟알들을 얻어 들이셨다. 배급을 받지 못했으니 어쩔 수 없는 일이었다. 그렇게 안 했으면 굶어 죽었을 것이다. 아버지가 아무리 애를 써도 그것만으로 살 수 없었던 우리는 여름이면 풀로 끼니를 때우면서 살아야 했다.

아버지는 좋은 음식이 한 가지라도 생기면 주머니에 넣어 가지고 오셔서 우리들에게 나누어 주곤 하셨다. 당신은 굶으면서도 죽이라도 생기면 그 죽을 우리 앞에 밀어 놓으셨던 아버지. '흉년 세월, 아이들은 배 터져 죽고 어른들은 굶어 죽는다'는 말이 있듯, 자식을 생각하는 아버지의 마음이 그랬다.

어느 하루는 학교 경내에서 빈혈증을 이기지 못해 정신을 잃고 쓰러져 있는 아버지를 사람들이 모시고 왔다.

나는 쓰러진 아버지를 붙잡고 얼마나 울었는지 모른다. 아침에 일어나니 내 얼굴은 온통 부어 있었다. 아버지는 이튿날 아침에 정신을 차리시고 또 학교에 출근하셨다.

지금 생각해도 아버지가 얼마나 불쌍하고 애처로운지 모른다.

지금이라도 두만강을 건너가 아버지를 이곳 중국으로 모셔오고 싶은 마음이 불같이 일어난다.

소금

우리 가족이 살던 북조선 마을에 가족이 몽땅 굶어죽고 외톨이로 남은 용철이가 살고 있었다. 용철이는 올해 19살이다.

용철이 아버지는 먹을 것을 얻기 위해 여기저기 돌아다녔다. 그러던 어느 날, 길옆의 바위를 끌어안고 쓰러졌다가 다시는 일어나지 못하였다.

용철이 어머니는 여름 내내 풀만 먹었다. 그런데 어쩌다 생긴 강냉이떡을 정신없이 먹다가 급체를 해서 숨지고 말았다.

용철이에게 동생이 하나 있었다. 용철이 어머니가 숨진 며칠 후, 용철이 동생은 너무 배가 고파 농장 강냉이 밭에 들어가 생강냉이를 뜯어먹다가, 무장 경비를 서는 군인들의 총에 맞아 죽었다.

가족을 다 잃고 살 길이 막막해진 용철이는 부모님과 동생 생각으로 며칠을 울고 또 울었다. 그러나 아무리 울어도 소용이 없었다. 용철이는 먹고 살기 위해서 하루에 칠, 팔십 리 길을 걸어 다녀야 했다. 한줌 두줌의 낟알을 빌어 가지고 집에 와서 닥치는 대로 끓여 먹었다.

어느 날 용철이는 얼굴이 퉁퉁 부어서 우리 집에 들어섰다. 그러고는 문 앞에 쓰러졌다. 나와 어머니는 용철이를 부추겨서 집 안에 들여다 눕히고 죽 한 그릇을 주었다. 조금 전까지 쓰러져 있던 용철이는 죽을 보고는 얼굴에 웃음을 지으며 그 죽을 다 먹었다.

왜 얼굴이 부었느냐고 용철이에게 물었다.

용철이는 힘없이 말했다.

"소금을 먹지 못해서…"

어머니는 용철이 손에 소금을 쥐어 주셨다. 그러자 용철이가 말했다.

"오늘 너희 집에서 죽을 먹고 소금까지 얻어가니 정말로 고맙다. 나도 잘살 때가 오면 이 신세 잊지 않고 갚을게."

용철이가 가고 나니 불쌍한 친구를 도왔다는 생각이 들면서 마음 한 구석이나마 흐뭇했다.

나는 지금 중국에 숨어 살고 있다.

그러나 그 때를 생각하면 중국 사람들이 쓰레기장에 던지는 찬 밥 한 덩이, 헌 옷 한 벌이 얼마나 아까운지 모른다. 저런 것도 없어서 죽어 가는 사람들이 있으니 말이다. 생각 같아서는 그 옷과 밥을 북에 있는 사람들에게 갖다 주고 싶지만 가고 싶어도 갈 수가 없다.

언제쯤 통일이 되어 남과 북이 마음대로 오고 가겠는지. 마음대로 먹고 입으며 자유와 희망을 누리며 살 날은 과연 언제일지.

큰아버지의 음성

오늘은 처음으로 집에서 한 발자국도 안 나가고 꾹 틀어박혀 있었다.

전날에 술에 취한 미열로 위가 쓰려서 일어나기가 싫었고, 또 밥도 물도 제대로 넘기지 못했다. 그래서 이불을 펴놓고 누워 있으려니 심심하고 자꾸 헛 궁상만 떠올랐다. 그래서 그런 잡생각도 쫓을 겸 큰아버지의 음성도 들을 겸 큰아버지가 보내신 카세트 테이프의 노래와 시들을 들었다. 노래를 켜 놓고 들으며 나도 모르게 노래 박자에 맞추어 따라 부르기도 했다. 부르면 부를수록 힘이 생기고 용기가 솟았다. 다음번에 큰아버지가 오시면 이 노래를 다 배워서 큰아버지 앞에서 불러야겠다.

우리에게 보낸 노래와 시들을 들어 보면 힘과 용기를 줄 뿐 아니라 지나간 자기 생활을 돌이켜보면서 잘못도 뉘우치게 하였다. 그러고 보니 형님이 전번 날 KBS에서 방송된 '보고 싶은 얼굴 그리운 목소리'를 들었다는 말이 생각난다. 한국에 계시는 분들이 우리 가족을 많이 돕고, 길수가족 구명운동본부까지 생겼으니 힘과 용기를 잃지 말라고 했단다. 겨울이 가면 따뜻한 봄날이 온다고…

들으면 들을수록 용기가 생기고 내일에 대한 희망을 품게 된다. 한 때는 큰아버지와 큰어머니가 그렇게 수고하는 줄도 모르고 그림과 글을 가져가 어떻게 했느냐고 큰어머니와 큰아버지에게 막 따지고 들던 일이 후회된다.

방송을 통해서, 큰어머니를 통해서 큰아버지가 밤잠도 못 자면서 뛰어다니며 수고하는 모습을 그려볼 수가 있었다.

3

장군의 근심

오늘 연변예술극장에서 공연을 한다. 영국이가 우리에게 와서 영화 구경을 해야겠는데 전번에 표를 다 써서 볼 수 없다고 했다. 그래서 나와 삼촌이 다른 데로 들어가는 문이 없는가 하고 묻자, 있긴 있는데 그 곳으로는 못 들어간다고 했다. 잡히기 쉽다면서 거절했다.

그래서 삼촌과 나는 할 수 없이 사람들이 막 들어가고 있을 때 영국이 팔다리를 들고 표 받는 곳으로 마구 들어갔다. 표를 내라고 소리를 지른다. 그래도 우리는 영국이를 보면서 나오지 않는 웃음을 지으며 '너는 말하겠으면 말해라' 하고 빠른 걸음으로 그 곳을 통과했다.

그렇게 멋있게 들어가 자리에 앉았는데 영국이가 무서워하며 나가겠다고 한다. 그 사람들이 잡으러 온다며 구석으로 나가 보고는 "나는 처음이라서 무서워서 그래요!" 하면서 내 두터운 솜옷을 뒤집어쓰며 숨으려고 애썼다. 그 장면을 보니 우습기도 하고, 이 험한 중국 땅에서 어린 영국이의 순진함을 보니 얼굴이 뜨거웠다.

'나도 저런 때가 있었던가!'

어렸을 때의 모습을 그려봤다. 어렸을 때 나는 순진하게 못 살았던 것 같다. 철모를 때 내놓은 사회가 그렇게 만들었다고 생각하지만 나의 잘못도 컸던 것 같다. 하여튼 한 발짝만 가도 돈인 중국 땅에서 오늘 처음으로 돈을 내지 않고 남달리 행동해서 연극 구경을 재미있게 볼 수가 있었다.

공연을 보면서 앞에서 말하는 사람을 보니 한국에서 온 사람 같았다. 그래서 그 사람이 우리와 눈길이 마주칠 때면 우리가 먼저 그 사람에게 굽석 하고 인사를 했다. 말은 걸어야겠는데 옆에는 사람들이 꽉 들어차서 좀처럼 말을 꺼내기가 힘들었다.

기회만 노리고 있던 중 휴식시간이 되자 그 분이 밖에 나가 담배를 피우고 있었다. 그래서 삼촌과 함께 따라 나가 만났다. 한국 사람 앞에만 가면 예절 바른 사람이 되는 우리였다.

"우리는 북한에서 왔습니다. 어디서 오셨습니까?"

그 사람은 자기는 한국 전라도 광주에서 왔다고 알려 주었다.

우리는 그 사람에게 우리가 일기를 좀 쓴 것이 있다고 말했다.

그 사람은 그 일기를 자기에게 주면 KBS에 연결시켜 주겠다고 했다. 우리는 그 사람에게서 돈을 좀 받자고 그런 짓을 하게 되었다.

다음날 일기장을 가지고 나와 12시에 연변예술극장 앞에서 만나기로 약속을 하고 헤어졌다. 정작 약속을 하고 나니 한쪽으로 겁도 났다.

큰아버지만 믿고 따른다고 수백 번 씩이나 맹세한 우리가 다른 사람에게 일기를 팔아먹는다고 생각하니 이러면 안 된다는 생각도 들었다. 더구나 진짜로 한국 방송에 우리글이 공개라도 되어 큰아버지가 듣고 아시면 그땐 우린 끝장이다.

이런 저런 생각에 조금은 불안했다. 그러나 우리는 일곱 장쯤 일기 형태로 앞에다 쓰고, 온 밤을 새워 다른 글을 대강대강 생각 내키는 대로 써서 책 한 권을 만들었다.

다음날 일기를 가지고 예술극장 앞으로 갔다. 그런데 약속시간이 한 시간이 넘어도 한국 사람이 나타나지 않았다. 참 잘됐다 싶었지만 조금은 서운했다.

집안 싸움

오늘은 오전 11시부터 이모부와 삼촌하고 애란이 아주머니 집 방 구들을 수리했다. 오후 4시가 되어서야 작업이 완전히 끝났다. 몇 달 만에 노동을 해보니 좀 기분이 좋았다. 같이 집 수리를 했지만 이모부가 기본 작업을 다하고 우리는 조금 거들기만 했다. 이모부가 힘든 일을 도맡아 해서 오늘 좀 힘들었을 것이다. 작업이 끝나자 애란이 아주머니가 우리 세 사람에게 국수 대접을 했다.

우리는 재미나게 모여 앉아 먼저 맥주를 청해 먹었다. 한잔 두잔 마시다 보니 열이 오르고, 삼촌과 이모부는 백주까지 마셨다. 술을 다 마시고 난 다음에 국수도 맛있게 먹었다. 먹을 것을 앞에 두니 집에 있는 어머니가 생각났다. 좋은 음식을 먹을 땐 어머니가 항상 생각이 난다. 국수를 다 먹고 나서 집에 어머니가 혼자 있는데 불을 때 주러 가겠다고 하자 애란이 아주머니가 "집에 엄마가 계신 것을 생각 못했구나. 좀 모셔 오거라."고 했다. 하지만 나는 우리 엄마는 괜찮다고 했다. 우리 엄마가 오면 마치 먹으러 오는 것 같아 보여 데리고 오고 싶었지만 그렇게 못했다.

나는 집에 갔다가 애란이 아주머니네 집에 TV를 보려고 또 갔다. 문을 열고 들어서니 이모부와 삼촌이 술상을 아직도 마주하고 있는데 좀 음성이 높아지고 있었다. 나는 끼어들어 마주하고 있는 삼촌과 이모부를 떼 놓고 기분을 바꾸어 놓고 싶었지만 그렇게 하지 못했다. 서로가 속을 터놓고 싶은 것이 많은 것 같아 내 생각대로 하지 못했다.

계속 음성이 높다가 이모부가 삼촌의 뺨을 한 대 쳤다. 나는 놀랐다.

"야, 김춘옥, 정태준, 정순애, 정대한! 너희들 다 나에게 맞아 죽어야 해!"

하고 큰소리가 울렸다. 그래도 삼촌은 이모부를 이해시키려고 무진 애를 쓰는 것 같아 보였다. 이모부는 계속 삼촌에게 질문을 들이대며 음성을 높이고 지나간 과거를 따지고 들었다. 삼촌은 빙빙 외돌아 맞추려고 하다 이모부에게 또 다시 뺨을 한 대 맞았다.

"매부, 그럼 이제부터 진실로 이야기합시다."

"그럼 하자!"

"매부, 나는 조선에 목숨을 걸고 나갔을 때 정말 누나들을 먼저 데려오려고 했습니다."

이 말이 삼촌의 진실이라는 건 나도 옆에서 느꼈고, 이미 그렇게 알고 있었다.

"아니다, 네 말은 진실이 아니다!"(길수가 탈북하기 전에 길수 외삼촌 정대한은 외할머니 김춘옥의 부탁으로 1999년 1월, 중국에서 다시 북한으로 들어간다. 친누나인 길수 어머니 정순애와 길수 이모 정선미와 길수 이종사촌인 이화영을 중국으로 탈출시키기 위함이었다. 길수 외삼촌이 여자들만 중국으로 데리고 가겠다는 말을 들은 길수 이모부 이동학은 길수 외삼촌에게 말했다. "왜 여성들만 탈북시키려고 하는가? 남자들도 같이 가겠다."고 했다. 결국 길수와 길수 이모, 그리고 이모부와 화영이와 그녀의 오빠인 민국이가 탈북준비를 하게 되었다. 길수 어머니는 잠시 남아서 집과 세간을 정리하고 막내 조카인 민철이와 떠나겠다고 약속을 했다. 그런데 길수 어머니는 약속과 달리 조카를 남겨놓고 단신으로 탈북을 하게 되었다. 길수 이모부는 막내아들 민철이를 북한에 남겨 놓고 온 일에 대해서 길수 외삼촌에게 따져 묻는 등 좋지 않은 감정의 앙금이 남게 되었다. 그 일로 이 날 두 사람 간에 언쟁이 붙은 것이다.)

"매부, 나는 매부하고 나이로 보나 무엇을 보아도 남들만큼 도리를 압니다. 또한 잘잘못을 따지려 들려고도 하지 않습니다. 우리들 사이엔 장벽이 없어요."

그러나 이모부는 그것을 받아들이지 않았다. 오늘 이모부가 속에 꿍쳐 두고 있는 사연과 불만이 얼마나 많은지는 모르나 내가 생각하기엔 진실하게 매부와 화해를 하려고 했다. 그러나 처남의 뺨을 치며 진실을 받아들이지 않는 이모부가 도리에 어긋나는 것 같았다.

"나는 오늘 매부와 술상을 마주한 것도 싸움을 하려거나 지난 과거를 따지려고 한 것이 아니오. 오직 이 시간만이라도 매부와 화해하고 웃는 얼굴로 있는 것이 좋을 것 같아 그랬습니다.(그러던 어느 날, 길수 외할머니가 길수 어머니와 외손녀 딸인 화영이를 중국 농촌으로 팔아야겠다고 나섰다. 화영이 아빠는 딸을 사겠다고 온 중개업자를 보고 기가 막혔다. 결국 중국 큰어머니의 도움으로 팔려 가는 신세는 면했지만, 그 때부터 길수 이모부는 장모와 처가 사람들에 대해 분개하고 원한의 눈길을 보내고 있었다. 안정된 가정을 꿈꿔 왔던 길수 이모부는 한국에 온 지금까지도 가슴에 맺힌 게 많다. 이 일을 놓고 길수 외할머니는 훗날 이렇게 해명했다. "내가 정녕 사람을 팔자는 심사는 아니었다. 어떻게 딸을 팔고 외손녀를 팔겠는가. 중국서 탈북자들이 취직도 어렵고 정상적인 방법으로는 살아남기가 힘들지 않은가. 그러던 중 마침 여자들을 사겠다는 중국인들을 알게 돼 그들을 잠시 속이면 된다고 생각했다. 우선 돈을 먼저 받고 팔려가는 체 하다가 적당히 기회를 보아 도망치면 되는 일이 아닌가. 이보다 더 좋은 돈벌이가 어디 있는가. 왜 사위는 이런 좋은 돈벌이를 막는지 모르겠다. 지금 조선 사람들이 예의고 도덕이고 따지는 이가 있는가. 우리 같은 처지에 그런 머리라도 써서 목숨이라도 살아남아야 하는 것 아닌가?")

삼촌은 열이 올라 말했다. 오늘 내가 보기엔 이모부가 좀 지나쳤다는 생각이 들었다. 그렇게 옥신각신하다 이모부가 밖으로 나가셨다. 삼촌은 이모부하고 마저 하지 못한 말을 애란이 아주머니에게 털어놓았다.

내가 오늘 저녁에 기분 나쁘게 들은 말은, 이모부가 우리 집 식구들이 모두 맞아 죽어도 싸다고 했던 말이었다. 당장 내가 이모부를 죽이고 싶기까지 했다. 가만히 보면 이모부는 할아버지, 할머니, 엄마, 삼촌까지 모두 와서 이모부 앞에 무릎을 꿇고 빌어야 한다고 생각하는 것 같다. 그렇게 해야 좀 화해를 할 것 같다. 가족들이 화목하자면 그렇게라도 하면 좋겠지만, 화목을 못하면 못했지 무릎을 꿇지는 않겠다는 심사들이 팽팽했다.

그 즈음 TV에서 영화를 하기에 보고 있는데 영국이 아버지가 들어왔다. 애란이 아주머니가 오늘 우리들이 방 구들을 고치느라고 수고해서 술상을 좀 봤다고 말했다. 영국이 아버지는 "내가 할 일을 당신들이 하니 감사하다."고 하면서 또 맥주를 사와 권하였다. 우리는 친척들끼리 그쯤 한 일을 했는데 칭찬을 받으니 정말 감사하고 기뻤다. 하여튼 오늘 할 이야기가 많아 길고 지루하게 쓴 것 같다.

북한 특무

삼촌네 집에 갔다 오다가 장마당 할머니 가게에 잠깐 들렀다. 그때 장마당 할아버지 말씀이 화영이네 집에 들렀더니 캐나다에서 왔다는 한 할아버지가 찾아왔다고 하신다. 전번 날에 왔을 때는 일요일에 오겠다고 했는데 토요일에 불쑥 나타나니 반가웠다. 그러나 왜 한 주를 앞당겨 왔을까 하고 의문도 가지게 되었다. 하여튼 우리를 조금이나마 도우려 왔으니 정말로 감사했다.

나는 캐나다에서 오신 할아버지에게 "우리들을 도와주시니 감사합니다." 하고 인사를 드렸다. 할아버지는 "나에게 감사하다고 하지 말고 하느님께 감사하라."고 했다. 그러면서 "이 돈을 전해서 탈북자들을 조금이나마 도와주려는 한국에 계시는 신부님에게 감사해야 한다."고 하셨다. 자기는 단지 그 사람들의 심부름을 한다면서 말이다. 어떻든 간에 우리를 도와주시니 정말 감사했다.

그리고 그분이 하는 말이 "당신들이 그 교회에서 나오길 참 잘했다."는 것이다. 우리가 그곳에 있을 때 같이 있던 사람 중 한 명이 회령에서 온 남자인데, 북한의 특무(첩자)였다는 것이다. 그 곳에서 싸우고 나오길 잘했지, 더 오래 있었더라면 언제 어떻게 잡혀 강제로 북한으로 송환될지 모를 일이었다고 하셨다. 그 소릴 들으니 가슴이 섬뜩했다.

'그 사람이 나쁜 놈이로구나!' 생각되면서, '우리가 그곳에서 빠져나올 수 있도록 하느님이 싸움을 하게 해 우릴 구원해 주신 것이었구나!'라고 생각했다. 지금 생각해도 그 사람이 정말 밉지만, 알고 보면 그 사람도 몇 번 북한으로 잡혀 나갔다가 북한 당국의 강박에 못 이겨 그런 임무를 받고 들어왔겠구나 하고 생각하니 안쓰럽기도 하다. 무고한 백성들을 굶겨 죽이고 때려죽이고 총으로 죽이는 북한 정권이 정말 증오스럽다. 그 정권이 하루 빨리 무너졌으면 하는 생각이다.

조양촌 할아버지

전번 날에 어머니와 삼촌, 나 이렇게 세 명이 연길시 외곽 마을에 있는 할아버지뻘 되는 분에게 찾아갔더니 무척 반가워했다.

그분에게 우리가 신세를 많이 졌다. 처음 중국에 왔을 때, 다른 친척들은 우리를 거들떠도 보지 않는데 그래도 그분은 삼촌과 이모부에게 삼륜차를 사주며 벌어먹을 수 있도록 해 주었다.

어떤 때는 500위안도 주고, 1000위안씩 꾸어 주기도 했다. 우리에게 주면 언제 받을지 모르는 상황에서 그만한 돈을 꾸어 준다는 것은 다른 사람으로는 도저히 할 수 없는 일이다.

그렇게 도와준 분인데 이제야 찾아뵙게 되니 미안하고 죄송스럽다고 하니 "이렇게 드문드문 만나야 반갑다."고 하셨다. 참으로 속이 깊은 분이었다.

김정일을 타도하라

오늘은 외할아버지의 생일이다.

장마당 할머니를 비롯해서 가족이 모두 모였다. 그래서 분위기도 좋았다. 그러나 민국이 민철이 형제와 이모, 형, 큰아버지, 큰어머니가 빠졌다. 큰아버지, 큰어머니는 한국에 계셔서 못 오셨지만 나머지 사람들이 오지 않아 장마당 할머니 보기가 좀 딱했다.

드디어 푸짐한 음식이 밥상에 오르기 시작해 모두가 맛있게 음식을 먹고 있었다. 물론 맥주도 먹었다. 나도 조금은 마셨다.

한창 맛있게 먹고 있다가 점심도 저녁도 못 먹어서 밥을 좀 가져오라던 어머니가 생각났다.

나는 외할머니에게 말해 밥과 반찬을 꿍쳐 가지고 나오려는데 장마당 할머니가 한마디 하셨다. "야, 한 껍질이냐?" 물론 할머니는 농담으로 하신 말이지만 좀 귀에 거슬렸다. 하여튼 오늘 할아버지 생일날은 즐거웠다.

오늘 기억에 남는 것은, 창문 유리에 외할머니가 써놓은 구호였다.

'김정일을 타도하라!'

'김정일을 잡아 죽여라!'

나는 할머니에게 "왜 저런 글을 쓰셨어요?"라고 물었다.

그랬더니 할머니는 "네 이모가 북한으로 잡혀 나가 죽었을지도 모른다고 생각하니 증오심이 생겼다."고 하셨다. 아픈 심정을 표현할 데가 없어 이렇게 글로 썼다는 것이었다.

북으로 끌려간 이모 생각에 외할머니 속이 많이 썩었을 것이다.

노래방

오늘 애란이 아주머니 집에 갔다가 우연히 그 집에 놀러온 손님들과 함께 노래방에 갔다. 처음으로 들어가 보는 노래방은 불빛이 어두워 사람도 가려 보기 힘들었다. 남산 지하실에 들어가 보는 기분이었다. 노래방이라고 하면 말로만 들어서 멋지고 휘황하다고 알고 있었는데, 그저 그런 것 같았다.

처음에는 재미가 정말 없었다. 그런 대로 참으며 맥주를 몇 잔 받아 마셨더니 박자에 맞추어 콧노래로 시작해서 마이크까지 잡게 되었다. 참 즐거운 시간이었다. 우리는 노래를 실컷 불렀다. 오늘은 참으로 기쁘다.

3.8 부녀절

오늘은 국제 3.8 부녀절이다.

우리는 이 날이 별로 상관없지만, 같이 놀 친구도 없이 홀로 집에 앉아 두고 온 자식과 남편 생각에 눈물을 흘리시는 어머니가 가여워 보였다. 그래도 조선에 있을 때는 풀로 연명하며 살았지만, 동네 아주머니들과 같이 노래도 부르고 음식도 해 먹으며 밤을 새워가면서 놀곤 하셨었다.

원래 우리 어머니는 남달리 놀기를 좋아하는 분이다. 나는 집 안에만 있는 어머니를 바라보며 '여기가 조선이었으면' 하는 생각과 '통일이 빨리 됐으면' 하는 생각을 했다.

어쩌다 나나 어머니가 재미있게 놀거나 좀 시끄럽게 놀면 어떤 사람들은 '너희 같은 처지에 좀 그렇게 놀지 말라!'고 한다. 그 말이 틀리지는 않지만 나는 좀 다르게 생각한다.

처음 중국에 왔을 때는 공안만 봐도 무서워서 벌벌 떨었지만 1년이 지나고 보니 무서운 것이 좀 덜했다. 그래서 요즘은 죽는 한이 있더라도 좀 죽어 들며 생활하지 말자고 다짐해 본다.

어쨌건 우리가 한국에 못 가고 탈북자 문제가 해결되지 못하면 언젠가는 잡힐 것이다. 내가 잡히지 않으려 아무리 애쓰고 노력해도 끝내 잡힐 것이다. 그것은 팔자에 정해진 것 같기도 하다는 생각이다.

그래도 안전에 조심하고 조용히 해 뜰 날까지 살아보자. 밤이 가면 새날이 밝아오듯 우리에게도 그런 날이 꼭 오겠지.

약방 주인

오늘은 서시장 약방에 갔다. 침도 맞고 의사에게 잘 보여 환심을 사고 싶었는지도 모른다. 나는 소화가 좀 안 된다 싶으면 그곳으로 달려가곤 한다. 그곳 의사 선생님은 참 친절하다. 내가 갈 때마다 웃는 얼굴로 맞아주고 싫은 표정 하나 없이 열 번이면 열 번 다 침을 놓아 준다.

우리가 그분을 알게 된 것은 학철이 아저씨와 함께 서시장에 들른 것이 계기가 됐다. 위병에는 피마자가 좋다고 해서 그것을 사려고 그 약방에 들어가 보았더니 그곳에 피마자가 있었다. 위병에 걸려 치료를 받으려고 한다고 했더니, 침 맞는 돈을 받지 않고 거져 놓아 주었다. 얼마나 감사했는지 모른다.

다음날에 또 갔더니 침을 또 거져 놓아 주었다.

그 약방에 한국 사람이 눈에 들어왔다. 그에게 돈을 빌어 볼까 하다가 그냥 나오려고 하는데 의사 선생님이 우릴 보고 손짓을 했다. 참으로 잘됐다 싶었다. 속으로 좋아했다. 그 방에는 한국 사람 두 사람이 함께 있었는데, 붕어빵을 내 주면서 여러 가지를 물어 보았다. 한 동포, 또 그것도 한국 사람들이어서 참으로 친절했다.

의사 선생님은 우리에게 10위안짜리 목욕표를 주면서 목욕하고 점심도 먹으라고 또 50위안을 쥐어 주었다. 그리고 저녁에는 한국사람 둘과 의사 선생님 그리고 학철이 아저씨와 나 이렇게 불고기 식당에 들어가 불고기를 실컷 먹었다. 참 좋은 사람들이었다. 이렇게 되어 인연이 되었다. 그 의사 선생님은 베트남과 한국 등에 가서 가난한 사람들을 무상으로 치료를 해주기도 한다고 했다. "너희들도 커서 가난한 사람들을 도우며 살라."고 말해주기까지 하였다.

그는 또 5월 4일에 한국에서 의료 봉사단이 이곳에 온다고 하였다. 그 사람들이 오면 탈북자들을 많이 봐주고 싶다면서 그 때 치료권 100장을 줄 테니 너희들이 아는 사람들에게 모두 나누어 주어 그날 탈북자들이 많이 병을 보러 오게 하라고 했다. 우리는 그렇게 할 수 있다고 했다. 당장이라도 탈북자들을 찾아내어 그 치료권을 나누어주고 싶었다.

의사 선생님 사모님도 북한 아이를 몇 명 돌보고 있다고 했다. 딱히 말하지 않았지만, 그 탈북자들을 교회에서처럼 공부를 시키는 모양이었다. 의학을 주로 가르쳐 주는 것 같았다. 그런 생각을 하니 정말로 호기심이 생겼다. 그래서 더 잘보여야겠다는 생각도 들었다. 그렇게 인연이 되자 학철이 아저씨와 집으로 간 다음에도 나는 계속 그 약방으로 가 치료도 받고 그곳에서 시간을 보내기도 했다.

그리고 사모님이 하는 말씀이 "3월말에 이곳으로 꼭 오라"고 했다. 좋은 일이 생길 것이라고 했다. 그날까지 기다리자니 아찔했다. 왜 그날에 오라는지 참 궁금하다. 한국 사람들을 데려와 도와주자고 그러는지 참 알 수가 없는 좋은 소식이다. 그날이면 꼭 가 봐야지. 돈이라도 좀 줄지도 모르니까. 그날이여 빨리 오라.

어머니 생신

어머니 생신이다. 참으로 기쁘고 좋은 날이다.

아침에 한길 형이 어머니 생신을 쇠려고 형의 은신처인 교회에서 허락을 받고 이곳에 왔다. 집에는 아무것도 없다. 형과 삼촌과 함께 시장으로 갔다. 몇 달 만에 나오는 시장은 북한 특무(탈북자 색출을 위해 나온 북한의 특수요원)가 쭉 깔려 있는지, 다른 때와 달리 더 스산해 보였다. 길을 지나는데 웬 사람이 우리에게 물었다.

"너희들 북한에서 왔니?"

"아닙니다. 우린 북한을 모릅니다."

그 사람은 탈북자를 돕겠다는 사람이 있어서 소개해 주려고 그런다고 했다.

"야, 빨리 뛰자! 북한 특무다."

삼촌이 소리쳤다.

길에서 그런 걸 물으니 의심이 갔지만 워낙 돈을 좋아하는 나로서는 그래도 그 소리에 귀가 솔깃해서 그곳에 가 봤으면 하는 생각이 들었다. 삼촌의 말이 옳다고 생각했지만 삼촌과 형이 변소에 간 사이에 나는 그곳에 가서 자세히 알아보았다.

어떤 한국 사람이 북한에 있는 친척을 찾으려고 석 달 동안이나 알아보았는데 끝내 찾지 못해서, 가지고 온 돈으로 탈북자들의 글을 받고 돈을 준다는 것이다. 그래서 그 사람을 찾아 시장 안 판공실(관리사무소)까지 올라가 보았다.

한 아이가 종이에 글을 쓰고 있었다. 글을 다 쓴 아이에게 한국 사람은 100위안을 주었다. 그 돈을 보자 '내가 좀 더 생각을 잘했으면 저 돈을 가지게 되었을 텐데'라며 나를 원망하기도 했다. 한국 사람은 그 아이에게 내일 또 오라고 했다.

'내일은 꼭 가야지!' 하고 다짐했다. 집에 와서 생각하니 돈을 벌어 어머니 생일을 멋지게 차려주지 못한 것이 아쉬웠지만, 그가 만약 특무였다면 그땐 끝장나는 것이었다. 무턱대고 덤비지 않는 것이 어떤 때는 대단히 이롭다는 생각이 들었다. 앞으로는 그런 일이 있으면 좀 더 조심해야겠다.

구걸

오늘도 어제와 마찬가지로 시장으로 갔다.

어제 갔던 곳도 가 보고 하며 몇 바퀴를 돌았는지 모르겠다. 한국 사람을 찾으러 오전 내내 돌아다니니 다리 힘이 쭉 빠져 문어다리같이 흐물흐물해졌다. 자신의 힘을 들이지 않고 돈을 번다는 것이 이렇게 힘든지 몰랐다. 한국 사람을 만나도 돈을 달라고 구걸하기가 부끄러워 말을 못 할 때도 많다.

어느 약방에 들어갔는데 그 안에 한국 말씨를 쓰는 사람이 있었다. 그 사람은 아주 무게 있게 보였다. 약을 사러 온 모양이다. 그 사람이 밖으로 나와 담배를 한 대 피우고 있기에 그 사람 앞으로 갔다. 그 사람에게 간단히 내 소개를 했다.

한국 사람이 나에게 말했다.

"같은 동포니까 말하는데, 어디 가서 구걸하고 빌어먹으며 살지 마세요."

그러면서 점심을 먹었냐고 묻기에 못 먹었다고 선뜻 대답했다. 그랬더니 이거면 되냐며 15위안을 주었다. 나는 얼른 "됩니다! 고맙습니다!" 하고는 돈을 주머니에 구겨 넣었다.

그 한국 사람 말도 일리가 있다. 그러나 한국 사람들이 아무리 북한 사람들의 처지와 형편을 잘 안다 해도, 자신이 그런 처지에서 생활해 봐야 우리 같은 사람들이 왜 그러는지 알 것이다.

중국인

오늘 장마당 할머니 집으로 갔다. 할머니는 어느새 어머니 생일날에 어머니 동무가 북한에서 들어왔다는 정보를 들었던 모양이다. 어머니는 처음 교회에 들어갔다가 그곳에서 그 아주머니를 만나 인연이 되어 가깝게 지냈었는데, 무슨 일로 좀 다투고 갈라졌다가 우연히 또 만나 지금까지 이렇게 지내고 있다.

그 아주머니는 어머니를 '언니, 언니'하며 그렇게 따른다. 속이 타거나 어디 가서 중국 사람들에게서 멸시받거나 그러면 언제든지 찾아와 속을 터놓고 또 울음까지 터트린다. 내가 보기엔 그 아주머니가 우리를 해하려는 사람은 아닌 것 같다. 그 아주머니가 잡히는 경우에는 우리까지 잘못 되겠구나 하는 생각도 해 보았다.

그 아주머니가 말했다. "내가 겪어 봤는데 중국 사람은 언제 보아도 중국 사람 편이다. 우리 심정을 아는 이들은 같은 조선 사람들뿐이다." 그 말은 틀림없이 맞는 말이다. 중국 사람들이나 한국 사람들이 아무리 우리 처지를 잘 안다 해도 다는 모른다.

어머니는 집에 계속 꾹 박혀 있자니 속에서 불이 일어나는 것 같아 보인다. 자주 자식 생각을 하며 울기만 한다. 그 외로움을 달래기 위해서인지는 모르지만 그 아주머니와 더욱 친밀하게 지낸다. 그 아주머니가 좋은 일이 있거나 놀 일이 생기면 언제든지 어머니를 찾는다. 놀아도 북한 사람들끼리 놀아야 제멋이 난다는 것이다.

그런데 그날 내가 갔을 때 장마당 할머니는 "그 간나 새끼는 왜 와서 그 모양인가. 내가 갔더라면 그 자리에서 쫓아 버리든지 공안에 고발해서 당장 잡아내 가게 해야 했어!" 그 말씀을 들으니 할머니가 하느님을 믿는 천주교 교인 같아 보이지 않았다. 어떻게 할머니 입에서도 저런 말이 나오는지 의문스럽기만 했다.

'할머니가 우리 안전을 위해서 저런 말을 하는구나.' 하고 생각하니 할머니가 더 미웠다. 돈을 벌겠다고 여섯 살짜리와 열한 살짜리 어린 것들을 북에 남겨 두고 중국에 온 그녀가 아닌가. 밤이나 낮이나 자식 생각에 눈물을 흘리며 한푼 두푼 모아 두는데, 그런 아주머니를 북한으로 잡아 보내면 죽는다는 것을 뻔히 알면서도 그런 말을 하시다니.

장마당 할머니는 우리 외할아버지, 외할머니를 보고는 "그 영감쟁이 목을 조여 북한에 내보내야 해."라고 하셨다. 물론 우리 모두가 늙은이 아이들 할 것 없이 할머니 애를 먹이겠지만 이따금씩 북한 사람이라고 업신여기고 아무 말이나 입에 담지 못할 소릴 할 때면 가슴이 아프다.

장군의 근심

오늘 저녁 일곱 시에 애란이 아주머니 집으로 국제전화가 걸려왔다. 반가운 큰아버지의 목소리였다.

내 차례가 되어 전화를 받으니 큰아버지는 우렁찬 목소리로 요새는 근심거리가 없냐고 물으셨다. 나는 다른 근심보다 한국에 가는가 못 가는가 하는 것이 제일 큰 근심이라고 했다. 그러자 큰아버지는 '장군이 무슨 근심이 그리 많냐'고 하셨다. 그래서 나는 얼른 '장군이니 근심이 더 많다'고 하자 큰아버지는 웃으셨다. 나는 큰아버지에게 '이번에 오실 때는 꼭 좋은 소식을 가지고 오셔야 한다'고 신신당부를 했다.

큰아버지께서 이번에는 옷을 한 벌씩 사주거나 가져오셨으면 좋겠다. 밖에 나가면 우리 옷차림을 보고 다른 사람들이 딱딱 집어낼 정도다.

민국이는 큰아버지가 자기하고는 몇 마디 밖에 할 수 없었다며 투덜거렸다. 그러고 보면 나하고 제일 오랫동안 통화한 것 같다. 그 동안 큰아버지를 손꼽아 기다리면서 일기를 열심히 써야겠다. 무소식이 희소식이라는 말이 있는 것처럼 기다려 보자.

'이번엔 좋은 소식이 있겠지!'

친구를 다시 만나다

오늘은 서시장 근처에 있는 약방에 가서 침 한 대를 맞고, 밖에 나와 서 있는데 내 앞으로 누가 지나갔다. 전번 날에 새벽 두시까지 같이 돈을 빌다가 잡혀간 학국이었다. 학국이가 나를 보는 순간 나에게 달려와 목을 콱 끌어안았다.

"반갑다, 길수야! 이게 얼마 만이냐? 살아 있었구나!"

나도 학국이를 만나니 반가웠지만 학국이도 나를 만나니 너무 반가워 오랫동안 나의 목을 잡고 놓을 줄을 몰랐다. 학국이는 그 동안 서시장에서 나를 얼마나 찾았는지 모른다고 했다. 학국이와 다른 말도 할 사이 없이 그날 저녁에 어떻게 되었느냐고 물었다.

그날 저녁에 학국이는 공안에 잡혀서 북조선으로 강제 송환되었다고 했다. 보위부 구류소에 들어가자마자 한 스무 명 되는 아이들을 크고 작고 관계없이 다섯 명이 몽둥이를 들고 들어와 개를 때려잡듯 하였다는 것이다. 피가 줄줄 흘러도 아랑곳하지 않고 마구 매질하여 모두를 쓰러뜨렸다고 한다. 그리고 저녁이 되자 꽃제비 구류소에 모두 잡아넣었다고 한다.

학국이는 아버지 어머니도 없는 고아여서 갈 곳도 없지, 죽을 것 같아 결심을 내렸다고 한다. 그날 저녁에 창고에 들어가 몽둥이를 하나 감추어 내와 밤 한시 경에 문 옆에서 잠을 자는 경비원을 몽둥이로 내리 까고 도망쳐 그 길로 다시 중국에 들어왔다는 것이다.

들으면 들을수록 소름이 끼쳤다. 그가 고생한 일을 훤히 보는 것 같았다. 나도 그런 경험을 두 번이나 했으니 말이다. 그는 총이 있다면 다시 북한으로 건너가 북한의 보위원들과 안전원들을 다 죽여 버리고 싶다고까지 말했다. 얼마나 고통을 받았으면 그런 말을 다 하겠는가. 나도 학국이와 같은 생각이다. 김정일이부터 교수형을 하고 싶은 마음이다.

학국이는 이때까지 친구를 여러 명 친해 봤는데 모두 친할 사람이 못 된다며 너와 나는 의형제도 맺고 이제부터는 죽어도 같이 죽고 살아도 같이 살자며 떨어지지 말자고 했다. 나의 사정으로 보아 그럴 수는 없었지만 맹세까지 하는 학국이 앞에서라 할 수 없이 그러자고 했다.

학국이는 나와 다시 만난 것을 축하하는 뜻으로, 크게는 못 하지만 자기에게 50위안이 있으니 점심이나 먹자며 나를 음식점으로 이끌었다. 그래서 그와 6개월 만에 다시 만나 점심이나마 함께 맛있게 먹었다. 참 생각도 못했던 기쁜 상봉이었다.

1전도 못 벌다

오늘도 어제와 마찬가지로 서시장으로 출근을 했다. 며칠 동안 다니고 보니 직장에 다니는 사람 같아 보였다. 어제도 돈을 못 벌고 허탕을 쳤으니 오늘은 돈을 좀 벌어야겠다고 마음을 굳게 다졌다. 그래서 학국이와 함께 서시장을 돌기 시작했다.

우리의 시선은 언제나 한국 사람을 찾는 데 쏠렸다. 어쩌다 한국 사람 같아 보여 따라가 돈을 빌면 '야, 가라!'고 말한다. 알고 보면 중국의 조선족이다. 한국 사람은 돈은 못 줘도 말이라도 좋게 해 보내는데 중국 조선족은 그 자리에서 꽥 소리를 친다.

그렇게 온 오전과 오후 두시까지 돌아다녀도 아무런 성과를 거두지 못했다. 아랫다리가 마치 삶아 놓은 개 대가리처럼 푸들푸들거렸다. 그럴 때마다 나는 정신이 빠져 '공짜 돈을 이렇게도 바라는가?' 하는 생각이 들었다.

시장을 어떻게나 오랫동안 돌아다녔던지, 모르는 골목이 없고, 무슨 상점이 어디에 있는가 까지 다 아는 정도가 되었다. 걸어도 걸어도 끝이 없는 길 같았다. 신발 가게 앞을 지나는데 학국이가 "야, 길수야. 저기 보이는 아이가 조선 아이인데 돈을 잘 번다." 하면서 거기 가서 그 아이와 같이 다니자며 나를 끌고 갔다.

그 아이와 말을 나누어 보니 그는 중국에 온지 두 달도 안 된다고 했다. 그런데 말하는 것이나 행동하는 것을 보면 약삭빠르고 사회 적응력이 커 보였다. 오늘 얼마나 벌었는가 물었더니 일전도 벌지 못했다고 하였다. "너희들은 오늘 한국 사람을 몇 사람 보았는가?" 하고 묻고는 자기는 오늘 한 사람밖에 보질 못했는데, 자기가 따라가니 택시를 타고 도망가더란다. "한국 새끼들, 그렇게 잘살면서 몇 푼이 아까워서 너절하게 달아난다."며 한국 사람들을 비웃기까지 했다.

그러면서 한국 사람들은 서시장에서 북한 사람들에게 너무 단련을 받아 낮에는 잘 안 나오고 오후 늦게 네 시나 다섯 시쯤에 나오는데, 나와서도 어디에 조선 사람이 있는가 살피면서 다닌다는 것이었다. 돈을 빌 때 안 주면 많은 사람들 앞에서 앞길을 막으면서 가지 못하게 하니 조선 사람을 만나기 무섭게 달아나 버린다는 것이었다.

참 들으면 들을수록 그런 사람들이 너절해 보였다. 비록 자기가 뼈 빠지게 일해 모은 돈이라고 하지만 중국에 오면 몇 푼 안 되는 돈 때문에 달아나고 피해 다닌다니 말이다. 북한 사람들은 그들이 잘사는 자본주의 나라에서 왔고, 또 행동이나 말이 문명하다고들 말하고 있다. 한 민족 한 동포라고 해서 우리들은 자기들을 우러러보고 믿고 따르는데 피하다니. 그 때마다 좀 안타까운 생각이 든다.

잡히면 끝장

몇 달이 지나갔는데도 전화 한 번 없는 무정한 큰어머니다. 언제면 전화가 올 것인가? 언제면 우리 앞에 문득 나타나실까? 중국에서 제일 크게 믿고 의지하는 큰어머니인데 어린 양들을 버리고 어디로 간다 온다 소식도 없이 사라져 버렸는지 참 알 수가 없다. 우릴 잠시라도 잊고 있는 건 아닌지.

집에 반찬거리가 없어 밥을 안 먹을 때면 제일 먼저 생각나는 것이 매일 푸짐한 식탁을 마련해 주고 흐뭇해하시던 큰어머니의 모습이다.

어떤 땐 일을 하다가도 실망스러워 “야, 사람이 이렇게 살아서 무슨 재미가 있는가?” 하고 생각하다가 큰아버지를 떠올려본다. 우리에게 백만 대군의 칭호를 주시고, 먼 곳에서도 우릴 잊지 않고 녹음기 카세트에 목소리를 담아 보내 주시기까지 하시는 큰아버지. 지쳐 힘들다가도 큰아버지의 모습을 그리면 힘이 생긴다.

큰어머니가 있을 땐 그래도 마음 한 구석이나마 든든했는데 늙은 장마당 할아버지 할머니를 바라보노라면 마음이 더 뒤숭숭해진다. 우릴 죽으라고 내버려둔다는 생각도 든다. 아무런 안전 대책도 없다. 게다가 국경이 가까운 연변에서 의지할 사람도 없이 큰어머니마저 떠나갔으니 우린 잡히면 끝장이다. 내 몸은 내가 지켜야 한다. 안전만은 큰아버지 큰어머니도 책임을 못 진다.

하지만 늙은이들에게 대 식솔을 맡기고 떠나 버린 큰어머니 큰아버지가 어떤 땐 미워지기도 한다. 요즘 이런 저런 일로 바빠 돈을 벌려고 장사를 한다는 것은 알지만 전화 한 통 오질 않으니, 큰어머닌 아예 우리에게서 손을 뗐구나 하는 생각도 한다.

언제면 돌아오려는지. 큰어머니가 돌아오면 긴장된 나의 마음도 조금 풀릴 것 같고, 그늘진 식구들의 얼굴에도 웃음꽃이 피어날 텐데. 빨리 돌아오세요, 큰어머니.

4

바다 구경

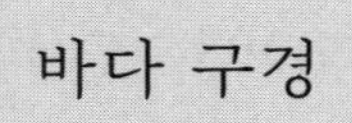

대련 은신처의 첫밤

연길에서 대련 은신처로 옮겨 첫밤을 보냈다.

"아, 나는 탈북자."

창문을 여니 따스한 햇빛이 나를 반긴다. 이곳 대련 은신처에 오기 전, 연길 꽃제비 시절 불렀던 노래가 생각나서 적어보았다.

김일성 없어도 나는 살아요
김정일 없어도 나는 살아요
거리와 마을은 나의 집이고
햇빛과 먼지는 나의 길동무
아 아 나는 탈북자

그 사회 떠나니 마음 편해요
자유란 무엇인가 나는 느꼈죠
교회와 시장에서 빌며 살아도
그래도 그곳보다 훨씬 나아요
아 아 나는 탈북자

영국이 아버지

오늘 오후 차로 장마당 할머니와 영국이 아버지가 이곳 대련 은신처를 떠났다. 연길의 집으로 갔는지 흑룡강으로 갔는지 정확히 모른다. 할머니는 떠나는 순간까지도 우리를 붙잡고 간곡히 부탁을 하셨다.

"큰아버지를 영원히 따라야 한다. 그리고 여기의 규율을 잘 지켜야 해." 장마당 할머니의 슬픔과 괴로움과 기쁨을 함께 나누었던 친척들이 모여서 작별의 인사를 나눈다. 슬프고 또 아쉬운 헤어짐이다.

우리가 아프면 아플세라 더우면 더울세라 돌봐 주시고 보호해 주시던 장마당 할머니였다. 그 동안 할머니의 말씀도 잘 듣지 않고 내 마음대로 뛰어다녀서 속을 태운 일도 후회가 된다. 같이 있을 적에 잘해 드릴 걸 왜 그리도 마음고생을 시켰을까.

눈물도 인정도 많은 장마당 할머니였다.

우리가 연탄가스에 중독되어 몹시 앓을 때 눈물을 흘리며 우리를 치료해 주셨던 일도 잊을 수가 없다. 지금은 슬픈 마음으로 헤어지지만 앞으로 만날 날이 꼭 올 것이다.

영국이 아버지도 문을 열고 나가면서 나에게 충고를 하셨다.
"이것이 너희들의 인생 목표니까 규율을 잘 지켜 목표를 달성해야지."

짧은 몇 마디였지만 나에게는 아주 인상 깊은 말이었다. 그런데 왜 나는 나쁜 짓이라고 말리는 것은 골라 가면서 하는지 모르겠다.

그리고 외삼촌은 장마당 할머니에게 연길에 계신 아버지와 어머니를 잘 돌봐 달라고 간절히 부탁했다.

오늘 이렇게 장마당 할머니와 영국이 아버지가 우리들의 은신처를 떠나셨다. 집은 텅 빈 것만 같다. 앞으로 또 누구와의 슬픈 이별이 있을 것인지.

큰아버지의 웃음

큰아버지도 한국으로 가신다는 소식을 듣고 우리는 슬프기도 하고 한편 기쁘기도 했다. 기쁜 일은, 이번에 한국에 가시면 우리가 쓴 글과 그림들이 책으로 출판된다고 했기 때문이다. 슬픈 것은, 어쨌든 큰아버지가 우리 곁을 떠나신다는 사실 때문이다.

우리는 잠자리에 누워서도 큰아버지가 편안히 주무셔야 한다며 침대 하나를 비워 놓았다. 그런데 큰아버지는 민철이를 그 곳에서 자게 하셨다. 몇 분이 되지 않아서 민철이는 드르렁 드르렁 코를 골았다. 아직도 우리는 잠이 오질 않는다.

우리들은 큰아버지를 그냥 주무시게 할 수는 없었다. 말도 더 해보고 싶었고, 이런저런 이야기도 듣고 싶었다. 우리의 생각이 결코 헛되지는 않았다. 우리는 이 말 저 말 하다가 북한에서 공개 총살하는 장면을 자세히 설명해 드렸다.

또 나와 삼촌과 한길 형이 북한에서의 생활을 이야기하자, 어떤 때는 모두가 배를 끌어안을 정도로 웃었다. 그 말을 들은 큰아버지도 같이 배를 끌어안고 웃으셨다. 오늘 큰아버지가 통쾌하게 웃는 모습을 처음 보았다.

한국까지 4시간

큰아버지가 오늘 오전에 서울로 떠나셨다. 큰아버지께서 가시는 서울로 가방 안에라도 들어가서 한시 바삐 가고 싶은 마음 불같았다. 큰아버지가 떠나시고 나자 큰어머니와 우리는 마주 앉았다.

큰어머니는 우리들에게 말했다. 왜 너희들이 이곳 대련까지 왔는가. 우리가 출판하려는 책을 연길에서 썼기에, 연길이란 단어가 많이 들어가 있을 것이므로 공안들이 대 수색을 할지도 모른다고 하셨다. 또한 북한의 특무들을 파견할지도 모른다고 하셨다. 그렇게 되면 우리 신변이 위험할 것 같아 이곳으로 데려왔다고 말했다.

우리가 쓴 글과 그림이 〈눈물로 그린 무지개〉라는 제목으로 출판된다니 얼마나 기쁜지 들뜬 마음을 걷잡을 수 없었다. 우리는 그 책을 '길수가족 구명 운동본부' 이름으로 출판한다는 것에 서명을 했다. 큰아버지가 떠난 지 4시간쯤 지나서 한국서 전화가 걸려왔다. 벌써 집에 도착했다는 것이었다. 그 소리를 듣고 우린 "야, 세상 좋구나!" 그렇게밖에 말하지 못했다. 큰아버지는 4시간 만에 바다를 건너 한국에 도착했는데, 우린 큰아버지를 만난 지 반년이란 시간이 흘렀어도 꼼짝도 못하고 있다.

구호나무

오늘 저녁에 우리는 우리 칸 침대 위에 모여 앉아 지나간 이야기들을 주고받으면서 웃기도 하고 슬픔에 잠기기도 하였다. 여러 가지 이야기들이 많이 오고 갔지만 한 가지만 적겠다.

형이 말했다. 지금 교회에서는 탈북자들에게 교리공부를 시키고 전도를 하여 북조선에 내보낸다는 것이다. 내보낼 때는 400위안씩 준다고 했다. 북한에서 전도하기란 참으로 어렵고, 발각되면 공개처형까지 당한다는 것으로 나는 알고 있다.

어떤 19살 난 아이가 교회에서 선을 놓아 북한에 들어가 친척들에게 전도를 하니 친척들 모두 그가 정신병자가 되었다고 야단이었다는 이야기도 있다. 사상으로 얼마나 무장된 사람들인가. 태어나서 여태까지 주체사상만 들어오다가 갑자기 하느님에 대해서 설명을 하니 과히 그럴 수도 있겠다는 생각도 들었다.

북한 사람들이 주체사상으로 얼마나 무장되었는가는 다음 한 가지 사실만으로도 알 수가 있다.

어느 한 곳에 '구호나무'가 있었다. 구호나무라면, 조선의 항일 빨치산 시기 빨치산들이 나무의 껍질을 벗기고 '김일성 장군 만세!' '일제를 타도하라!' '조선의 해방은 멀지 않았다!'라고 쓴 글들을 항일 투쟁시기 유물이라고 하면서 기가 막히게 보호를 하던 나무였다.

그런데 어느 날, 구호나무가 있는 산에 불이 붙어 구호나무도 타게 될 지경이 되었다. 그러자 그곳에 있던 17명의 20대 젊은 조선 인민군 병사들이 누가 먼저랄 것도 없이 자발적으로 그 나무를 끌어안고 보호해 살렸다. 구호나무 한 그루의 생명과 17명의 젊은 청년들의 생명을 바꾼 것이다. 어떤 생각으로 무장되었기에 나무 한 그루와 17명 전사들의 생명을 바꾸겠는가.

그런 사람들에게 감히 주체사상과 반대되는 하느님 말씀이 전파 되겠는가. 이전에 일부 믿던 사람들이야 성경의 말씀이 좀 이해는 되겠지만, 다른 사람들은 그 소리를 들으면 완전히 기절해 버릴 것이다.

물 마시기 게임

오늘 아침 9시에 큰어머니가 연변으로 떠나신다. 왜, 무엇 때문에 떠나는지는 정확히 모른다. 아침 식전에 우리는 장마당 할머니와 애란이 아주머니, 그리고 외할아버지에게 써 보낼 문안 편지를 썼다. 모두가 다 썼다. 언제나 아버지 어머니에 대해 걱정하는 삼촌은 할아버지 할머니에게 쓰고, 나는 애란이 아주머니 집에 쓰고, 또 민철이는 서시장 장마당 할머니에게 썼다.

우리가 글을 다 쓰자 큰어머니는 그걸 가지고 곧 떠나게 되었다. 떠나는 큰어머니와 나는 함께 떠나고 싶었다. 연변에 가서 활개치고 다니면서 놀고 싶었다. 마음은 그랬으나 뜻대로 되지도 않았다. 또한 자기의 일생 문제를 판가리하는 시국에 그러면 또 안 된다 싶어 참고 견디기로 했다. 큰어머니는 우리와 작별 인사를 나누면서 연변으로 떠났다.

큰어머니까지 가고 나니 집이 텅 빈 것 같았다. 우리와 이야기 할 사람도 없었고 큰어머니처럼 우리말을 재미있게 진지하게 들어줄 사람도 없었다. 큰어머니가 없으니 모든 것이 꺼림칙하였다. 중국 공안이 와도 큰어머니가 있어야지, 큰어머니 딸 이 선생은 아직 어려서 믿음이 가지 않았다. 바쁘면 혼자 홀랑 도망갈 것처럼 보였다. 우리는 그러면 완전히 끝나 버리게 될 테니 말이다.

시간이 지남에 따라 해는 공중에 솟아올라 대련 땅을 덥히고 있다. 우리는 창문을 활짝 열어젖히고 바깥 맑은 공기를 힘껏 들이마셨다. 따뜻한 봄 날씨에 하루라도 빨리 밖에 나가 놀았으면 하는 생각도 들었다.

우리가 창문을 열어젖히면 그 앞에는 작은 음식 가게가 있다. 사람들은 그곳에서 줄을 지어 기름 튀우개(꺼즈)를 사들고 분주히 다녔다. 그 꺼즈를 보니 먹고 싶었다. 그래서 삼촌과 토론 끝에 이 선생님에게 제기했다. 우리의 요구를 승인한 이 선생님은 그 즉시로 내려가 꺼즈를 사왔다. 많이 사왔지만 8명이 달라붙어 먹으니 순식간에 없어지고 말았다. 원래는 아무 제기도 하지 말자고 했는데 먹고 싶은 것이 생기니 참을 수가 없었던 것이다. 미안한 감도 들었다. 공짜로 먹고 살면서 무슨 요구 조건이 그리 많은가 하고 속으로 욕하는 것 같았다.

식사가 끝나자 우리는 다섯 명이 모여 앉아 놀이를 했다. 삼촌과 민철이, 이 선생과 형님과 오랜만에 놀아 보니 재미있었다. 처음에는 주먹치기를 했는데 얼마쯤 하니 그것도 싫어져서 종이를 얼굴에 붙이기를 했다. 그것도 싫증이 났다. 마지막에 생각해 낸 것이 게임에서 진 사람이 맹물을 마시기로 했다.

처음 한두 잔 정도는 아무렇지도 않게 마셨지만 갈수록 배가 부르고, 연속 화장실로 뛰어다녀야 했다. 마지막에는 물을 너무 마셔 술에 취한 사람처럼 모두가 머리를 싸쥐고 아파했다. 삼촌은 술 먹은 것처럼 얼굴까지 벌겋게 달아올랐다. 형님은 머리가 아파서 저녁밥 먹을 때까지도 일어나지 못했다.

휘파람

저녁이 되자 집안에는 큰 소동이 일어났다. 나와 삼촌이 문제였다. 어머니는 나와 삼촌을 쏘아보면서 당장이라도 잡아먹을 호랑이의 기세였다. 무섭기도 했다. 어머니는 책으로 나의 머리를 한방 갈겼다. 내가 잘못했지만 반발심이 생겼다. 그러나 어쩔 수가 없었다. 내가 잘못했으니 대꾸도 못하고 꾹 참아야 했다. 열 번 때리면 열 번 다 맞아야 했다. 어머니의 지금 상태로 보아 한마디라도 대꾸했다가는 뼈도 추리지 못할 것 같았다.

삼촌과 나에 대한 사상투쟁 회의가 온 집안 8명이 함께 모인 자리에서 열렸다. 문제는 나와 삼촌이었다. 오후에 너무 답답해 밖에 나가고 싶어서 삼촌이 이 선생에게 "어두운 저녁시간에 몇 분씩이라도 바람을 쏘이고 들어왔으면 좋겠다."고 말했는데, 그것이 복잡하게 문제가 된 것이다. 그래서 이 선생님이 한국 큰아버지에게 전화를 걸어 어떻게 해야 되느냐고 물어보겠다고 까지 했단다. 자칫 잘못했다가는 문제가 크게 번질 수 있는 상황이 되고 말았다.

온 집 식구 6명의 비판이 나와 삼촌에게 꼬리를 물고 가해지기 시작했다. 민국이가 손까지 흔들면서 말할 때는 좀 기분도 잡쳤다. 하지만 내가 잘못했으니 그저 좋게 고치는 마음으로 받아들일 수밖에 없었다. 어머니가 입을 열었다.

"지금이 어떤 시기인가. 연길에 있을 때하고는 180도 다르다. 큰아버지 슬하에 있으니 조금이라도 규율을 위반하면 안 된다. 큰아버지와 큰어머니가 떠날 때 여기 걱정은 하지 말라고 제일 먼저 선창했던 너희들이 아닌가! 너희들만이 나가고 싶은 줄 아느냐. 이 선생은 동무들도 많고 너희들보다 더 바쁠 것이다. 전번에도 친구에게 한 시간 동안이나 전화를 걸어 보지 못해서 만나고 싶다며 울었다."

우리보다 밖에 나가고 싶은 마음은 이 선생이 더한 것이 사실이었다. 큰 일을 위해서 자기가 하던 일마저 버리고 여기에 와서 우리를 보호하면서 갇혀 있는 것 같았다. 그렇게 놓고 볼 때 참으로 미안했다.

오후 3시경 삼촌과 나는 부엌 칸 창문 아래를 내려다보았다. 거기에는 사람들이 모여앉아 햇볕을 쬐고 있었다. 그 장면을 보니 밖에 나가고 싶은 마음이 더욱 간절해졌다. 그래서 삼촌이 순간을 억제 못해 그런 것 같고, 나는 연길에서는 마음껏 소리도 치고 활개도 쳤었는데 여기서는 그러지 못해 답답해서 그런 마음을 가졌고, 참지 못하고 창문가에 가서 휘파람을 불었던 것이다. 내가 이렇게 15명 식구의 안전에 완전한 불안감을 갖다 준다는 것을 미처 생각하지 못했던 것이다.

민국이나 창길 형이나 민철이는 이때까지 교회에 들어가 있었기에 단련이 되었지만, 나는 교회에 가 있지도 않았고, 집에만 갇혀 있었기에 견디기 어려워 좀 말썽을 일으켰다. 그러나 이제 이것이 15명의 목숨과도 같게 된 것이다.

또 은신처 문 밖을 나서는 날에는 우리들과의 인연은 끝장이라던 큰아버지의 무게 있는 말씀을 가슴 깊이 간직하지 않았는가. 큰아버지께서 오죽하면 그런 말씀을 하셨을까.

앞으로는 모든 생활을 지금보다 몇 배 잘해서 말썽도 일으키지 않고 우리들의 안전을 스스로 지키겠다고 맹세했다.

창밖의 사람들

밖을 내다보니 밖에 나가고 싶은 마음을 참기가 어려웠다. 여러 사람 중에서도 나와 삼촌이 제일 나가고 싶어 했다. 4층 아파트에서 뛰어내리고 싶은 충동까지도 생겼다.

혹시 큰아버지가 우릴 여기에 가두어 두고, 모두가 버티지 못해서 다 나가길 바라는 것이 아닌가 하는 생각도 들었다. 침대 위에서 마구 뒹굴고 야단을 쳐 봐도 밖에 나가고 싶은 마음과 생각은 가시지 않았다.

창밖에는 사람들이 앉아 재미있게 놀고 있었다. 밖에 있는 사람들과 담배를 피우는 사람들 모두가 신기해 보이고, '너희는 자유로워 얼마나 좋겠는가' 하는 생각이 들었다. 밖에만 나가면 날아다닐 것 같았고, 세상만사 모든 문제가 다 해결될 것 같았다.

너무 나가고 싶은 나머지 삼촌과 함께 몰래 나가기로 결정하고 잠긴 문을 열려고 했다. 그때 나는 '허락 없이 나가면 그때는 인연이 끝이다'라고 하시던 큰아버지의 말씀이 떠올라 같이 나가기를 거절하고 삼촌만 나가게 했다.

밖에 나갔다 온 삼촌은 급기야 집 식구들에게 호된 비판을 받았다. 이 선생님은 울기까지 했다. 다른 사람들은 그 전에 있었던 은신처에서 나름대로 몇 달씩 단련되어 잘 견뎌냈지만, 나와 삼촌이 제일 참기 힘들었던 것이다. 무슨 짓을 해도 속이 내려가지 않더니 식구들로부터 욕을 호되게 먹고 나니 끝까지 견뎌야 한다는 생각이 번쩍 들었다. 큰아버지, 자유가 그리워요.

닭튀김

저녁나절 이 선생님이 병원에 갔다 오면서 닭다리 튀긴 것을 37위안어치 사 왔다. 우리들에게 푸짐한 저녁상이었다. 참으로 기뻤다. 큰아버지, 큰어머니 그리고 이 선생님과 한국에서 우리를 후원해 주시는 여러분과 하느님의 은혜라고 생각했다.

생각지도 않았던 닭고기가 저녁상에 오르니 모두가 군침을 흘렸다. 식사 순서를 지켜 하느님께 우리의 안전과 건강과 모든 생활을 잘해 나갈 수 있게 해달라고 감사 기도를 드렸다.

드디어 식사가 시작되었다. 오랜만에 닭고기를 먹어서인지 목구멍에서 고기가 솔솔 녹고 피리 소리가 나는 것 같았다. 둘이 먹다가 한 명이 쓰러져도 모를 정도로 맛이 있었다.

이 선생님이 정말로 고마웠다. 자금을 대시는 큰아버지도 물론 고맙고 감사했다. 우리가 너무 맛있고 게걸스럽게 먹으니 한 접시가 순식간에 거덜 났다. 다시 한 접시가 들어올 때는 이 선생님과 화영이가 따라와서 우리가 먹는 것을 지켜보며 맛있냐고 물었다. 감사하다는 인사도 못하고 있던 우리는 정말로 맛있으니 함께 먹자고 했다.

우리 모두가 중국에 와서 아무리 잘 먹는다고 헛소리를 해도 지금까지 이런 닭고기 튀김을 먹어 보진 못했다. 중국에 온 지 거의 2년째 되는 삼촌도 이렇게 비싼 고기는 처음 먹는다고 했다. 모두가 이런 닭고기 튀김을 먹는 것은 일생에 처음이라고 했다.

누군가 비싼 음식들을 살 때는 기록부를 만들어 적어 놓으라고 말했고, 다음에 한국에 가면 그 대가로 소를 잡겠노라고 말하기까지 했다.

요즘 속이 좀 컬컬했는데 이 선생님이 오셔서 식사 조절을 잘 하게 되니 살이 점점 오르는 것 같다. 그리고 밥도 제 시간에 정량대로 먹으니 소화도 잘 되고 위도 튼튼해지고 잠도 잘 온다.

이곳에 있으면 답답하지만 생활 계획만 잘 짜면 십 년을 있어도 끄떡없을 것 같다. 그러고 보니 나로서는 여기에 온 것이 위도 튼튼해지고, 안전도 보장되는 일거양득인 것 같다.

태양절

아침에 일어나 생각해 보니 오늘이 바로 김일성 생일이다. '태양절', 어느 간신배가 이름을 지었는지 참으로 희한하다.

우리가 북한에 있었더라면 아침 일찍 일어나서 생화를 얻어 가지고 김일성 동상 앞으로 가야 했을 것이다.

나는 북한에서 학교생활을 하면서도 김일성, 김정일에 대한 충성심이 남보다 부족했다. 생화도 기르지 않고 매번 '충성 다짐 선서 모임'에도 참가하지 않았다. 그때는 정말이지 그게 싫었다. 지금 와서 생각하면 충성을 다하지 않은 것이 오히려 더 잘된 것이라고 생각된다.

지금은 김일성이 죽었지만, 숱한 백성을 굶어 죽게 한 죄로 지옥에서 이중 삼중으로 썩혀 이 지구상에서 없애 버렸으면 좋겠다.

북한에서는 다 썩은 사람을 놓고 영생한단다. 김일성이 살아 있을 때는 가는 곳곳마다 오래 살라고 '만수탑'이요, 죽으니 '영생탑'이요 하면서 난리들이다. 그렇게 쓸데없이 탑과 동상을 세울 것이 아니라 백성들을 살려야 한다.

북한에서 살 때, 금수산 기념궁전에 있는 김일성 동상을 금상으로 바꾼다는 말을 들었다. 그래서 굶어죽는 백성들에게서 금을 몇 그램씩 바치게 한다고 했다.

이젠 다 썩은 사회가 되고 완전히 멸망하게 되니 아들 김정일마저 아버지 금상을 세운다 어쩐다 헛소리를 한다. 같은 동포로서, 북한 사람으로서 분하기 그지없다.

망종

나는 내가 잘못한 일도 잘한 일로 느낄 때가 많다. 그리고 남을 깔보고 지배하려는 나쁜 마음이 내 마음속에 뿌리를 내렸다. 또 감사의 마음도 잃어버렸다.

나는 자꾸 망종의 형태를 좋아하고 그런 길로 가려고 한다. 그런데 큰아버지와 큰어머니가 나를 그 길로 못 가게 잡아끌고 있다.

탈북자는 어디로

저녁에 큰어머니가 오셨다.

모두 큰어머니에게 인사를 하며 웃었다. 그렇지만 그 웃음 속에는 우울한 감정이 녹아 있었다. 나도 마찬가지였다. 예전처럼 활발하게 큰어머니를 맞이하기 싫어졌다. 엄숙한 표정을 보여주고 싶었다. 잘 모르겠지만 이젠 좀 변했다는 모습을 보여주고 싶어서 그런 생각과 행동이 나온 것 같다.

큰어머니가 오시고 집안 분위기가 좀 변했다. 모두가 더 좋아했고 흥성거렸으며 큰어머니에게 꿀단지라도 붙어 있는 듯이 줄을 지어 따라다녔다. 모두가 연길 소식을 듣고 싶어 했다.

저녁 식사가 끝난 후 큰어머니가 연길 소식과 할아버지와 할머니 소식, 또 우리와 인연이 된 사람들의 소식을 전해 주셨다. 큰어머니의 말씀에 의하면 연길은 지금 탈북자들을 잡아내는 운동이 더욱 활발해진 것 같았다. 한시 바삐 여기로 오기를 잘했다. 우리도 지금까지 그곳에 있었다면 무슨 일이 일어났을

지 모른다.

그리고 우리가 지난 번 큰어머니 편에 보낸 연길에 계신 할아버지에게 쓴 글을 보시고 할아버지가 우셨다고 한다. 그 소식을 들으니 뜨거운 것이 가슴에 다가오는 듯했다. 예전 같아서는 울기는커녕 시끄럽다고 생각하실 줄 알았는데, 정작 헤어지고 보니 그립고 걱정되시는 모양이다.

같이 있을 때는 몰랐는데 헤어지고 접촉이 끊기니 모든 사람이 그립다. 지난 일들이 자꾸 머리에 떠오르면서 슬퍼지기도 한다.

큰어머니가 계속 말씀하시는 도중에, 나는 한국에서 4월 15일 태양절에 우리들이 쓴 책이 팔리는가를 물어 보았다. 아직 출판이 되지 않았다고 하셨다. 왜 아직도 출판되지 않았는지에 대해 내가 의문스러워하자 큰어머니가 설명해 주셨다.

큰어머니는 북한의 김정일과 남한의 김대중 대통령이 곧 만나기 때문에 혹시 시끄러운 일들이 발생할까 봐 두루두루 지켜보고 있다고 하셨다.

지금까지 보면 우리 일은 큰 고생과 위험 없이 순리대로 잘 진행됐다. 그러나 한국에 가서 산다는 것이 그리 쉽게 되지는 않을 것이다. 아마 그 과정에서 어려움이 있을 것이다. 벌써부터 고난이 앞을 막아서는 것 같다.

김대중 대통령이 북한을 방문하면 그 보다 더 큰 성과는 없겠지만, 우리에게는 아주 불리하다는 생각이 든다. 김대중 대통령은 변덕이 많은 김정일을 만나면 김정일이 하자는 대로 거의 승인해 줄 것 같기 때문이다.

우선 탈북자 문제를 놓고 보자. 김정일이 탈북자 문제를 들고 나와서 김대중 대통령에게 탈북자들을 하나도 건드리지 않고 받겠으니, 한국에서는 그만 받고 관계하지 말라고 할 것이다. 그러면 김대중 대통령이 그렇게 승인을 할 것 같다. 그러면 북한에 갈 수도 없고 또 가지도 않을 우리는 무척 곤란해질 것이다. 통일이 되기 전에는 그 땅을 밟기가 싫다.

지난해 러시아에서 다시 중국으로 보낸 일곱 명의 탈북자 중 여섯 명도 살아 있다고 하였다.

그러나 이것은 큰어머니가 모르고 하시는 말씀이다. 북한에서 아직 그들을 살려 두고 있지만 그 체제에서 그렇게 살아 있다는 것은 죽기보다 더 고통스러운 것이다. 그렇게 고통스럽게 살 것이면 숨어서 살고 천대를 받아도 중국에서 사는 편이 낫다.

북한에서 형식적이고 부자연스럽게 사는 것이 더 원망스럽고 죽고 싶은 것이다. 좋은 세상이 있다는 것을 알면서도 어디든지 마음대로 갈 수 없을 테니, 차라리 이 세상에서 없어지는 것이 낫다.

큰어머니는 지금 책이 출판되지 않는 것이 어쩌면 더 좋은 거라고 하셨다. 여기가 더 안전해질 테니 말이다. 그래도 나는 책을 빨리 보고 싶다. 그리고 그 책을 보고 세상 사람들이 북한의 현실이 어떤 것인지를 제대로 깨달았으면 좋겠다.

제 잘난 맛

밤 12시가 넘어도 잠이 오지 않는다. 졸음은 그 어디론가 사라져 버리고 오직 한 가지 '나의 죄'에 대해 반성하고 있다.

나는 은신처에서 살고 있는 모든 분들에게 나의 죄를 사과하고, 그들로부터 인정받고 싶다. 하지만 사과해서 인정받아도 쓸데없다고 느껴졌다. 다음에 또 내 그릇된 점이 나타나서 판을 치면 더 곤란해지기 때문이다.

나는 삼촌과 형, 누나들에게 먼저 잘못을 빌고 용서받아 그들 모두가 아껴주고 사랑하는 조카, 동생이 되고 싶다. 그러나 나 자신이 노력하지 않으면 그렇게 되지 못한다. 또한 나는 정신적으로나 육체적으로 망나니 같은 사람들의 형태를 나도 모르게 추구해 왔다. 또한 그런 것으로써 행복을 찾고 삶을 누리려고 했다. 그러나 그런 것은 망상에 불과했고, 나를 어딘지 모를 캄캄한 곳으로 떠미는 길이었다.

나는 이 넓고 넓은 세상을 나 자신만을 생각하며 살아 왔다. 그 어떤 것을 나와 비교해도 나보다 못하고 아래라는 생각을 하며 살았다. 어지러운 세상을 되는 대로, 내가 하고 싶은 대로 살아왔다고 생각한다.

못살아 천대받고 먹을 것이 없어서 배를 끌어안을 때마다 돈을 많이 벌어서 인간이 할 수 있는 짓을 돈으로 다 해보는 것이 내 소원이고 희망이었다. 그러나 돈으로는 도저히 해낼 수 없는 일들이 많다는 것을 큰아버지, 큰어머니를 만나면서부터 조금씩 깨달았다.

나는 내 잘못된 점 중에서 가장 큰 잘못은, 남을 깔보고 지배하려 드는 것이라고 생각한다.

사람들은 모두가 제 잘난 멋에 산다고 한다.

나는 지금까지 세상에서 나를 제일 위대한 인간으로 생각했다. 또 그것에 대한 자부심과 만족을 느끼면서 그 멋에 남들을 깔보고 살아왔다. 그러나 이 세상에서 나보다 못하고 나보다 어리석은 사람은 단 한 명도 없다는 것을 깨닫게 되었다. 그런데 나는 지금까지 그런 것은 전혀 모르고 진짜 내 잘난 멋에 살아왔다.

그리고 내가 잘나고 위대해서 큰아버지 큰어머니와 인연이 되었다고 생각했다. 내가 잘못할 때도 다독여 주시고, 고쳐주기 위해서 애쓰시는 것을 보면서 내가 잘났기 때문이라고 생각했다. 그러니 고마운 마음이 생기기는커녕 응당한 것으로 여기며 다른 사람들을 자꾸 깔보았다.

기어이 키 작고 허약한 형까지 깔보게 되었다. 그래서 형의 이름을 함부로 부르며 이래라 저래라 했다. 내가 아무리 깔보고 까불어도 더 어른스러운 형은 아무 소리도 안 하고 '내 동생인데' 하는 식으로 져 주었다. 그러면 나는 더 기가 살아서 으르렁거렸다.

벼는 여물수록 고개를 숙인다고 했다. 언제나 제 잘났다고 삶은 개 대가리처럼 푸들거리는 내가 언제쯤이면 무르익은 벼 이삭처럼 고개를 숙이고 살겠는지 모르겠다.

그런 날이 오려면 끊임없이 노력해야 한다는 것을 알면서도 마음 한 구석에서는 그런 날이 하늘에서 뚝 떨어지기를 바란다. 큰아버지 모습을 열심히 배워서 고쳐야겠다.

또 나는 어떤 면에서 삼촌을 깔보았으며 지배하고 들었다. 그래서인지 삼촌은 오늘 저녁과 같이 내가 너무 지나치면 아무 말도 없이 건넛방으로 이불을 들고 가 버린다. 그러면 기분이 나빠지면서 '왜 삼촌이 저런 행동을 할까?'라고 생각한다. 그리고 '내가 무엇을 잘못했기에 저럴까?' 하면서 내 잘못에 대해서도 생각해 본다.

우리는 지금 한 방에서 삼촌과 나, 형, 그리고 민철이까지 4명이 함께 지낸다. 이제 민철이까지 나가면 두 형제만 남는다. 따로 분리되어 외톨이로 남는다는 느낌이 든다. 우리 형제만 남게 되면 우리를 나쁘게 볼 것 같은 불안한 생각도 든다. 때때로 내 잘못을 알고 고치려고 애쓰지만 잘 되질 않는다. 몇 번이나 삼촌의 충고를 들었지만, 그런 충고는 크게 신경 쓰지 않고 한 귀로 흘려보냈다.

삼촌의 충고를 받아들이지 않던 중에, 오늘같이 기분이 좋지 않고 이해하기 어려운 일이 발생했다. 지금도 내가 글을 쓰고 있는데 삼촌이 슬그머니 무엇을 가지러 방에 들어왔다가 마치 죄라도 지은 사람처럼 살금살금 나갔다.

어쩐지 나도 삼촌과 눈길이 마주치고 같이 있기가 불편하다. 말은 않지만 두 사람이 서로 크게 앙심을 품고 있는 듯한 얼굴 표정이다. 그래서 서로 같이 있기를 피하고 말도 하지 않는 것 같다. 나는 삼촌의 행동이나 언어 표현 같은 것을 알면서도 계속 삼촌에게 실망한다. 그래도 그런 것은 참고 넘어갈 수가 있다. 그러나 아침에 늦게 일어나는 것은 참을 수 없다. 그래서 삼촌이 늦잠을 자면 이불을 벗겨서 강제로라도 일어나게 하고 빨래를 하라는 등 여러 가지 잔소리를 한다.

이것은 북한에 계시는 아버지를 그대로 따라 한 것이다. 아버지는 새벽 5시에 일어나셨다. 아버지가 일어날 때는 모두가 다 같이 일어나야 했다. 일어나서는 집을 치우고 집 주변도 다 청소를 해야 했다. 그때는 그게 싫어서 죽을 지경이었으나 이제는 완전히 습관이 된 것 같다. 그래서 삼촌이 늦게까지 잠을 자면 무작정 깨운다.

그리고 삼촌에게 이젠 30대를 바라보는데 무게 있게 행동하라고, 어떤 때는 내가 막 부끄럽다는 말도 했다. 또한 어머니까지 삼촌에게 욕을 하시니 이젠 완전히 말도 안 하고 있다.

정상회담

김대중 대통령이 북한 땅을 밟아 김정일과의 회담이 이루어지는 것은 김대중 대통령의 햇볕정책, 포용정책의 큰 성과라고 생각한다. 남북이 갈라진 50년 동안 많은 이산가족들이 헤어진 부모형제 친척들을 만나지 못하고 눈을 감는 순간까지도 얼마나 그리웠겠는가. 이산가족 상봉 문제를 이번 기회에 해결했으면 하는 바램이다. 또한 통일을 위해 얼마나 많은 분이 희생되었는가?

나는 KBS 방송을 통해서 김대중 대통령이 북한을 방문해 김정일과 정상회담을 한다는 특대보도를 들었다. 김대중 대통령의 북한 방문과 김정일과의 회담은 남한은 물론 전체 조선 민족의 기쁨이고, 남북의 화해 협력과 통일을 하루빨리 추진시킬 수 있는 좋은 기회라고 본다. 통일은 나만의 소원이 아니라 남과 북 백성들의 소원일 것이고, 전 세계가 지켜보는 문제일 것이다.

그러나 북한에 살고 있다는 자체는 죽기보다 더 고통스러운 일이다. 김정일이 모두를 살살 꼬셔 놓고 우리처럼 북한을 악선전한 사람들을 어떻게 처리할지 탈북자라면 누구나 알 수 있다.

나는 김정일이 탈북자들을 받아들인다고 해도, 통일이 되고 개혁개방이 되기 전에는 그 땅을 다시 밟지 않겠다. 김대중 대통령과 김정일의 정상회담과 우리 일에 좀 지장이 있더라도 말이다.

편지

큰아버지 안녕하십니까? 길수입니다.

큰아버지가 떠나신 지 보름이라는 긴 시간이 흘렀습니다. 큰아버지가 떠나시니 집이 썰렁해서 사람 사는 집 같지가 않습니다. 떠나시고 나니 더 그립고 보고 싶습니다.

언제쯤 다시 오셔서 우리들의 안마를 받으시고 이야기도 들으면서 즐거운 시간을 보내겠는지. 한 달이나 걸리지는 않겠지요? 빨리 오셔서 함께 놀고, 구경도 하면 얼마나 좋겠습니까.

또 밤만 되면 밖으로 나가고 싶어서 견디기가 어렵습니다. 어떤 때는 아파트 4층에서 뛰어내리고 싶은 충동도 일어나곤 합니다. 그리고 밖에 다니며 뛰노는 사람들을 보면 신기하기도 합니다. 우리도 언제쯤 자유롭게 뛰놀 수 있을는지요.

속이 답답할 때마다 큰아버지께서 전화로라도 위로의 말씀을 해주시니 많이 좋아졌습니다. 지금 그곳 일은 잘 되는지, 얼마나 추진되었는지 궁금합니다.

그리고 큰아버지, 지금 한국에서는 김대중 대통령의 북한 방문 때문에 좀 복잡해서 우리 일에 지장이 있는 것 같습니다. 이럴 때일수록 힘과 용기를 잃지 마시고 다른 때보다 더 많이 뛰셔서 우리가 하루 빨리 자유의 땅을 밟을 수 있게 해주십시오.

그리고 이 일은 김대중 대통령도, 김정일도 해결하지 못하고 큰아버지와 큰어머니만이 해결할 수 있습니다. 무엇이 두렵고 무엇이 무섭습니까? 큰아버지 뒤에는 백만 대군을 거느린 15명의 장군들이 있으니 용기를 잃고 실망에 빠질 때마다 장군들을 생각하십시오.

우리는 장군으로서의 본분을 다하고 큰아버지가 하시는 일에 피가 모자라면 피를 바치고, 목숨이 필요하면 목숨도 다 바치겠습니다. 큰아버지를 생각할 때는 아무것도 무섭지 않고 두렵지 않습니다. 김정일도, 중국 공안도, 죽음을 각오한 자 앞에서는 무서운 존재가 아닙니다. 우리는 그런 각오가 되어 있습니다.

그리고 큰아버지와 집 식구들이 몸 건강히 계시길 바랍니다. 큰 아버지가 쓰러지시면 그땐 우리로서는 태양을 잃은 것보다 더 슬플 것입니다. 큰아버지와 온 집안 식구, '길수가족 구명운동본부' 회원들께서도 모두가 힘과 용기를 내시고 몸 건강하시기를 진심으로 바랍니다.

둥근 달

큰아버지로부터 전화가 왔다. 이번에 오시면 우리를 두 조로 나누어서 바깥 구경을 시켜 주겠다고 하셨다. 참으로 좋은 소식이다. 그리고 큰아버지께서 밖에 나가고 싶은 마음을 억제하기 어려우면 그 심정을 그대로 일기에 적으라고 하셨다.

사실 밖에 나가지 못한 첫 날은 죽을 것 같았고, 별의별 생각이 다 들면서 바깥사람들까지 신기해 보였다. 그러나 하루 이틀 힘든 고비를 넘겨서 별일은 없었다. 그래도 밖에 나가 구경하고 싶은 마음은 굴뚝같았다. 언제쯤 큰아버지가 오실지 모르지만 내 생각에는 5월 초나 되어야 오실 것 같다.

우리는 큰아버지가 오시면 어딜 갈 것인가에 대해서 토론을 하였다. 어떤 사람은 승리광장(중국 요녕성 대련시의 중심거리)에 가자고 했고, 나는 바닷가에 가서 미역이나 한 자루 주어 오자고 했다. 어떤 사람은 동물원에 가자고 했다.

결론은 나지 않았지만, 모두가 하루밖에 없는 시간을 즐겁게 지냈으면 하는 마음은 한결 같았다. 모두 그날이 오기를 손꼽아 기다리면서 기억 속에서 지워지지 않을 정도로 놀겠다고 다들 벼른다. 나도 마찬가지다. 그때 나가면 언제 또 다시 나갈지 모르니까 말이다. 바깥구경 하고 싶은 생각은 굴뚝같지만, 이렇게 보름씩이나 견디다 보니 조금은 괜찮다. 아파트 4층 은신처에 갇혀 산다는 것은 육체 노동하는 것보다 더 힘든 것 같다.

큰아버지, 빨리 오세요.

거리는 어둠 속에 잠을 자는데
캄캄한 앞길을 바라보며 한숨 짓네
저 밝은 달을 바라보며 애원하네
어두운 우리 앞길도 환히 비춰 달라고

둥근 달을 한없이 바라보네
초라한 내 모습이 달 속에 보이네
문 안으로 비쳐드네
저 달은 이 시각도 지구를 위해
인류를 위해 자기 몸에서 빛을 뿜고 있건만

물만두

큰어머니 얼굴에 웃음꽃이 피면 내 얼굴에도 웃음꽃이 핀다. 큰어머니가 슬프고 우울한 날이면 나도 큰어머니와 똑같아진다. 그럴 때는 '큰어머니가 왜 저런 모습을 하는가, 내가 뭘 잘못하지는 않았는가' 생각을 한다. 그런 날은 아무 일도 하고 싶지 않았고, 고민에 빠져 있다시피 했다.

오늘 오전까지만 해도 큰어머니의 얼굴에서 웃음이라고는 찾아볼 수 없었다. 무슨 큰일이라도 생기셨는지 말씀도 안 하시고 고민에 빠져 있는 모습이었다.

알고 싶고, 물어보고 싶었으나 실례인 것 같아서 아무 소리도 안 했는데, 밖에 나가서 만두 재료를 사들고 오시는 큰어머니의 얼굴에는 웃음이 가득했다.

밖에 나갔다 오시더니 큰어머니 기분은 180도 바뀐 것 같았다. 큰어머니 기분이 좋아지시니 나도 좋았고 모두가 좋아했다.

우리는 웃는 얼굴로 만두를 만들었다. 큰어머니는 총각들이 만드는 만두여서 오늘은 특별히 맛있을 거라고 하신다. 만두 만드는 모습을 사진기에 담았다. 한 장의 사진이 훗날에 추억으로 남을 수 있는 귀중한 자료나 다름없다.

만두를 만들다가 만두 두 개를 골라서 고춧가루와 소금을 각각 넣었다. 이것을 먹으면 운수가 좋다고 말하면서. 그런데 두 개 모두 이 선생님이 뽑았다. 이 선생님 운수가 제일 좋은 모양이었다. 나는 오랜만이라 그런지 밴새(만두) 두 그릇을 눈 깜빡할 사이에 다 먹었다.

하여튼 오늘은 좋은 음식도 먹고, 또 큰어머니가 우리들이 만두를 만드는 모습, 먹는 모습, 먹고 난 뒤의 모습들을 모두 사진기에 담아 두었다.

고향으로 가라

맛있는 식사가 끝나고 발 씻는 사람, 방바닥을 닦으려고 물 뜨는 사람 등 모두가 화장실로 몰려들었다. 나는 칫솔질을 했다.

밥을 먹을 때부터 민국이, 나, 그리고 형까지 자기가 살던 고장의 이름과 특성을 말하다가 '너는 단천이다, 너는 석성이다' 하는 식으로 말이 계속 오고갔다. 했던 말만 계속 해서 재미없게 느껴지자 살던 곳의 특이한 식물이나 물건의 이름을 말하기로 했다.

민국이 형은 우리 고장에 풀이 많이 난다는 것을 알고 "너는 석성이야, 쥐중굴이야, 세투리야."라고 말했다. 나는 민국이 형에게 "너는 단천(함경남도 단천군. 마그네사이트 생산량이 세계 4위로 알려져 있다)이야, 아연이야, 마그네사이트야."라고 말했다.

이름을 붙이며 쉴 새 없이 말을 하니 정말로 재미있었다. 우리는 서로의 말에 지지 않으려고 애썼다. 그러다 보니 음성이 높아져서 시끄럽게 되었다.

"야, 조용히들 해!"

갑자기 고막이 터질 듯한 앙칼진 목소리가 집 안에 울려 퍼졌다. 집 안은 순식간에 언제 그랬나 싶게 조용해졌다. 그 한마디가 힘이 있긴 있었다.

이 선생이 말했다.

"너희들이 고와서 여기까지 데리고 와 숱한 비용을 들여가면서 먹여 주고 재워 주는지 아냐? 정 그러면 고향으로 다시 가라."

그리고 그 소리는 여자들 방으로 조용히 바람처럼 사라졌다.

행복하면 행복할수록 더 좋은 행복을 갈망하는 것이 인간의 본능이라고 하지만, 그래도 우리가 너무한 것 같았다.

다른 말은 듣기에 괜찮았으나 '고향으로 다시 가라'는 말은 듣기가 좀 거북했다. 홧김에 말했다고는 생각하지만 그래도 '죽으라는 말보다 가라는 말이 더 서럽다'고, 좀 안 좋게 들렸다. 그럴 때마다 비참한 나와 탈북자, 북한 동포들의 처지를 생각하지 않을 수 없게 된다.

'당신 없으면 못살 줄 아느냐' 하는 배짱도 약간 생겼다. 그러나 이 정도 말도 하지 못하지, 밖에도 못 나가지, 어떻게 살라는 건가? 우리의 안전과 찬란한 앞길을 위해서인 줄 알고 있으면서도 그런 생각이 들었다.

이 선생은 우리 같은 사람들을 처음 만났고, 또 밖에서만 돌아다니던 분이어서 자유롭게 살고 싶은 심정일 것이다. 게다가 우리가 떠들어서 들키면 위험하고, 일생을 망칠 수도 있기에 그럴 수 있다고 생각한다.

우리에게 잘하느라고 애쓰다가도 우리가 너무 말을 안 들으면 저렇게 화를 낸다. 많이 길들어진 것도 이 모양인데 처음에 우리같은 야생인을 길들이느라고 얼마나 속 썩고 애쓰고 정성 들였을까 하는 생각이 다른 때보다 오늘 더 잘 느껴진다.

이 선생은 지금까지 우리를 잘 대해주고 있다. 큰어머니보다는 좀 못하지만, 우리가 중국말과 글을 가르쳐 달라고 하면 언제든지 웃는 얼굴로 가르쳐 주었고, 먹고 싶은 음식도 언제든지 다 해결해 주었다.

지금까지 지켜보면 큰어머니는 한국에 다녀오실 때마다 친절하게 대해 주신다. 나는 큰아버지 큰어머니의 뜨거운 사랑을 이곳에 와서 더 절실히 느꼈다.

그 누구보다도 큰아버지 큰어머니는 우리의 하늘이고 태양이다. 어떤 때는 친아버지 친어머니보다 낫다는 생각이 들 때도 있었고, 영원히 저 세상에 가서도 나의 큰아버지와 큰어머니, 전체 조선 민족의 큰아버지와 큰어머니로, 전 세계의 큰아버지 큰어머니로 모시고 싶다. 이런 숨은 영웅들을 대한민국 국민들이 알아보기나 하는 것인지 모르겠다.

목숨이냐, 깜둥이냐?

어제 이 선생님이 수도세를 내러 갔는데 20일도 안 되어 수도세를 60일치나 물었다며, 우리가 하루에 물을 1톤 씩이나 썼다고 했다. 수도세를 받는 사람들도 놀라서 의아한 기색으로 이런 일이 없었는데 기적을 창조했다면서 물어보더라는 것이다. 적당히 말을 꾸며대고 와서 괜찮을 것이라고 이 선생님이 말했지만, 그래도 우리로서는 안전하지 못함을 느꼈다.

중국인들은 대체로 조선 사람들보다 깨끗하지 않아서 물을 적게 쓰는데, 우리처럼 물을 많이 쓰면 의심을 사게 될 것이다. 하루에 1톤의 물을 쓴다는 것은 우리 자체도 놀랄 일이다. 그 일을 그냥 넘길 수가 없어서 우리는 가족회의를 열었다.

물을 적게 쓰고 의심도 사지 않으려면, 지금까지 우리가 쓰던 것의 몇 배를 줄여야 했다. 목욕도 한 달에 한 번 하기로 했고, 옷을 빠는 일도 때가 아른아른 할 때까지 하지 못하도록 조치를 취했다. 우리가 우리의 안전을 지켜야 했다.

이 선생도, 큰아버지도, 큰어머니도 공안이 들이닥치면 어찌할 방도가 없을 것이다. 내 안전은 내가 책임진다는 그런 각오가 되어있어야 했다. 이제야 비로소 큰아버지가 '이것은 수련이다'라고 하신 말씀의 뜻을 이해할 것 같았다.

큰아버지는 '너의 운명은 너에게 달렸다. 수련은 큰아버지나 큰어머니나 이 선생이 해주는 것이 아니다. 나 자체가 자신을 수련하는 것이다'라고 말했다. 모든 것은 우리가 하기에 달려 있는 것 같았다. 우선 물부터 아껴써야 했다.

"목숨을 바치겠니, 깜둥이가 되겠니?"

이모부의 물음에 모두 깜둥이를 원했다. 좀 자유롭게 살려고 했던 것이었지, 모두 죽기는 싫어했다. 이 선생은 큰일은 일어나지 않을 것이라고 했지만 우리에게는 많이 불리한 일이었다.

한 달도 아니고 계속 그렇게 하다가는 우리 안전이 대단히 위험하게 된다. 그래서 물을 절약하기로 하고 목욕이나 빨래도 금지하도록 하였다. 모두가 이런 것도 우리의 수련이란 걸 잊지 않고 있었다.

집 식구 모두가 모든 것을 절약하자! 절약은 우리의 안전이다!

바다 구경

아침밥을 먹고 나서 침대에 엎드려 있었다. 새벽 5시에 일어나서인지 또 잠이 왔다. '길수!' 하고 누군가가 나를 불렀다. 나는 잠이 들려고 했는데 누가 부르는가 싶어 좀 신경질이 났다. 눈곱을 쥐여 뜯으면서 보니 이 선생이었다. 가스통을 옮기러 가자고 하는 것이었다. 밖에 한 번도 못 나가지 않았느냐고 하면서 형하고 같이 준비하라고 일렀다.

밖으로 나가자는 소리에 나는 막 잠에서 깨어난 사람처럼 어리벙벙해 있었다. 좀 나가려고 해도 안 내보내 주고 딱 잘랐는데, 오늘은 먼저 나가자고 하니 정말로 기뻤다. 그래서 나와 형은 가스통을 메고 내려와 이 선생 친구들이 가지고 온 삼륜차에 싣고 가스통 가게로 가서 가스통을 내렸다. 집에서 이곳까지는 불과 10분도 안 되는 거리였다.

가스통을 내려놓고 밖에 나와 앉아 바깥공기를 마시니 좋기는 했지만, 그냥 나왔다 들어가면 아무런 의미가 없다고 생각했다. 힘들기는 했지만 밖에 나오니 막 날아갈 듯했다. 거리의 풀과 나무와 새들도 나를 반겨 주는 듯했다. 그리고 안에서 볼 때는 길을 다니는 사람들이 신기해 보였는데, 밖으로 나와서 보니 모두가 평등해 보였다. 제 모습으로 돌아온 것이다.

'이제야 나왔으니 언제 인간 세상에 휩쓸리겠는지. 1년이 될지 10년이 될지.'

괜히 밖으로 나와서 안정된 마음을 흔들어 놓는 것 같았다. 이 선생이 우릴 보고 미안했던지 바다에 놀러 가지 않겠느냐고 물어보았다. 그런 말이 나오기를 기다렸다는 듯이 나는 얼른 대답했다. 이 선생은 우리의 마음을 속속들이 아는 것 같았다. 그런 말을 할 때에는 이 선생이 너무 고마워서 천사처럼 느껴졌다.

그러나 한편으로는 이런 생각이 불쑥 떠올랐다. '우리 형제만 이렇게 놀러 갔다 오면 내 자신이 잘났다고 생각하고, 또 남은 사람들에게 미움이나 사지 않을까? 그들이 우릴 어떻게 생각할까?'라고 생각하니 발걸음이 무거웠다. 그래도 하느님이 우리 형제에게 베푸시는 은혜로 생각하니 발걸음이 한결 가벼웠다.

우리는 집에 있는 사람들이 내려다 볼까봐 보이지 않는 곳으로 살금살금 걸어서 그곳을 벗어났다. 그리고 버스를 타고 어딘지 모르지만 이 선생이 인도하는 대로 따라갔다. 버스에 앉아 차창 밖을 내다보니 한국으로 가는 배나 비행기에 앉아 있는 기분이었고, 그것을 상상해 보았다. 그러는 동안 버스는 종점에 닿았고, 우리는 바닷가로 갔다.

'언제쯤 저 넓고 넓은 바다 위에 우리를 실은 배가 바다 물결의 환영과 축복을 받으면서 자유를 찾아 대한민국으로 가려는지.'

바다를 바라보니 바다처럼 넓고 넓은 세상에서 살고 싶었고, 무한한 자유를 찾고 싶었다. 나는 바다에게 '우리가 언제쯤 너희들처럼 무한한 자유를 가질 수 있겠느냐?' 하고 물어보고 싶었다.

바다는 알 것 같았다. 또 알 것이다. 그러나 바다는 언제나 변함이 없듯이 철썩철썩 소리만 낼뿐 말이 없었다.

내 마음은 잔잔한 파도 물결에 실려서 자꾸자꾸 어디론가 떠나는 것 같았다. 우리는 조개와 미역을 조금 주워 가지고 왔다. 그것으로 점심에 맛있는 해산물 국을 끓여먹을 걸 생각하니 좀 흐뭇하기도 했다. 우리가 주워 온 해산물을 먹고 모두가 더 먹고 싶어 하는 모습이 눈앞에 보이는 것 같았다.

오늘은 이 선생 덕분에 집 식구 몰래 바다구경을 했다. 지금도 우리가 바다에 간 것은 비밀이고 물어보는 사람들에게도 말하지 않는다. 알게 되면 모두가 좋게 생각할 것 같지 않아서 아예 속여 버렸다. 오늘은 정말로 재미있게 놀고 바깥 구경을 했다. 큰아버지가 오시는 날에는 더 재미있을 것 같았다.

언제쯤 오시려는지, 내 마음은 항상 대한민국과 큰아버지에게로 쏠린다.

시인

점심을 먹고 있는데 전화벨 소리가 울렸다. 큰아버지에게서 오는가 생각했지만 먹던 밥을 계속 먹었다. 이 선생이 전화를 받고 나에게 넘겨주었다. 나를 찾는 것이었다. 큰아버지였다.

큰아버지가 또 나에게 제일 먼저 전화를 하시는구나. 요새는 나에게만 전화를 하시니 이상한 생각이 들었다. 지금까지는 본체만체 하시는 것 같았고 또 나를 좋지 않게 보시는 것 같기도 했었기 때문이다. 또한 나를 망나니라고 생각하시지 않을까 하는 생각도 들었다. 큰아버지가 내게만 전화를 거시니 좀 이상했지만 큰아버지의 바다처럼 넓은 마음을 내가 알 수는 없었다.

큰아버지의 첫 말씀이 일기를 솔직하게 잘 썼다고 하셨다. 그리고 내게 물으셨다.

"일기책에 쓴 시 네가 썼니 아니면 시집에서 베꼈니?"

"시라니요. 무슨 시를 말씀하시는 겁니까?"

그랬더니 몇 문장을 읽어 주셨다. 생각해 보니 그것은 어느 날 잠이 오질 않아 혼자 일어나 밝은 달을 바라보면서 그 당시의 심정을 몇 줄 쓴 것이었다.

그런데 그것이 시가 되다니, 생각 밖의 일이었다. 큰아버지는 아주 잘 썼다고 칭찬해 주셨다. 오랜만에 큰아버지에게 칭찬을 받았다. 다른 때는 칭찬 받을 만한 일이 없었고, 계속 미움만 샀었는데 말이다.

나는 항상 어느 문장을 짓고 일기를 써도 끝에는 '큰아버지 감사합니다'라는 말밖에 더 쓸 수가 없었다. 다른 좋은 소리를 잔뜩 쓰면 거짓처럼 보일 것 같았기 때문이다. '감사합니다'라는 말이 나에게는 제일 편안한 최고의 말이다.

오늘 나는 시인이 되었다. 큰아버지 감사합니다!

빨간 완장

오늘도 창밖을 내다보니 다른 날과 같이 그 건물에 그 그림자다.

은신처 아파트 창 밖에는 늙은 할머니 두 사람이 경비완장인지는 정확히 모르겠지만 빨간 완장을 끼고 마을을 왔다 갔다 하였다. 그러다가 우리가 정면으로 내려다보면 빤히 보이는 곳에 와서 앉았다. 처음에는 왜 저 늙은이들이 다른 곳도 아니고 그 자리에만 앉아 있을까 의심스러우면서도 무심코 지나쳤고 아무것도 감추지 않았다. 그리고 계속 창 문턱에 앉아 내 할 일을 다 했다.

우리는 밖에 나가고 싶은 충동을 못 이겨 한 번씩 휘파람도 불고 소리를 치기도 했다. 그럴 때마다 그 노파들은 나를 정신없이 바라보곤 했다. 하루 이틀도 아니고 계속 와서 앉아 있으니 그 노파들을 의심할 수밖에 없었다. 우리는 창문에 걸터앉았다가도 그 늙은이들만 있으면 이내 몸을 감추곤 하였다.

큰아버지 말씀과 같이 '수련'이란 그렇게 쉽지 않은 것 같다. 나 자신을 수련한다는 것은 정말로 힘든 일이다. 빨리 나 자신을 수련해야 밝은 앞길이 열리겠는데, 아직도 나 자신을 수련시키지 못하니 참 속상하다.

5

롤러스케이트

글

어제 저녁밥을 먹는데 삼촌이 나보고 "이제 너도 열일곱 살이니까 나이에 맞게 놀아라!"라고 해서 순간에 어리벙벙해졌다. 나는 단번에 삼촌에게 성을 내면서 대들었다. 삼촌이 나에게 좋은 인상으로 말을 했으면 나도 그렇게 화를 내지는 않았을 것이다.

나는 삼촌이 왜 그러는지 대강 짐작했으나 모른 체했다. 그리고 혹시 내 생각이 틀렸을까봐 그냥 물어만 보았다. 물어보는 내 음성은 더 높아져 있었다.

요즘에는 자꾸 좋지 않은 일들이 생겨서 기분이 나쁘고 견디기가 어려워 미칠 지경인데 또 이런 소릴 하는구나 하고 생각하니 화가 났다. 그래서 마구 따지고 들었다.

밥상에서 음성이 높아지다가 옆 사람들의 충고에 의해 그만 제지당하고 말았다. 성이 나서인지 밥이 도저히 목구멍으로 넘어가지 않았다. 모래알을 씹는 듯했다. 그래서 밥을 먹다 말고 자리에서 일어나 방으로 들어갔다.

잠시 후 삼촌이 들어왔다. 나는 삼촌을 기다리고 있었다. 삼촌은 내 옆에 앉으면서 '나이에 맞게 놀아라.' 또 그 말을 반복했다. '내가 왜 그러는지 알지?' 그 말을 하는 삼촌의 인상은 정말로 보기 흉하고, 사람을 물려고 혀에 독을 품고 날름거리는 독사 같았고, 늙은 늑대 같기도 했다.

나는 알면서도 모르는 척하면서 잠자코 있었다. 삼촌은 참다못해 입을 열었다. 듣는 순간 말을 막하는 느낌도 들고, 내가 말한 것 보다 더 험악하게 말할 것 같아서 삼촌의 말을 가로채 내가 말했다.

"글도 사람이 생긴 것만큼 써집니다."

이 말은 좀 전에 삼촌이 이 선생이 쓴 글이 멋있고, 잘 쓰기에 그 글을 본떠서 연습한다는 것을 빗대어 한 말이다. 나는 이 선생님이 있는 앞에서 그 글을 놓고 잘 썼다는 둥 멋있다는 둥 어떻게 하면 잘 쓰게 된다는 둥 여러 말을 했다.

그리고 이 선생도 거들었다.

"글은 아무렇게나 써도 내용이 좋아야 합니다. 삼촌은 시를 쓴다는데 왜 시는 안 쓰고 글 쓰는 연습만 합니까? 삼촌이 글쓰기를 하다가 며칠 안 돼 그만둔다는 것을 아는데 그 시간이면 시를 쓰는 게 낫습니다."

그러자 삼촌은 '사람들은 먼저 글씨를 보고 상대방을 평가한다'며, 자기는 글씨를 못 쓰기 때문에 이 선생 글씨를 보고 글쓰기 연습을 해야 한다고 했다. 이 선생님은 내가 옆에서 듣고 있는 것 때문인지, 삼촌의 글씨를 보고 잘 쓴다고 평가했다.

나는 삼촌보고 말했다.

"이 선생처럼 써야 잘 쓰는 것이 아닙니다. 자기가 쓰는 글은 다른 사람들과는 다른 자기만의 특징과 미가 있기 때문에 자기 방식대로 써야 합니다." 그러는 중에 나도 모르게 내 입에서 '글은 사람이 생긴 것만큼 써진다'는 말이 툭 튀어 나왔다.

제기차기

오늘은 저녁에 밖으로 나가서 제기도 차면서 놀 수 있는 날이다.

오후에 이 선생님이 밖에 나갔다가 배드민턴을 사 가지고 왔다. 저녁에 재미있게 놀려고 작정을 한 모양이었다. 밥도 먹기 전에 이 선생님이 빨리 밥을 먹고 밖에 나가서 놀자고 했다. 다른 때 같으면 우리가 나가서 놀자고 해도 나갈 듯 말듯 하면서 겨우 대답했는데, 이 선생님도 오늘은 밖에 나가서 놀고 싶었던 모양이다.

먼저 나와 형이 배드민턴 채를 들고 밖으로 나왔다. 다른 때는 잔잔하던 바람이 오늘은 세차게 불어서 배드민턴과 제기차기가 좀 어려웠으나 우리는 계속했다. 집 안에서는 먼저 나가자고 했던 이 선생님이 30분도 안돼서 집으로 들어가자고 말했다. 우리는 될 대로 되라는 식으로 계속 놀았다.

한참 놀다 보니 우리 옆에 중국 아이들이 한두 명씩 모여들어 큰 원을 지으며 제기차기를 했다. 처음에 우리는 어리벙벙해서 제대로 차지 못했는데 차츰 시간이 지나고 나니 중국 아이들 못지않게 차게 되었다. 한참 제기를 차고 나니 싫증이 나고 이런 것 해도 쓸모없다는 생각이 들어서, 다른 한쪽 구석에서 형과 함께 배드민턴을 쳤다.

배드민턴을 한참 치고 나니 더워서 몸이 근질거렸다. 그래서 주머니에 있던 2위안으로 상점에 가서 아이스크림을 샀다. 말이 통하지 않아 한참이나 애를 먹었다. 돈이 더 있었으면 8개나 9개를 사련만, 2위안밖에 없어서 나와 형만 먹기로 했다.

아이스크림을 먹다가 머리를 들어보니 이 선생님이 앞에 떡 서 있었다. 몰래 먹는 것을 들켜 어찌나 부끄럽던지, 뭐라고 할 말이 없어서 계속 먹기만 했다. 이 선생님은 배가 고프거나 먹고 싶은 것이 있으면 말하라고 하며 사주겠다고 했다. 배가 고파서가 아니라 더워서 먹는다고 말하자 이 선생님은 곧 자리를 피해 주었다. 이 선생님에게 들키고 보니 다른 사람들은 못 봤어도 어쩐지 집 식구들에게 미안했다. 그들에게 죄 지은 사람처럼 생각되었다.

오늘 재미있게 놀려고 했는데 하늘의 조화로 큰 재미를 못 느꼈다. 이젠 제기차기, 배드민턴 치기도 싫증이 난다. 이젠 방법을 바꿔서 일주일에 두 번씩 밖에 나가는 것이 아니라, 한 달에 한 번씩이라도 롤러스케이트장에 가서 놀았으면 좋겠다고 생각했다.

아방궁

한창 형에게서 한국영화 '아방궁의 비밀을 밝혀라'라는 제목의 영화 내용을 듣고 있는데, 이 선생님이 우리 칸에 들어왔다. 형에게 얘기를 들으면서 일어나던 재미나고 무시무시한 감정이 이 선생님이 들어오는 통에 다 깨지고 말았다.

이 선생은 "야, 이제 한 선생님(은신처와 같은 동의 아파트에 사는 한국인 사장)이 오신다. 방을 좀 치워라."하고 말하고는 휙 나가 버렸다.

우리는 모두가 달라붙어서 방을 치우려고 하는데 벌써 한 선생님이 오십대로 보이는 남자와 함께 우리 방에 들어섰다. 좀 치우는 척이라도 하였기에 방은 그리 스산하지 않았다.

전번에 적어 간 이름과 생년월일을 꺼내 들고서 한 명 한 명 보면서 중국말로 이름도 물어 보았다. 그리고 한 선생님이 "민철이는 작으니까 가방에 넣고 가도 되겠다."면서 "두 시간만 참으면 돼!" 하면서 엎드려 있는 흉내까지 냈다. 모두가 웃었다.

같이 온 분하고 주고받는 말을 들어 보니 할아버지 할머니가 70세가 가까워 온다니까 "그럼 초청장으로 하면 되겠군!" 했다. 이모부와 우리 어머니를 두고는 "이분들은 50세 넘었다고 해도 되겠네!" 하였다. 그런 걸 봐서는 세관 같은 데서도 50세 이상인 사람들을 좀 경하게 취급하는 것 같았다. 이말 저말 하다가 나가면서 "답답하고 견디기 어렵겠지만 참으세요! 그리고 너무 급해 하지 마세요!" 하고는 우리의 배웅을 받으면서 돌아갔다.

그 사람들이 돌아간 뒤 우리 식구들이 모두 모여 많은 이야기를 나누었다. 현물 조사를 온 거라는 둥 수속하기 위해서라는 둥의 의견이 있었고, 한족 말을 배우라는 것을 봐서는 한 달을 넘기지 않을 것 같다는 얘기도 있었다. 또 비행기나 배에 앉아 한국에 간다고 생각해야 한다는 의견도 있었다.

여러 가지 의견이 오고 갔지만 과연 어느 의견이 옳은지, 몇 달 후에 가려는지…

중국어 공부

오늘은 내 요청으로 중국어 교과서를 사려고 했는데, 한 선생님 집에 책이 있다고 해 그것을 얻어 쓰기로 했다. 모두 한국에서 출판된 것으로, 이 책만 다 배우면 한족 말을 좀 할 수 있다고 했다. 두 권 중에 한 권이 좀 더 좋았는데 이 선생님의 배려로 좋은 책을 내가 얻었다.

이 책을 혼자 보고 싶은 욕심도 들고, 다른 사람에게 뺏기지 않고 한족 말 공부를 열심히 해야겠다는 생각도 들었다.

그러나 이 교과서 하나 때문에 민국이와 민철이에게 시달림 받을 일이 이 교과서를 다 배우는 일보다 더 힘들 듯하였다. '어떻게 하면 그들의 시달림을 피하고, 나 혼자 이 책을 다 배울 수 있을까?' 생각을 해 보았지만 아무런 방도도 떠오르지 않았다.

이런 생각에 잠겨 있는 동안 벌써 그 책은 민국이와 민철이 손에 들어가 있었다. 당장 공부하지도 않으면서 헛 욕심 때문에 그 책을 빼앗긴 것이다.

지금은 단숨에 이 책을 배울 것 같지만, 아마 열흘도 못 되어 그 열의가 식어질 것이 뻔했다. 나는 그것을 뻔히 알면서도 열의가 식을 땐 식더라도 식기 전까지는 열심히 배우자고 생각했다. 머리를 싸매고서라도 그 책을 다 배우겠다는 생각도 했다.

오늘 저녁에 처음으로 이 선생님에게서 중국 글과 말을 동시에 배우게 되었다. 나는 공부가 굉장히 힘든 것으로 생각했는데 시작이 반이라고 좀 쉬웠다. 가르치는 분이 잘 가르쳐서인지 대단히 쉬웠다.

이 책을 다 공부해서 중국 글과 말을 능숙하게 할 수 있을 때까지 이 열의가 식지 않고 계속 연장되었으면 좋겠다. 모든 일도 이렇게 하면 계속 잘될 것이다.

식성

아침에 이 선생님이 시장에 나가서 우리들이 먹을 간식을 사왔다. 콩알 같은 것이 입에 넣으면 솔솔 녹았다. 한 주머니에 있는 것을 단숨에 먹어 버렸다. 밥보다도 질근질근 먹을 수 있는 간식을 좋아했다.

잠시 후 이 선생님이 어디론가 나가 버렸다. 입안에서는 아직도 그 간식 맛이 사라지지 않고 맴돌아 배는 부르지만 먹고 싶은 생각이 들었다. 무엇이나 하자 하면 생각한 그때 당시에 해야지, 그러지 않으면 마음을 못 놓는 것이 습관이 되어서인지 먹자, 하고 생각하니 끝까지 먹고야 말았다.

그래서 이 선생님의 승인 없이 한 봉지를 터뜨려서 절반 갈라서 내 방으로 들고 오려고 하는데 민철이가 나와서 남은 절반을 들고 자기 방으로 가 버렸다.

나는 그걸 먹으면서 '이 선생님이 기분 나빠 하지 않을까?', '어머니에게 욕은 먹지 않을까?' 걱정이 되었다. 어머니는 '사온 사람의 승인 없이는 절대로 물건이나 음식에 손대지 말라. 큰일난다!'고 했었다.

아니나 다를까 어머니가 들어와서 욕설을 퍼부었다. "야! 승인 없이 왜 먹느냐?" 하시면서. 나는 그 욕을 면하기 위해 이 선생님이 먹으라고 했다고 변명을 했다. 그래도 어머니는 이 선생님이 손으로 꺼내 주기 전에는 절대로 손을 대지 말라고 했다.

그래서 이 선생님이 나간 뒤에 집안이 좀 소란했다. 이 선생님이 돌아올 때에는 소란스럽지는 않았지만 좀 분위기가 스산했다. 이 선생님이 찾아와서 물어 보았다. 나는 처음에는 망신스러워서 숨기려 하다가 자기도 알자면서 애걸하다시피 하는 이 선생님에게 모두 말해 주었다.

그리고 한 가지 부탁이 있다고 말했다. 이 선생님이 보기에 좀 그렇더라도 아직 우리는 식성이 강하고 먹고 싶은 것도 많아 이 선생님이 주는 것만으로는 충분하지 않으니 자주 좀 꺼내 먹을 수 있게 해주고, 그런 면에서 좀 이해해 주시라고 했다.

어머니 날

오늘 아침 밥 먹는 시간에 이 선생님이 찾아와서 "어제 말한 말 잊지 않았지?" 하고 물었다. 우리는 "예, 잊지 않고 있습니다!"라고 대답하였다.

이 선생님이 어제 한 말은 "내일은 어머니 날인데 다른 것은 해줄 것이 없으니 너희 형제간에 어머니의 일손을 도와라. 하루 세 번만 주방 거두는 일을 책임지고 해라!"라는 것이었다. 이 선생님은 그 말을 잊지 않고 밥 먹는 시간에까지 찾아와서 일러주었다.

처음 주방칸 일을 하자니 좀 별난 감도 들었다. 내가 딱 가정주부처럼 느껴졌다. 사실 처음에는 하기 싫어서 빈정댔지만, 주방 거두는 일이 좀 시간이 걸리고 하기 시작하니 열이 올랐다.

아침에는 이 선생님까지 들어오니 주방에 세 명이 설자리가 없기에 나는 슬며시 점심에 내가 거두기로 작정하고 부엌에서 나와 버렸다. 그걸 본 이 선생님은 검댕이 묻은 다른 일감을 내게 쥐어 주었다. 괘씸했다. 제일 더러운 일을 나에게 시키니.

점심시간에도 그렇고 저녁 시간에도 그렇고 하루 세 끼를 나와 형님이 주방을 거들고 보니 힘들고 시간이 걸렸다. 한 번 거드는 시간이 무려 2시간이나 걸렸다.

힘이 든다기보다는 시간이 너무 걸리는 것이 문제다. 하루 세 번 거들고 나면 그림이고 중국 말 공부고 하나도 할 수 없을 것 같았다. 하루에서 여섯 시간을 빼고 나면 남는 시간이 정말로 없다.

우리는 하루 한 것도 지겹고 지루한데, 매일 세 번씩이나 말없이 주방 일을 하는 어머니의 수고스러움을 이제야 비로소 알았다. 정말 남모르게 소리 없이 수고하는 어머니였다.

나의 어머니라서 그런 것이 아니라 정작 해보니 정말 힘들다. 어머니 날에 이보다 더 크게 어머니를 도와 기쁘게 해 준 일은 없다.

단지 오늘 하루만이라도 어머니 말을 잘 듣고 소란을 피우지 않고 어머니를 기쁘고 즐겁게 해 드리는 것이 어머니 날에 자식으로서의 도리인데 그렇게 못했다.

처음 여기에서 어머니 날이란 소릴 듣고 그대로 하자니 좀 서먹서먹하고 귀찮다. 다음 번 어머니 날에는 한국에 가서 우리 어머니와 한국 큰어머니, 중국 큰어머니 세 분을 모두 즐겁게 해 드리고 남 못지않게 어머니 날을 즐겁게 해 주겠다.

저녁에 되어서 주방을 거두었다. 이 선생님도 신이 나서 주방 칸에 녹음기를 들고 들어와서 틀어놓고 우리와 같이 수고를 했다.

오늘은 어머니 날이고 또 일요일이다.

나의 명절도 아니고 특별한 날도 아니지만 어쩐지 오늘도 밖에 나가 놀고 싶었다. 전번 날에 밖에 나가지 못한다고 했기에 생각은 불같으나 말로 이 선생님에게 옮기긴 정말로 힘들다. 내가 초라해 보였다.

이제나 저제나 이 선생님 입에서 '밖에 나가 놀자!' 하는 말이 떨어지기를 기다리고 있을 뿐이다. 모두가 그걸 바라고 있다.

우리가 그렇게 생각하고 있는 것이 행동으로 나타나 보였는지, 아니면 우리 눈빛에서 무엇을 보았는지, 우리 속에 들어가 보았는지 한참 후에 이 선생이 "오늘은 어머니 날이고 일요일이기도 하니 우리 밖에 나가 놀자!" 고 했다. 모두들 입으로 환성을 지르지는 않았으나 속으로는 환호를 하는 것 같았다.

'아! 하느님이 우리들의 마음을 헤아려 이 선생의 마음을 움직여 주셨구나.'

우리는 저녁에 밖으로 나오게 되었다. 그런데 다른 때와 달리 제기차기도 그리 신나지 않았다. 저녁에 고깃국도 먹었는데 굶주림에 시달려 맥을 못 추는 사람처럼 모두가 나른해서 제기차기에 열중하지도 않았다.

잠시 후에 나는 놀이판에서 슬쩍 빠져나와 옆에 앉았다. 아무것도 하고 싶지 않았다. 그런데 이 선생님이 배드민턴 채를 가지고 와서 같이 치자고 권하는 바람에 일어나 바람이 안 부는 곳을 찾아가서 치기 시작했다. 생각보다는 재미있었다.

무엇을 딱 걸고 하면 더 재미나고 열이 오를 것 같았다. 그래서 이 선생님에게 "50대까지 해서 지는 사람이 무얼 내기로 합시다!"라고 했다. 그러나 그것을 토론하자고 멍하게 떠오르지 않는 생각을 할 필요도 없고 해서 우선 먼저 치고 나중에 승부가 나면, 이기는 사람이 결정하기로 하였다.

드디어 게임이 시작됐다. 10대, 20대, 한참을 열을 올려 가면서 쳤다. 우리 옆에 중국 사람들이 와서 쳤다. 우리가 칠 때 조선말을 해서인지 그 사람들은 "너희들 조선족인가?" 하고 물어 왔다. 그때 이 선생님의 말을 내가 알아듣지는 못했지만 아마 조선족이 아니고 다른 소수민족이라고 하는 것 같았다. 그런데 "아, 맞다!" 하고 얼결에 대답해 버렸다. 나는 옳다, 이 선생님은 아니다 하니 그 사람들에게 이상한 감을 주었을 것이다.

시합은 결국 내가 6개를 앞서서 이겼다. 나는 처음부터 이 선생님이 여자여서였는지 얕보아서였는지 이번 겨루는 것은 내가 이긴다고 장담을 하고 시작했는데 내 생각대로 되었다.

이제 이 선생님이 무엇을 내느냐 하는 것이 문제였다. 그 대답은 나에게 차려졌다. 나는 갑자기 벙벙해져서 묘한 생각이 떠오르지 않았다. 어떻게 하면 좋을까 생각하던 끝에 얼음과자를 먹고 싶어서 얼음과자를 사 달라고 하자고 생각했다. 그런데 문득 귤을 한 상자씩이나 먹는다고 진실에 거짓을 보탠 소문이 퍼져 식충이로 알고 있을 텐데 또 먹는 것을 사달라고 하면 완전히 식충이로 인식할까 봐 그 말이 바로 나오질 않았다.

그래서 말을 못하고 옆에 있던 민철이에게 "어떻게 했으면 좋겠는가? 아무거나 요구 조건을 대라!"고 했더니 민철이 의견도 일치했다. 민철이가 "세고(아이스크림)." 하고 죽어가는 소리로 말했다. 이 선생은 "오늘은 내가 졌으니 한 턱 내겠다!"고 하면서 상점으로 갔다. 이 선생이 몇 개를 살까 하고 물었지만 나는 대답을 못했다.

그래서 이 선생님이 아이스크림 1위안짜리 10개와 사이다, 광천수 등 20위안어치를 샀다. 나도 그 옆에서 상점 안을 들여다보았는데 그때 상점 주인 아주머니가 나를 보더니 상점 안의 옆 사람들에게 나를 가리키면서 '저 사람은 한국 사람이다'라고 말했다. 이 선생님은 웃으면서 나보고 아무 말도 하지 말라고 했다.

그들이 내가 한국 사람이라고 하는 데는 그럴 만한 일이 있다. 언젠가 세고를 사러 들어갔다가 말이 통하지 않아 알아듣지 못한다고 말했더니 한국에서 왔는가 하고 물었다. 아니라고 하자니 중국 사람이면 왜 말을 모르는가 하고 의심할까봐 이 내 한국사람 맞다고 했다. 그 다음부터는 내가 그 앞을 지나가면 나를 보면서 웃는 모습으로 인사를 했다. 나도 마주보면서 인사를 해주었다. 그렇게 되어서 그 상점 주인은 나를 완전히 한국인으로 안다.

한국사람 대접을 받고 보니 한국이란 나라에 대한 신비함을 더 절실히 느꼈고, 감탄하게 되고, 기뻤다. '한국이란 위대하구나!' 하는 생각이 든다.

상점에서 나온 우리는 조용한 곳을 찾아서 사온 아이스크림과 사이다를 먹어댔다. 몇 끼 굶은 사람처럼 말이다.

한참 먹다 보니 삼촌과 형이 보이지 않았다. 나는 '집에 먼저 들어갔겠지' 하고 더 찾지 않았다. 그런데 집에 올라가 보니 없다. 나는 얼른 다시 내려와 이 선생님과 함께 삼촌과 형님을 찾아 나섰다. 우리가 놀던 곳은 물론 다른 곳까지 구석구석 찾아보았지만 보이지 않았다. 시간이 감에 따라 마음은 더욱더 초조해졌다. 어디 갔을까? 찾다 찾다 찾지 못해서 집에 전화를 걸어 보았다. 역시 없었다.

이 선생님이 집에 좀 들어갔다가 찾아보자 하여 집으로 올라왔다. 모두가 잠을 못 이루고 서성거렸다. 딱 돌아올 수 없는 사람을 행여나 하는 심정으로 기다리는 듯 싶었다. 우리 칸을 들여다보니 불은 꺼져 있고 텅 비어 있었다. 우리 칸 동지들이 없으니 마음이 벌 둥지를 쑤셔 놓은 것처럼 숭숭거렸고, 가슴은 툭툭 뛰었다.

삼촌과 형님이 문을 열고 뛰어 들어오는 것만 같았다. 그러나 현실은 그렇지 않았다. 그 때, 창문 밖을 내다보던 화영이가 “언니, 언니! 저기 한길이 같아 보여!” 하고 소리쳤다. 나도 창가로 가서 피뜩 보니 형 같았고 한족 사람들에게 매를 맞는 것 같았다. “이 선생님, 빨리!” 하는 소리와 동시에 나는 신발을 주워 신고 아래로 내리 뛰었다. 이 선생님도 물론 따라 내려왔다.

달려갈 때 내 마음은 ‘이 되놈들, 때리기만 했어 봐라! 달려가는 속도로 때려눕히리라!’ 했다. 죽기 살기로 해낼 생각으로 뛰어가 보니 그곳에 있는 사람들은 중국인 남자와 여자였을 뿐, 삼촌과 형님은 그림자도 보이지 않았다.

어디 가서 매나 맞지 않는지, 어머니가 말한 것처럼 또 잡히지는 않았는지 모를 일이었다. 어머니가 잡히지가 않았을까 하는 말에 더 놀라고 근심이 되었다. 집 주변은 물론 큰길까지 다 찾아보았는데도 없는 걸 보아서는 무슨 일이 있다고 느껴졌다.

갈 데도 없고 아는 데도 없는 사람들이다. 이 주변에 없는 걸 보아서는 무슨 일이 있는 것만 같았다. 그래서 더욱 더 좇아 다니면서 찾기 시작했다. 그러나 아무리 찾아도 소용없었다.

이 선생님의 말에 의하면 이 부근에 파출소가 있다던데 파출소에 가 볼까 하는 생각이 들었다. 이 선생님에게 파출소에 갈 것을 제기했다.

여기에 없는 것을 보아서 다른 일이 없으면 파출소에 딱 잡혀 간 것 같았다. 이 선생님은 전번 날에는 파출소가 어디에 있다고 하더니 한 선생님 집에 가서는 파출소가 어딘지 모른다고 했다. 우리가 한 선생님 집을 찾아 들어가니 한 선생님과 몇 명의 사람들이 나왔다. 온 사연을 말하자 한 선생님은 큰일 없을 것처럼 어디 놀러 갔겠지 하였다. 그러다가 이 선생님이 "한 시간이 다 되어도 안 돌아와요."라고 하자 "그럼 가 봐야지. 저녁이면 공안들이 외지 사람 잡으러 돌아다닐 텐데." 하면서 옷을 입고 나섰다.

우선 먼저 파출소로 가 보기로 하였다. 이 선생님과 한 선생님은 골목길로 가고 나와 한 선생님 집에 있는 누나는 큰길로 해서 가기로 했다. 큰길을 가면서 혹시나 하고 이리저리 살피다가 앞을 보니 저 멀리서 삼촌과 형이 걸어오는 것이 보였다.

아, 그때 얼마나 기뻤는지 모른다. 잡히지 않았나 하고 걱정했는데 살아서 아무런 일 없이 돌아오니 고맙기도 했다. 나는 형님과 삼촌을 빨리 오게 하기 위해 소리를 쳤다.

이 선생님은 가슴을 두 손으로 두드리면서 가쁘게 숨을 몰아쉬었다. 한 선생님은 "밤에 이렇게 돌아다니면 안 되는데… 날 따라와봐요. 저기 순라 공안들을 보여줄게요." 하면서 삼촌과 형님을 끌고 집 쪽으로 향했다.

이 선생님은 뒤로 물러서더니 울음을 터트렸다. 기쁨의 눈물인지 증오의 눈물인지 자기의 감정을 억제 못해 우는 것인지 알 수가 없었다. 옆에 있던 다른 누나가 이 선생님을 위로해 주어 눈물을 그치고 집으로 돌아왔다. 내가 먼저 계단으로 올라오고, 한 선생님과 이 선생님은 길 옆에 서서 이야기를 나누었다.

계단을 올라가는데 피뜩 나의 귀에 들리는 말이 '재미 붙이면 안 되는데…' 하는 것 같았다. 아마 우리가 밖에 나가는 데 재미가 붙어서 그런다고 하는 것 같았다. 그 말만 들렸다. 나는 더 들으려고도 하지 않고 집으로 올라오고 말았다.

집 문 앞에서 삼촌과 형님이 들어가질 않고 서 있었다. 문을 여는 순간부터 욕설을 받을 것을 생각해서인 것 같았다.

내가 먼저 문을 떼고 들어갔다. 뒤로 삼촌이 들어오자 어머니는 범 잡는 포수처럼 득의양양해서 삼촌의 뺨을 후려갈겼다.

삼촌은 "왜 이래요!" 하고 소리 지르고는 아무런 대꾸도 하지 않았다. 삼촌의 뺨을 갈기는 어머니가 미웠다. 이제는 자식은 물론 동생까지도 쩍 하면 큰일도 아닌 것을 가지고 귀뺨을 찰싹찰싹 소리를 내면서 후려갈긴다. 한두 번이면 몰라도 습관이 되어 버렸다.

새끼를 잃은 어미 양이 제 새끼가 다시 굴로 돌아왔을 때처럼 기뻐하고 위로하는 것은 찾아볼 수가 없다. 형은 삼촌이 맞는 모습을 보고 아예 들어오지 않고 문 밖에 섰다가 한 선생님과 이 선생님이 올라올 때에야 비로소 집으로 들어왔다. 들어오기 싫은 인상을 하고 말이다.

한 선생님과 다른 누나들은 이 선생님과 함께 들어와 거실에서 무엇이라고 말하고는 가고 말았다. 나는 이 선생님이 삼촌과 형님을 놓고 혼낼 줄 알았는데 그러지 않았다. 집안은 곧 잠잠해졌다.

삼촌과 형님은 거실에서 11시가 되도록 잠을 안 자고 무언가를 쓰고 있었다. 겉으로는 내색 안 해도 속으로는 퍽 미안해하고, 앞으로 받아야 할 여러 사람들의 공격을 두려워하는 것 같았다. 거의 12시가 되어서 불이 꺼지고 우리는 조용히 잠들었다. 삼촌과 형님은 내일 아침에 있을 일이 두려워 근심을 많이 하면서 잤을 것이다.

외출 금지령

아침에 잠에서 깨어서부터 삼촌과 형님은 아무 말도 없이 침묵만 지켰다. 다른 사람들도 한마디도 하지 않았다.

아침 식사가 끝난 후에 우리 방에 모두 모여서 회의를 했다. 이 선생님은 어제 저녁 일을 두고 당사자들에게 싫은 소리를 한 마디도 안 했다. 단지 어제 저녁에 찾았을 때 정말 기뻐서 눈물이 나왔으며, 안아 주고 싶을 정도로 고마웠다고 했다.

그리고 한 선생님은 만일 공안에 잡혔으면 꺼내 오려고 돈까지 주머니에 넣고 나섰다고 했다. 그제야 삼촌은 다른 목적이 있어서 간 것이 아니라 길옆에 섰다가 '저기까지 걸어 보자' 해서 간 것이 그렇게 되었다고 했다. 걸어 간 사람들은 시간이 가는 줄 모르고 있었겠지만, 찾는 사람은 그렇지 않았다. 놀 때는 1시간을 놀아도 5분을 논 것 같지만 찾는 사람은 5분을 찾아도 1시간을 찾는 것처럼 느껴진다.

이런 일이 생긴 다음부터는 당사자들은 물론이고 모든 사람들이 이런 일이 다시는 생기지 않게 노력하겠다고 다짐을 하였다.

이 선생님은 '이제부터 외출금지!'라고 말했다. 이제부터 바깥세상과의 인연이 끊어지는 것 같다.

간식

저녁이 되어 자기 할 일을 끝마치고 잠자리에 들 시간이었다. 항상 잘 시간이 되면 우리가 불을 늦게 끄기에 이 선생님이 찾아와서 불을 끄라, 끄라 하고 말한다.

오늘 저녁은 9시 30분이 되어도 아직 별일 없다. 잠자리에 들려고 하니 정신은 더욱 말짱해져서 잠이 올 것 같지 않았다. 또 저녁을 빨리 먹어서인지 배에서는 꼬르륵하고 출석을 불렀다. 전번 날에 사온 맛있는 간식이 눈앞에 어른거렸다. 그 생각을 하니 더욱더 먹고 싶었다.

형에게 물어 보았더니 형도 배가 고파서 간식을 먹었으면 좋겠다고 하였다. 그래서 나와 형님은 아무 거리낌 없이 이 선생님보고 저녁을 빨리 먹어서인지 배가 고프다고 일렀다. 그랬더니 잠시 후에 그릇을 가득 담은 간식을 우리에게 주었다. 간식을 우리만 주면 차별을 놓는 것 같아서 옆 칸에도 들여다 준 것 같다.

저녁에 맛있게 먹었지만 그것을 먹음으로 해서 취침시간에 많은 영향을 끼쳤다. 9시에 취침시간으로 해 놓고는 10시까지 안 자고 먹새질을 하였다. 그리고 먹은 다음에 나가 세수하고 발 씻고 칫솔질하고 해서 오늘 저녁은 결국 10시 30분에야 불을 껐다.

자그마한 일이지만 이는 먼저 큰아버지의 말씀을 거역한 것이고, 또 우리 안전에도 영향을 끼친 것이 되었다. 잠들면 그뿐인 걸 가지고 그것을 참지 못해 간식을 달라고 해서 복잡하게 만들고 결국에는 이 선생님 입에서 또 좋지 못한 소리가 나오게 했다.

결국 우리가 조작을 한 것이다. 우리가 그런 소리가 나오도록 조작을 해 놓고는 그런 소릴 들으면 기분이 나빠서 불그락푸르락한다. 다른 사람들과 똑같이 놀아야겠는데 나쁜 일이란 골라 가면서 하고, 남들보다 특별하게 놀지를 말아야겠다.

꾸지람

오후에 잠에서 일어나니 큰아버지 전화가 왔었다며 이모부가 전화 내용을 알려 주셨다. 이번에는 좀 꾸짖었다는 것이다. '욕이라니, 누굴까. 난 아닐까'라는 생각을 하니 겁이 났다.

도둑이 제 발 저린다고, 내가 제일 많은 잘못을 저질렀으니 겁이 났던 것이다. 다행히 욕은 나에게 하신 것이 아니라 삼촌에게 했다는 것이다. 그 욕을 삼촌에게 하셨다지만 우리의 잘못도 지적해 주고 싶으셨을 것이다.

우리의 잘못도 이미 큰아버지에게 다 보고되었을 것이다. 잘못은 자기가 저질러 놓고 그것을 보고하는 사람은 정말 나쁘다고 생각한다. 나에 대해서 무엇을 보고했을지는 몰라도 아마 큰아버지는 잘못이 발생하는 즉시로 아셨을 것이다. 든든한 간수가 한 명 있으니까.

내가 이런 글을 썼으니 큰아버지는 '잘못을 고쳐 주려고 해도 이 녀석들은 싫어하는구나' 라고 생각하실 것이다.

나는 내가 아무리 잘못을 많이 저질렀다고 해도 내 잘못이 자꾸 남들에게 알려져 그들에게 얘깃거리가 되고 흉보는 말이 되는 것이 싫다.

물론 큰아버지는 우리의 잘못을 고쳐 주려고 하시지 우리 흠집을 찾아내어 공격하려고 하지는 않으실 것이다. 큰아버지를 믿지만 그래도 내 잘못이 남에게 알려지는 것이 싫다.

고향 생각

오늘 저녁은 좀 흐렸다. 날씨가 흐려서 반달은 자기의 모습을 희미하게 드러내고 있었다.

오늘 저녁은 달이 먹장구름과의 싸움에서 완전히 이기지도 패하지도 않은 모양이다. 어제 저녁은 먹장구름과의 싸움에서 이겼는지 제 모습을 정확히 드러내어 잠 못 이루는 나를 동무해 주더니, 오늘 저녁은 내가 싫어서인지 희미하게 보인다.

나는 달 속에 아버지의 모습을 그려놓고 한참이나 바라보았다. 보면 볼수록 아버지의 모습이 생생하게 나타나고 '길수야, 아버지다! 어서 오렴!' 하고 부르는 것 같았다.

요즘은 어쩐지 꿈속에서도 그렇고 자꾸 아버지와 형님 생각에 잠을 이룰 수가 없다. 보고 싶은 마음과 좋은 세상에서 다섯 식구가 함께 살고픈 생각이 더욱 간절하다.

달을 보면서 '우리집 식구 다섯 명이 함께 살고 있다면 얼마나 좋으랴!' 하는 허황된 생각을 했다. 될 수는 없으나 그렇게 되었으면 하는 생각이 간절했다.

언제쯤 대한민국에서 함께 모여 살 수 있을까? 북한에 있을 때는 여러 가지 곤란으로 생활이 풍족하지 못했고, 가족의 화목이란 것도 몰랐다. 먹기만 하면 살고, 김정일, 김일성만 믿고 의지하면 사는 줄로만 알았다. 그러나 아무리 북한에서 야생인 생활을 했어도 그 시절이 그립다. 북한에서 잘 먹고, 잘 입지 못해 행복하지는 않았더라도, 그 시절엔 그것을 최대의 행복으로 여기고 살았기에 만족할 수 있었던 것 같다.

내 생일

오늘은 내 생일이다. 어제 저녁부터 '오늘 이 선생님이 무엇을 어떻게 해줄까?'라는 생각뿐이었다. 난 이번 생일은 한국에 가서 보낼 거라고 믿었고 그렇게 되길 바랐다. 그러나 내 뜻대로 되지는 않았다. (그때는 한국에 갈 거라고 생각하니 이 중국 땅에 무언가 떼어놓고 가는 것 같았고, 생일이란 두 글자도 중국 땅에 두고 가는 것만 같았다.)

아침에 일찍 일어났어도 생일 축하한다고 말하는 사람이 한 명도 없다. 그때 기분은 좋지 않았지만 좀 지나서 생각해 보니 그런 말을 안 듣는 것이 나에게는 더 편했다.

아침상이 차려졌다. 생각보다는 엄청나게 수수했다. 매일 먹는 밥과 반찬에 다른 것이란 달걀 한 개뿐이었다. 나는 별로 특별한 것이 없어도 맛있게 먹었다. 다른 사람들이 내 생일을 몰라도 내 마음속으로 쇠면 된다고 생각했기 때문에 기분이 나쁘지는 않았다.

9시가 지나고 10시가 지나도 이 선생님은 아무런 반응이 없었다. 아까운 시간이 1초, 1초 흐르니 더욱더 괘씸했다. 큰아버지는 '이 선생님이 곧 큰아버지'라고 하셨다. 큰아버지까지 미웠다. 그때 생각 같아서는 이 심정을 글로 써서 큰아버지 앞에 내놓으려고 했다.

'매일 길수가 어떻다 해도 생일 하나 변변히 차려 주지 않을 바에 무엇을 어쩌자는 건가?' 하는 어리석고도 배은망덕한 내용으로 글을 쓰려고 했던 것이다. '큰아버지가 계셨으면 이렇지는 않았을 텐데'라고 생각하면서 온 오전을 보내니 머리가 깨질 것 같았다.

이 선생님이 우리 방문을 열고 무언가 말하기를 기다렸다. 점심을 먹고 12시 반이 되어서야 이 선생님이 우리 방에 들어왔다. 첫 말이 "오늘 길수 생일인데 밖에 나가서 놀고 싶지?"였다. 속으로는 기뻤으나 방금 전 생각 같아서는 모르겠다고 말하고 싶었다. 그러나 밖으로 나가자는 이 선생님의 말에 그 생각은 어디론가 정처 없이 사라졌다.

"나갑시다!"

나는 웃음을 띠면서 얼른 대답했다. 호박이 넝쿨째로 굴러들어 오는 판에 누가 싫다고 하겠는가. 곧 우리의 토론은 끝나고 밖으로 나가기 위한 준비를 했다. 식구들에게 나가는 걸 알리지 않고 형님은 토끼풀 뜯으러 간다고 하고, 나와 이 선생님은 병원을 간다고 하고는 밖으로 나왔다. 어디로 가는가 하는 것이 또 문제였다.

나와 형님은 이왕 나온 김에 시내에 있는 '승리광장'에 가서 콜라나 좀 먹었으면 좋겠다고 했다. 우리는 '승리광장'에 가기로 결정하고 버스에 올랐다. 생일에 시내 구경을 하니 정말로 기뻤다. 시내 구경이 처음은 아니지만 즐거웠고 자유를 마음껏 누리는 것 같았다.

버스가 비행장 옆을 지날 때 하얀 색깔의 고래 같은 비행기가 하늘로 떠올랐다. 나는 비행기를 가까이에서 처음 보았다. 멋지기도 하고 희한해 보였다. '나도 저 비행기에 앉을 날이 있을까? 언제쯤 마음껏 날아볼까? 언제면 15명 모두가 비행기에 앉아서 자유 대한민국으로 갈까?' 하는 생각이 머리에 꽉 찼다.

우리가 탄 버스는 어느덧 기차역 앞에 왔다. 우리는 우선 '승리광장'을 거쳐 큰아버지하고 대련에 왔을 때 처음으로 음료수를 마시던 곳으로 갔다. 음료를 사 들고 앉아서 여기저기 둘러보니 우리가 앉은 자리는 전에 큰아버지 큰어머니하고 앉아서 콜라와 감자튀김을 먹던 곳이었다.

우리는 그곳에 앉아서 콜라도 마시고 감자튀김과 빵도 먹으면서 창밖을 내다보았다. 창밖으로 꼬리를 물고 달리는 택시와 사람들로 붐비고 있었다. 우리는 그곳을 나와 롤러스케이트장에 가기로 했다.

크고도 큰 대련 땅 어디에 롤러스케이트장이 있는지 알 리가 없었다. 롤러스케이트장을 아무리 물어보면서 찾아도 언제 찾을지 모를 일이었다. 그래서 택시를 타고 가면 빨리 찾아갈 수 있겠기에 택시를 잡아탔다. 택시기사는 안 다녀본 데가 없을 테니 말이다. 택시를 타니 금방 롤러스케이트장에 도착했다.

수줍음이 많고 롤러스케이트도 탈 줄 모르는 나는 근심이 생겼다. 이 선생님은 롤러스케이트를 잘 탄다는 소릴 들을 정도였고, 형님도 교회에 있을 때 몇 번 타 봐서 잘 탄다고 하니 나만 문제였다.

3층에 롤러스케이트장이 있었다. 벌써 숱한 아이들이 롤러스케이트를 타고 있었다. 우리도 매표소에 가서 표를 샀다. 대련의 롤러스케이트장은 값이 비쌀 것으로 생각했는데 그렇지는 않은 것 같았다. 1시간에 5위안이었다. 그곳에서는 우릴 친절하게 대해 주었다.

롤러스케이트 신발끈 묶는 것도 몰라서 이 선생님이 하는 것을 보고서야 겨우 끈을 매고 일어섰다. 벌써 이 선생님은 롤러스케이트장 안을 몇 바퀴 돌고 있었다. 형님도 잠시 후 일어서더니 잘하지는 못해도 제법 빙빙 돌면서 잘 탔다. 내가 문제였다. 무서운데다 몇 발짝 움직이면 온몸이 앞뒤로 흔들리다가 뒤로 넘어지기도 했다.

나는 옆에 있던 사람들의 웃음거리가 되었다. 그래도 나는 '너희들 웃겠으면 웃어라' 하는 식으로 겨우 몇 발짝씩 움직였다. 앞뒤로 마구 넘어지면서 연습하니 집에 갈 때쯤에는 어느 정도 탈 수 있었다. 시간이 다 되니 조금만 더 놀았으면 하는 생각이 들었다.

우리는 곧 그곳에서 나와 생일 단설기집(제과점)으로 갔다. 크고 작은 올망졸망한 케이크가 가득 있었다. 값은 엄청나게 비싸 100위안을 다 넘었다. 우리는 120위안짜리 케이크를 만들게 하였다. 우리는 연길에서 큰어머니가 할머니 생신 때 케이크 사는 것을 한 번 보았다. 북한에 있을 때는 생일 케이크 같은 것은 외국 영화에서나 보았다. 우리는 케이크를 맡기고 갈 곳이 없어 그 주변에 있는 콜라 마시는 곳으로 갔다. 어디 가서든 케이크를 다 만들 때까지 기다려야 했다. 30분 정도면 다 된다고 했다.

콜라를 마시면서 이 선생님은 '한국에 가면 사고를 치지 말라'고 당부했다. 그것이 큰아버지를 돕는 일이라고 하며, 생명의 은인인 큰아버지를 잊어서는 안 된다고 강조하였다. 우리도 몇 번이고 그렇게는 안 한다고 말했다. 한국에 가서도 큰아버지가 따라오지 말라고 해도 계속 따라갈 것이다.

한참 콜라를 마시는데 형님의 눈에서 눈물이 소리 없이 흘러내렸다. 이 선생님이 형님보고 북에 계신 아버지와 형님 생각 때문에 그러냐고 물었다. 형님은 "내가 올 때 아버지 병이 심하였는데 어떻게 되셨는지 걱정된다"며 울었다. 그 말에 나도 눈물이 흘러내렸다.

아버지와 형님이 못 견디게 그리웠다. 왜 같이 오질 못했는지 후회된다. 이 선생님이 돌아올 때에야 나와 형님은 눈물을 씻고 울지 않은 척했다.

시간이 다 되어 단설기집으로 갔다. 이미 케이크는 다 되어 있었다. 가운데에는 한글로 내 이름과 '생일 축하해요' 라는 글자가 정확히 있었다.

우리는 기쁜 마음으로 집으로 오는 버스에 올랐다. 케이크를 펴놓고 모여 앉아서 생일을 쇨 걸 생각하니 기뻤다.

버스는 어느덧 우리가 내릴 목적지까지 도착했다. 형님이 마지막으로 내리면서 케이크를 들었는데 버스에서 내리다가 그만 땅에 떨어뜨렸다. 케이크는 흐트러지고 터지고 하여 형편없이 되었다. 주워 담으려 해도 되지 않았다. 아깝지만 할 수 없이 그 자리에 버려두었다. 120위안을 길가에 버린 것이다.

날은 벌써 어두워지기 시작했다. 할 수 없이 또 시장에서 케이크를 만들었다. 케이크 만드는 데 시간이 걸리다 보니 그날 저녁은 생일을 쇠지 못할 것 같았다. 저녁 늦게 케이크를 만들어 집으로 돌아왔다. 모두들 잘 준비를 하고 있어서 우리도 들어가자마자 잠을 잤다. 나는 오늘, 중국에서는 생일을 저녁에 쇤다는 것을 알게 되었다.

두 번째 생일

저녁에 생일 케이크를 올려놓고 생일을 치렀다. 상 위에는 케이크와 음식들이 푸짐하게 차려져 있었다. 모두가 상에 빙 둘러앉았다. 초에 불을 붙여 꽂아 놓고 잠시 동안 각자의 소원을 빌고 모두가 불을 껐다. 한 선생님 집에 있는 누나들도 왔다. 큰아버지와 큰어머니가 안 계신 것이 아쉬웠다. 이 선생님은 이 자리에 큰아버지와 큰어머니가 안 계셔도 계시는 것처럼 생각하고 감사하면서 먹자고 말했다.

칼로 케이크를 자르고 막 먹으려고 하자, 동시에 이 선생님이 '와!' 하고 소리치면서 케이크에 있는 하얀 즙을 내 얼굴은 물론 모든 사람들에게 재빨리 발라 놓았다. 모두가 얼굴에 묻은 하얀 즙을 씻으려 했다. 이런 것을 처음 보니 모두가 어리둥절했다. 이 선생님은 오늘 차린 음식을 몽땅 먹을 때까지 씻지 말고 있어야 한다고 했다. 모두가 맛있게 음식을 먹었다. 갖가지 음식은 정말로 맛있었다. 음식을 다 먹고 모두 씻고 와서 놀기 시작했다. 포커 놀이를 하고, 장기도 두니 곳곳에서 웃음소리가 끊이지 않았다. 한 시간 정도 놀고 나서 한 선생님 집에서 온 누나들이 가자 우리도 자리에서 일어났다.

오늘은 생일도 아니면서 생일을 치렀다. 나뿐만 아니라 우리 집 식구들 중에 생일을 두 번 쇤 사람은 없다. 이틀 동안이나 보낸 이번 생일은 잊혀지지 않을 것 같다.

작년 생일은 나도 모르게 그냥 지나쳤다. 그땐 우리 스스로 살아야 했으니 생일 같은 걸 생각할 겨를도 없었다. 또 안다 해도 밥상에 반찬 한 가지만 다른 것이 올라와도 그것으로 만족했던 때였다.

오늘 처음으로 내 생일을 축하해 주는 사람들을 보았다. 오늘 제일 멋있는 생일을 보냈다. 비록 중국에서 생일을 보냈지만 한국에 가서 보내는 것보다 더 의미 있고 뜻깊다는 것을 이번에 똑똑히 알 수 있었다.

위장염

소화가 잘 안 되고 위가 아파서 두 끼를 굶었다. 그래도 속에는 무언가가 들어차 있어서 내려가지 않았다. 견디기도 어려웠다.

점심을 먹고 이 선생님이 병원에 가자고 했다. 나도 병원에 가고 싶었으나 이미 전에도 약을 사느라 돈을 쓰고, 화영이와 민국이도 병원에 가서 몇 백 위안씩이나 썼기 때문에 이 선생님에게 말하기가 너무 미안했다. 큰아버지가 어떻게 우리 생활비를 대시는지는 모르지만 그 돈을 그리 쉽게 벌지는 않으셨을 것이다.

비싼 약을 먹고 겨우 나았다 했더니 바나나 몇 개를 먹고 또 발작한 것 같았다. 큰아버지를 만나지 못했다면 우리 같은 사람들은 아무 소리도 못하고 죽었을 것이다.

이 선생님과 함께 병원을 가려고 밖을 나섰다. 병원은 좀 멀리 있기에 한참이나 걸었다. 큰길 옆에는 십자가를 그려 넣은 병원이 있었다. 건물은 커 보였으나 문을 열고 들어가니 병원은 좀 스산했다.

표를 가지고 내과로 갔다. 내가 중국말을 잘 모르기 때문에 이 선생님이 옆에서 통역을 했다. 아마 이 선생님이 나를 한국 사람이라고 한 것 같다. 몇 마디는 알아들었으나 그래도 한 마디도 하지 않았다.

한참을 진찰하고 배를 눌러보고 하더니 위장염이라는 진단을 내렸다. 위장염이 무슨 병인지는 정확히 모르지만 고치지 않으면 좀 고생한다는 건 알고 있었다. 의사는 표를 주면서 땐디(링거)를 맞아야 한다고 했다. 주사 한 대 값이 50~60위안이 넘는데 돈 내는 것을 보니 120위안이었다.

나는 돈이 아무리 많이 들더라도 병을 고쳐서 소화도 잘 되고 위도 아프지 않았으면 좋겠다고 생각했다. 속으로는 그렇게 생각하면서도 겉으로는 돈이 많이 든다고 근심하는 척했다.

주사실은 어두컴컴한 뒤쪽에 있었다. 주사실은 정말 더러웠다. 벽에는 피가 묻어있고 때와 먼지가 가득했다. 벽에는 '균이 있는 곳'이라는 글이 써 있었다. 환자들이 병을 고치러 오는 것이 아니라 병을 더 악화시키고 병균을 묻혀 갈 것 같았다. 나 같은 처지에 더럽고 깨끗한 것을 가리는 게 어울리지는 않지만 너무 지저분했다. 더럽다고 생각하면서도 치료는 치료대로 다 받았다. 주사를 다 맞고 나니 배가 좀 시원했다. 우리는 병원에서 나와 집으로 돌아왔다.

곧 어두워지기 전이었다. 화영이가 방에서 나오며 큰아버지에게서 전화가 왔다고 일러주었다. 며칠 후에 여기로 오신다는 것이다. 나와 이 선생님은 너무 기뻐서 어쩔 줄 몰랐다.

큰아버지는 저녁에 다시 한 번 전화를 하시겠다고 했단다. 저녁을 먹고 중국어 공부를 끝마치고 큰아버지의 전화가 오기만을 기다렸다. 옛말과 수수께끼를 내면서 온 밤을 눈을 비벼가며 새벽 3시까지 기다렸다. 그래도 전화벨은 울리지 않았다.

눈물로 그린 무지개

큰아버지가 공항에 도착하셨다. 이 선생님이 공항으로 마중을 나간 다음 우리 모두는 꽃을 준비하고 화영이는 종이 꽃보라를 만들었다. 나와 형님은 큰아버지가 오시는 모습을 남보다 먼저 보기 위해서 창문에 붙어 섰다.

한참 후에 빨간 택시 한 대가 스르르 멈췄다. 먼저 이 선생님이 내리고 뒤를 이어 큰아버지가 내리셨다. 우리를 먼저 본 이 선생님이 짐이 많아서인지 내려오라며 손짓을 했다. 나와 형님은 나는 듯이 달려 내려갔다. 먼저 큰아버지께 인사를 올렸다. 큰아버지는 신사 같았다.

짐을 들고 들어서니 온 집 식구가 큰아버지의 머리 위에 꽃보라를 뿌리면서 환영했다. 차례차례 악수를 나누고 큰아버지를 중심으로 모여 앉았다. 큰아버지는 전보다 몸이 좋아지신 것 같았다.

"모두 잘 있었어요?"

큰아버지의 첫 말씀이었다. 다른 말씀이 나오기도 전에 책이 발표되었다는데 책부터 보자고 했다. 책은 그리 두껍지 않고 얇게 만들어졌다. 제목은 〈눈물로 그린 무지개〉였다. 설명이 끝난 후에 모두 책을 보았다. 책은 우리가 아닌 또 다른 탈북자들이 겪은 일을 적어놓은 것 같았다. 우리의 얘기로 만든 책이라는 게 믿어지지 않았다. 모든 것이 거짓말 같았고 옛말인 것 같았다. 우리도 책을 발표할 만한 재료가 된다는 것이 놀라웠다.

롤러스케이트

생각지 않게 삼촌, 나 그리고 형님이 큰아버지와 함께 시내 구경을 나갔다.

집을 나서자마자 택시를 타고 기차역전까지 갔다. 그곳에 도착해서 큰아버지는 형님을 데리고 옷을 사러 가셨다. 한참 후에 큰아버지가 돌아오셨다. 형님은 아래 위의 옷을 한 벌 쭉 뽑았다. '우리도 옷을 사주겠지'라고 생각했는데 사주지 않으셨다. 항상 돈이 빠듯해서 그러신 줄 알면서도 그런 욕심만은 가득했다.

나는 괜찮았지만 형님보다 옷을 더 못 입는 삼촌이 '왜 나는 안 사주냐'고 속으로라도 나쁘게 생각할까봐 걱정이 되었다. 그렇지 않아도 삼촌은 "야, 한 벌 쭉 뽑았구나!" 라며 부러워했다. 사주고 안 사주고는 내가 결정할 일이 아니지만 내가 괜히 삼촌에게 미안했다.

우리 중에 옷에 대해 제일 신경을 안 쓰는 것도 삼촌이고, 옷이 제일 없는 것도 삼촌이었다. 옷을 사 입은 형을 부러워하는 삼촌의 마음을 알 것 같았다.

삼촌은 자신이 제일 옷이 없으니 자신도 사주실 거라고 생각했을 것이다. 그래서 나는 그때 기분이 조금 좋지 않았으나 좀 있으니 괜찮아졌다. 나는 옷이 좀 있으니까 말이다.

아닌 게 아니라 형은 신사 같았다. 삼촌과 나는 형을 무척 부러워 했다. 형만 사주신 것은 응당하다고 생각했다. 그림을 그리느라고 제일 수고하고, 또 숨은 영웅과도 같았으니까 말이다. 누가 뭐라고 할 사람도 없을 것이다.

우리는 '로동공원'에 있는 롤러스케이트장으로 향했다. 말을 몰라 글로 쓰면서 물어보며 찾아도 찾지 못해 택시를 타고 롤러스케이트장에 갔다.

롤러스케이트장은 그리 크지 않고 콘크리트 바닥으로 되어 있었다. 롤러스케이트도 처음 보는 게다짝 같은 신이었다. 좋든 나쁘든 이미 돈을 내서 할 수 없이 타야만 했다. 그런 롤러스케이트는 처음 타서 처음에는 잘 못 탔지만, 그래도 기를 쓰고 하니 약간씩 되었다.

나와 형님은 조금씩 탔지만, 삼촌은 처음이라 여러 번 넘어져서 바지가 온통 먼지투성이였다. 그래도 삼촌은 기를 쓰고 연습을 해서 약간씩 탈 줄 알게 되었다.

롤러스케이트 타는 시간이 다 되어서 밖으로 나온 우리는 비디오 촬영을 했다. 그것이 끝나고 식당으로 향했다. 식당으로 가면서 보니 '로동공원'은 그리 멀지 않았다. 조금 전에는 그것도 모르고 비싼 택시를 타서 괜히 돈만 썼다.

식당에 들어가서 간단히 밥을 먹고 집으로 향했다. 택시를 타고 갔는데 택시 운전사는 우리가 한국 사람인 것을 알고는 집으로 안 가고, 바닷가와 온 시내를 빙빙 돌며 시간을 끌었다. 시간이 가고 거리가 멀어지니 돈 액수는 점점 올라가서 50위안이 되었다. 한국 사람에게서 돈을 좀 받아내려고 친절한 척하는 약은 한족 사람이었다. 차에서 내릴 때도 친절하게 인사를 하며 야단이었다. 어쨌든 하루를 재미있게 보냈다.

집에 들어가니 3시 정도 되었는데 5시쯤 되어서 큰아버지는 엄마와 화영이, 민철이를 데리고 또 나가셨다.

인간의 맛

큰아버지가 오후 시간에 교육을 하셨다. 교육 내용은 '인간이 어떤 때 인간의 맛이 날까?' 하는 것이었다.

예를 들어, 사과나무와 배나무에 달린 열매가 무르익어 저절로 떨어질 때가 되어서야 그 사과와 배의 맛이 제대로 난다는 것이다. 사람으로 치면 세상을 떠날 때가 되어서야 인간의 맛을 안다는 것이었다. 큰아버지 말씀의 뜻은 알 만하면서도 이해가 되지 않았다.

십몇 년 동안 북한의 사회주의 교육에 완전히 굳어져서인지 모르지만, 처음으로 큰아버지에게 이런 교육을 받아본 것 같다. 큰아버지만이 우리에게 인간의 참된 길을 가르쳐 주시는 것이다.

우리들의 앞날과 희망에 대해서도 큰아버지는 무척 애를 쓰신다. 그리고 세상에서 제일 위대하고 제일 귀중한 것은 '자기 자신'이라는 것도 똑똑히 가르쳐 주셨다.

'나'라는 인간은 세상과 우주에서 하나밖에 없는 존재이기에 더욱 귀하다는 것도 깨달았다. 중국 땅덩어리를 다 준다 해도 '나'와 바꿀 수 없고, 우주를 안겨준대도 바꿀 수 없다. '나' 없는 우주는 나에게 아무 상관없다는 것을 말이다.

처음으로 그런 말을 듣고 그 말의 참뜻을 깨달으니 내가 한층 더 높아 보였다. 또 이런 세상 이치도 모르고 살아온 내 자신이 미웠다. 우리를 이렇게 만든 김일성, 김정일이 미웠다.

조선민족의 자부심

"감자를 도적질해 먹고 옥수수를 도적질해 먹었다고 백성들을 마구 죽이니 잘못된 것이다. 지금은 북한 주민들이 세상에서 가장 비참한 생활을 하지만, 앞으로 지구상에서 가장 위대한 민족이 될 것이다."

"군대에서 '앞으로 가!'라고 하면, 뒤에 있는 사람이 제일 꼴찌인 것 같지만, '뒤로 돌아 가!'라고 하면 맨 뒤에 있던 사람이 제일 앞서게 된다. 그것이 바로 조선 민족을 두고 한 말이다. 머지않아 조선 민족은 마지막 인간지옥에서 살아남은 유일한 민족으로, 세상의 온갖 고통도 이겨낼 수 있는 강인한 민족으로 살아남을 것이다."

지옥에서 짐승같이 살아온 우리이기에 큰아버지께서 말씀으로 힘과 용기와 꿈을 주시려는 것이다.

한국에 가면 이런 말이 아마 통하지 않을 것이다. 단지 우리 탈북자들에게만 통하는 말씀이다. 한국 사람들은 북한 지옥 경험을 하지 못해 이런 고통이 닥치면 심장이 터질 것이다.

사람들은 우리가 북한에서 겪은 그 동안의 고통을 말하면 대개는 믿지 않을 것이다. 우리가 받은 이런 강한 훈련(?)은 억만금을 준다고 해도, 그 누구도 경험할 수 없는 것들이다.

나는 오늘 저녁에 조선 민족, 북조선 사람으로 태어난 긍지와 자부심을 크게 느꼈다. 잠이 오지 않을 것 같다.

지금은 조선 민족, 북한 사람들이 야생인이지만, 앞으로 살아있기만 하면 다 지옥을 통과한 왕이 될 것을 생각하니 참말로 기쁘다. 일생에 처음으로 우리 민족에 대한 자부심과 긍지, 기쁨을 제일 크게 느낀 것 같다.

큰아버지가 아니면 그 누구도 우리에게 이런 희망과 자부심을 주지 못한다.

큰아버지는 우리를 왕같이 받들고 있지만, 큰아버지는 우리들의 왕 중의 왕이다.

관계

누구를 만나든, 어디에 가든 늘 사람과 만나 관계를 이어가는 것이 인생이다. 큰아버지는 그 만남을 '스승과 제자' 관계라고 말씀하셨다. 두 사람이 있으면 그 중 한 사람은 스승 입장이고, 한 사람은 제자 입장이라고 하셨다. 어떤 문제가 발생하면 누가 그 문제를 푸느냐에 따라 나이가 많고 적음에 상관없이 스승과 제자의 관계가 되는데, 때와 장소와 상황에 따라 이 관계는 변화한다고 하셨다. 큰아버지 말씀은, 다른 것은 몰라도 북조선에 관해서는 우리가 큰아버지보다 스승이라고 하셨다.

그리고 또 하나는 '의사와 환자' 관계에 대해 말씀하셨다.

살다 보면 늘 사람들과 부딪치게 되는데, 그럴 때마다 한쪽의 사람이 의사 입장에 서면 충돌이 없다고 말씀하셨다. 환자(상대방)가 설령 이상한 행동을 보인다 해서 업신여기거나 책망하기 전에 '왜 저런 행동을 할까?' 하고 관심을 가져야 한다고 하셨다.

환자의 아픈 부위를 들춰내야 바른 진단도 할 수 있고 치료

할 수 있으니 속내를 다 털어 놓도록 하는 것이 중요하다고도 하셨다. 그리고 의사는 무엇보다도 인내심이 있어야 하는데, 상대방이 말하고 싶은 것을 다 털어놓을 때까지 밤을 새워서라도 들어주는 열정을 가져야 한다고 하셨다. 들어 줄 때도 중간에 상대를 가르치려고 하거나 화를 내서는 안 된다고 하셨다. 경청만 잘 해도 반은 친구가 된 것이나 같다고 하셨다.

성인

나는 아직도 이 말씀을 이해하지 못한다. 인간관계에서 많이 참고, 사랑하고, 관심을 갖고, 열정을 가져야 한다는 말은 이해가 되지만, 북한 사람들이 '성인聖人을 훈련시키고 배출하는 훈련소 조교'라는 말씀은 너무 차원 높은 말씀 같다. 큰아버지에게 어떻게 하면 이런 정도의 수준이 되는지 물었더니, 이런 말씀을 하셨다.

"조선(북한) 사람을 만나 단 며칠을 지내더라도 깨닫는 게 많다. 3년 가깝게 지낼 수만 있다면 그 사람은 성인이 될 수 있다. 북한 사람들은 스스로 야생인이라고 하는데, 그런 짐승 같은 사람들과 함께 아무 탈 없이 지낸다면 성인이 아니고서야 되겠느냐. 그들과 능히 대화까지 한다면 그 사람은 성인이 다 된 것이나 같다."

"이 세상에서 북한 주민들의 눈물을 닦아줄 줄 알고, 그들의 사정을 알 수 있는 가장 빠른 사람은 누구일까? 바로 한국인이다. 인간 간의 따뜻한 인정이 통할 수 있고, 심정이 통할 수 있는 민족은 한민족이 빼어난 소질을 가지고 있다. 한국 사람들이 성인될 자격이 제일 다분하다.

그런데 많은 사람들이 그걸 깨닫지 못하고 있다. 깨닫는 날에는 일시에 성인이 많이 생겨날 것이다. 그래서 북한이라는 나라는 어찌 보면 한국인들에게 성인이 되는 길을 가르쳐 주려고 태어났는지도 모른다. 우리 민족은 오랜 옛날부터 남달리 인정이 많고 효도심이 강하게 훈련을 받아왔다. 문학작품에도 효심을 자극하는 것들이 많은 이유도 뜻이 있다."

"그리고 한국인은 세상에서 가장 눈물이 많은 민족이다. 나는 여러분들과의 만남을 통해 말랐던 눈물이 다시 생겼고, 인간이 무엇인지, 민족이란 또 뭔지를 깨닫게 됐다.

어찌 보면 여러분들이 내 생명의 은인인지도 모른다. 내 은인이니 어떤 말을 해도 참고 들어주다보니 남다른 인내심도 생기게 되었다. 원수 같은 행동을 해도, 나를 성인으로 만들기 위한 지독한 훈련소 조교인지도 모른다고 생각하니, 힘들지만 그냥 웃으며 넘어갈 수 있었다. 지독한 훈련을 받은 군인은 전쟁터에서 그 진가를 발휘한다. 전쟁에서 살아남을 수 있는 게 훈련 덕분이 아닌가?" 그리고, 큰아버지는 성인聖人의 한자 풀이를 해주셨다. 성인 聖자는 귀耳가 항상 상대를 향해 열려있고, 말口 할 때는 좋은 말만 하고 아껴서 하면 곧 왕이 된다고 하셨다.

그래서 우리 보고 늘 王, 王, 王 하신 까닭을 조금은 알게 되었다. 북한 사람들은 세상에 둘도 없는 독재자 밑에서 죽도록 지독한 훈련을 받았으니, 참고 견디는 데는 왕이 되었다고 하셨다. 참 오묘한 말씀이다.

지도자

“장군이란 지도자를 말한다. 지도자는 행동이 분명해야 하며, 지도자는 눈물을 많이 흘려야 한다. 내 고통 때문에 우는 것이 아니라, 상대방의 고통 때문에 울어야 한다. 약자 앞에서는 한없이 겸손하고, 강자 앞에서는 당당하고 의연해야 참된 지도자의 모습이다.”

큰아버지의 말씀을 듣노라면, 내가 큰아버지처럼 바다와 같은 넓은 마음을 가지려면 죽을 때까지도 될 것 같지 않다. 큰아버지를 다 배우면 아마도 세계에서 제일 좋은 대학 수십 개를 졸업한 것보다 나을 것이다.

큰아버지께서 우리들을 만나자마자 ‘백만 대군을 거느리는 장군’이라는 호칭을 주셨을 때, 그냥 할 일 없어 그러는가 했다. 그러나 차츰 알고 보니 그게 얼마나 무겁고 무거운 이름인가를 조금은 알게 되었다. 방금 태어난 아기가 콩밥을 소화시키지 못하듯이, 나도 큰아버지의 말씀을 듣고 처음에는 아무것도 이해할 수 없었다. 그러나 듣고 또 들으면서 차츰 깨우치게 되는 것 같다.

이제 그 어떤 악인이 내게 악한 말을 해도 참고 견디고 사랑하고 너그럽게 용서해줘야지… 그렇게 한 걸음씩 성장하는 것이겠지.

큰아버지의 그 너그러운 바다와도 같은 마음을 닮겠습니다.

깨달음

걷잡을 수 없는 눈물이 쏟아졌다. 겉으로 보기에는 적당히 흘렀지만, 마음속 깊은 곳까지 눈물이 스며들었다.

어머니가 말씀을 하셨다.

"왜 형제끼리 싸우니? 나는 북녘 땅에 두고 온 형과 아버지 때문에 눈물이 마를 사이 없는데, 너희들까지 이러면 살고 싶은 생각이 하나도 없다. 너희들은 앞길이 창창하니까 자유 세상에 가서 날개를 펴겠지만, 내가 살면 이제 몇 년이나 살겠니?"

자유로워도 마음속 깊은 곳에 숨어 있는 그 무언가는 숨길 수가 없다. 지금까지 어머니 말씀을 많이 들어 봤지만, 오늘처럼 어머니의 마음을 깊이 알게 된 적은 없었다. 나는 자식을 위하고, 잘 되길 원하는 어머니의 마음은 그 누구와도 비교할 수 없다고 생각했다. 나와 우주를 바꾸지 못하듯이, 어머니는 그 무엇과도 바꿀 수 없는 아주 귀중한 분이다.

큰아버지의 말씀의 뜻을 약간이나마 깨닫고 보니 이 세상 만물이 귀하게 보였다. 모든 것이 나보다 더 낫고, 더 위대하다는 것을 알 수 있었다. 나라는 인간은 지금 이 순간이라도 소리 없이, 이름 없이 영혼의 세계로 조용히 가 버리면 그 뿐이다. 그렇지만, 이 세상 만물과 인간은 그 무엇도 없어서는 안 될 귀한 존재다.

이제 와 생각해 보니 나는 나 잘난 맛에 살아왔다. 나는 그 누구의 말도 듣지 않았고, 내 생각 내 행동이 가장 정확하고 옳다고 생각하며 살아왔다. 또 내가 이 세상에서 제일 위대한 인간이라고 생각했었다.

그러나 그러한 생각은 오늘 완전히 풍비박산이 되어 버렸다. 아무리 큰아버지가 '길수가족' 모두를 영웅 중의 영웅으로 만들어 주셨다 하더라도 나는 그 속에 낄 자격이 없다. 부모 형제를 모르고, 혈육을 모르고, 인간을 모르는 사람이 감히 어떻게 왕이 되겠는가.

큰아버지의 말씀을 듣고 비로소 인간은 왜 살아야 하는 건지, 인생이란 무엇인지, 부모와 형제는 무엇인지, 기쁨이란 무엇인지, 슬픔이란 무엇인지를 조금은 알게 되었다.

나는 큰아버지에게 내 좌우명으로 삼아야 할 좋은 말씀을 왜 이제야 주셨냐고 따지듯이 말했다.

"이제 때가 되었으니까!"

큰아버지의 그 말씀에 나는 약간 놀랐다. 그 말씀은 이제야 우리가 야생인에서 벗어나 인간의 궤도에 들어섰다는 말씀이나 다름없었기 때문이었다.

나는 지금까지 인간으로 사는 길이란 모든 사람에게 태어나면서부터 주어지고, 어디서든 일이나 수걱수걱 잘하면 인생을 멋있고 보람 있게 사는 것이라고 생각했었다. 그러나 그것은 갓난아이들의 생각에 불과했던 것이다.

큰아버지가 보시기에 우리는 강아지가 방금 눈을 뜬 것처럼, 이제야 눈을 뜨고 어미젖을 찾는 것처럼 보실 것이다. 옛날보다 더 멋있게 성장하려는 우리들의 마음이 이제야 싹트기 시작하고, 햇빛을 쪼이게 되었다고 생각하실 것이다.

우리는 지금 금방 싹이 터 밖에 나와 해를 바라보는 새싹보다도 못하면 못하지 잘난 것이 하나도 없다. 우리가 새싹보다 무엇이 잘났으랴.

모든 새싹은 성장해서 사람에게 보탬을 준다. 그 어떤 새싹이든 사람을 위해 존재하고, 사람에게 보탬을 주기 위해 자라나고, 열매를 맺고 씨를 남긴다. 그러나 나는 지금까지 그렇게 하지 못했다. 내가 사람을 위해, 지구를 위해 무엇을 해놓았으며, 또 조선 민족을 위해 무엇을 해놓았나. 아무 것도 한 일이 없다. 게다가 내가 할 일도, 내 몫도 없다고 생각했었다.

그러나 이 우주 속에는 내가 할 일과 나만이 할 수 있는 일이 반드시 있을 것이다. 그것이 무엇인지, 나는 아직도 정확한 답을 찾지 못해서 몸부림친다. 그 일이 나를 기다리고 있는데, 그 일을 찾지 못한다면 그것은 지구 속에 묻혀 버리고 만다. 죽든 살든 그 일을 찾아야 한다.

오늘에 와서야 그 일감이 대체 무엇인지, 어디에 있는지를 알게 되었다. 나 자신을 위해, 조선 민족을 위해 7천만 겨레의 한 사람으로서 지금 조선 민족이 당하는 고통과 비참한 처지를 응당 받아야 한다. 장군이, 왕이 저절로 되는 게 아니니까.

그러나 나는 그 고통이 견디기 힘들고 죽음이 두려워서 그 훈련 장소에서 뛰쳐나왔다. 뛰쳐나온 죄로 하느님이 내 잔등에 '탈북자'라는 딱지 한 장을 붙이셨다. 거기서 뛰쳐나와 넓은 세상을 맛본 지금, 과연 내가 할 일은 무엇인가?

큰아버지 말씀을 가슴 깊이 새기며 글을 쓰다 보니, 문제가 저절로 풀렸다. 곧, 죽어 가는 조선 민족을 살려야 할 사명이 있다는 것을 깨닫게 되었다. 그들을 살려서 세계와 우주에서 가장 위대하고 가장 멋진 인간 모델을 만들어야 한다.

조그만 놈이 무슨 헛소리냐고 생각할 수도 있다. 그러나 내 마음이 그랬고, 나도 모르는 감독이 그렇게 하라고 명령하기에 그렇게 해야 한다.

그러나 지금 조선 민족, 북한 백성이 겪는 그 훈련은 너무나 지나칠 정도다. 우주에 하나밖에 없는 귀한 존재들이, 영웅들이 그 훈련에 지쳐 얼마나 많이 쓰러졌는가.

나는 조선 민족의 고통과 아픔을 마음속으로 느꼈고, 현실로 체험했다. 그러나 그런 현실이 바뀌어 세계를 쥐어흔들며 나갈 것을 생각하니 그 기쁨과 긍지, 자부심은 글이나 말로 다 표현할 수가 없을 것 같다.

큰아버지가 오늘 아침밥도 드시지 못한 채 떠나셨다. 떠나시기 전에 큰아버지는 나를 따뜻하게 안아 주셨다. 내 친아버지의 사랑보다도 더 큰 느낌을 받아 눈물이 쏟아져 내릴 것만 같았다. 큰아버지의 목에 매달려 가지 못하게 하고 싶었다. 그러나 큰아버지는 문을 나섰다. 모두가 배웅을 하며 악수를 나눴다. 나도 큰아버지의 그 뜨거운 손을 잡았다. 정말로 뜨거운 무언가가 안겨 왔다.

큰아버지는 문을 나서기 전에 이 선생님이 끓이신 커피를 마시다가 그것마저 나에게 주셨다. 큰아버지의 뜨거운 사랑을 다시금 느꼈다. 오늘처럼 큰아버지가 떠나시는 것이 슬프기는 처음이다.

연길 행行

삼촌이 연길로 떠난다. 왜 연길로 가는지 말을 안 해도 알 것 같다. 떠나는 삼촌에게 이 선생님이 신발부터 바지와 웃옷까지 사줬다. 삼촌은 좋아서 기분이 하늘만큼 올라가 있었다. 삼촌은 겉으로는 연길에 가는 것에 대해서 아무런 불평이 없었다. 큰아버지가 말씀을 하지 않으셨어도 자진해서 가려고 했다는 말까지 했다. 말은 그렇게 해도 떠나기 싫고 아쉬운 삼촌의 마음을 알 것 같았다. 다른 사람들도 물론 알고 있었겠지.

모든 식구가 장마당 할머니에게, 또 할아버지 할머니에게 한 통 씩 편지를 썼다. 장마당 할머니에게는 그 동안 도움도 많이 받고 또 속도 많이 썩혀서 죄송하고, 앞으로 잘해 보자는 내용으로 썼다. 할아버지 할머니에게는 우리는 다 잘 있으니까 자꾸 기분이 붕 떠서 막 그렇게 하지 마시고, 또 한국 갈 때는 할아버지 할머니 없이는 가지 않을 테니 걱정하지 말고 안착된 생활을 하시라는 내용으로 간단히 썼다.

우리들과 이 선생님의 배웅 속에 삼촌은 우리들이 쓴 편지를 가지고 연길로 가는 기차에 몸을 실었다. 어찌 보면 삼촌이 가는 것이 잘되었다는 생각이 들었다.

내가 생각하기에 삼촌이 그곳에 가면 눈치를 보지 않아서 좋고, 또 조용한 분위기가 마련되어 많은 것을 생각할 수 있고,

많이 배울 수 있는 조건이 될 것 같았다. 다른 한편으로는 삼촌이 떠나가는 것이 슬펐다. 살아도 죽어도 함께 하자고 했건만, 완전히 떨어지는 것은 아니지만 어쩐지 한 배에서 외따로 떨어져 나가는 듯한 느낌이 들었다.

나도 큰아버지가 가라고 했으면 가기 싫어도 갔을 것이다. 큰아버지가 전날 나에게 물어보셨다.

"길수야, 연길에 가고 싶어?"

"큰아버지가 가라고 하시면 가겠습니다!"

난 정말 큰아버지가 가라고 하시면 가려고 했다. 그러나 지금 생각해 보면 연길에 가야 할 사람은 삼촌이 아니라 나였는데 순서가 바뀌었다. 집 식구들 중에 나만큼 애꾸러기(못된놈)에다 말을 안 듣는 망나니가 없다. 나는 지금 이곳에서의 생활에 만족하지 않고 더 좋은 행복을 추구한다. 내가 살던 북한과 비교하면 이곳은 천당 같은 생활이지만, 아직 행복을 찾지 못하고 있으니 큰일이다.

연길에서 살 때만 해도 높고 멋진 아파트가 부럽고, 그 곳에서 단 하루라도 살고 싶었다. 그러나 지금은 아파트 생활도 조금씩 싫증이 나고, 아파트보다 주택에서 사는 것이 한결 더 낫겠다는 생각이 든다.

나는 엊저녁 내내 이 문제에 대해 생각해 보았다.

'이 생활에 만족을 느끼지 못하니, 다시 연길로 내려가서 힘들게 살자. 여기 생활이 그립고, 생활이 참 행복했다는 생각이 날 때까지 고생을 하자'

큰아버지는 우리가 고생을 많이 하고, 고생 속에서 단련되었다고 하지만 나는 아직도 멀었다. 고생의 한계가 1미터라면 나는 아직 1센티미터도 전진하지 못했다. 나는 아직도 나이가 어려서인지 (젊어서 고생은 금 주고도 못 산다느니, 고생 끝에 낙이 온다느니 하는 말은 알지만), 직접 체험을 못해서인지, 그게 무슨 소린가 싶을 때가 종종 있다.

우리가 있는 이곳은 은신처이기 전에 우리들의 인간 수련소, 훈련 장소다.

나는 우리 가족에게 이런 생활 조건이 마련된 것을 4개의 단계로 나눠 볼 수 있다고 생각한다. 첫째는 북한에서의 1단계, 중국에 와서의 2단계, 큰아버지를 만나서부터의 생활이 3단계, 지금까지는 4단계이다.

지금 내 자신을 돌이켜보면 너무나도 해이하고, 교만하고, 아까운 줄 모르고, 잘난 것 없이 잘난 체 하는 인간이 되어 버렸다.

실례를 든다면 속내의가 조금만 헤져도 버리고, 양말이 조금만 헤져도 던저 버린다. 중국 사람들의 습관을 따라 하느라고 그런 것도 있지만, 던져 버리고 싶은 생각이 들어서 그렇게 한다. 그러면서도 '이 아까운 것을…' 하는 생각이 든다.

북한에서는 새 옷, 새 양말, 새 신발이란 1년에 한 개씩도 갖기 힘들다. 헤지면 깁고 헤지면 깁고 해서 마지막에는 옷이 아니고, 신발이 아니고, 양말이 아니다. 원래 모습을 찾아보기 힘들어진다. 그런데 나는 그런 것을 귀하게 여길 줄 모른다. 마구 소비하고 마구 버린다. '이걸 북한에 갖다 주면…' 하는 생각이 들다가도 '괜한 생각 한다' 하고는 다시 던지고 만다. 이처럼 나는 이 순간도, 원래 내 자신의 모습을 많이 잃어 가고 있다.

삼촌이 떠나고 1시간 정도가 지나 이 선생님이 없는 틈을 빌어 장마당 할머니에게 전화를 걸었다. 삼촌이 간다고 알려드리고 또 그곳에 관한 것도 알고 싶었다. 두 번의 전화벨이 울리더니 할머니의 거친 목소리가 들려 왔다. 예전이나 지금이나 목소리는 똑같았다. 나는 인사를 하고 삼촌이 간다고 알려드렸다. 할머니는 "너희들이 떠나니 마음이 휑하다."고 하시면서 "너희들을 몰랐으면 좋았을 걸, 정들어 버리니 지금 견디기가 어렵다."고 하셨다.

우리도 역시 그런 심정이었다. 장마당 할머니는 울음을 터뜨렸다.

"길수야, 한국으로 가기 전에 큰아버지에게 떼라도 써서 꼭 한 번 이곳 연길로 놀러 오너라."

"예, 꼭 가겠습니다."

장마당 할머니는, '웬일인지 이모부가 살던 은신처에 중국 공안 여러 명이 또 왔었다'고 말씀하셨다. 공안들이 '여기에 살던 사람들이 어디에 갔느냐'며 캐물었다고 하셨다. 아직도 우리가 대련에 오지 않고 이모부네 은신처에 있었더라면 영락없이 잡히게 되었을 것이다.

장마당 할머니는 점쟁이에게 점을 보았다고 하셨다. 이번 7월달에는 소원이 성취되고, 먼 길을 떠난다고 했다. 비슷하게 알아맞히는 것 같았다. 6월에는 남북 간 정상회담이 진행되니 7월 즈음에 좋은 소식이 있을 것 같다. 나도 이미 7월달로 예견하고 있었으니까. 나는 그 말에 더 확신이 생겼다.

악마

오늘 한국에서 보내온 책 한 권을 읽었다.

그 책에는 내가 모르는 사실이 너무나 많이 적혀 있었다. 나는 놀라지 않을 수 없었고, 큰 고민에 빠지고 말았다. 몇 십 년을 김일성 김정일에게 교육을 받아서인지 도저히 믿기 어려웠다.

김정일 악당이 숱한 백성을 굶겨 죽인다는 사실을 알고 있었지만, 그렇게까지 제 민족을 죽여 가면서 역사와 민족 앞에 숱한 죄를 짓고 있는 줄은 몰랐다.

나는 그 책을 보면서 분개하고 그들을 증오했지만, 이따금씩 믿기 힘든 사건들도 있었다. 그것이 진실이고 사실이라면 김정일을 죽이고, 이 세상에 다시는 존재하지 못하게 펄펄 끓는 가마에 튀기고 분쇄기로 가루를 내어 이 우주에서 아주 없애 버렸으면 좋겠다. 다시는 이 우주에 혼으로나마 존재하지 못하게 영원히.

그런 줄도 모르고 그 야만인을 믿고, 그 야만인을 목숨으로 지키고, 그 야만인을 위하여 총폭탄이 되겠다고 날뛰는 북한 백성들이 참말로 가엾고 불쌍해진다. 어떻게 교육을 시켰으면 그 정도까지 이르렀을까. 그런 면으로 보면 김정일과 김일성은 세계에 둘도 없는 악마다.

아직까지 하느님과 부처님도 인간을 그렇게까지 만들지 못했고, 만들지도 못할 것이다. 그런데 조선 사람들은 어찌나 사상에 푹 절었는지 구호나무를 살리고, 초상화를 건지면서 자기는 불에 타 죽는단 말인가. 아마 이 세상에서 인간을 그렇게까지 강력하게 하나 된 사상으로 무장시킨 악마는 없을 것이다.

비록 우리도 그 체제에서 고생하고 죽음 앞에까지 가 보았지만, 그 속에서 살아남은 조선 사람들은 강철과 다이아몬드로 단련되고 훈련된 사람들이다. 이젠 그 어디에 내놓아도, 그 어떤 역경이 들이닥쳐도 뚫고 나갈 수 있도록 준비가 되었다. 그렇게 백성들을 단련시킨 김정일을 없애고 싶지만, 어떤 면에서는 조선 사람을 세계 어느 곳에서도 찾아볼 수 없는 강인한 민족, 강한 인간으로 키워준 것이다.

김정일이 아니었더라면 우리는 중국에서 적응하지 못했을 것이고, 또 자유 대한민국에 갈 희망도 갖지 못했을 것이다. 그런 면에서 사람만 죽이지 않는다면 정말로 감사한 인간이다.

김정일이 이제라도 조금만 방향을 바꾸어 개혁 개방의 길로 나간다면 '세계와 21세기의 태양 김정일 장군'이 되겠는데, 정말 답답하기 짝이 없다.

야생인

오늘 어느 책에선가 '하늘 높고 땅 두려운 줄 모른다'라는 글을 보았다.

누가 이 글을 썼는지 모르지만 아마 나를 보라고, 나를 보고서 뉘우치고 온전한 삶을 살아가라고 써 놓은 것 같다. 나는 아직도 나의 교만성과 건방짐에 대해서 모른다. 옆에서 사람들이 계속 일깨워 주고 있지만 나는 전혀 그렇게 생각하지 않았고, 그런 말을 하는 사람들이 밉고 나쁘게만 생각되었다. 속에 온통 개똥만 들어차서 그런지, 둔해서 그런지, 배운 것이 없어서 그런지 나도 알 수 없는 일이다.

어떨 때는 '내가 너무 건방지고, 하늘 땅 무서운 줄 모르고 마구 행동을 하고 말하는구나!' 하는 것이 느껴진다. 그러나 그 느낌은 그 당시에만 있지 잠시 후에는 다른 데로 옮겨 달아나 버린다.

'나는 이미 버려진 존재이고, 나는 망나니다'

나는 이 결점이 나를 모해하고 괴롭힌다는 것을 너무도 잘 알고 있지만 고치지 못하고 있다. 나는 이미 인간의 한계를 벗어난 야생인이라는 것을 알고, 몸으로 느끼고 있다. 또 나는 이미 전에 그런 인식을 큰아버지 등 여러 사람들에게 말했다. 큰아버지도 그런 나 때문에 이따금씩 근심에 쌓여 고민을 하실 것이다.

큰아버지는 '길수'라는, 사람도 아닌 야생인의 이름을 세계에 알리고, 그들을 돕자고 본부도 만들고, 세계 도처로 뛰어다니면서 애를 쓰고 계신다. 그렇지만 나는 정작 일이 성사되어서 자유로운 땅에 가면 그 본질이 그대로 나오게 되어 큰아버지의 위신과 체면은 하늘에서 바다 속 깊은 곳으로 단숨에 떨어지고, 숱한 사람들로부터 사기꾼이란 소릴 들을 것이다.

나는 며칠을 생각해 보았다. 나는 과연 어떤 인간인가를. 북한에서 교육을 잘못 받아서도 아니고, 누구를 탓할 것도 못된다. 원래 그렇지도 않다. 그 원인을 나는 이제야 비로소 알았다. 내 마음에 고치기 힘든 악병이 뿌리 깊이 들어박혀 있다는 것을. 지금 마음의 악병이 나를 위협하고 있다.

나는 언제 한 번이라도 그 마음의 악병과 싸워서 이긴 적이 없다. 그 악병이 지금까지 나를 지배하고 또 나는 그 악병의 지배를 받아왔다. 이 악병을 고치고 큰아버지가 바라는 그런 인간이 되기 위해서 나는 어떻게 해야 하는가.

지금까지 해 오던 나쁜 습관, 생각들을 모조리 떼어 버리고 무언가를 위할 수 있는 그런 새 삶을 살고 싶다. 그런데 그게 내 마음대로 되지 않는다. 단번에 고치기 힘든 것을 아는 만큼 하나씩 고쳐 나가자. 남을 깔보지 말고, 존경하고, 도덕과 예절을 잘 지켜 나가자. 먼저 집 식구들에게 잘해 보자. 집에서 새는 바가지 밖에 나가서도 샌다고 하였다. 작은 태도부터 고치기 시작하자.

그 악병의 지배에서 벗어나 선량한 마음의 지배를 받자.

강 기슭을 거닐며

오늘 아침에 집에서 뛰쳐나온 나와 민국이 형의 마음은 산으로 향했다. 그 넓은 산의 품에 안겨서 마음껏 맑은 공기와 풀과 함께 자유로워지고 싶었다.

자유란 대체 어떤 것이기에 이토록 원하게 되는가?

순간이라도 산 속에 들어가 자유로워지고 싶어서 스산한 날씨에도 불구하고 길을 걸었다. 아직 지형이 익숙지 않으나 그래도 대충은 알 만했다. 큰길을 따라 걷고 또 걸었다. 나는 길을 걸으며 민국이 형에게 "이렇게 나오니 기분이 어떤가?"라고 물어보았다.

민국이 형은 날씨가 스산해서인지 그리 좋지 않다고 말했다. 나도 그다지 시원치 않았으나, 마음속으로 기쁘게 받아들였다. 그것이 곧 기쁨으로 돌아온다고 생각하니 세상만사가 다 귀찮아도 마음은 기뻤다.

내가 전에 와본 적이 있는 곳까지 10여분 남짓 걸어서 도착했다. 그 장소는 그 모양 그대로였다. 산과 들은 더 성장한 것 같았다. 나만 빼고 모든 것이 성장했다. 만물은 다 성장하는데, 인간이라고 하는 내 모습은 어디에도 성장해 가는 모습을 찾아볼 수 없고, 더욱더 낙후해지니 안타까웠다.

푸른 산은 거센 바람에 스쳐서 쏴 쏴 하며 울부짖었다. 산의 울부짖는 소리가 아무리 거세게 들려도, 자유를 갈망하는 내 울부짖음보다는 못하게 들렸다. 나와 민국이 형은 강기슭을 따라 걸었다. 숨지는 순간까지 이 강기슭을 따라가서 단 1분이라도 자유가 어떤 것인지 맛볼 수 있다면 가고 싶었다.

강기슭에 민국이 형과 나란히 앉았다. 물은 그리 깨끗하지 않았다. 비닐 조각과 바닥의 상태를 봐서는 손도 담그고 싶지 않았다. 그러나 나는 그 물에 들어가고 싶었다. 더러운 물과 나의 육체가 부딪치고, 내 육체가 그 속에 잠길 때의 기분과 감정을 맛보고 싶었다. 아무리 더러운 물이라도 마음을 편하게 먹고 맑은 물처럼 생각하고 들어가니 아무렇지도 않았다. 깨끗한 물에 들어갔을 때하고 거의 같았다.

날씨는 추우나 물이 차지 않는 걸 봐서는, 이 순간까지 물이 온기를 품었다가 내가 들어올 때 그 온기를 풀어놓은 것 같았다. 물에 들어가기 전에는 질릴 정도로 있고 싶었지만 겨우 5분도 안 돼서 나오고 말았다. 정작 들어가니 들어갈 때의 생각과는 달랐다. 물에 있기가 싫어졌다. 그러나 괜히 들어갔다는 후회는 생기지 않았다. 그저 잘했다는 생각만 들었다.

옷을 입고 시계를 보니 집에서 나온 이후 겨우 30분밖에 흐르지 않았다. 그냥 이대로 놀고 집에 돌아갈 수 없어서, 전에 왔다가 자고 간 곳에 가보기로 했다. 그 곳은 좀 멀어서 강기슭을 따라 빙빙 외돌았다.

민국이 형과 내가 누워서 잠을 잤던 자리까지 가서 그곳에 앉았다. 민국이 형과 어깨를 맞대고 앉았을 때, 그 순간이 행복했고 우리 둘 사이의 장벽이 없어지는 것처럼 느껴졌다.

중국에 온 이후 나와 민국이 형의 관계는 이종사촌이라는 명목으로 그럭저럭 지냈지만, 언제 한 번 따뜻하게 지낸 적이 없었다. 그런 순간과 시간이 있었다면 딱 한 번 있었다. 그 때는 정말로 서로를 위하고 사랑하는 마음이 있었다.

그 때란, 지난 해 북한에 건너갔다가 잡혔을 때였다. 죽음 직전까지 갔다가 겨우 면하고 도망쳐 나와 역전에서 헤어질 때였다. 우리는 그 때 서로를 위해 눈물을 흘렸다.

"지금 헤어지면 언제 다시 만나서 재미있게 옛말 하면서 살아가겠는가!"

그때 모습이 눈앞에 선하게 다가온다. 그 순간 그 시절은 이미 저 멀리 사라진 듯하였다.

그런데 나는 지금 이 순간이 그 때 그 순간 못지않게 여겨졌다. 나와 민국이 형은 말을 계속 이어나갔다.

"어떻게 하면 그때처럼 그렇게 다정하게 지낼 수 있을까?"

"서로가 자신의 잘못을 고치고, 상대방을 존중해 주고 받들어 주면 될 것 같다."

민국이 형의 말이 옳았다. 뻔히 알면서도 고치지 못하는 것이 나 자신이라는 것을 나는 너무나도 잘 알고 있었다.

"우리 여기에 몇 분 더 있다 갈까?"

"30분만 더 있다 가자."

"만약 우리보다도 이 선생님이 먼저 들어와 있으면 어떻게 할까?"

"그땐 무슨 구실이라도 만들어야지."

"풀이나 좀 캐 가지고 갈까, 그러면 구실이 되지 않을까?"

우리는 이렇게 토론하고, 한참 앉아서 세상만사 돌아가는 얘기를 하다가 풀을 캐기 시작했다. 풀은 많고도 많았다. 이리저리 풀숲을 헤치니 사과나무 숲 속에 세투리(씀바귀)가 어느 정도 있었다. 세투리를 보고 얼마나 기뻤는지 모른다. 북한에서 그 세투리는 생명의 은인인데다 중국에 와서 처음 보아서인지 더 기뻤다.

비가 오나 바람이 부나 목숨을 연명하기 위해 세투리를 캐 먹어야 했던 그때가 눈앞에 선하다. 고향과 아버지, 형님과 고향 사람들이 더욱더 그리워졌다. 지금도 식량 고생으로 숱한 사람들이 이 풀을 캐려고 50리, 60리를 행군하면서 목숨을 부지하리라 생각하니 지금 내가 얼마나 행복한가 하는 것을 뼈저리게 느끼지 않을 수 없었다.

북한 사람들에 비하면 지금 우리의 생활은 행복 중에 행복이다. 이런 행복은 없을 것이다. 그러나 더 좋은 행복을 찾고 싶고, 자유로워지고 싶은 게 우리들이다.

나와 민국이 형은 민들레와 한 줌의 세투리를 캐들고 물가에 앉아 씻기 시작했다. 만약 몰래 나온 것이 들켜도 풀이라도 캐 가면 좀 나을 것 같았다. 풀을 다 씻고 나니 검은 구름이 몰려와 수 천 수 만 개의 물방울들이 우리에게 떨어지기 시작했다. 민국이 형은 옷이 좀 젖었으나, 나는 큰아버지가 사 주신 방수 옷을 입었기에 빗방울을 막아 주었고 내 몸을 감싸 주었다.

집 앞에 이르니 문 두드리기가 겁이 났다. 밖에 나간 이 선생님이 돌아와 있으면 어쩌나 하는 생각 때문이었다. 크게 욕하진 않겠지만, 우리에게는 마음대로 밖에 나갔다는 사실이 매를 맞는 것보다 더 한 것이었다. 그래도 제 보금자리로 들어가야만 했기에 문을 두드렸다. 문은 열렸고 우리들의 눈은 이 선생님 방으로 향했다. 있는지 없는지를 알기 위해서였다.

책상 앞에 서 있던 이 선생님이 어딜 갔었느냐고 물어보고는 아무 소리도 하지 않았다. 별일 없는 모양이라고 생각했건만, 잠시 후 화영이가 나와서 이 선생님이 운다고 했다.

"별일 가지고 다 우시네."

나는 얼결에 한 마디 톡 쏘았다. 말을 하고 보니 좀 지나친 것 같았다. 나도 속으로는 미안하다고 생각했고, 또 내 잘못에 대해서도 알고 있었다. 겉으로는 태평스러웠지만 잠시 후 울음소리가 높아지더니 이모부가 들어오셨다.

이모부는 우리를 불러 세워 놓고 말씀을 하셨다.

"이 선생님이 한길이만 데리고 나간 것에 대해 너희들이 불만을 가진 것으로 생각하고 있는 모양이다. 또 큰아버지가 있을 때는 이런 일이 없는데 이 선생님이 계실 때만 이런 일이 발생하고, 또 제멋대로인 너희들의 행동 때문에 울고 있는 것 같은데 들어가서 마음을 풀어 주어라."

결국 우리의 잘못을 빌라는 것이었다.

'잘못을 빌면서 고치겠다고 하고는 또 일을 저지르고, 또 잘못한다는 걸 뻔히 알면서도 잘못을 저지르는데 왜 빌어야 하나?'

또 이 선생님이 우리보다 나이가 많고, 우리를 지켜 주는 어느 누구 못지않은 사람이라는 걸 잘 알고 있지만, 내 자존심이 허락하지 않았다. 내가 좋아서 나갔고, 잘못을 알면서도 나갔는데 잘못했다고 용서를 구할 필요는 없다. 또한 용서해 달라고 할 용기도 없었다. 열 번을 잘못하면 열 번을 찾아가 용서받아야 할 사람들이 우리지만, 단지 내 생각을 그대로 적을 뿐이다.

그러나 이모부의 말씀을 거역할 수는 없었다. 또 모두가 그렇게 요구하고 있었다. 할 수 없이 문을 열고 들어갔다. 이미 이 선생님의 얼굴은 눈물범벅이 되었다. 눈도 부어있었다. 우리가 들어가는 것을 보았는지 의자에 앉아 울고 있던 이 선생님이 갑자기 무슨 생각이 들었는지 방바닥에 쓰러지더니 가슴을 두드리면서 가쁜 숨을 쉬었다.

가슴을 두드리면서 우는 이 선생님이 불쌍하기도 했다. 쓰러진 이 선생님을 침대에 눕히자고 화영이가 말했건만, 나와 민국이 형은 꼿꼿한 나무처럼 서 있기만 했다. 남자라면 누구든 말을 안 해도 침대에 들어 눕혔으려만 우리는 그렇게 하지 않았다.

화영이가 겨우 침대에 눕힌 다음에 우리는 방에서 나왔다. 빌러 들어간 것이 아니라 울고 있는 것을 보러 들어간 꼴이 되었다. 그 방을 나와서 나라는 인간이 이제 무슨 일을 저지를지 모르기 때문에 연길로 가야겠다고 결심했다.

연길에 가기로 결심했던 것이 이번까지 아마 네 번째일 것이다. 어떻게 네 번이나 참고 견뎠는지 모르겠다. 이런 현실을 계기로 내 마음이 빨리 수련되었으면 좋으련만.

수영

아침에 우리 형제들과 이 선생님, 한 선생님 집에 있는 영희 누나와 춘매 누나 두 사람이 바닷가에 놀러갔다.

여러 가지 과일에 많은 음식과 양고기를 가지고 갔다. 전날에 이미 준비가 되어 있었기에 갈 때는 쉽게 떠났다. 먼저 한 조가 가고 우리 조가 뒤따라갔다. 물론 이 선생님이 사진기도 빌려왔다. 오늘이 있기를 며칠이나 벼르고 별렀는지 모른다.

우리가 바닷가에 도착했을 때, 먼저 간 사람들은 물에 들어가서 놀고 있었다. 우리도 뒤이어 물에 들어가서 조개도 잡고 게도 잡으면서 재미나게 놀다가 나와 민국이 형, 한길이 형, 민철이는 수영을 했다.

서해 바닷물은 누렇고 짰다. 마치 우리의 악한 마음을 모두 소독시켜 내기라도 하려는 듯이. 그런데 왜 그런지 눈이 아팠고, 바다에서 나올 때는 머리가 아파서 죽을 지경이었다. 바닷물이 독하긴 독한가 보다.

12시쯤 되어, 가져온 음식을 먹기 시작했다. 한 쪽에서는 불을 피우며 고기를 굽고, 또 한 쪽에서는 녹음기를 틀고, 사진을 찍고, 맥주를 사러 가고 야단이다. 우리는 식사를 하면서 맥주를 마셨다. 모두가 기분 좋게 마시기 시작했다.

처음에는 못 마시겠다고 하던 사람들도 나중에는 잘 마셨다. 술은 한잔 두잔 내 몸 속으로 흘러들어가 정신을 마비시키고 있었다. 그래도 나는 마시는 데까지 마셨다. 나중에는 휘청거려서 일어나지도 못할 것 같았다.

몇 시간이 지났는지 눈을 떠보니 온몸이 흠뻑 젖어 있고 모래투성이였다. 옆에는 같이 온 모든 사람이 근심 어린 눈길로 나를 바라보고 있었다. 나는 민국이 형과 형님의 부축을 받으며 집으로 왔다.

집에 와서 형님이 하는 말이, 내가 술에 취해 바다에 들어가

술주정을 해서 혼이 났다고 말했다. 나는 도무지 내가 그런 일을 저질렀다는 것이 믿어지지 않았다.

나는 술이 완전히 깨지 않은 상태에서 잠이 들었다.

술주정

나와 민국이 형이 밖에 나갔던 일로 소란이 있던 날, 큰어머니로부터 전화가 왔다. 이 선생님이 전화해서 그 일을 아셨는지 모르지만 나부터 찾으셨다. 큰어머니는 왜 그리 목소리가 무겁냐고 물어보셨다. 나는 괜찮다고 대답했지만 매우 불안했다. 큰어머니는 오랫동안 전화로나마 소식을 전하지 못해 미안하다고 하셨다.

큰어머니를 몇 달 동안이나 못 봐서인지, 큰어머니의 진심 어린 그 무엇이 부족해서인지 전화라도 한 통 받고 싶은 때였다. 큰어머니는 "지금 막 답답하고, 연길로 간 삼촌이 부럽지?"라고 물어보셨다. 실제로 어떤 땐 삼촌이 부럽고, 가고 싶은 마음이 생길 때도 있었다. 그런 마음을 억제하느라 여간 힘든 게 아니었다. 큰어머니는 지금 이만한 것도 못 참으면 앞으로 더 큰 것은 어떻게 참겠느냐고 하시면서, 지금 이 고통을 참고 견뎌야 한다고 하셨다.

큰어머니는 "지금 나도 똑같은 생활을 하고 있으니, 누가 더 잘 참고 견디면서 생활하는지 겨루어 보자."고 하셨다. 그러나 큰어머니와 겨룬다면 이미 진 거나 마찬가지다. 그래도 남은 기간은 잘 하고 싶었다.

바닷가에 가서 술을 먹고 주정을 해서 큰일을 칠 뻔 했지만 나는 나 때문에 속상할 사람들에게만 미안하고 죄스러울 뿐, 내가 한 일에 대해서는 기쁘게 생각한다. 내가 먹고 싶어 먹었고, 또 취하고 싶어 취했고, 또 주정하고 싶어서 주정을 했다.

내가 또 술 먹고 취하게 된 데는 나름의 이유가 있었다. 그렇다고 해서 그런 영화와 같은 장면을 만들기 위해서 일부러 그랬다는 것을 말하려는 것도 아니다. 단지 그렇게 하고 싶어서 그랬던 것을 강조하고 싶을 뿐이다.

반성

오늘 이 선생님과 형님, 나 이렇게 셋이 함께 병원에 가서 치료를 받고, 작은 음식점에서 밥을 간단히 먹었다.

이 선생님은 모든 불만이 나에게 있기 때문에 나온 것처럼 이야기했다. 나는 아무런 불만도 없고 그럴 용기도 없는데 말이다. 이 선생님은 지금 속으로 내가 얼마나 괘씸하고, 밉고, 싫을까. 그러나 이 선생님의 얼굴에는 그런 표정이라곤 하나도 없었다.

나는 "내가 한 일에 대해서 잘못을 크게 못 느낍니다."라고 말했다. 그러자 남자란 자기가 한 일을 후회해선 안 된다고 하였다. 지금까지 일기에 내가 잘못한 게 없다고 낯짝 두껍게 잔뜩 썼지만, 나는 항상 감사한 마음, 미안한 마음, 죄송스러운 마음, 떨리는 마음, 무서움, 그리고 공포 속에서 살고 있다. 면전에서 잘못을 빌게 하는 게 아니라, 자기 잘못을 스스로 느끼게 하는 이 방법은 정말로 따라 배울 만하다. 큰아버지 큰어머니, 이 선생님이 공통으로 쓰는 방법이다. 늦게 배워서인지 이 선생님은 좀 서툴지만.

이 선생님이 내 잘못을 스스로 반성할 수 있도록 시간을 마련해 주어서 나는 많은 것을 생각하게 되었고, 많이 알게 되었으며, 또 새로운 결심도 많이 했다.

일기에는 매일 많은 것을 느꼈고, 고치겠다고 써도, 그걸 고치지 못하고 제일 많은 일을 저지르는 것이 나였다. 내 머리 속에 무엇이 들어찼는지 나도 참 답답하다. 그 나쁜 것을 칼로 갈라 다 꺼낼 수 있다면 다 털어 버리고 싶은 생각도 든다.

고해

오늘 저녁에 이 선생님과 자리를 마주했다. 나와 형님, 그리고 이 선생님 셋이서 말이다.

서로가 지난 잘못을 반성하기도 했다. 각자가 자신의 잘못을 너무나도 잘 알고 있었고, 또 솔직하게 고백하였다. 속의 것을 다 털어놓으니 좀 시원했지만, 그래도 나는 솔직하게 속을 비우지 않았다. 나의 그 많은 결점을 다 드러내고 싶지 않았던 것이다. 세 사람 중에서 이 선생님이 제일 솔직했다. 보기와는 달리, 자신의 속을 솔직하게 비우는 모습을 보고 놀라지 않을 수 없었다. 나는 부끄러웠다.

시간이 감에 따라 더욱더 슬퍼졌다. 캄캄한 밤거리를 끝없이 걷고 싶었다. 그러나 그렇게는 할 수 없어 나와 형님은 이 선생님의 까만 눈동자만 쳐다보면서 행여나 그 입에서 무슨 소리가 나올까 하고 기다렸다. 그때마다 이 선생님은 말머리를 돌려 우리를 재미있게 해주었고 또 웃겼다. 또 우리의 그런 마음을 억제시켜 주기 위해서 그 누구에게도, 큰아버지 큰어머니에게도 안 보여 주었다는 자신의 일기장까지 서슴없이 읽어주었다.

시간은 사정없이 흘러가고 있다. 무서운 생각이 든다. 해놓은 일 없이 시간만 흐르니 괴로웠다. 또 이 시간이 갈수록 내 운명의 시간이 다가온다고 생각하니 무서웠다. 영원히 이 상태에 머물러 있었으면 하는 생각이 들었다.

6 은주 누나

인간 장길수

6월의 첫 하루가 시작되었다.

지난 한 달 동안의 생활을 총화하고 싶다. 또 이번 달에는 무슨 희소식이 없을까 궁금하기도 하다. 또 한 달을 감옥 속에서 보낼 것을 생각하니 아찔하기도 하다. 망나니 같은 내가 어떻게 두 달 동안이나 여기서 살아왔는지, 좀 힘들게는 생활했지만 어떻게 참고 견디어 왔는지 도저히 믿어지지 않는다.

나는 이미 내 자신도 믿기 어려워졌다. 언제나 나는 나를 이기지 못했다. 그래서 마귀의 지배만을 받고 살아왔다. 나는 새로운 인간 장길수가 되고 싶다. 새롭게 살고 싶다. 이름만 바뀌고 마음은 바뀌지 않은 것이 무척이나 안타깝다.

이번 달부터라도 새롭게 살고 싶다. 새롭게 출발하고 싶다. 모든 마음의 병을 다 털어버리고 말이다. 그러나 나는 언제나 내 멋대로 행동했고, 아직까지도 갈팡질팡하면서 살아가고 있다.

나는 지금 이 순간까지 내가 북한의 백만 대군을 거느린 장군이란 걸 잊고 있다. 그래서 언제나 어깨의 무거운 짐을 벗어 내려고 애를 썼다.

그러나 그 짐은 결코 내 등에서 떨어지지 않았다. 온전한 삶을 살지 못할 바에는 소리 없이 평범하게 살고 싶은데, 그 두 가지 모두 내 마음대로 되지 않는다. 안타깝다.

개혁 개방

큰어머니가 오셨다.

큰어머니는 아무런 소식과 연락도 없이 불쑥 나타나셨다. 생각조차 못했던 우리에게는 너무나 큰 기쁨이 아닐 수가 없다. 아마 감쪽같이 오셔서 우릴 놀라게 하시려고 그러신 것 같다. 나는 너무도 기쁘고 당황해서 뭐라고 말해야 좋을지 몰라서, 큰어머니를 보고 나도 모르게 중국말로 '닌하우(안녕하세요)'라고 말했다.

큰어머니가 오시니 정말로 기뻤다. 큰아버지나 큰어머니만 오시면 나도 모르게 왠지 기뻐진다. 언제나 큰아버지나 큰어머니는 제일 먼저 우리와 이야기를 나누신다.

큰어머니는 우리에게 여러 가지 이야기를 들려 주셨다. 큰어머니는 언제나 한국 가는 문제를 빼놓지 않고 말씀하셨다. 큰아버지와 큰어머니 말씀을 들으니 남북정상회담만 끝나면 우리 일도 빨리 추진될 수 있을 것 같았다.

우리 모두는 한국에 가게 되는 시기를 7월로 예견하고 있었다. 어머니의 꿈에서도 그렇고, 할머니가 점을 쳐본 것도 그렇고, 거의 비슷했다. 언제나 우리에게 힘이 되고 용기를 주는 큰어머니가 오시니 집안 분위기가 달라진 것 같다.

큰어머니가 우리에게 한국 신문을 주셨다. 오늘 신문이었다. 한 면에는 김정일이 중국을 방문한 소식이 실려 있었다. 집 식구들의 눈은 신문으로 쏠렸다.

백성들의 생활은 말이 아니고 다 굶어죽고 있는데, 김정일의 목은 살이 너무 쪄서 초두부처럼 후들거리는 것 같았다. 북한 사람끼리 서로 죽이고 잡아먹지 말고, 우선 살찐 김정일부터 식탁에 올려야 하는 건데 잘못된 것 같다.

신문기사 중에서 인상 깊고 기뻤던 것은, 김정일이 개혁개방을 좋게 평가하고, 개혁개방을 시도하려는 눈치를 보이려 한다는 것이다. 개혁개방을 하면 김정일은 물론 북한 백성 모두 잘 살텐데 알면서도 그러는지, 그 속에 무슨 똥구렁이가 있는지 삽으로 파헤쳐 봤으면 좋겠다.

'장군님, 제발 개혁개방을 하고 통일을 좀 하세요. 조선 인민 모두가 빌고 또 빌고 원하고 있습니다.'

개혁개방이란 것에 대해서 잘은 모르지만 인간이 자유를 누리면서 잘 먹고 잘살게 하고, 통일을 이루게 되는 게 아닌가? 그러면 조선 민족 모두가 장군님을 민족의 태양, 21세기의 태양, 인류의 태양으로 모실 것이다.

큰어머니가 오시니 정말 기분이 좋고 무언가 새롭게 변하는 것 같다. 정말로 기쁘다. 이런 기쁨이 끊이지 않고 계속 영원했으면…

가족사진

오늘은 큰아버지 부부가 함께 부른 노래를 담은 녹음 테이프를 보내 주셨다.

가수처럼 노래를 잘하지는 못하지만 우리에게 힘과 용기를 주려고 애쓰시는 모습을 엿볼 수 있었다. 노래는 좋은 뜻을 담고 있어서인지 우리에게 힘을 주었다. 그리고 가족사진도 보았다. 큰어머니와 가족들의 모습을 볼 수 있었다.

막내아들 현준이는 귀여웠다. 컴퓨터 앞에서 노는 모습을 보니 한편 부럽기도 했다.

'나도 언제쯤 저렇게 자유로울 수 있을까? 언제쯤 현준이와 함께 서울 구경을 다닐까?'

마치 현준이가 내 친동생처럼 느껴졌다.

은주 누나

오늘 저녁도 이 선생님에게 중국어 수업을 받은 후, 우리는 이 선생님에게 북한에서 살던 이야기를 해 주었다. 우리는 북한 이야기에 그리 재미를 느끼지 못했으나, 이 선생님은 이런 이야기는 돈을 주고도 못 듣는다면서 열성적으로 들어 주었다. 그래서 이야기하는 우리도 신이 났다.

시간은 벌써 12시를 넘어섰다. 우리는 밤을 새기로 작정했다. 자정만 넘으면 잠이 안 온다는 이 선생님의 말을 들었기에, 잠이 와도 참고 견뎌야 했다. 그런데 우리도 잠이 오지 않았다. 서로가 말을 안 하고 가만히 침묵만 지키고 있어도 싫지 않고 좋기만 했다. 시간이 점점 지나도 잠은 오질 않고 점점 더 말똥말똥해졌다.

앉아 있기가 지루해서인지 이 선생님이 놀이를 하자고 했다. 어떤 조건이든 다 들어 주는 놀이였다. 그런데 내가 연속으로 져서 이 선생님이 나에게 이 선생님이라고 부르지 말고 한 번만 '은주 누나'라고 불러 달라고 했다.

그건 쉬운 것이었다. 그러나 지금까지 이 선생님이라고 불러 왔고, 또 마주앉아서 은주 누나라고 부르기가 좀 부끄럽기도 하고 서먹서먹했다. 끝내 요구를 안 들어주었다. 미안하기도 했다.

내가 이겼더라면 어디 한 번 놀러 가자고 했을 것이다. 졌으니 망정이지 이겼으면 또 한 번 잘못된 생각을 가지게 될 뻔했다.

나는 누나라고 부르지 못한 것이 미안했고, 또 그 순간을 모면하려고 내 일기장을 보여주었다. 질서 없이 마구 쓴 글이지만 이 선생님은 열심히 보아주었다. 감사했다. 이미 시계는 2시 반을 가리켰다. 큰어머니가 들어오시더니 야단이셨다. 지금 몇 신데 불도 안 끄고 남들의 의심을 사게 하느냐고 말이다. 죄송스러웠다.

그리고 이 선생님에게 다른 사람들 볼 면목이 있냐면서 마구 욕하고는, 애들이 피곤할 텐데 잠도 못 자게 한다고 하셨다. 속으로 '우리는 괜찮습니다'라고 울부짖었다.

이 선생님에게 욕을 했지만, 속으로 우릴 얼마나 욕했으랴. 너무 속이 답답해서 밤을 지새우려고 해도 큰어머니가 계셔서 안 되고, 또 그렇게 하면 안 될 우리들의 처지가 원망스러울 뿐이다.

큰아버지 생신

오늘은 큰아버지 생신이다. 아무도 모르고 있었는데 큰어머니가 알려주셨다.

우리는 일어나자마자 전화로 큰아버지에게 생신 축하 노래를 선물했다. 전화기에서는 "감사합니다."라는 큰아버지의 인자하신 목소리가 흘러나왔다. 한국에서는 생일을 크게 안 쇠고 있고, 또 모여 앉아서 재미있게 놀지도 않는다고 하셨다.

우리와는 완전히 반대였다. 우리는 생일이면 모여 앉아서 놀고, 먹고, 축하해 주는데, 큰아버지 집에서는 미역국이면 된다고 하셨다.

우리가 한국으로 가게 되면 큰아버지가 좋아하시든 그렇지 않으시든, 시간이 있든 없든 간에 무조건 15명 식구가 모여서 큰아버지 생신을 축하해 줄 것이다. 우리가 생신도 챙겨 드리지 않는다면 그것은 도리에 어긋나는 일이다.

집도 없이 사시면서도 탈북자와 북한 주민을 구원하기 위하여 노력하고 계시는 큰아버지가 오늘 더욱더 존경스러워 보였다. 일생을 큰아버지와 함께 하고 싶었다. 그리고 빨리 한국에 가서 큰아버지 아들 현준이와 같이 놀고, 재미있게 살면서 북한주민을 위해 살고 싶다.

생각은 불같으나 그대로 되지 않으니 이 세상이 원망스럽다.

하느님이시여, 그 날을 앞당겨 주시옵소서.

못된 병

오늘은 위가 아파서 이 선생님과 함께 병원에 갔다.

어제 저녁에 주변에 있는 병원에 갔었는데 환자가 왔는데도 대수롭지 않게 여기면서 병을 보려고도 하지 않았다. 의사 같지도 않았고, 또 돈 벌기가 싫었던 모양이다. 바른 진단도 못

내릴 것 같았다. 여러 자그마한 병원에 가 보았지만 올바른 진단을 못 내렸고, 여기가면 이 소리, 저기가면 저 소리를 해서 괜히 돈만 쓴 것 같았다.

그래서 오늘은 아예 큰 병원에 갔다. 그 병원은 크고 멋졌으나 그곳도 내가 보기에는 의술이 좋은 것 같지 않았다. 변 검사도 하고, 여러 가지 검사를 한 결과 위장염이라는 진단을 받았다. 그 진단도 임시 진단이라고 했다. 며칠 지나서 다시 기계 검사를 해야 한다고 했다.

숱한 돈을 쓰면서 병원에 가도 올바른 진단을 받지 못하니 이 선생님과 큰아버지 큰어머니에게 미안했다.

주사를 한 대 맞았다. 그래도 별로 나은 것 같지 않다. 그저 그 상태였다. 이렇게 속을 태울 바에는 콱 죽어 버렸으면 하는 생각도 들었다. 내 병도 병이지만 항상 경제가 어려워 속 태우시는 것을 보면 정말로 미안하다. 그래서 지금까지 아파도 아프다는 소리를 제대로 못 했다. 그러나 오늘은 정말 견디기 힘들어 병원에 간 것이다.

어떨 때는 큰어머니가 아프냐고 물으시면 "아프지 않습니다!"라고 말한다. 그러면 큰어머니는 너무 속이 타서 인상을 찡그리고 화를 내시면서 말씀하신다. 그럴 때면 큰어머니가 보기 싫어지고 허약한 몸을 원망하게 된다. 큰어머니가 너무 속이 타고 애가 타서 그러시는 줄 알면서도 큰어머니의 그런 모습이 싫다.

나는 지금 어떻게 하면 좋을지 모르겠다. 나로서는 어떻게 할 방도가 없다.

지금까지는 그런 대로 참아 왔지만 이젠 더 이상 참기가 힘들다.

아예 위가 다 썩어 떨어져 없었으면 좋겠다는 생각이 든다. 위에 대한 근심 걱정이 없게 말이다. 너무 힘드니까 살고 싶지도 않다. 많이 아플 때는 한국에 가는 생각까지도 잊혀진다.

'이놈의 병아, 다른 먼 데로 갈 것이지 왜 나에게 와서 요렇게 딱 걸리냐! 이 못된 병, 하루빨리 사라져라!'

구렁이 같은 사람들

나와 이 선생님, 형 이렇게 세 사람이 함께 개울가에 갔다.

집에서는 물을 너무 많이 써서 신고가 들어올까 봐 개울가에 가서 빨래를 했다. 이번까지 개울가에 나온 것이 두 번째다. 이 선생님은 개울가로 가면서 여러 가지 간식과 맥주 몇 병을 샀다. 빨래를 다하고 맥주를 몇 잔 마셨다. 나는 두 잔을 마셨는데 금세 얼굴이 빨개졌다.

나는 술만 먹으면 괜히 슬퍼진다. 북한에 두고 온 아버지와 형님 그리고 고향 생각을 하면 눈물이 줄줄 쏟아져 내린다.

오늘도 슬펐다. 내가 슬퍼하니 형님은 물론 이 선생님도 눈물을 흘렸다. 이런 모습을 보이지 않으려고 해도 계속 그렇게 된다. 이 선생님이 눈물을 흘리며 슬퍼하니, 나와 형님은 이 선생님을 위로했다. 울고 있는 이 선생님이 더 가여워 보였다. 이 선생님은 우리 마음을 다 안다고 하면서 우리 속에 들어갔다 나온 것처럼 말했다.

이 선생님이 구렁이 같은 북한 사람들의 속을 다 알려면 큰어머니처럼 북한에 들어갔다 와야 조금 알 수 있을 것이다. 어떤 때는 이 선생님이 우리 마음을 알아주지 못해서 속이 답답하다. 그러나 우리를 알려고 하고, 무엇이든 도와주려고 한다.

처음 왔을 때하고 지금을 비교하면 완전히 다른 사람으로 느껴질 때가 많다. 언제나 우리가 슬퍼하면 슬퍼하고, 우리의 마음을 잘 알아주는 이 선생님이 감사하다.

공안 수색

한 선생님에게서 전화가 왔다. 지금 공안들이 조사를 하고 다닌다는 것이다. 그러면서 아무에게나 문을 열어 주지 말라고 하셨다.

그 소식이 전해지자마자 집안은 벌 둥지를 쑤셔 놓은 것처럼 소란하기 시작했다. 민국이 형은 여기저기 돌아다니면서 밧줄을 구했다. 겨우 몇 미터밖에 안 되는 끈을 구해서 공안이 들어오면 4층에서 타고 내려가겠단다. 공안이 오면 그게 가능하겠는가?

이 선생님도 어쩔 바를 몰랐다. 그 중에서도 민철이네 식구가 제일 겁을 냈다. 그래서 민철이네 형제가 한 선생님 집으로 가게 되었다. 얼싸 좋다고 민국이 형과 민철이가 집을 나섰다. 그 순간 집 식구들은 모두 긴장했다. 이 순간에 공안이 들어오면 문도 못 잠그고 그대로 잡힐 수밖에 없었기 때문이다.

1초라도 빨리 문을 열고 나가야 했다. 그런데 다른 사람들은 모두 나갔는데 화영이는 아직도 꾸물거린다. 화영이 방을 들여다보니 빨리 갈 궁리는 안 하고, 한 선생님 집으로 피신 가는 것이 아니라 어디 시집이라도 가는 것처럼 치마를 입고 긴 양말을 신는다. 죽느냐 사느냐 하는 판가리 싸움에 무슨 옷치레인지 정말 답답했다.

민철이네 형제가 다 가고, 이 선생님은 지갑에 얼마의 돈과 신분증을 넣고 공안이 왔을 때를 대비한 궁리를 하고 있었다. 이제는 우리가 숨을 차례였다. 집에 남은 사람은 이모부, 어머니, 형, 이 선생님, 나 이렇게 다섯 명이었다. 모두 숨느라 야단이었다.

형은 옷장에 들어가서 문을 닫더니 쥐 죽은 듯이 조용했다. 어머니는 어디에 숨어야 될지 몰라서 망설였다. 나는 어머니를 여자 방 옷장의 옷 속에 마구 밀어 넣고 옷으로 어머니를 가렸다. 어머니는 뚱뚱한 몸이라 더 힘들어서인지 "야, 죽겠다!" 하며 야단이었다.

이모부는 그 큰 몸집에 좁은 곳으로 머리를 밀어 넣고는 힘을 쓰신다. 그 칸이 터질 것만 같았다. 모두 공안에게 잡히기 싫었고, 살고 싶었다. 그러나 공안은 우리가 미리 대책을 세우는 것을 알았는지 끝내 오지 않았다.

미리 알고 숨을 곳을 마련할 때는 안 오고, 생각지도 않을 때에 불쑥 나타나서 탈북자들을 잡아가는 것이 중국 공안이다. 인정사정도 없는 무서운 인간들이다.

어쩌다 공안 차의 앵앵 하는 소리가 들리면 머리카락이 곤두서고 쥐구멍에라도 들어가고 싶다. 총만 있다면 탈북자들을 잡는 공안을 다 쏴버리겠는데…

찰떡

큰어머니가 도착하셨다. 생각지도 않았는데 장마당 할머니하고 같이 오셨다. 너무나 뜻밖이었다. 그렇지 않아도 할머니가 보고 싶었는데. 나는 두 분의 짐을 받으려다가 망설였다. 큰어머니 짐을 받으려고 하면 큰어머니는 할머니 짐을 받으라고 하시고, 할머니는 큰어머니 짐을 받으라고 하셨기 때문이다. 참 난처했다.

짐 받으러 내려갔다가 멍하게 두 분을 번갈아 쳐다봤다. 괜히 내려왔다는 생각도 들었다. 무거운 짐을 들고 계단을 올라오면서도 무슨 말을 해야 좋을지 몰랐다. 그래도 기분만은 기쁘고 좋았다. 그렇지 않아도 요즘 많이 심심했는데, 매일매일 심심찮게 됐다. 집 식구들은 집에 들어서는 장마당 할머니를 보고는 어리둥절해 하면서도 기뻐했다.

짐을 내려놓고, 우리는 그 동안의 연길 소식을 들었다. 언제나 대한민국 소식과 북한 소식, 연길 소식을 제일 먼저 듣고 싶다. 한국 소식은 큰아버지와 큰어머니에게, 북한 소식은 라디오로, 연길 소식은 장마당 할머니와 큰어머니에게 듣는다.

저녁식사 시간에 찰떡을 먹었다. 할머니와 큰어머니가 그 먼 곳에서 힘들게 가져오신 떡이라 더욱 맛있었다. 할머니와 큰어머니, 큰아버지, 이 선생님의 그 지극한 정성을 보면 한국에 가기는 가는 것 같다. 그 찰떡을 그저 떡으로만 생각하면 그 뿐이지만, 할머니가 "오뉴월에 떡 한 개라도 먹으면 보약이다."라고 하시는 말씀을 들으니 의미를 두고 가져오신 떡이라고 생각되었다.

나는 기도를 드렸다.

"언제나 우리들에게 모든 것을 아낌없이 쏟아 부으시고 정성들이시는 큰아버지, 큰어머니, 장마당 할머니, 이 선생님 그리고 한국에 계시는 회원 모든 분에게 두 귀 잡고 절을 올려도 이 감사한 마음을 다 표현할 수가 없습니다. 감사합니다. 정말로 감사합니다. 이렇게 밖에 표현을 못하겠습니다. 기대에 어긋나지 않게, 아무리 힘들더라도 견뎌내고 맡은 바 일을 열심히 하겠습니다.

우리가 쓴 글과 그림만 보아주어도 감사한데, 회원까지 되어 주신 점에 대한 기쁨과 감사의 마음은 하늘을 닿고도 모자랍니다. 지금까지 우리를 지켜보시고 돌봐 주시는 큰아버지 큰어머니 그리고 모든 회원 여러분! 그 어떤 일이 부딪친다 해도 포기하지 마시고 우리들의 희망과 소원을 꼭 들어주십시오. 여러분들이 열심히 뛰면 능히 되고도 남을 일이라고 생각합니다. 불쌍한 이 인간들을 버리지 마시고 도와주십시오."

고양이

큰어머니와 장마당 할머니가 멀리 흑룡강으로 떠나시는 날이다. 하루도 편히 쉬지 못하시니 몸이 불편한 것은 두 말할 필요도 없을 것이다.

어쩐지 나도 따라가고 싶었다. 흑룡강이라는 곳이 어떤 곳인지, 흑룡강에 있는 아저씨들이 어떻게 살고 있는지 보고 싶었다. 큰어머니에게 흑룡강에 같이 가자고 하면 안 된다고 하실 것은 뻔하다. 그래서 망설이다가 끝내 말을 못했다.

장마당 할머니는 떠나시기 전에 내게 말씀하셨다.

"언제까지나 큰아버지만을 믿고 따라야 한다."

"큰아버지는 한 번이라도 인연 맺은 사람을 버리지 않는다. 끝까지 책임질 것이다."

장마당 할머니가 지금까지 큰아버지를 지켜보면서 직접 느낀 거라고 하셨다. 할머니의 그 말씀에 큰 힘을 얻었다.

떠나실 때 큰어머니는 키우던 도둑 고양이를 버리라고 하셨다. 어떻게 가져온 고양이라고 마구 버린단 말인가. 나는 큰어머니의 그 말씀에 '다음에 오시면 고양이 곰국을 해서 드리겠습니다'라고 대답했다.

우리 때문에 한 순간도 쉴 새 없이 뛰어다니시는 큰아버지와 큰어머니, 정말 감사합니다.

한국에 갈 날은

남북정상회담으로 인해 대북 방송이 중단되고, 또 남북관계가 좋아진다고 한다. 그러나 우리는 한국에 가지 못할 것 같아 실망이 앞선다. 그런데 이번에 큰어머니가 오셔서 잃었던 용기를 다시 얻었다. 죽어도 가야 한다는 결심이 더욱더 굳어졌다. 큰어머니가 오시기 전까지만 해도 너무 실망이 커서, 이젠 큰아버지가 우리 일에 큰 노력을 기울이지 않는다고 생각했었다. 어떨 때는 이모부에게 "한국에 갈 것 같습니까?"라고 물어보고, 못 간다고 하시면 "그럼 어디 가서 어떻게 살아야 하는지요?" 하고 묻기도 했다.

이모부도 땅이 꺼질 듯 한숨만 쉴 뿐 아무 말씀이 없었다. 단 한 마디 "정상회담이 있기 전에 달아났어야 하는 건데, 참 일이 별스럽게 되었다."는 말과 함께 한탄만 하셨다.

어머니 역시 우울한 나날을 보내시면서 한국 가는 문제로 근심하셨다. 근심이 얼마나 크신지 이모부와 어머니 머리에는 흰 눈이 더 많이 내려앉았다. 불쌍하다는 생각이 들었다.

유희청

오늘은 한 선생님 공장이 쉬는 날이다. 나는 그 집 아이들과 함께 시내 구경을 가기로 했다. 목적지는 승리광장이었다. 버스를 타고 가면서부터 그들이 비용을 댔다.

우리는 먼저 전자 유희청(놀이터)으로 갔다. 그곳에는 내가 보지 못했던 수많은 오락기구들이 있었다. 요란한 기계소리에 정신이 없었다.

한 쪽에서는 오토바이와 차를 타면서 총을 쏘고, 또 한 쪽에서는 노랫소리에 맞춰 춤을 추었다. 정말 어안이 벙벙할 정도로 신났다. 나는 그들과 함께 오토바이와 차를 타면서 재미있게 놀았다. 노는 재미에 정신이 없었다.

그들의 주머니에서 연속 10위안짜리, 100위안짜리가 나왔다. 한참을 놀고 나와서 보니 벌써 200위안이나 썼다. 그들은 정신을 마구 벙벙하게 만드는 것이 마치 귀신에게 홀린 것 같다고 했다.

점심을 먹고 다시 승리광장을 구경하다가 또 유희청을 보았다. 그들은 "그곳에 가지 말자. 돈 홀려내는 소굴이다."라고 하면서, 아예 그 쪽은 보지도 않았다. 온종일 돌아다니니 다리가 뻐근했다.

우리가 밖에 나오니 이미 저녁때가 되어 있었다. 부랴부랴 버스를 타고 즐거웠던 하루를 돌아보며 집으로 돌아왔다.

이상한 꿈

아침에 일어나니 밤새도록 꿈속에서 쉴 새 없이 뛰어다녀서인지 온몸이 뻐근했다. 언제나 여러 가지 꿈을 꾸어도 생각나는 것은 겨우 한두 가지 뿐이다. 오늘도 마찬가지다. 딱 한 가지 생각나는 것은 큰아버지와 관련된 것이다.

큰아버지는 아무 말씀도 없이 비행장으로 가셨다. 나는 무턱대고 따라갔다. 우릴 버리고 가시는 것처럼 느꼈기 때문이다. 나와 몇 명이 같이 갔는데 정확히 누군지 모르겠다. 큰아버지가 비행장에 도착해서 여권을 찾고 있을 때, 우리도 여권을 찾으면서 야단이었다. 그때 그 곳은 비행장이 아닌, 어딘지 모를 캄캄한 곳으로 변했다.

우리가 큰아버지에게 혼자 가시면 안 된다고 말하자, 큰아버지는 지금까지는 보지 못했던 험한 얼굴로 내 얼굴을 내리쳤다. 나는 그때 죽고 싶었다. 치를 떨며 큰아버지를 원망했다. 그 다음 그 곳은 강당으로 변했다. 그 곳에는 큰아버지의 연설을 듣기 위해 많은 학생들이 모여 있었다.

나는 그 곳에서 감독을 서며 질서 잡는 일을 했다. 아마 지금 큰아버지가 나를 좋지 않게 생각하셔서 이런 꿈을 꾼 것 같다.

무서운 집

집에 들어가는 시간을 3시로 정했다. 지금은 2시 30분. 시간이 다가옴에 따라 내 마음은 더욱 불안해졌고, 무엇에 쫓기는 듯한 심정이었다. 어쩐지 집에 들어가기가 무서웠다. 범의 소굴도 아닌데 더 무서웠다. 잘못한 게 있어서 그런 것 같다. 확실히 그렇다. 집으로 가는 내 걸음은 언제나 주춤거렸다.

시장에서 채소를 잔뜩 사서 집 계단을 올라가면서도 몇 번이고 멈춰 섰다. 잠에서 막 깨어난 화영이가 문을 열어주었다. 민철이와 나는 수고했다고 한 마디 했다. 나는 얼른 채소를 바닥에 내려놓고 화장실로 들어가서 하고 싶지도 않은 샤워를 했다. 그리고 누가 볼 세라 빠른 속도로 방에 들어가서 이불을 뒤집어쓰고 누웠다.

형님은 내 속을 꿰뚫어 보았는지 다른 방으로 갔다. 고맙고 감사했다. 나는 사람이 들어오건 말건 신경 쓰지 않고 잠을 잤다.

나의 운명

하루 종일 빈둥거리며 지루한 하루를 보내고 있었다. 그러면서 지난 며칠 동안의 생활을 돌이켜 보았다. 중국에 온 이후 지금까지는 내 일생에 다시없을 귀중한 시간이다. 특히 최근 며칠이 더 그런 것 같다.

요 며칠은 부모 형제, 친척 그리고 큰아버지, 큰어머니 등 모든 사람들을 다시 알게 된 귀중한 시간이었고, 또 어려운 시간이기도 했다. 그러나 한편으로는 큰 죄를 지은 시간이기도 했다.

나는 큰아버지와 모든 분들의 기대를 저버리고 며칠 동안 나만을 위한 시간을 보냈다. 공장에서 일하며 지금 생활이 얼마나 행복한가를 느꼈고, 또 모든 사람들과 집이 그리웠다. 빨리 집으로 돌아가고 싶었으나 죄를 졌기 때문에 선뜻 돌아갈 수가 없었고, 그럴 만한 용기도 생기지 않았다. 모든 사람들이 무섭게 느껴졌고 싫어졌다.

며칠 동안 많은 것을 생각하고 또 생각해 보았다. 우리 앞날에 대해서 말이다. 과연 장길수라는 인간과 15명의 운명이 어떻게 될 것인가? 영원히 중국 귀신이 되어 삯일이나 하면서 살겠는지, 아니면 자유를 찾아가 큰아버지 곁에서 언제나 그 음성을 들으며 살겠는지. 아무리 생각하고 또 생각해도 답이 나오지 않았다.

남북회담이 열린 후부터는 자유의 땅을 디뎌 보지 못할 것 같은 근심이 생겼고, 약간의 실망도 있었다. 과연 우린 어떻게 되겠는지.

이런 생각에 잠길 때는 공안이 앞에서 잡으러 올 때보다도 더 불안했다. 이 속타는 심정을 아무도 모르는 곳에 가서 하소연하고 싶었다. 육체적으로나 정신적으로나 참기 어려울 때가 한두 번이 아니었다.

그럴 때는 술에 취해 아무렇게나 살고 싶었다. 술에 취해서라도 잠시나마 골치 아픈 생각을 떨쳐 버리고 순수해지고 싶었던 것이다. 자유와 불안, 머리 아픈 생각도 없이 텅 빈 생각, 텅 빈 머리로 있고 싶었다.

자유란 도대체 어떤 것이기에 이다지도 찾기가 어려운가?

인생이란 무엇이며 불안이란 왜 생기는 것일까. 칼로 배를 찔러 병원 침대에 누워 있으면 어떨까 하는 생각도 해 보았다. 별난 생각을 다하면 좀 나아질 것 같았지만 아무 소용이 없었다. 큰아버지라도 곁에 계셨다면 나아질 것 같은데.

한 인간도 살아가기가 힘든 이 세상.

찾기 힘든 자유야!

약골

오후 5시에 병원에 갔다. 가자마자 혈압을 쟀다.

혈압을 잴 때마다 차이가 심했다. 오늘은 높은 것 96(수축기 혈압), 낮은 것 35(이완기 혈압)이다. 의사는 어린 나이에 이렇게 혈압이 낮아서 어떡하냐며 걱정스럽게 말했다. 왜 혈압이 갑자기 낮아졌는지 모르겠지만, 항상 맥이 없고 머리가 띵했던 것이 그 때문인 것 같다.

어제 병원에서 "내일 병원에 오면 물만두를 해 주겠다."고 했다. 그런데 오늘 가보니 준비를 못 했다면서 대신 고기반찬을 해주겠다고 했다. 그 병원은 언제나 우릴 반갑게 맞았고 다른 병원보다 친절했다. 그래서 그런지 이 병원은 언제나 숱한 사람들로 붐볐다.

오늘로 주사 맞는 것이 세 번째인데 모두 큰 것(링거 주사)을 맞았다. 빨리 집에 갔으면 좋겠는데 또 시간이 많이 걸리게 되니 안타깝다. 링거주사를 3시간 동안이나 맞았다. 수액을 빨리 떨어지게 하면 머리를 자극하기 때문에 천천히 놓는다고 했다. 의사의 말이니 그렇게 할 수밖에 없었다.

주사를 맞으며 가만히 생각해 보니, 내가 언제부터 병원에 자주 출입하는 약골이 되었나 싶다.

7

84년 쥐띠

흑룡강 사람들

오늘도 병원에 가면서 이 선생님에게 흑룡강 쪽 이야기를 들었다. 들으면 들을수록 막연했고, 걱정이 되었다.

남북 정상회담이 있은 후 우리는 매우 불리하게 되었다. 모든 것을 한국 가는 것에 목표를 두고 참고 기다렸는데, 그 모든 것이 한 순간에 다 허물어지는 것 같았다. 흑룡강에 있는 사람들도 시원치 않고, 왜 한국에 보내 주질 않느냐고 따지면서 천사 같은 큰어머니를 괴롭혔다. 큰어머니를 괴롭히는 것은 곧 큰아버지를 괴롭히는 것과 같다.

우리 15명 중에서 이런 사람들이 있다는 것이 믿어지지 않는다. 큰아버지와 큰어머니가 우리를 무조건 한국에 보낼 의무가 있는 건 아니다. 다만 불쌍한 우리들을 구원하고, 살려보려고 이 일을 시작했는데, 도리어 우리 쪽에서 먼저 들고 일어나니 큰아버지와 큰어머니가 얼마나 분하시겠는가. 두 분 덕에 지금까지 살아 있는 것만으로도 감사하고 또 감사하다.

다 모이시오

오늘도 병원에 갔다. 치료를 하고 은신처로 돌아오면서 보니, 사람들이 떠들썩하게 모인 장소의 춤판에 민국이가 끼어 있었다. 그것을 본 이 선생님은 분노했다. 이 선생님은 “누구의 승인도 없이 제멋대로구나!”라고 벼르면서 집으로 올라왔다.

잠시 후에 민국이가 집으로 들어왔는데 “다 모이시오!”라는 목소리가 들렸다. 모든 사람들은 꾸물꾸물 모이기 시작했다.

"빨리 모이시오!"

이번에는 성이 단단히 난 목소리다. 식구들이 한 곳에 다 모였다.

"오랫만에 모여 봅니다!"

이것이 선생님의 첫 말이었다. "이제부터 마음대로 규율을 위반하는 사람은 떼어 버립니다, 내 말이 아닙니다."

이 선생님은 어느 누구를 막론하고 규율을 지키지 않는 사람은 좋지 않을 것이라고 했다. 그리고 민국이에게 물었다.

"밖에 나가서 춤추니 어떤가?"

"좋습니다."

민국이의 대답이었다. 그리고 화영이에게 물었다.

"몇 번 나갔니?"

"난 두 번 밖에 나가지 않았는데…"

이 선생님은 모르고 있었는데, 화영이는 스스로 폭로했다.

큰아버지와의 만남

큰아버지가 며칠 있다가 오신다고 이 선생님이 알려주었다. '이번에 오시면 본격적인 토의를 한다고 하셨으니 무슨 소식이 있겠지' 기대가 컸다. '이번에는 한국에 못 가도, 언제쯤 갈 것 같다는 것은 알려주겠지'

벌써 큰아버지를 만난 지 거의 1년이 된다. 이번에 우리와 함께 한국으로 가면 얼마나 좋을까? 그렇게 되겠는지.

큰아버지가 오신다고 하니 모든 식구들의 분위기가 좀 바뀐 것 같다. 이 선생님은 물론이고 모든 사람들이 잘하려고 애를 쓰는 것 같았다. 나도 역시 그랬다. 나는 채 쓰지 못한 일기를 부랴부랴 썼다. 큰아버지가 오신다고 하니 더 보고 싶어진다. 이번에는 어떤 옷, 어떤 모습으로 나타나실지 퍽 궁금했다. 아마 몸이 수척해지셨을 것이다. 언제나 우리들의 일로 밤낮없이 뛰어다니시는 큰아버지니까.

큰아버지가 이번 주에 꼭 오신다고 하셨으니, 아마 금요일쯤에는 오시지 않을까 하는 생각이 든다. 큰어머니는 하나뿐인 아들을 데리고 오신단다. 한 번에 세 사람이 오는 것이다. 우리로서는 경사가 아닐 수 없다. 예전에는 큰아버지가 계시면 큰어머니가 안 계시고, 큰어머니가 계시면 큰아버지가 안 계셨는데, 이번에는 두 분 모두 오신다고 하니 무척 기쁘다.

그러나 한편으로는 은근히 겁이 났다. 너무 많은 잘못을 저질러서 그런 것 같다. 잘못을 저지르지 않았더라면 기쁜 마음으로 큰아버지 큰어머니를 맞이할 수 있을 텐데. 그러나 할 수 없는 일. 지나간 일을 가슴을 치며 후회해서 무엇하랴. 고치면 되지. 큰아버지와 큰어머니 모두 용서해 주시겠지.

이제부터라도 생활을 잘하자. 모든 것에 걸림이 없이 말이다. 그런데 결심을 세워도 실현하지 못하는 것이 나이기에, 내가 그것을 해낼 수 있을지 은근히 걱정된다.

나는 지금도 일기를 쓰면서 큰아버지와 큰어머니가 오시면 '그 기쁨이 얼마나 클까?' 하는 상상을 해본다.

영어 공부

저녁에 아이들하고 어머니가 영어를 배웠다.

한국에 게시는 큰어머니가 영어를 가르치라고 이 선생님에게 일렀다는 것이다. 아마 한국에서는 영어를 많이 쓰는 모양이다. 미리 준비를 시키는 건지, 아마 그런 것 같다.

북한에 있을 때에도 영어를 몇 년 동안 배웠다. 그러나 이렇게 세심하게 가르쳐 주지도 않았고, 또 우린 배우려고도 하지 않았다. 그래도 몇 자라도 배워 두었기에 지금 여기서 배우는 것이 많이 힘들지는 않다. 그러나 여기서 배우는 것과 북한에서 배우던 것은 완전히 다르다.

영어를 배우는 첫 날이라 모두 열심히 배웠다. 처음 배워서 인지 재미도 있었다. 오늘은 재미있게 영어 시간을 끝마쳤다.

꿈을 꾸었다.

넓고도 넓은 운동장에서 운동 대회를 했다. 나도 참가했다가 화장실로 가는데 바다가 보였고, 옆에는 두만강이 있었다. 두만강에는 총을 쥔 경비대원들이 경비를 섰다. 나는 몰래 도망치려고 바닷가에서 낚시질을 하는 낚시꾼에게로 갔다. 나는 거기서 가재도 아니고, 큰 새우도 아닌 고기를 잡아서 낚시꾼에게 주었다.

그리고 언덕 위를 올려다보니, 학철이 아저씨가 도망치다가 경비대에 잡혀서 매를 맞아 눈이 팅팅 부어 있었다. 학철이 아저씨는 매를 맞으면서도 끝내 도망을 쳤다. 나도 역시 도망을 쳤다. 두만강을 무사히 넘긴 넘었는데 여기가 중국인지, 북한인지를 도무지 알 수가 없어서 온밤을 망설였다.

그리고 나는 연변 화룡이라는 곳에 있게 되었다. 그땐 형님하고 같이 있었는데 내가 돈이 없어서 집에 못 간다고 하자 형님이 어디서 돈을 가져왔다. 형님은 조양촌에 있는 이 선생님을 만나서 돈을 가져왔다면서, 한국 돈 1,000원에 인민폐 4위안을 주었다. 나는 그 돈을 가지고 온밤을 근심했다. 돈이 너무나도 적어서 말이다.

식중독

병원에 갔다 오는 길에 메추리알 1킬로그램을 샀다. 얼마나 먹음직스러운지 그냥 지나칠 수가 없어서 이 선생님에게 사 달라고 졸랐던 것이다. 사자마자 세 알을 날로 먹었다. 그 맛은 참 꿀맛이었다.

집에 와서도 정신없이 먹었다. 열 알은 먹었을 것이다. 햇빛에 물러터진 것도 있었지만 그냥 먹었다. 먹고 나서 3분 정도 지나니 배가 아프기 시작했다. 점점 더 세게 아팠다. 머리도 아팠는데, 그래도 꾹 참고 있었다. 몇 시간을 그렇게 참았지만 더 이상 견딜 수가 없었다. 또 병원에 갈 일을 생각하니 답답했다. 돈도 없을 텐데 계속 병원만 다니니 말이다.

생활비가 거의 내 병 치료에 들어가는 것 같았다. 그래서 이 선생님에게 말을 못하고 이모부에게 아픈 증상을 말했더니 식중독이란다. 더 오래 있으면 배가 아파 견디지 못한다면서 빨리 병원에 가야 한다고 하셨다. 그리고 나 대신 이 선생님에게 알려주셨다. 내가 아플 때마다 언제나 이런 식으로 이모부가 말씀해 주셨다. 감사했다. 다른 사람들은 자기 일이 아니라고, 별로 관심이 없었는데 말이다.

이모부의 말씀을 듣고 이 선생님이 병원에 가자고 했다. 나는 아프면서도 아무 일도 아니라고 했다. 두 번 말하고 나서야 병원에 갔다. 간단히 약만 먹으면 된다고 생각했는데, 효과가 빠르다면서 주사를 맞으란다. 주사를 맞으면 또 50위안을 써야 한다. 잠시 후 주사바늘이 내 혈관을 찔러 혈관 속으로 약물을 흘려보냈다. 5분쯤 지나니 언제 아팠는가 싶게 통증이 사라졌다. 하늘로 날아오를 것 같았다. 시계는 11시 반을 가리켰다. 눈꺼풀이 축 처지기 시작했다. 이 선생님도 옆에 앉아 있다가 잠이 든 모양이다. 나는 졸음을 쫓으려고 애썼지만, 주사를 맞고 끝내 잠들어 버렸다.

몇 시간이 흐르고 눈을 뜨니 의사가 옆에 앉아 있었다. 우리가 일어나길 기다리고 있는 것 같았다. 매번 이 병원에서 치료를 받아서인지, 의사는 우릴 반갑게 맞아주고, 친절하게 대해주었다. 시계는 이미 12시 45분을 가리켰다.

이 선생님과 자리를 털고 일어나, 의사에게 인사를 하고 집으로 왔다. 병원 출입을 자주 하는 것을 보아 약골이 됐다는 생각이 들면서, 이런 것쯤은 별 것도 아니게 여기던 북한에서 살던 때가 생각나고, 철없이 야생인 생활을 하던 그때가 그리워졌다.

이런 생각을 하면서 잠들어 버렸다.

84년 쥐띠

병원에 갔다 오니 큰아버지가 내일 오신다고 했다. 모두가 기뻐서 어쩔 줄 몰랐다. 8월쯤 오실 걸로 생각했다면서 벌써부터 야단법석이다. 정말 경사가 났다. 어느 때보다도 더 기뻤다. 나는 이번에는 무슨 좋은 소식이 있을 거라고 생각했다.

며칠 전에 나와 이 선생님은 큰아버지가 어느 요일에 오시는지 알아맞히기를 했다. 나는 금요일이라고 했었다. 그런데 큰아버지가 내일 도착하신다고 하니 내 말이 맞은 것이다. 나는 이 선생님 앞에서 내가 이겼다고 우쭐댔다. 이것은 내가 맞힌 것이 아니라 큰아버지가 맞춰주신 것이다. 어쨌든 나는 처음으로 큰아버지가 오시는 날을 맞혔다.

그런데 큰어머니는 내일 오시지 못한다고 한다. 큰아버지와 같은 날에 도착하면 더 멋지고 기쁨이 컸을 텐데 아쉽다. 큰어머니 아들 국성이도 같이 온다고 했는데.

오늘도 꿈을 꾸었다.

꿩 한 마리가 보였다. 아주 크고 멋지게 생긴 수꿩이었다. 그런데 그 꿩은 큰 노루에게 잡혀 먹히게 되었다. 노루가 입으로 꿩을 물었다. 이때라고 생각하고 나는 노루를 쫓아냈다. 온종일 쫓고 있으니 노루가 지쳐서 쓰러졌다.

마침 내 앞에 칼과 돌이 놓여 있었다. 잘됐다고 생각하고 그것을 들고 가보니, 노루는 거의 죽어 있었다. 나는 노루와 꿩을 마대에 넣어 가지고 오는 길에, 체격이 좋은 어떤 남자 아이를 만났다. 그 아이가 나에게서 꿩과 노루를 빼앗으려고 달려들었다. 나는 얼른 칼을 꺼내서 그 아이의 목에 댔다. 그 아이도 칼을 꺼내서 내 귀에 댔다.

그렇게 옥신각신하다가 내가 나이를 물어 보았더니 열여섯이라고 말했다. 나는 26살로 알았는데 16살이란다. 84년 쥐띠라고까지 말했다. 나와 동갑내기였다.

나는 얼른 칼을 내리며 같은 동갑인데 친구로 사귀자고 했더니, 그 아이도 좋다고 했다. 그 순간부터 우리는 친구가 되었다. 그리고 그 친구의 도움으로 무거운 꿩과 노루를 가지고 집으로 올 수 있었다. 산짐승도 얻고, 친구도 사귀었으니 참 운수가 좋다고 생각했다.

이번에 큰아버지가 좋은 소식을 가지고 오실 것 같다.

공항 단속

오늘 큰아버지가 오신다.

이 선생님과 병원에 갔다가, 의사가 오지 않아서 비행장으로 갔다. 비행기가 방금 내린 것 같았다. 다른 사람들은 우르르 밀려나오는데 큰아버지는 나오지 않았다.

큰아버지를 기다리면서 나는 언제쯤 비행기를 타고, 이런 곳에도 마음대로 다닐 수 있을지 생각해 보았다. 그리고 비행장을 마음대로 드나드는 한국 사람들과 중국 사람들이 부러웠다. 그러나 나도 언젠가는 저들과 같이 생활할 수 있다는 뱃심이 생겼다. 큰아버지가 있기에 내 뱃심은 더 든든해진다.

한참 후에 큰아버지가 모습을 나타냈다. 그런데 공항 공안들에게 단속되어 바로 나오지 못했다. 공항 공안들은 가방에 있는 카메라를 보고 용도를 따져 묻더니 그냥 내보내더란다. 큰아버지가 공안들에게 단속되었을 때 어찌나 속이 덜컹하던지, 큰아버지가 나오시니 한숨이 나왔다.

나는 큰아버지의 눈치를 보며 "이번에는 좋은 소식이 있다."고 말하기만을 기다렸다. 그러나 큰아버지는 아무 말씀도 없었다. 우리는 그냥 택시를 타고 아무 말 없이 묵묵히 집으로 왔다. (큰아버지는 짐이 좀 많은 편이었다.)

나는 병원에 가려고 집 근처에서 내렸다. 아마 큰아버지가 집에 들어서면 모두가 경사라도 난 것처럼 굉장히 기뻐할 것이다.

그 모습은 보지 않아도 눈에 선하다.

바닷가에서

오후에 큰아버지가 바닷가에 놀러가자고 하셨다.

식구들이 갈 준비를 하고 나설 때는 이미 오후 두 시가 넘었다. 큰아버지가 왜 오전부터 놀자고 안 하셨는지 원망스러웠다. 차에 오를 때까지 '지금 가서 몇 시간이나 놀겠는가'라고 생각했다.

바닷가에 도착하니 멋있게 꾸려 놓은 건물들이 한 눈에 안겨 왔다. 정말 신이 났다. 이토록 멋있게 꾸민 바다는 처음이다. 북한에서는 이렇게 멋있는 곳을 보지 못했다. 모든 것이 큰아버지의 은혜라고 생각했다.

나는 큰아버지와 함께 바닷가에서 한때를 보낸다는 것이 더 즐겁고 재미있었다. 우리는 도착하자마자 바다에 뛰어들었다. 그리고 배 두 척을 얻어서 실컷 타고 놀았다. 어머니는 우리가 배를 두 번이나 뒤집어서 물을 많이 먹었다며 야단이다. 배를 뒤집지 말라고 사정하는 것을 상관 않고 뒤집어 놓았더니 혼쭐나신 모양이다. 그 길로 어머니는 물 밖으로 나와 버렸다.

우리는 놀다가 지치면 음식을 먹고, 다시 물에 들어가서 놀았다. 나는 큰아버지에게 수영경기를 하자고 제안했다. 나는 큰아버지는 연세도 많고 내가 몸집도 더 크기 때문에 이길 것으로 생각했는데, 내가 지고 말았다. 내가 이길 것으로 예견했는데 완전히 실패했다.

저녁이 되어서야 물에서 나와 샤워를 하고, 식당에 가서 음식을 먹는데, 아무것도 먹고 싶지 않았다. 화영이는 잘도 먹어 댔다. 육중한 몸에 계속 고기를 먹어 대니 뚱보가 될까봐 내가 더 걱정이 되었다.

이모부는 일 년 놀 것을 하루 동안, 바닷물에 푹 절도록 실컷 놀았다면서 무척 좋아하신다. 물론 나도 잘 놀았지만, 집에 갈 때는 맥이 없어서 걷기조차 힘들었다. 겨우 참고 집까지 왔다. 모두가 즐거운 하루였다.

북한에 그냥 있었더라면 바닷가는 고사하고, 지금쯤 먹을 것을 찾아 풀을 캐러 갔을지, 식량 구하러 다닐지 모를 일이다. 아니면 김일성 초상 앞에서 나오지도 않는 눈물을 억지로 짜면서 여간 힘들지 않았을 것이다.

귀신 소리

저녁에 큰어머니와 아들 국성이가 도착했다. 우리는 모두 국성이에게 먼 길 오느라고 수고했다는 인사를 하고, 큰어머니를 기다렸다. 큰어머니는 두 시간이 지나서야 집에 들어섰다. 아마 큰아버지와 할 말씀이 많아서 그런 것 같다. 큰어머니 얼굴은 반쪽이 되어 있었다. 얼굴도 까맣게 타서 마치 농촌 아주머니 같았다.

숙녀 같던 큰어머니가 연길과 흑룡강에 갔다 오시더니, 너무 속을 태워서 저렇게 된 것 같아 죄송스러웠다. 저녁식사가 끝나고 큰어머니의 말씀이 있었다. 들으면 들을수록 한숨만 나올 뿐, 웃을 일이라곤 한 가지도 없었다.

그리고 연길 식구들의 음성이 담긴 녹음테이프를 틀었는데, 그 카세트에서는 별 귀신같은 소리가 다 나왔다. 나도 너무 기가 막혀서 어쩔 줄 모르겠는데, 나보다는 큰아버지가 더 했을 텐데 아무 말씀이 없다.

큰어머니는 음성을 높여 가면서 모든 사람들이 우릴 안 믿는데 어떻게 일을 하냐면서, 큰어머니 자신은 물론 큰아버지까지 포기하라고 권고하셨다. 얼마나 속이 탔으면 저러시랴 하면서도, 큰어머니 말씀에 놀라지 않을 수 없었다. 나는 가슴이 철렁하면서 맥이 탁 풀렸다. 우리들의 잘못을 알면서도 큰어머니가 미웠다. 하늘같이 믿던 큰어머니가 그런 소릴 하니 말이다.

큰아버지는 나에게 “내가 명령하면 그 어디라도 가겠다고 했는데, 북한으로 갈래?” 하고 농담을 하셨다. 나는 생각할 사이도 없이 "안 가겠습니다!"라고 대답했다.

그 순간 내가 지금까지 허위적이었다는 사실이 드러났다. 할 수 없는 일을 하겠다고 했으니 말이다. 나는 지금 북한에 가면 죽는다는 사실을 알지만, 큰아버지가 다시 가라고 하면 갈 것이다. 큰아버지가 가라고 했는데, 죽으면 어떻고 살면 어떠냐.

모든 사람들이 오래 살기를 원하지만, 이젠 사는 재미가 있을 것 같지 않다. 모든 것이 실망과 패배로 돌아왔다. 그러나 약간의 기대는 남아 있었다.

지금은 한국이고 뭐고 가고 싶은 생각이 점점 없어진다. 한국에 가는 것이 너무나 힘들고, 또 우리는 갈 수도 없는 사람들이다. 만약 우리가 한국에 가면 큰아버지는 물론 우릴 도와주신 분들에게 먹칠을 할 것이 뻔하다. 그러니 아예 가지 않는 것이 더 나을지 모른다.

그리고 내가 한 가지 더 실망한 것은, 내가 데려온 광철이 아저씨 식구들이 나를 원망하면서 죽일 놈이라고 한다는 것이다. 죽음을 각오하고 지옥 굴에서 살려주었더니 이젠 나를 원망하는 것이다. 세상에 이런 일이 다 있다니, 기가 막혀서 말도 안 나온다.

또 큰아버지를 보고 직위가 높으니 없느니 어떠니 하면서 말씽이다. 어떻게 해야 할지 정말 답답했다.

모두가 잠을 잤다. 그러나 큰아버지는 밤새 한 잠도 못 주무신다. 너무나도 속이 타시는 모양이다. 나도 밤새 오늘 일을 생각해 보았다.

포옹

오전 10시에 큰아버지, 큰어머니, 이 선생님, 국성이가 밖으로 나갔다. 아마 밖에 나가서 여러 문제를 토의하고 결정지을 것 같다. 오후가 다 가고 저녁시간이 되었다. 이 선생님이 전화로 저녁식사를 먼저 하라고 했다. 그리고 10시가 넘었는데도 들어오지 않았다. 우리는 여전히 토의하고 있다고 생각했다.

어떤 결정이라도 있을 것으로 생각했고, 다 잘리지 않으면 어느 한 곳이라도 잘릴 것 같았다. 우리는 이모부랑 모여 앉아 농담을 했다. 오늘 어느 돼지가 잡혔는지, 몇 마리가 잡혔는지 하면서 웃기까지 했다. 웃고는 있었지만 속으로는 모두가 근심에 쌓여 있었다. 별의별 생각이 다 들었다. 시간이 퍽 흘러서야 모두 집으로 돌아왔다.

큰아버지가 우리 방에 들어오시더니 갑자기 나를 포용하셨다. 이게 무슨 의미인지 모르겠다. 하여튼 무슨 토론이 있었다는 생각은 정확히 맞은 것 같았다. 나는 무슨 이유로 나를 안으셨는지 물어보려고 하다가 그냥 잠을 잤다.

양심

마음이 뒤숭숭하고 불안하다.

모든 사람들이 그런 것 같다. 요즘엔 왜 그런지 우리도 복잡해져서 한국에 간다는 둥, 못 간다는 둥 여러 말이 많았다. 큰어머니가 그 테이프를 가져오신 다음부터는 더 그랬다. 정말 이러다가는 한국에 못 갈 것 같다. 큰아버지도 우리에게 실망하신 것 같았다.

또 계속 토론을 하시는 모양이다. 흑룡강에 있는 사람들에 대한 토의를 하는 것 같았다. 나는 그곳에 있는 사람들보다 잘한 게 없어서, 내 자신이 부끄러웠다. 내 생활도 잘하지 못하는 주제에 남의 허물질을 했다. 큰아버지나 큰어머니, 이 선생님이 얼마나 속으로 비웃었으랴. 그런 것도 모르고 흑룡강 때문에 또 늦어진다고 투덜대기만 했으니 벌 받을 노릇이다.

또 나는 대련에 와서 너무나 많은 잘못을 저질렀다. 바닷가에 가서는 술을 먹고 주정을 하고, 내 마음대로 밖에 나가는 등 많은 잘못을 했다. 흑룡강에 있는 사람들이 잘못을 저지른다고 해도, 나에 비하면 아무것도 아니다.

거기에 있는 사람들은 수련 받은 적도 없고, 게다가 아직 큰아버지를 직접 보지 못한 사람들도 있으니 당연히 그럴 수 있다. 그런데 나는 계속 큰아버지와 있다시피 하고, 대련에 와서 석 달 동안이나 수련을 받았는데도 이 모양이니, 어떻게 해야 할지 모르겠다.

요즘에는 큰아버지에게 한국의 역사와 도덕에 대한 것을 배운다. 교과서에는 어려운 말이 많았지만, 알아듣기 쉬운 말로 설명하시니 모두가 잘 이해했다.

북한에서 배운 것과 비교하면 전혀 다른 내용들이 많았다. 북한에서 예절과 도덕이나 양심은 이미 오래 전에 엿과 바꾸어 먹어서 다 잊어 버렸다. 북한에서는 도덕과 예절을 지키며 양심적으로 살다간 다 죽고 만다. 처음 북한에서 식량 타격을 받았을 때, 가장 먼저 쓰러진 사람들이 바로 그런 사람들이었다.

지금 북한에 남아 있는 사람들은 모두 악종이라고 할 수 있다. 그렇게 어려울 때도 악을 빠득빠득 쓰면서 살아났으니, 악종이 아니고 무엇이랴.

육체의 껍데기

큰아버지와 큰어머니가 연길로 떠나신다. 일이 너무 복잡해져서 수습하러 가시는 것 같았다. 큰아버지가 떠나시기 전에 의사와 환자라는 제목으로 말씀을 하셨다. 다른 때보다 더 분위기가 엄숙했다.

큰아버지가 여러 명을 대표해서 내 이름을 계속 부른다. 그렇지만 그 속에는 무슨 의미가 있을 것이다. 나를 대하시는 큰아버지와 큰어머니의 행동에서 그것을 느낄 수 있었다. 말을 잘 듣지 않는 나 같은 인간은 몽둥이로 다스려야 한다.

지금 우리 집에는 세 나라 사람들이 한데 모여서 생활하고 있다. 보기 드문 일이다. 참으로 행복하다. 철천지원수라느니, 죽일 놈이니 살릴 놈이니 하며 욕하던 우리가, 이제 와서야 모든 것을 깨닫고 한 집에서 한 솥 밥을 먹으며 생활한다는 것이 신기했다. 그러나 나는 이 순간까지도 모든 것이 허위적이었으며, 남을 속이기 좋아하는 습관도 버리지 못했다. 또 행동으로 옮기지 못하면서 거두어들이지 못할 말을 너무 많이 늘어놓았다. 이제야 후회가 된다. 쏟아진 물을 다시 담을 수 없지만, 언젠가는 용서받고 싶다.

요즘은 제 정신이 아니다. 밤에는 뒤척거리면서 생각을 많이 한다. 하필이면 나 같은 인간과 인연이 되어서 큰아버지와 큰어머니가 왜 속을 태우시는지, 나 같은 사람과 인연이 되지 말았어야 하는 것인데.

밤새 나를 원망했다.

수많은 죄를 짓고도 큰아버지 앞에 뻔뻔스럽게 나타나서는 "한국에 보내 주십시오!"라고 능청을 떠는 내 자신이 얼마나 미운지 모르겠다. 나는 오늘처럼 지나간 과거를 돌이키며 내 자신을 이렇게까지 원망해 보기는 처음이다.

무엇부터, 어디서부터 실마리를 풀어야 좋을지 모르겠다. 생각하고 싶지도, 돌이켜보고 싶지도 않다. 모든 것을 잊고 싶다. 그러나 잊으려고 해도 잊을 수 없다.

나는 오늘도 속이 부글부글 끓고 진정할 수가 없어서, 주방과 화장실을 몇십 번이나 드나들었는지 모른다. 그러나 이런 심정을 큰아버지에게 고백해서 해결해 달라고 할 만한 용기조차 없었다.

남는 것은 내 허위적인 육체의 껍데기뿐이다. 이미 나의 마음과 양심은 무엇인가에 다 짓눌려 버려졌다. 막 발광하고 싶었다. 어떻게 하면 진정할 수 있을지, 더는 쓸 수 없을 것 같다. 잡생각이 모여들어 머리를 흐리멍텅하게 만드는 것 같다.

장미꽃

오늘이 북한에 있는 큰형님 생일이란 것을 까맣게 잊고 있었다. 저녁에야 비로소 알게 되었다. 무엇보다 형님이 살아 있는지 죽었는지, 생일인 오늘 무엇을 먹는지 무척 궁금했다. 우리가 지금 중국에 있는 것이나 알고 있는지 모르겠다. 모른다면 우리가 여기서 이렇게 잘살고 있는 것도 모르고 집에서 우리 걱정을 하고 있겠지.

생일인데 먹을 것이나 변변히 먹는지, 죽도 못 먹어 앓아누웠는지, 아니면 생일을 준비하느라 어느 민가를 털고 있는지도 모를 일이었다.

북한 군인들의 현실을 뻔히 알면서도, 형님이 나쁜 짓은 하지 않았으면 하는 생각이 든다. 북한에 있을 때, 형님 생일은 언제나 식량 사정이 제일 어려운 때여서 풀 죽도 배불리 먹지 못하고 굶는 것이 보통이었다. 그래도 형님은 투정 한 번 하지 않았다. 형님은 생일이란 말도 안 하고 해주면 해주는 대로, 없으면 없는 대로 지냈다. 그런 형님에 비하면 나는 얼마나 행복한가?

형님이 인민군에 입대할 때는 군단장이 되어 돌아오겠다고 했다. 그런데 어느 날 영양실조로 집에 돌아왔다. 영영 악마의 소굴에 묻혀 버리게 되었으니 형님이 불쌍하기 그지없다. 볼 수도 없고, 목소리도 들을 수 없는 이 험악한 세상이 우릴 갈라놓아 이산가족으로 만들었다.

어머니, 형님, 나 이렇게 셋이 모였다. 오늘 큰형님 생일인데 아무 것도 할 수 없으니, 마음으로나마 하느님께 기도를 하자면서 각자의 방으로 들어갔다.

저녁을 다 먹고 일기를 쓰려고 앉아 하느님께 기도를 했다.

북에 계신 큰형님을 잘 보호하셔서 통일이 되는 날까지 건강한 몸으로 우리 가족과 다시 만나게 해 달라고 기도드렸다. 통일이 되면 아버지, 어머니, 큰형님, 작은형님, 나 다섯 명이 한 집에서 살 수 있도록 보호하시고 옳은 길로만 이끌어 달라고 기도했다.

기도를 드리니, 어느새 내 눈에는 눈물이 맺혀 있었다. 언제 눈물을 흘렸는지 나도 알 수가 없었다.

밤이 깊어 하늘에는 별들이 총총 떠 있었다. 큰형님도 우리처럼 저 별을 바라보며 고향 생각, 부모형제 생각을 하면서 눈물을 흘리고 있겠지. 북한에서 살던 우리들의 모습과 큰형님, 아버지의 모습이 영화의 한 장면처럼 지나갔다.

잠을 이룰 수가 없어 불을 켰을 때, 오늘 날짜 달력에 빨간 꽃 한 송이가 그려져 있는 것이 보였다. 형님의 모습을 보는 것만 같았다. 마치 형님이 웃고 있는 것 같았다. 아마 한길이 형이 형님 생일을 축하하려고 달력에 빨간 장미꽃 한 송이를 그린 것 같다.

나는 한참이나 큰형님의 모습과도 같은 빨간 장미꽃이 그려 있는 달력을 뚫어지게 바라보았다.

수면제

병원에 갔다가 시장에 가서 채소를 한가득 지고 집에 들어오는데, 나도 모르게 무슨 생각이 들었는지 무작정 집에 들어

가기가 싫었다.

삼촌이 미워져서 하루 종일 아무것도 손에 잡히지 않는다. 그리고 큰아버지와 큰어머니가 떠나가신 다음에 나나 집 식구들이 당해야 할 것을 생각하니 아예 나가야겠다는 결심이 섰다. 그래서 짧은 생각 끝에 집을 나가서 다시는 그 복잡한 곳에 들어가지 않으려고 결심하고 이 선생님에게 말을 했다.

"나는 더 이상 집에 못 들어가겠습니다."

그러자 이 선생님은 눈물을 흘리면서 가지 말라고 빌고 또 빌었다. 집 식구들이 보기 싫으면 수면제 먹고 잠을 자라고, 그리고 담배도 사주겠다면서 계속 눈물을 흘렸다.

내가 담배나 수면제에 홀려서가 아니다. 이 선생이 뛰쳐나가지 말라고 그렇게 애원하면서 빌고 또 비는데, 또 이 선생님이 나에게 큰 죄를 졌거나 그로 인해 사정을 한다면 모르지만 그렇지도 않고, 오히려 거꾸로 되어 가니 뛰쳐나가겠다는 나도 답답했다. 또 그 앞에서 그냥 가겠다고 버틸 수도 없었다. 그렇게 사정하는데도 그냥 간다면 인간이 아니었을 것이다.

그때 생각은 집에서 나와 한국 사람들에게서 돈이나 얻어서 발길이 가는 곳을 갈 예정이었다. 그러나 그런 생각은 잠시 후에 무너져 버리고 말았다. 내가 이 선생님이 하라는 대로 하겠다고 하자, 이 선생님은 기쁨의 눈물을 또 흘렸다.

곧 병원으로 가서 수면제 40알을 샀다. 처음에는 세 알씩 먹었다. 그리고 집으로 들어왔다. 집 문 앞에 서니 왁자지껄 떠들어 대는 소리가 요란했다. '또 시작이로구나' 하는 생각이 들었다. 정말 들어가니 볼만했다. 식탁에 빙 둘러앉아서 콩이야 팥이야 아옹다옹했다.

나는 그냥 화장실로 쑥 들어가고, 이 선생님은 식탁 앞에 마주 앉아서 빨리 이야기를 계속하라고 소리를 친다. 이야기는 계속된다.

화장실에서 세수를 하던 나는 더 이상 참지 못하고 와락 달려 나갔다. 그때는 정신이 없어 누가 옆에 앉아 있는지도 보이지 않았다. 물컵을 들어 화영이에게 던지는 흉내를 내고는 그만 두었다. 정말 뿌리라고 하면 못 뿌렸을 것이다. 말하자면 위협이었다. 옆 사람들의 제지에 의하여 내 방으로 들어가고 말았다. 그래도 성이 나서 푸르락누르락하였다.

민철이가 어머니를 밀치면서 야단이다. 그래서 더는 참지 못하고 달려나갔다. 그때 말리지 않았더라면 마구 치고받고 했을 것이다. 민철이네 집 식구 모두 달려든다. 그래서 의자를 들어 막 던지려고 하는데 이모부의 재빠른 손이 나를 잡았다. 그리고 내 목덜미를 잡고 방으로 들어와서 나에게 설교를 한다. 좀 사그라졌다. 그래도 그땐 무슨 생각인지 밖에 나가서 큰아버지를 만나야지 하는 생각이 들었다. 그래서 밖으로 뛰쳐나왔다. 한참 후에 이모부가 뒤따라 나와서 나를 잡고 이야기를 했다.

수면제를 먹어서인지 술 취한 사람처럼 휘청거리면서 앉아 있기도 힘들었다. 그래도 꾹 참고 말이 시작되면 끝나기가 어려운 이모부의 설교를 끝까지 다 들었다. 그리고 담배를 가져오겠다고 하고는 이 선생님에게 전화를 걸었다. 좀 전에 사준

담배를 이 선생님이 가지고 있었기에 담배를 좀 내려달라고 했다. 두 번에 걸쳐 전화를 걸었는데도 내려오지 않아서 올라가 보니 어머니가 이 선생님을 붙잡고 무슨 이야기를 하고 있었다.

한참 후에 이 선생님이 내려오고, 이모부는 밖에서 기다리다가 그냥 올라간다. 나는 담배만 가지려고 해서 담배를 넘겨받았는데, 이 선생님이 어디 나갈 준비를 하고 왔기에 어디 가느냐고 물었다. 그랬더니 큰아버지와 담판하겠다는 것이다. 나 역시 오늘 큰아버지와 속의 말을 다 하려고 했는데 차라리 잘됐다 하는 생각도 들었다.

이 선생님과 함께 버스 역에 가서 큰아버지를 두 시간이나 기다렸다. 음식점에 들어가 음식도 사 먹었다. 혹시 택시를 타고 올 수도 있어 집에 여러 번 전화를 했다. 세 번째 전화했을 때 집에 돌아오셨다는 것을 알았다.

큰아버지를 한 선생님 집 앞에서 기다리기로 하였다. 이 선생님과 함께 기다리면 오해할 것 같아서, 또 나 자신도 별나다는 생각이 들어 이 선생님을 집에 먼저 들어가라고 하였다. 나 혼자 담배를 한 대 피우면서 큰아버지를 기다리는데, 이 선생님이 큰어머니를 모시고 왔다.

'오늘 속을 다 털어 놓을까?'

그런 생각을 하면서 큰어머니와 마주앉아 큰아버지를 기다렸다. 큰어머니는 앉아서 이런 말씀을 하셨다.

"너희 둘이 약혼했다."

농담조로 말씀을 했지만, 좀 기분도 그렇고 모든 것이 좋아 보이지 않았다. 나도 그 소리에 신경이 곤두서게 되고, 이 선생님은 누가 그런 소릴 했느냐며 야단이었다.

이 선생님이 큰어머니보고 "화영이가 그런 소릴 했어요?" 하면서 자리에서 막 일어나려는 것을 큰어머니가 말렸다. 아마 나보다도 이 선생님이 더 화가 난 모양이었다.

잠시 후에 큰아버지가 나오셨다. 큰아버지, 큰어머니, 이 선생님, 나 네 명이 마주 앉았다. 큰아버지가 오시기 전에는 모든 것을 다 말하려고 단단히 마음먹었건만, 정작 큰아버지와 마주앉아 있고 보니 언제 그랬나 싶었다.

이 선생님이 드디어 폭발했다. 눈물을 줄줄 흘리면서 속 타는 심정을 하소연했다. 이미 수면제를 많이 먹어서 그런지 더 정신없이 말을 했다. 몇 마디 오고가다가 큰어머니가 큰아버지보고 나를 연길로 데리고 가겠다고 했다. 나도 큰어머니와 의견을 합세해서 큰아버지에게 말씀을 드렸지만 아무 말씀이 없으셨다.

큰아버지는 나와 큰어머니를 먼저 보내놓고 이 선생님을 교육할 모양이다. 나와 큰어머니는 오다가 마주 앉아서 이야기를 나누었다. 이때까지 숨겨 오고 비밀로 남겨 두자던 것을 털어놓았다.

그 비밀은, 내가 처음 중국에 올 때에 북한에서 여자 한 명을 데려다가 친척이 3,000위안을 주겠다고 하기에 그 사람에게 데려다 주면서, 결국 1,000위안을 받고 나머지는 사기를 당했다고 했다. 나머지 2,000위안을 받으면 한국 대사관에 갈 비용으로 쓰려고 했는데 모든 계획이 물거품이 되어 버렸다고 했다. 받은 1,000위안은 갈 때 꾸어 간 빚을 물고 나니 아무것도 남지 않았다고 했다.

큰어머니는 별 문제도 아닌 것을 가지고 숨겨 왔다면서 그것을 글로 쓰라고 하셨다. 그리고는 집으로 들어왔다.

한참 후에 큰아버지와 이 선생님이 들어오셨다. 나는 항상 마음이 평온하지 못했다. 너무나도 머리가 복잡하여 모든 것이 손에 잡히지도 않는다.

아옹다옹

저녁에 이 선생님이 성이 나서 휙 하고 우리 방으로 들어오더니 "삼촌, 저 방으로 갑시다!" 하고 삼촌을 데리고 옆방으로 들어갔다. 그 방에는 큰아버지와 큰어머니도 함께 있었다. 목소리가 높아졌다.

피뜩 들리는 소리에 "야! 알아볼 것이 있으면 길수나 한길이, 나(이 선생님)에게 물어 볼 것이지, 왜 뒷조사를 하느냐."고 하는 말이 들린다. 완전히 말을 놓는 걸 보아서는 일이 크게 벌어질 것 같았다. 형도 옆에 앉았다가 한 마디 내쏘았다.

사실 나도 삼촌이 이번에 온 것을 반대했고, 또 삼촌을 봤을 때 막 섬뜩하기도 했다. 이전에는 그렇게 다정하게 지내던 삼촌이 이젠 원수처럼 느껴진다.

큰어머니가 문을 벌컥 열면서 "야, 조용히 하자고 했는데 안 되겠다. 다 모여라!"라고 하신다.

그래서 모두가 모여 속을 비우기로 했다. 결국 오늘, 모두가 곪아터지는 속을 드러내게 되었다. 가만 보니 이 모임이 간단히 끝날 것 같지 않았다. 서로 아옹다옹하면서 큰아버지가 앞에 앉아있는 것도 헤아리지 않고 소리치고 야단이다. 큰어머니는 너무나도 기가 막혀 아무 말도 하지 못하고 머리를 숙이고 있었다. 큰아버지 역시 아무 말씀이 없으시다가 이따금씩 심판을 서신다. 이 선생님도 울면서 야단이다.

온밤 씩둑거리다 결국에는 모두가 다 이해를 하고 큰아버지의 인도 하에 곪았던 속을 터트리고 큰아버지가 그 상처를 다 아물게 해주셨다. 그러나 모든 것의 흐름을 보니, 모든 것이 내 잘못이라는 것을 느꼈다. 또 내 속을 털어놓지 못한 것이 몹시 안타까웠다. 나와 식구들도 큰아버지 앞에서 마구 예절 없이 굴어서 근심이 된다.

사과 서리

오늘 큰아버지도 떠나시고 큰어머니와 국성이도 떠났다.

순식간에 집 안이 텅 빈 감이 든다.

모든 식구가 아쉬워하지만 만나고 또 헤어지는 것이 있어야만 한다. 또 큰아버지가 돌아가셔야만 한국에서 활동을 하여 우릴 하루빨리 구원해 줄 수 있을 것이기 때문이다.

오후가 되어서 나는 병원으로 갔다. 오늘이 안마 받는 마지막 날이다. 아쉽기도 하다. 이젠 바깥 구경을 하지 못하게 되었으니 말이다. 나는 병원에서 계속 연장해서 안마를 받으라고 하면 좋겠다는 생각을 했다. 가자마자 즉시 안마를 받았다. 그런데 병에 아무런 차도가 없다고 하자, 병원 책임자는 다른 의사가 왔으니 침을 맞으라고 하였다. 지금은 안 되고 오후 5시에 와서 맞으란다.

밖으로 나오고 보니 담배가 생각난다. 그러나 나는 담배를 끊으리라고 마음먹고 집에서 마지막 한 대를 피웠기 때문에, 내 양심에 거리껴서 피울 수가 없었다. 단지 방법이 있다면 참는 것뿐이었다.

병원에서 나와 집으로 갔다. 일기를 쓰면서 다섯 시가 되기를 기다렸다. 시간이 되어 병원으로 갔으나 환자가 많아서 좀 기다려야 했다. 기다리는 시간을 이용해서 은신처에서 그리 멀지않은 과수원으로 세투리를 캐러 갔다. 한 주머니 캐 들고 보니 과수원에 사과가 열린 것이 보였다. 그냥 갈 수가 없어서 들어가서 큰 것으로 여섯 개를 따 왔다. 두 개는 나와 이 선생님이 먹었다.

이 선생님은 우리만 먹으면 어쩌냐며 들어가서 조금만 더 따오라고 했다. 내 원래 생각도 그랬지만, 과수원에 들어갈 때 이 선생님이 말리던 것이 생각나 많이 따오지 못했다.

그래서 또 들어가게 되었다. 이번에는 아예 옷에 싸들고 나오고 있는데 먼 곳에서 늙은 노인이 걸어오고 있었다. 차림으로 보아 과수원을 지키는 사람 같았다. 손에는 낫을 든 것이 분명하였다. 그래서 손에 들었던 사과를 땅에다 쏟아 버렸다. 그리고 손에 세 개를 쥐고 나갔다. 과수원 안으로 들어간 사람이 빈손으로 나온다면 그것도 무안한 일인 것 같아서 그랬던 것이다.

아니나 다를까 예측대로 맞았다. 그 노인이 다가오더니 나를 붙잡았다. 그리고 중국말로 뭐라고 중얼거렸다. 나는 무작정 "뚜이부치, 뚜이부치(미안합니다)."라고 사정했건만, 아무 소용이 없었다.

이 선생님이 달려와서 자기 동생이라며 대화를 시작했다. 사정사정 30분이 지나도 그 노인을 설득시키지 못했다. 마지막엔 돈 10위안을 쥐어 주어도 소용이 없었다.

그 노인이 말하는 것이 "처음에 들어갈 때는 그냥 눈감아 주었는데, 또 들어와서 사람들의 눈을 피할 수도 없다."면서 우릴 데려가지 않으면 자기가 벌금을 문다고 했다.

나는 다른 것보다, 또 늦게 가면 집안사람들이 오해할 것이 더 두려웠다. 나는 너무나도 화가 나서 "이 선생님은 먼저 길에 나가서 오토바이나 잡아 가지고 있으시오. 그럼 내가 이 노인을 적당히 구슬린 후 도망치겠습니다."라고 했다. 그렇지만 언제나 정직한 이 선생님이었기에 그렇게 하지 못하였다.

그 노인을 한 대 툭 치고 달아나도 되겠지만, 그렇게 하지 못하였다. 결국엔 주인에게까지 끌려가 힘들게 모은 돈 100위안을 벌금으로 내고 나왔다. 이 선생님은 울음을 참으면서 100위안을 내주었다. 생각 같아서는 옆에 있는 낫으로 주인을 찔러 죽이고 싶었다.

물 문제

아침부터 이 선생님이 밖으로 나갔지만 집 안의 분위기는 완전히 뒤바뀌었다.

아침에 잠자리에서 일어나면 서로 인사를 하고, 밥을 먹고도 서로 인사를 하고, 누가 통제하지 않아도 질서를 지키려고 한다. 지난번 결정한 대로 모두가 애쓰는 것 같다. 하루 종일 싸움 한 번 하지 않은 요 며칠 동안의 생활은 재미가 있다.

그리고 이때까지는 하루 종일 멍청하게 잡생각에 묻혀서 일기 쓰기와 그림 그리기도 아무 때나 하고 싶을 때 하고, 한자 공부도 제대로 못 했는데, 오늘부터는 계획을 짜 그대로 하니 시간 가는 것이 아까웠다. 시계가 딱 멈추어 있었으면 좋겠다는 생각도 들었다. 오늘처럼 흐르는 시간이 아까워 보기는 처음이다.

저녁에 이 선생님이 전화로 병원으로 나오라고 했을 때, 공부를 한참 하고 있었다. 나가기가 정말 싫었다. 나도 놀랐다. '아, 나도 과연 이런 때가 있긴 있구나!'

또 오늘은 밖에도 나가고 싶지 않았다. 그러나 한편으로는 매일 밖에 나가고 보니 밖에 나가지 않으면 하루 일과에서 무엇이 딱 빠진 것 같아 불안하다. 아마 습관이 되어 버린 것 같다.

병원에 가서 침을 맞았다. 이 선생님은 수면제 먹은 어열로 링거 주사를 맞아야 했다. 집 식구들이 또 오해를 할까봐 말이다.

병원 일을 다 보고 집으로 오자마자 하루에 대한 저녁 총화를 하였다. 총화 때 제일 기뻤던 것은 매일 물 문제로 근심하던 것이 어느 정도 해결된 것이다.

첫 달 물세가 100위안이었고, 두 번째는 75위안, 이번 달은 50위안이라는 것이다. 모두가 좋아서 어쩔 줄 몰라 했다. 물 문제로 매일 싸운 것이 보람이 있었다. 그리고 모두가 또 결심을 했다. 이번 달에는 30위안으로 내려가게 하자고.

나는 어찌나 기뻤던지 내가 혼자 잘해서 그렇게 된 것처럼 어깨가 으쓱거렸다. 모두가 노력한 덕분에 물 문제는 걱정이 없게 되었지만, 그것에 만족하지 말고 한 방울의 물이라도 더 절약하면 좋겠다는 생각이 들었다.

어찌나 기쁨이 큰지 눕자마자 잠이 스르르 오고 말았다.

참외

병원에 갔다가 참외를 샀다.

집으로 들고 들어오는데 식탁 위에는 무언가 모를 것들이 가득하였다. 누가 옷을 뜯어서 네모나게 올망졸망 해놓았다. 내 생각에는 큰아버지가 가르쳐 준대로 스님들처럼 밥 먹고는 헝겊 같은 것으로 밥그릇을 닦아서 물도 절약하고 스님들을 따라 배우느라고 그러는가 싶었다.

무엇을 하는가 물어볼 사이도 없이 사온 참외부터 거덜 내기 시작하였다.

그런데 맛있는 것으로 골라서 사온다는 것이 완전히 생 참외를 사왔다. 처음에는 맛있게 먹어 보자고 웃으면서 모여 앉은 식구들은 참외가 하나도 익지 않은 걸 먹고는 인상을 찡그리고 "이건 참외가 아니라 완전한 오이다."라고 하였다.

식구들에게 좀 미안했다. 맛있게 먹게 하려고 맛있는 것으로 사온다는 것이 그만 미안하게 되었다. 나는 참외를 다 먹고 나서야 이 천 조각들을 무엇에 쓰려고 하는가 물어보았다. 그랬더니 걸상 밑에다 붙인다는 것이었다.

그 말이 나오자 이 선생님은 옆에 앉아 있다가 "난 처음에 들어올 때, 누가 돈지갑을 저렇게 많이 가져왔는가 했다."고 한마디 했다. 어머니의 호령치는 소리에 모두가 달라붙어서 의자 밑에 천을 다 붙였다. 이제는 걸상을 들어 메쳐도 좋을 것 같았다.

쌀집 주인

오늘은 쌀이 다 떨어져서 병원 가는 길에 쌀집으로 갔다. 언제나 쌀을 사러 가면 중국인 주인이 조선말을 몇 마디씩 했다. 서툰 발음이긴 하지만 "안녕하십니까. 감사합니다. 맛있습니다."라고 하면서 조선말을 한다.

그 가게에 가면 그 사람 때문에 항상 웃는다. 그리고 또 쌀을 사러 가면 매번 과일을 꺼내 준다. 오늘도 다른 때와 같이 자두를 한가득 준다. 겉보기에 과일이 잘생기지는 않았지만 그래도 맛은 괜찮았다.

나는 자두를 얼른 집으로 가져왔다. 그러나 집 식구들과 같이 먹을 새도 없이 또 병원으로 가야 했다. 병원으로 가는 길에 이 선생님이 거주 증명서를 며칠 있다가 수속하겠다고 했다. 나는 얼른 "내일 내일 미루다가 일을 그르칩니다."라고 말했다.

내 경험을 봐도 그러했다. 내일 내일 하다가 일을 그르친 것이 한두 번이 아니었다. 곧바로 집주인을 찾아가서 이 선생님하고 공안에 찾아갔더니 내일 오란다. 그리고 병원에 가서 치료를 받았다.

호상비판

큰아버지가 가신 다음부터는 매일 아침에는 아침 회의, 저녁에는 저녁 총화를 한다. 어찌 보면 북한에서 한 주일에 한 번씩 하는 주생활총화와 같은 느낌이 든다. 그러나 우리가 하는 하루 총화는 북한에서 하는 생활총화 방식과는 완전히 달랐다.

북한에서는 학생들이 제일 싫어하는 것이 생활총화나 집회, 회의 같은 것이다. 자기가 하기 싫어도 싫다고 말하면 반동분자라고 하며 마구 처벌하기에 무조건 참가해야 한다. 생활총화는 말 그대로 한 주일에 있었던 잘못을 조직 앞에서 반성하고 고치기 위해서 하는 것이 원칙인데, 그렇지 않다.

나 혼자만 알고 있는 잘못을 사실대로 털어 놓다가는 완전히 혼쭐나고 나쁜 학생이 되고 만다. 그리고 분단위원장이 옆에 앉아서 생활총화 내용을 적어서 학교에 바친다. 그렇기 때문에 총화를 한다면 큰 잘못은 감추고, 학교에 지각했다거나 넥타이를 매고 오지 않았다거나 하는 시시콜콜한 것만 골라서 말하곤 한다.

그리고 자기총화가 끝나면 교탁 앞에 그냥 서 있는다. 그러면 선생님이 "호상비판(서로 상대를 비판하는 것의 북한 말. 하는 방법은, 총화를 한 사람의 잘못이 있으면 세워 놓고 그 사람을 비판한다. 그런데 선생이나 분단위원장이 그렇게 말해 가지고는 아무도 비판하는 사람이 없다. 모두가 자기 모습을 선생에게 발각되지 않으려고 고개를 푹 숙이고 다른 사람들만 쳐다본다. 그러면 선생이 성을 내면서 이름을 지적한다. 그러면 할 수 없이 일어나서 '아무개 동무는 넥타이를 매고 오지 않았는데 다음부터 꼭 고치시오.' 하고 만다.) 하시오"라고 말한다.

이런 방식으로 북한의 생활총화는 끝난다.

그러나 지금 우리의 하루 총화는 너나 할 것 없이 자기 잘못을 진심으로 털어놓고 고치기 위해 노력한다. 잘못이 있다면 고쳐 주기 위해 애쓴다. 사람을 마구 몰아붙이는, 북한에서만 볼 수 있는 그런 현상은 없다. 완전한 민주주의다.

정말 큰아버지가 하라는 대로 총화를 하니 매일 저녁 잠도 잘 오고 마음이 평온하다. 오늘 저녁은 삼촌이 큰아버지와 큰어머니를 따라 배우자는 구호를 내놓았다. 정말 마음에 들었다. 모두가 그렇게 생각하고 그렇게 하는 중이었다. 삼촌이 오늘 저녁에 한바탕 웃겨서 집 식구들의 기분은 더 한층 올랐다.

마음의 병

병원 마지막 날이다. 이젠 바깥세상은 물론 모든 것이 끝나는 느낌이다. 집에 있는 사람들보다 병원에 다니면서 매일이다시피 바깥출입을 하던 나로서는 절망에 빠지는 느낌이 들었다.

병원에 갈 때부터 그런 생각에 잠기니 쓸쓸했다. 마지막 날인데 이렇게 우울한 기분에 있자니 그렇고 해서 '이럴 것이 아니라, 슬프지만 슬픔을 기쁨으로 바꾸어야겠다'는 생각이 들었다. 그렇게 생각을 하니 아까보다는 좀 나았다. 마음도 한결 기쁘고 즐거웠다.

병원에서 이 선생님이 링거 주사를 맞는데, 주사 바늘을 꽂으려고 해도 혈관이 너무 보이지 않아 발에 꽂았다. 그런데 어떻게 된 일인지 계속 아프다고 어린아이처럼 응석을 부린다. 할 수 없이 내가 간호를 하게 되었다. 발을 계속 문지르게 되었다. 의사가 주무르다가 환자들이 오자 나에게 인계하고 갔기 때문이다.

별난 느낌이 들었다. 두 시간 동안 계속 문지르자니 나도 기계가 아닌 이상 힘이 들었다. 그래서 농담으로 "이 선생님, 오늘 호리비(간병비)를 내시오."라고 하였다.

병원에 있는 나와 동갑내기가 '적어도 만 위안은 간호비를 내야한다'고 덧붙였다. 옆에 협조자가 생기니 나도 기분이 나서 계속 간호비를 내라고 하였다. 이 선생님은 농담이라는 것을 알면서도 벌컥 성을 내며 "그럼 그만 두어라."고 호령하듯이 말했다.

나는 얼굴에 웃음이 사라졌다. 그렇다고 그만 둘 수도 없었다. 내가 농담을 지나치게 했다고 사죄하니 곧 성은 풀렸다. 옆에 있던 친구도 기가 죽었다 다시 살아났다.

말하던 도중에 나도 모르게 "이젠 병원에도 다 왔구나. 바깥은 물론이고." 했더니, 이 선생님이 "네 병은 육체적으로 오는 것이 아니다."라고 하였다. 기공을 하는 고 선생님도 자신을 보고 마음의 병이라고 했다면서, 아무 생각 하지 말고, 마음의 병은 내가 잘 하기만 하면 낫는다고 했다.

아마 그 말이 맞는 것 같다. 기분 나쁜 날에는 아무리 좋은 음식을 먹어도 소화가 잘 안되었다. 그렇다. 마음의 병은 나만이 고칠 수 있는 것이다.

그리고 이제는 밖에 안 나가게 되니 나에게는 모든 수련이 이제부터 시작된다. 마음의 수련도 하고, 병도 고치고, 이제부터는 잘 해 나가리라 속으로 몇 번이고 다짐했다. 그리고 매번 병원에 갔다 올 때면 항상 나 혼자만 바깥에 나다니는 것이 은신처 식구들에게 미안했는데, 이젠 그런 것이 없어지게 됐으니 마음이 한결 가볍다.

달팽이

아침에 일어나자마자 화분 통을 뒤졌다. 며칠 전에 풀밭에서 주워온 달팽이 때문이었다.

달팽이를 가져온 지도 나흘이 된다. 컵에 넣고 기르려고 했는데 그렇게 되질 않아서 화분 통에 넣었다. 달아나겠으면 달아나라고, 마음대로 하라고 가만히 놔두었더니 이젠 땅을 파고 들어간다.

먹이로 무엇을 줄까가 문제다. 처음에는 풀을 조금 주었더니 잘 먹었는데, 풀도 먹지 않고 샹차이('고수'라고 불리는 독특한 향이 나는 채소로 중국인들이 즐겨 먹는다)만 조금씩 먹다가 이젠 그것마저도 먹질 않는다. 하루하루 달팽이가 여위어 가는 것이 눈에 띈다. 가져올 때는 살이 쪘었는데 죽을까봐 걱정이다. 그냥 풀밭에 놓아줄까 하는 생각도 해봤다.

내가 풀밭에서 달팽이를 처음 보았을 때는, 북한에서 달팽이 한 마리를 가져다 기르고 있다가 죽은 것이 생각났다. 또 북한의 여러 집들이 달팽이를 대대적으로 길렀던 것이 생각났다. 어떤 집은 주먹만 한 어미가 열 몇 마리씩 되고, 한 마리가 수백 마리씩 낳기에 빨리 번식하던 생각이 났다.

또 북한에서 듣기로는 달팽이가 고단백이라는 소릴 들었다. 몸이 약한 사람들이 달팽이 고기를 구워 먹으면 좋다는 소릴 들었고, 먹는 것을 직접 보았으며, 나도 먹으려다가 끝내 먹지 못한 적이 있었다.

불쌍한 달팽이는 지금도 내 손아귀에서 빠져 나가 자유를 찾으려고 하지만, 원래 느리기로 소문난 달팽이는 온밤을 도망쳐도 1미터밖에 더 못 간다. 죽기 전에 살려주어야지.

전쟁 승리의 날

북한에서는 오는 7월 27일이 '전쟁 승리의 날'이다. 어찌나 그런 것에 대해서 세게 선전하는지 어린 아이들도 전쟁 승리의 날, 태양절 등 무슨 날이라고 하는 것은 모두 다 알 것이다.

우리도 북한에 있을 때는 6.25 전쟁을 한국에서 먼저 일으켰다고 해서 그저 그런 줄로만 알고 있었을 뿐 내막을 더 알려고 하지도 않았다. 설령 안다 해도 어디 가서 말도 하지 못한다.

먼저 전쟁을 일으켰고 졌으면서도 승리했다고 노래까지 지어 부르는 북한이다. 우리 민족과 역사 앞에 큰 죄를 짓고 있음에도 성이 차지 않는지 무고한 백성들까지 죽이고 있다.

오늘도 아마 북한 곳곳에서는 전쟁 승리 기념행사요 무엇이요 하면서 죽어 가는 사람들을 못살게 굴고 있을 것이다. 굶어 죽어가고 있는 사람들이 모든 것을 모르고 저세상으로 가는 것이 안타까울 뿐이다.

전쟁이 터졌을 때 완전히 북한이란 것을 존재하지 않게 했더라면 이런 고생도 없었을 것이다. 그 지역도 다른 나라 부럽지 않게 잘 먹고 잘사는 곳이 되어서 남이 부러워 할 정도로 되었을 것이다. 전쟁이 원수다. 전쟁을 일으킨 자가 죽일 놈이다.

사죄

달팽이가 불쌍하다. 가만히 보고 있자니 풀도 안 먹고 아무것도 먹지 않아서 여윌 대로 여위었다. 몸집이 가늘해진 것이 눈에 확 띄었다.

'자유롭게 풀밭에서 살던 너의 자유를 빼앗고 먹이도 주지 않아서 숨을 가진 너를 죽게 만든다고 생각하니, 작고도 말 못하는 것이지만 속으로 얼마나 나를 미워하고 죽이려고 하겠는가. 그런 심정을 조금이라도 이해한다면 그런 곤충들을 보호해 주어야 하는데' 이런 생각 끝에 결단을 내렸다.

살려주려고, 풀밭으로 다시 자유의 세계를 찾아 보내주려고 이 선생님을 찾았지만 밖에 나가고 없었다. 마지막으로 먹이를 주고, 책상 앞에 놓고 한참이나 작별인사를 하고 죽게 만들어 미안하다고 사죄했다. 올 때는 통통했는데 지금 보면 잔등에 쓰고 있는 집도 제대로 쳐들어 올리지 못하고 있다.

1초가 바쁜 감이 들었다. 그래서 창문으로 가서 풀밭을 향해 힘껏 날렸다. 달팽이도 놀라서 생전에 해보지도 못한 공중 낙하를 해본다고 생각할 것이다. 풀밭에 떨어져 집은 깨지지 않았는지, 죽지는 않았는지 근심된다. 죽지 말고 살기를 바란다.

이 선생님은 샹차이도 많은데 먹이가 없다는 것이 말이 안 된다면서 좋아하지 않으신다. 다른 사람들도 한마디씩 한다. 있을 땐 보는 둥 마는 둥 생각도 안 하던 사람들이 던졌다고 하니 왜들 이리 들썩거리는지.

사회주의 사상

오늘은 어머니와 화영이가 좀 싸웠다. 어째서 싸웠는지는 모르겠지만 얼핏 듣기에는 국거리를 얇게 썰라고 했다는, 그런 일을 가지고 다툰 것 같다. 처음에는 어머니가 들어가서 말하더니, 이 선생님까지 들어가서 세 사람이 소리를 치면서 야단이다.

한참 후에야 어머니가 중간 방으로 나왔다. 나는 어머니에게 “왜 더 싸우지 않습니까?” 하고 말했다.

어머니는 얼굴이 벌개 가지고 분을 삭이지 못해서 야단이다. 화영이가 또 한 마디도 지지 않고 어머니에게 대든다. 달려 들어가 죽여 버리고 싶다. 거기다가 이 선생님까지 어머니와 음성을 높여 간다.

화영이가 마구 어머니에게 접어들면서 야단치는 것을 보고 한 가지 느꼈다. '화영이가 저러는 것을 나도 참지 못해서 벌떡거리는데, 내가 저럴 때는 얼마나 식구들이 나쁜 놈으로 볼까. 지금부터라도 고쳐야지' 하는 생각이 내 머리 속에 쏙 들어왔다.

저녁때가 되어 어머니가 외삼촌에게 하소연을 하였다.

"나는 화영이를 딸처럼 생각하고, 화영이 엄마를 생각해서 자꾸 잘못하면 고쳐주려고 말해 준다. 이 다음 시집가 나쁜 소리라도 들을까봐."

"누나 말이 옳지만, 이 세상에서 자기 잘못을 자꾸 말하고 가르치려고 들면 누구든지 다 싫어합니다."

"나는 그렇게 생각하지 않는다. 잘못을 보면 고칠 때까지 말해 주어야지."

어머니는 그런 걸 견디지를 못하신다. 아마 천성이 아닐까 싶다.

"자본주의 나라에 가겠다는 사람이 자꾸 남의 일에 간섭을 하면 어쩌겠습니까? 자본주의 나라에 가려면 사회주의 사상부터 없애야 합니다."

외삼촌의 말에 모두가 '하! 하! 하!' 하고 웃고 말았다.

8

종이학

종이학 접기

큰아버지의 분부대로 색종이로 종이학을 만들었다.

처음에는 배우기가 어려웠는데 배우고 나니 아주 쉬웠다. 모두가 열성스레 학을 접는다. 연길에서도 우리와 은근히 경쟁을 하려는 모양이다. 큰어머니에게서 전화가 왔는데, 연길은 다 늙은이가 되어서 많이 못 접으니 우리보고 늙은이들의 몫까지 합해서 접으라고 하신다. 말은 그렇게 하지만 뒤에서는 학을 본때 나게 만들 작정인 것 같다.

1분 1초

삼촌이 가져온 책도 보고, 요 며칠 삼촌과 어머니가 우리에게 하는 이야기들을 들으면서 시간을 아껴야겠다고 생각했다.

또 한창 젊은 나이에 배우고 지식을 쌓는 데 잘 이용해야겠다는 생각이 들었다. 그렇게 시간의 귀함을 알아차린 다음부터는 저녁 총화요 아침 모임이요 하는 모든 모임이 좀 싫어졌다. 그 시간이면 책 한 권이라도 더 읽고, 한 자라도 더 외우고 쓰고, 그림을 그리고 싶은 생각이 든다. 될수록이면 아침에는 모이지 않았으면 하는 생각도 든다. 모이는 시간과 말없이 흘러가는 시간이 얼마나 아까운지 모른다.

어머니도 식구들을 모아 놓고 시간의 귀중함을 이야기했다.

우리 젊은 세대들에게는 나이 많으신 분들의 인생 경험이 큰 힘이 되고, 금을 주고도 살 수 없는 보물이 아닐 수 없다. 그것을 느낀 다음부터는 몇 초라도 아무 생각 없이 앉아 있을 새도 없다. 지금은 할 일이 하도 많아져서 하고 하고 또 해도 끝이 없다. 숨 쉴 사이도 없다.

이런 것이 나를 성장시키고 단련시키는 일인 것 같다. 방향 없이 흘러가는 시간을 마구 버리지 말고 1분 1초라도 아껴서 열심히 큰아버지가 주신 과업에 전념하고 나를 성장시켜야겠다. 흘러가는 시간을 어떻게 하면 더 많이 잡을 수가 있을까.

요즘 며칠은 집 식구들이 전과는 달리 무언가를 알려고 노력한다. 또한 한국에 가려면, 우리들의 고리타분하고 무식한 이 머릿속에 든 것을 완전히 뿌리 빼고, 발전해 가는 시대에 모든 것을 맞춰야 할 것이다.

여러 가지 연구하고 학습한 끝에 우리들 속에서도 큰아버지보다는 못하지만 비슷하게라도 따라가는 그런 이야기, 인생을 어떻게 살고 인간관계는 어떻게 해야 되느냐 하는 말들이 계속 나온다.

우리와 같은 야생인들도 완전하지는 못하지만, 이제는 제법 조금씩 사람다워지는 것 같다.

잡념

하루 종일 큰아버지가 주신 과업과 영어, 한자 공부를 하나도 하지 못했다. 암송하려면 잡생각에 머리가 아플 정도다. 큰아버지가 오셨을 때 복잡했던 여러 가지 일들이 머리에 떠올라서 미칠 것 같다. 아무 것도 하고 싶지 않았다. 편안하게 있고 싶다.

그래서 한잠 자고 일어났다. 그랬더니 괜찮아졌다. 하지만 그 다음에는 속에서 불이 일었다. 참기 어려웠다.

저녁 총화 때는 오늘 내가 왜 과제를 하나도 수행 못했는가를 반성하고 잘하겠다고 하였다. 그러면서 곧 그렇게 하겠다고 결심했다.

내일은 민국 형의 생일이다. 저녁부터 여러 가지 준비사업이 많다. 그런데 이모부 등 여러 사람이 바닷가에 가서 놀았으면 한다. 서로 눈치만 보고 말을 못한다. 그래서 내가 나서서 말했다. 이 선생님보고 말이다. 그랬더니 당장에 거절한다. 얼마나 얼굴이 뜨겁던지 아무 말도 못하고 방으로 들어오고 말았다.

매번 중뿔나게 나서서 잘하는 체 하면서 뒷소리와 욕을 제일 많이 먹으니, 내가 뭐 잘났다고 이리 우쭐거리는지 모르겠다. 이러지 말자고 결심하면서도 계속 이러니, 참말로 답답하다.

미역국

민국이 형의 생일이다.

자정까지 온밤을 자지 않고 기다렸다. 자정이 되어서 자고 있던 사람들을 깨웠다. 자그마한 단설기 떡을 한 사람이 한 개씩 들고, 촛불을 켜고 민국이 형이 잠자는 방으로 들어갔다. 곯아떨어진 민국이 형은 옷도 못 입고, 몸에 이불을 감고 우리를 맞이했다. 노래도 부르고 축포도 뿌려 주었다. 또 이 선생님이 시계를 선물로 주기도 하였다. 멋지게 차린 건 없었지만 우리들의 기억 속에 영원히 남을 것 같다. 새벽에 생일을 그럭저럭 쇠고는 앞에는 아무 것도 없었다. 더 순수해 보였다.

생일이라 해서 뭐 별다른 것 없이, 큰아버지가 맡겨준 과업을 수행하면서 하루가 그럭저럭 지났다. 저녁 회의 시간 때 이 선생님이 발언하기를 "생일은 원래 왁자지껄하게 안 쇤다."고 했다.

발전한 나라일수록 더 그렇다고 하며, 왜 그런지 이유를 쭉 설명해주었다. 어쨌든 현금으로 한푼 두푼 모아 온 피 같은 돈을 우리가 생일 파티에나 써 버린다면 그건 잘못된 것이다. 한 번 잘 쇠면 다음번은 더 잘 쇠어야 하는가보다 하고 또 더 잘 쇠려고 한다. 그러면 생일은 응당 진수성찬으로 차려야 한다는 나쁜 습관에 물들게 된다. 아무리 진수성찬을 차린다 해도 먹고 나면 아무 소용이 없고 기억에도 남지 않는다. 남는다는 것이 다음 날 아침에 일어나서 "오, 배가 터지게 잘 먹었다!" 이것뿐이다.

큰아버지도 미역국 드시는 걸로 끝나는데, 우리가 큰아버지보다 잘난 게 무엇인가. 무엇 때문에 큰아버지보다 더 멋지게 해야 하는가 말이다. 모든 것이 경제 소비뿐인 것이다. 그 돈이면 며칠은 살 수 있는 돈이다. 한 끼를 배터지게 먹어도 소용없는 일 아닌가.

우리 모두는 이 선생님의 의견에 일치했고 앞으로도 계속 그러리라 다짐을 했다. 아마 이런 것도 한 가지 한 가지 늘어나면서 마지막에는 다 고치고 수련이 되는가 보다.

낙지 철

전화벨이 울린다. 모두 한국에서 왔을 거라고 수군거린다. 더군다나 이 선생님이 전화를 들고 '예' 하고 조선말을 하면 바로 알 수 있다. 전화를 여러 명이 받았다. 나도 억지로라도 달려가 받을 수 있지만 그렇게 할 수가 없었다. 큰아버지가 찾지 않는 이상 실례인 것 같다.

전화 통화가 끝나고 모두 모여 앉아 전화 내용 보고에 들어갔다. 기본이 학접기였다. 이때까지 등한시했는데 이제부터는 더 정성껏 잘해야겠다. 이 학이 우리의 소원을 성취하는데 큰 도움이 되었으면 하는 바람이다.

화영이가 큰아버지보고 빨리 오시라고 했다.

큰아버지 대답이 "내가 계속 가면 어떻게 해. 이젠 너희들이 여기로 와야지!" 라고 하셨단다.

무심코 들으면 아무 내용이 없지만, 깊이 생각해 보니 거의 된다(한국에 가는 문제)는 뜻으로 말씀한 것 같다. 다시 한 번 식구들의 얼굴에 웃음꽃이 피어올랐다.

8월달, 낙지철이 되었으니, 이젠 달아날 때도 되긴 된 것 같은데…

경쟁

오늘 이 선생님이 학접기 경쟁 도표 비슷한 걸 만들어 걸었다. 매일매일 자기가 접은 숫자를 적어 넣으란다. 저녁시간이 되어서 모두들 적어 넣기 시작한다. 모두 400마리를 넘어서질 못했다.

그런데 매일 그림 그리기와 공부하기에 시간이 없을 텐데, 형님이 제일 많이 접었다. 800개란다. 놀라지 않을 수 없다. 공부는 공부대로, 그림은 그림대로, 또 학은 제일 많이 접으니 말이다. 나도 열성스레 접는다고 했지만 형님보다는 엄청 못했다. 형님보다 다른 것을 다 잘하질 못해서 항상 질질 몰리는 판에, 학이라도 잘 접어야겠다는 생각이 든다. 그러나 민국이 형 형제를 보면 학접기 못지않게 공부도 해야겠다는 생각이 든다.

내 짧은 생각에 학접기는 우리가 한국에 간 다음에는 끝이고 소용없지만, 지식은 죽을 때까지 남아있으니 자신에게 유일한 재산이 될 것이다. 아마 그래서 더 공부를 열심히 하는가 보다.

이산가족

매일매일 시간이 바쁘게 돌아간다. 너무 바쁘다 보니 바깥세상은 아예 머릿속에서 없어진 것 같다. 아침이면 전체가 모여 앉아서 학을 접고, 오후에는 천자문 공부, 영어공부 등 시간을 짜내어 책도 보고 휴식도 해야겠는데 통 시간이 없다. 화장실에까지 들어가 학을 접는다. 시간을 우리 집안에 붙들어 둘 수는 없는지.

오전 학접기 시간에 이모부가 방송 내용을 전달했다.

한국 기자 50명이 북한을 방문하고 이산가족이 만난다고 한다. 8월 16일에 생방송을 한다고 알려주었다. 모두가 이 선생님보고 그걸 볼 수 없느냐고 물어본다. 애원하듯 말이다.

우리도 이산가족이 되었기에 그 슬픔, 그 고통을 누구보다도 잘 알고 있다. 그렇기 때문에 텔레비전을 보면서라도 그 기쁨을 같이 나누고 싶다. 분단의 고통, 전쟁의 고통이 우리에게 얼마나 많은 슬픔을 가져다 주었는가를 다시금 느낄 수 있도록 하는 계기를 만들고 싶다. 그러나 수련소에서 수련 받은 우리는, 우리의 마음대로 모든 걸 할 수 없고, 참고 견디고 이겨내는 것이 우리의 사명이다.

안전이 첫째

6일, 7일, 8일 세 날은 대 집중 검열 날이라고 한다. 이 선생님이 전화비용을 내려고 나갔는데, 길에는 공안들이 득실거렸다고 한다. 그들이 언제 어느 순간에 우리 은신처로 들이닥칠지 모른다.

전번 날에 형님이 잡히고 나서 더 경각성을 갖는다.

솔직히 말해 우리가 살고 내가 살아야 우리 마음속에 대한민국이 존재한다. 안전이 첫째고 모든 것이 다 둘째다. 목숨이 붙어 있어야 모든 것을 생각할 수 있는 것이다.

'불쌍한 영혼들을 위해 하느님의 마음을 움직이게 하시어 공안이 이 곳에 오지 않게, 무사하게 해주시옵소서'

밥사발 꿈

저녁 총화시간이다. 삼촌이 책임자였다.

회의가 시작되어 삼촌이 입을 열었는데, 말하는 것과 인상을 보아서는 이만저만이 아니다. 큰 문제가 있는 듯하다. 모두가 심각해서 또 어떤 문제가 나오겠는가 하고 근심한다. 그러나 모두들 그 누구에게도 좋지 않거나 그런 문제는 하나도 없다고들 한다. 정말 없다. 삼촌이 입을 열어서야 무슨 내용인지를 알 수가 있었다. 계속 이러쿵저러쿵 이야기를 하려는데 이 선생님이 몽땅 막아 버리고 말을 시작했다. 자꾸 과거를 되살리지 말자고 몇 마디 하고는 제풀에 화가 나서 나가 버린다.

어머니는 큰일이나 난 것처럼 달려 나가서 "이 선생님, 그런 것이 아니오."라고 하면서 이 선생을 설득시키려 하였다.

그리고 들어와서 하는 말씀이 듣기 싫었다. 마치 우리가 수련되지도 않고 원래 야생인 그대로인데, 지금에 와서 잘 보이려고 한다는 것 같다는 느낌이 들었다. 속에는 개똥이 들어 있고 겉으로는 웃음을 웃고 있는 듯이 말이다. 그런 모습이 싫었다.

회의 후에 삼촌이 아무 일도 없었다는 듯이 이야기를 한다. 이런 식으로 끝나고 말았지만 그래도 약간은 어수선하다.

새벽에 꿈을 꾸었다.

삼촌이 던진 밥사발에 얻어맞아 머리가 한 뼘 정도 터지고 온몸에 피가 배어 있었다. 피를 지혈시키지 못하고 이 선생님에게 병원에 가기를 요청했지만 거절당하고 말았다.

잘못된 선행

아침에 모여 앉아서 학접기가 한창이다.

모두 정성을 다해 가면서 열심히 경쟁을 한다. 민국이 형은 오늘도 열심히 학을 접는다. 어머니가 화영이의 책상 밑으로 무언가를 밀어 넣어준다. 아마 학인 것 같다. 어머니가 하시는 말씀이, "화영이가 주방 일을 다하다 보니 바빠서 학을 얼마 접지 못했는데, 하루에 몇 마리 씩이라도 접어 주어야겠다."는 것이다.

몇 분이 지난 후 화영이가 '내 몫은 내가 해야지, 남이 해주어서는 안 된다'고 하면서, 어머니를 마구 무시해 버렸다.

옳다. 내 몫은 내가 해야지, 남이 해주어서는 절대 안 된다. 그러나 나는 옳은 말을 하면서도 방법이 틀리면 뒷소리를 듣게 된다고 생각을 했다. 어머니도 그런 것쯤은 알고 있지만, 어린 것이 수고하니까 조금이라도 도움을 주려고 일부러 이름까지 써서 다른 것보다도 더 멋지게 만들었다는 것이다.

'아무래도 해놓은 건 해놓은 것이니 좋게 받겠습니다. 그러나 내 과제는 내가 할 테니 내일부터는 이러지 마세요'라고 어머니에게 말하면 화영이 자신도 돋보이게 되고, 어머니도 서운하지 않으실 테고, 여러 사람들 보기에도 돋보이게 될 텐데, 화영이는 어머니를 여러 사람들 앞에서 무시해 버렸다.

어머니는 얼른 우리 방에 들어와서 "야, 잘못 생각했구나."라고 하시며, 원래부터 잘못한 일이라고 자신을 원망한다.

나라면 그런 자리에서 어떻게 했을까.

마음이 둥둥

며칠 전부터 연길에서 전화가 오더니, 내일 저녁에 큰어머니가 오신단다. 그러니까 오늘 저녁에 떠나신 것이다. 큰어머니가 오시면 큰아버지도 함께 오실 줄로 알았는데 그렇지 못한 것 같다. 큰아버지도 빨리 오신다고 했는데 일이 바쁘신가 보다. 그런데 난 큰아버지나 큰어머니가 오시면 다 좋고 기쁘지만 한 가지 나쁜 점도 있다.

큰아버지 큰어머니가 오시면 어쩐지 마음이 둥둥 떠가는 것 같아서 도저히 아무 일도 하질 못한다. 또 그런 것을 알고 다른 일을 하려고 해도 손에 잡히지 않는다. 그런 때는 시간이 아깝지도 않으면서 말이다. 그렇다고 내가 큰아버지 큰어머니가 오시는 걸 싫어하는 것은 아니다. 단지 내 생각을 좀 표현했을 뿐이고, 그렇다고 이젠 오지 말라는 말도 아니다.

지금 큰어머니는 열차 칸에서 무엇을, 어떤 생각을 하고 계실까?

유구무언有口無言

큰어머니가 도착하시는 날이다.

모두가 큰어머니를 반기지만 절반은 풀이 싹 죽어 있다. 큰어머니도 그다지 반가워하지 않는다. 큰어머니가 반갑지 않은 원인은 모르나, 우린 이 선생님에게 오후에 벌써 싹 짓눌려 버렸다.

이 선생님은 우리에게서 아직도 화약 냄새가 난다고 한다.

그 소리에 온 집안 식구가 가슴을 쥐어뜯는다. 큰아버지가 가신 다음부터는 모두가 잘하려고 노력해 왔다. 또 우리는 많은 성과를 거두었다고 생각을 했다. 그런데 이 선생님이 눈물을 흘리면서 "당신들이 큰아버지에 대해서 언제 한 번 감사해 본 적이 있는가."라고 했다. 아마 우린 감정도 고마움도 모르고 사는 인간이라고 하는 것 같다.

언제나 우릴 북한 사람이라고 생각하거나 업신여기지 않는다고 했지만, 가끔씩 하는 행동과 내뱉는 말에서 그런 감촉을 느낀다. 응당 감독이고 수련소 선생이니 그러리라고는 충분히 이해하면서도, 이렇게 눈물을 흘리면서 호소하는데 우리 마음은 어떠랴. 안으로 점점 기어들어가는 것 같다.

집안 식구들이 너무 답답해서 모여 앉아 토론을 했다. 어쩌면 좋은가. 방책은 한 가지, 이젠 그 누구와도 말하지 말자. 오직 과업 수행에만 몰두하자. 큰어머니와도 말하지 말자. 묻는 말에나 대답하자. 혹시 말하다 실수라도 하면 또 수련에 큰 장애가 된다.

이 선생님은 큰어머니를 마중 나갔고, 우리는 제 방으로 들어가 서로 얼굴도 안 내민다.

저녁 8시에 큰어머니가 도착하셨다. 모두들 인사도 변변히 못하고 말도 제대로 못한다. 나도 말을 하고 싶었으나 참았다. 큰어머니가 좋지 못한 소식만 가득 안고 왔으니 더욱더 그렇다.

나는 집안에서 규율이나 지키고 하라는 대로 하는 것이 수련이 아니라고 생각한다. 또 감사한 마음을 가져라, 사랑하는 마음을 가져라, 선한 인간이 되어라, 이 세 가지를 완수해야 하지만, 기본 수련은 우리 마음에 있다고 본다. 외부의 압력도 필요하지만 정신적 수련이 필요하다. 어떻게 하면 도덕, 예절의 기초를 배우고 큰아버지를 따라 배울 수 있을까. 사랑하는 마음, 선한 인간…

여드름

아침에 큰어머니가 우리 방으로 들어오셨다.

침대에 척 앉으면서 내 얼굴을 보시고 "여드름이 더하구나!"라고 걱정하시더니, "장가가고 싶은 모양이지?"라고 말씀하셨다. 다른 때 이런 말을 들으면 그저 그런 대로 웃으면서 넘겨 버렸지만, 이번만은 괘씸하게 느껴졌다.

그저 나를 놀리고 무시하는 것만 같았다. 큰어머니에게 이런 감정을 가졌다는 것이 잘못 되었지만 그래도 할 말을 해야만 되겠다. 나도 큰어머니를 아니꼽게 생각한다니 모를 일이다. 아마 내 생각에는 큰어머니에 대한 어떤 감정이 나도 모르게 쌓이게 된 것 같다.

전에 연길에 데리고 가겠다고 하시고는 데려가지 않은 것 때문인지, 오늘 한 말씀이 귀에 거슬렸다. 이런 것은 왜 그럴까. 그래도 큰어머니이기 때문에 그런 감정이 곧 없어졌다.

길수가 대장이다

오늘은 특별히 일기를 많이 써야겠다. 들은 것이 많고 느낀 것이 많기 때문이다.

먼저 우리가 하는 하루 생활총화를 쓰겠다.

큰어머니도 이틀간 말씀했듯이 우리 총화는 완전한 형식주의에 불과했다. 그저 오늘 종이학을 접고, 공부하고, 과제를 다 했다고 하면 끝인 것이다. 큰어머니는 회의 때 우리에게서 제일 큰 이 약점을 딱 찔렀다. 실지 말해서 자기를 비판하는 것을 좋아할 사람이 어디 있고, 남을 비판하기 좋아하는 사람이 어디 있겠는가. 그러나 자기반성과 비판은 성인으로 되는 데서 가장 큰 역할의 하나라고 생각한다.

나는 지금까지 그런 것은 생각에도 두지 않았다. 모든 것을 생각하고 분석하고 하는 것은 나 같은 인간으로서는 어리석은 짓이라고 생각했다. 그러나 오늘 새삼 깨달았다. 인간은 언제나 창조성, 인간성, 판단성, 인간을 사랑하는 마음을 누구나 다 가져야 성인이라는 것을.

저녁회의는 형식주의를 뿌리 빼고 진실한 우리의 참모습을 드러내자는 것이 회의 주제였다.

우리는 그 토론이 끝난 순간부터 확 달라졌다. 서로가 스스로 자기를 반성하였다. 나도 이젠 나의 참모습을 드러내겠다고 다짐했다. 회의는 돌고 돌아 민국이 형에게 갔다. 그런데 생각지도 않는 호상비판이 나에게로 왔다. 문제는 도덕과 예절이었다.

오후에 민국이 형이 목욕하고 있는데 장난으로 문을 확 열어 놨더니 민국 형이 얼굴을 붉혔다. 그런 것이 잘못된 일이라는 것은 알지만, 나도 모르게 그런 짓이 나갈 때가 가끔 있다.

이런 것을 보면 아직도 수련은 멀고도 멀었다.

숱한 사람 앞에서 비판을 받으니 기분이 좋지 않았다. '이젠 네 앞에서 다시 그런 짓을 하는가 두고 봐라' 반발심이 생긴다. 그러나 지금 이 일기를 쓰는 순간 민국이 형이 얼마나 고맙게 느껴지는지 모른다. 이젠 내 잘못을 보고도 모른 채 말을 안 하는 사람들이 미워진다.

오늘은 민국이 형이 지적해 준 잘못을 고쳤으니, 이처럼 기쁜 일이 없다. 민국이 형, 감사해요! 사랑의 마음으로…

칭찬

숱한 사람들을 제쳐놓고 내가 전화를 받으니, 내가 너희들보다 낫다는 자만이 생겼고, 어떤 면에서는 미안했다. 그렇다고 온 전화를 사양하고 다른 사람에게 넘겨줄 수도 없었다. 23일 만에 들어보는 큰아버지의 부드럽고도 자애로운 음성이다.

큰아버지는 전화로 기쁜 일이 있어도 알려줄 수가 없고, 나를 칭찬해 주고 싶어도 못해 준다고 하셨다. 그리고 진짜 대장은 '길수'라고 하셨다. 나는 제 구실을 못하는데 너무 과분하게 칭찬하시는 것 같다. 나는 내가 우월하다고 생각해 본 적이 없지만, 남들이 보기에는 아주 눈꼴사납게 보이는 것 같다.

전화가 끊어졌어도 큰아버지의 그 음성이 귓전에서 아직도 쟁쟁하게 들려온다.

나는 이제부터 걸음 하나 걸어도 큰아버지는 이럴 땐 어떻게 걸었을까 생각해 보고 그렇게 하기 위하여 노력하겠다.

큰어머니는 전화를 오래 받으셨다. 아마 좋은 소식일 것이다.

"감사합니다."

연속 이런 어구만 큰어머니 입에서 터져 나온다. 무슨 소식일까? 흥분되는 마음을 누를 길이 없다. 시간이 채 안 되었지만 빨리 회의를 하고는 모여 앉았다. 빨리 큰어머니에게서 전화 내용을 전달 받고 싶어서였다.

전화 내용은 기쁜 소식이었다.

여러 곳에서 우릴 지지하고 우릴 만나러 오겠다는 팬들이 많다는 것이다. 큰어머니 말씀인지는 모르지만, 내가 일기를 잘 써서 곧 책으로 나올 것이라고 하였기에 속으로 얼마나 기뻤는지 몰랐다.

나는 항상 몹쓸 인간이라고 생각했지만 생각이 바뀌었고, 이때까지 느껴 보지 못했던 그 어떤 즐거움, 기쁨, 흥분에 쌓이게 되었다. 앞으로 일기와 모든 일을 더 잘해야겠다는 생각이 불같다.

'이렇게 야생인을 사람으로 만들어 주시려고 앞뒤로 뛰어다니시는 큰아버지, 큰어머니 또 우릴 도와주고 계시는 분들께 다시 한 번 감사를 드립니다.'

형을 따라잡자

요즘은 학접기에 정신이 다 나갈 정도이다.

큰아버지 명령이 떨어진 다음부터 학접기 전투가 벌어졌다. 큰아버지는 정성을 넣어 가면서 학을 접고, 많이 못해도 질적으로 잘 접으라고 몇 번이고 강조하셨다. 오직 많이 해야 한다는 단 한 가지, 이 생각에 눈이 아프고 골이 아픈 것도 모른 채 나는 경쟁했다.

내 경쟁 대상은 형이었다. 지금 나보다 200마리 정도 앞서고 있다. 내 목표는 어떻게 하든 형을 따라 앞서자는 생각뿐이다. 모든 것에서 다 뒤떨어지는데 학이라도 많이 접어서 큰아버지에게 평가 받자는 생각이 학을 빨리 접게 하는 작용을 한 것 같다. 그러나 큰어머니가 오시고 이 선생님이 가르쳐 주신 다음부터는 정성을 넣어 가지고 학을 접으니 전보다 학이 더 멋지게 되고 내 마음이 학에 닿는 듯했다.

'한 마리의 학을 접어도 정성을 다 쏟아 부어서 만들자!' 이렇게 생각하니, 이전에는 형에게 떨어지면 안달이 나고, 경쟁심이 생겨서 씩씩거리며 따라 앞서겠다고 했지만, 지금 이 순간부터는 아예 그런 마음이 없어졌다.

하루 일과

오늘은 우리 은신처의 일과를 좀 적으려고 한다.

- 아침 5시에 기상한다. 일어나자마자 각자 하고 싶은 공부를 한다. 영어, 천자문, 학 접기, 책 읽기…
- 7시 전까지 세수 등 집안청소를 끝낸다.
- 7시 식사 후에는 물 공급이 없다. 식사가 끝난 후 집 청소를 하고 20분 정도 책을 읽는다.

- 8시에 모두가 한 자리에 모여 학접기를 열심히 한다. 12시까지 학을 접으면서 한국 방송도 가끔씩 듣는다.
- 12시에 점심 식사를 한다. 식사 후에는 각자 영어, 중국어, 책 읽기, 그림 그리기 등 공부를 한다.
- 오후 6시에는 저녁식사를 한다.
- 7시부터 8시까지는 이 선생님에게 영어 수업을 받는다.
- 8시10분부터 하루 총화시간이다.
- 9시부터 30분 동안 세수 등 위생사업을 한다.
- 9시 반부터 읽기와 쓰기를 한다.
- 10시 정각에 전등불을 끈다.

그리고 집안에서의 규율은 엄격하다.

우선 물이다.

물은 제 마음대로 못쓰고, 아침에 두 바가지, 저녁에 세 바가지를 주고 모든 수도꼭지를 봉인해 놓은 채 어머니에게 온 집 식구가 물을 배급받아 쓴다. 처음에는 불편했는데 적응되니 물도 절약되고, 절약하는 정신도 길러졌다.

발걸음 소리와 식사할 때 모든 소리를 내지 않고 있다. 녹음기는 3개나 되지만 아예 듣지 못한다. 이모부만 KBS 방송을 듣고, 중요한 소식은 우리에게 알려준다.

목욕은 15일에 한 번씩 하고, 머리는 7일에 한 번씩 감는다. 어떤 땐 목욕도 못하고 머리도 감지 못해서 죽을 지경이다. 정신이 흐리멍텅해진다. 그래도 참아야 한다.

그리고 일체 바깥을 내다보지 못한다.

빨래는 이 선생님이 맡아서 해오곤 한다. 밖에 나가는 것은 아예 엄두도 못 낸다.

이젠 하루 과제에 빠지다 보니 앉아서 잡담을 하거나 바깥을 생각할 시간조차 없다. 큰아버지는 과제 수행에 빠지다 보면 정신이 없을 거라고 하셨는데, 그 때는 무슨 소리인가 했었다. 그런데 이제야 새삼스럽게 느껴진다.

나는 이 강철 같은 규율이 큰아버지나 큰어머니를 위한 것이 아니라, 우선 자신을 성인으로 성장시키는데 큰 역할을 한다고 생각한다. 이런 수련을 받아서 남을 주는 것도 아니고, 다 자기 재산인데 얼마나 좋은가 말이다.

우리 은신처의 하루 일과는 간단히 이렇다. 오늘 같은 날은 목욕도 못하고 더워서 죽어간다.

살았다!

가스가 없어서 한 선생님 집으로 가스를 가지러 갔다. 민국이 형, 이 선생님과 함께였다.

큰아버지와 큰어머니도 내가 밖에 나갈 일이 있을 때마다 항상 빠지지 않고 나가는가를 물으실 수 있다. 나가던 사람이 계속 나가야지, 아니면 주위 사람들에게 의심받기가 쉽다. 저 집은 웬 아이들이 저리도 많으냐는 식으로 말이다.

중국어를 공부하고 있는데 가스를 가지러 가려니 짜증이 났지만, 옷을 주워 입고 한 선생님 집에 들어섰다. 문을 떼고 들어서면서 첫인사로 "니하오!" 라고 말했다.

집 안에서는 록상(비디오)을 한창 구경하고 있었다. '에라, 이런 때나 봐야지 언제 보겠냐!' 하는 생각이 들었다. 한 선생님 집에도 가스가 없어서 공장에 가서 가져오기로 했다. 시간이 좀 걸릴 것 같아서 록상 구경을 했다. 참으로 재미있고 배울 점도 많았다.

살아서 죄를 많이 지은 사람들이 영혼이 되어 귀신에게 얻어맞으며 지옥으로 가는 것이라고 했다. 나는 그 순간 '아, 나는 이때까지 지은 죄만으로도 지옥에 갈 것이다'하고 반성했다. 더럭 겁이 났다. 이제부터라도 잘해야지.

이 영화는 내 교양 재료가 되었다. 말보다는 화면으로 간접적이나마 보는 것이 더 알기 쉬웠다. 영화에 정신이 다 팔리다 보니 2시간이 넘었다. 그때에야 나와 민국이 형, 이 선생님이 집에서 저녁을 못 먹겠다고 근심하기 시작하였다. 그래도 나와 민국이 형은 영화가 채 끝나지 않았기에 다 보고 갔으면 하는 마음이었다. 우리 눈치를 알고 있는 이 선생님은 얼마 남지 않았는데 빨리 가자고 할 수도 없고, 몸 둘 바를 모르는 듯하다.

"빨리 가자! 못 보면 말고…"

나와 민국이 형이 일어서니 이 선생님은 무척 기뻐하신다. 가스통을 들고 집으로 오면서 근심이 생긴다. 모두가 잘해 가고 있는데, 처음으로 이런 잘못을 저질렀기 때문이다. 집에 들어가 총회시간에 거짓 없이 다 털어 놓자고 생각했다.

"살았다!"

막 집에 들어서니 온 집안 식구들이 달려 나와서 기뻐 야단이다.

'이건 또 무슨 소리야? 산 사람이 살아 있는 게 응당하지, 죽긴 왜 죽어?'

그런데 식구들의 말을 들어보고서야 의문이 풀렸다.

좀 전에 누군가가 와서 문을 사정없이 두드리다가 갔다는 것이다. 귀신이 곡할 노릇이다. 이 선생님이 밖에 좀 나가서 몇 시간을 넘기면 누구든 찾아오는데, 이게 무슨 의미인지.

곧 회의가 열렸다. 이 선생님은 눈물을 흘리며 록상을 늦게까지 보면서 집사람들의 안전을 생각지 않아서 위험이 닥칠 뻔한 일은 자신의 잘못이라고 반성했다. 다시는 그런 일이 없도록 하겠다고 다짐한다. 나와 민국이 형도 다짐했다.

나는 나대로 한번 생각해 보았다. 이건 보이지 않는 감독이 우리가 잠시라도 경각성을 늦출까봐 암시하게 하는 것이다. 또 하나는 이 선생님이 얼마나 어려운 일을 젊은 나이에 감당하는가 하는 생각이다.

이 선생님이 우리에게 이 순간에는 큰아버지, 큰어머니보다도 더 귀중한 존재라는 것을 일깨워주었다. 아마 감독이 한국 갈 때 안전하게 가게 하려고 지금 이런 것을 많이 닥치게 하는 듯싶다.

반찬 투정

총화시간이다. 다들 결함이 없이 하루를 즐겁게 보낸 것 같다.

아, 이 선생님이 또 무언가를 말하려고 한다. 또 화약 냄새일까? 아니었다. 식사할 때 반찬을 너무 많이 남긴다는 것이었다.

맛있는 것만 다 주워 먹으니 맛없는 것은 하나도 먹지 않는 것으로 된다. 주방을 책임진 사람들로서는 항상 반찬이 맛있다는 말을 듣거나 그릇을 다 비울 때 제일 기뻐하는 것 같다. 요새는 반찬이 중국식 반찬인데 너무 짜서 먹지를 못한다. 그것 때문에 서로 오해가 생겼다. 우린 반찬이 짜니 맛이 없지, 밥을 하는 사람은 다 먹어주었으면 하지, 이러니 오해가 생기지 않을 리가 없다.

우린 말했다.

"이제부터는 밥상에 오르는 것 다 먹겠습니다."

굶주림에 시달리던 때와 비교해 보면 아마 우리 배에도 기름이 들어 찬 모양이다. 밥이 다 맛이 없는 걸 보면. 그러나 먹지 못해서 쓰러져 가는 사람들을 생각해서라도 있는 힘껏 먹어 주리라. 어디 한번 배가 터지나 쌀이 모자라나 경쟁해 봤으면…

큰아버지가 가신 뒤로 오늘까지 이런 사소한 일로 좀 복잡해진 것은 아마 두 번째일 것이다. 앞으로 이런 일이 계속 일어나지 않도록 노력하자. 이런 일이 없으면 배울 것도 없고 멋이 없을 것이다.

큰아버지는 언제 오시려는지.

가엾은 어머니

점심식사를 할 때 옆에 앉아 말없이 식사를 하고 계시는 어머니를 한참이나 바라보았다. 얼굴에는 언제 생겨났는지 잔주름이 얼굴을 다 차지하다시피 되었다. 가슴이 아팠다.

젊음을 빼앗기는 것도 그렇지만, 나는 이 은신처에서 잔소리 재료, 미움을 사는 아들이다. 나도 어머니로 대하지 않고, 이모부네 식구들도 어머니를 이모로 대하지 않고, 마구 제 동무보다도 못하게 여기는 것이 더욱더 가슴이 아프다. 겉으로는 표현을 안 하지만 이 선생님도 그 중의 한 사람이다.

나 자신이 아무리 남들보다 못해도 남을 평가하고, 그 사람의 잘못은 무엇이고, 약점은 무엇이다 하는 것쯤은 다 알아야 한다고 밥을 먹으면서도 오랫동안 생각해 봤다. 어떻게 하면 어머니의 잘못을 고쳐서 미움을 사지 않게 말해 줄 것인가?

처음에 생각한 것은 방안에서 조용히 '어머니, 이런 것이 나쁘니 고치시오.'라고 말하려고 했다. 물론 어머니는 받아들이지 않을 것이다. 무슨 말을 해서 어머니를 설복시킬까? 그렇다고 내가 어머니보다, 다른 사람들보다 낫다는 것은 아니다.

방송에서 이산가족에 대한 것을 들으시며 어머니는 소리 없이 우셨다. 나도 속으로 어머니와 함께 아버지와 큰 형을 생각하면서 울었다. 그리고 내 생각이 얼마나 잘못된 것인가를 그 순간 깨달았다.

아, 내 생각이 잘못 되었구나. 말씽 없이 다 잘되려면 나부터 잘 해야 한다. 우선 어머니에게 버릇없이 굴던 것부터 고치자.

어머니에게 잔소리를 듣지 않도록 나부터 잘해야겠다.

내가 어머니를 귀히 여기고, 사랑하고, 아끼고 할 때 주위 사람들도 그렇게 하게 될 것이다. 나는 언제나 내 잘못은 느끼지 못하고, 민국이 형이나 민철이가 어머니에게 버릇없이 굴면 그러지 말라고 했었는데, 그런 내가 어리석다는 생각이 들었다.

몇 달 전부터 어머니가 우리에게 관심을 많이 두는 것 같다. 지나가다가도 문을 열고 무엇을 하는가를 보고서야 마음 놓고 가신다.

며칠 전에는 우리 방에 들어오셔서 "너희들이 작을 때는 크게 모르겠던데, 이렇게 크게 성장하는 모습을 보니 대견스럽고 더 관심이 간다."고 하셨다. 그럴 때일수록 어머니는 북에 계신 형님 생각과 아버지 생각이 더 나실 것이다. 겉으로 표현은 안 하시지만…

그런 말씀을 할 때일수록 어머니가 더 가여워 보인다.

'사랑하는 어머니, 이제부터 모든 잘못을 다 고치고 모든 것을 다 잘해 나가겠습니다. 누가 보든 말든'

이런 생각이 들기 전까지는 내가 어머니를 어떻게 대하는가는 생각지도 않고, 그저 어머니에게 버릇없이 구는 사람만 있으면 때려죽이고 싶었고, 또 괘씸하게 생각했다.

일기를 쓰는데 나도 모르게 자꾸 눈물이 나온다. 잘못을 뉘우치는 눈물인지.

기쁜 날

저녁 총화시간이다. 총화가 시작되기 전부터 많은 생각을 했다. 총화 때 무어라고 총화할까. 요샌 정말 총화가 싫다.

북한에서 한 주일에 한 번씩 하는 주생활총화 때도 무엇을 총화할까, 또 욕은 먹지 않을까 하는 생각에 하기가 싫었다. 말할 것은 없고, 근심은 많아서 야단이었다.

어쨌든 나는 이런 생각을 털어놓기로 했다. 나뿐 아니라 모든 사람도 무엇을 총화 지을까 걱정하는 눈빛이다. 내 생각을 그대로 총화시간에 말했더니 좋은 현상이라고 모두들 말한다. 그러나 난 잘 모르겠다. 내 차례가 지나고, 또 다음 차례가 지나고, 마지막으로 이 선생님 차례가 되었다.

이 선생님은 큰어머니가 오시면 우리가 죽을 듯 살 듯 모르고 좋아하고, 또 큰어머니의 말씀은 다 듣기 좋아하고, 하여튼 큰어머니와 이 선생님 자신을 비교해 보았다고 했다. 그리고 자신을 많이 검토해 보고, 무엇이 잘못되었는가를 생각해 보고 나서 잘못을 찾았다는 것이다.

우리에게도 여러 번 말했지만 자신은 우리 모두를 '조선 사람이다. 탈북자다'라고 생각해 본 적이 없다고 했다. 그건 정말 우리가 보기에도 그런 것 같다. 그리고 또 책임자로서 안전을 지켜 주고 규율 있게 생활하면 책임자의 임무가 다 끝나는 것으로만 알고, 우리에 대해서 알려고 하지도 않고 겉으로 보이는 것만 보고 '오, 너는 또 이렇구나'라고 생각해 왔지, 우리 마음속까지 파고들려고 하지 않았다는 것이다.

언제나 큰아버지가 오셔서 "아, 이 선생 수고했소!"라고 하면, 자기 서러운 것만 생각하고 큰아버지에게 하소연 했다는 것이다.

그리고 아무리 욕을 하고 성을 내는데도 한 번도 맞서지 않고 꾹 참는 모습을 보고 감동하였고, 많은 것을 느꼈다고 했다. 그 말을 들으니 우리도 기뻤다.

이 선생님은 그런 생각을 하고 보니 대련에 와서 오늘이 제일 기쁘다고 했다. 그리고 그런 생각을 하니 우리 모두가 한 집안 식구처럼 생각되고, 아버지, 어머니, 동생처럼 생각되어서 잘못을 저질러도 그런 것이 눈에 보이지 않는다는 것이다.

오늘은 모두가 기분이 좋고 기쁘다고들 한다. 온 집안 식구들이 좋아하는 모습을 보니 나도 기뻤다. 오늘이 가장 기쁜 날이다.

감독의 조화

8월 20일이 어떤 뜻 깊은 날인지 오늘 점심때가 되어서야 알았다. 하루를 생각해 보고 어제를 생각하면 참 이상하다. 어제는 예상 밖에 모두가 제일 기쁜 날이었는데, 오늘은 이 선생님이 시장 나가려고 할 때 무슨 생각에서인지 "달력을 보았더니 8월 20일이네요."라고 했다.

"야, 오늘은 죽어도 잊지 못할 날이다."

"오늘은 생각 없이 밴새(만두)를 해 먹으려고 했는데 다 의미가 있었구나."

모두가 그 때를 추억하는 것 같다.

만두를 사와서 우리 손으로 만들어 먹었는데, 어쩌다 먹은 것이지만 오늘은 다른 때보다 특별히 맛이 없어 보였다. 먹을 땐 맛이 없었지만 먹고 생각하니, 그것도 무슨 의미가 있는 것 같았다. 맛있게 먹었으면 후에라도 기억에 별로 남지 않을 것이다. 그러나 맛이 없었기에 큰아버지와 큰어머니와의 만남 한 돌을 기억할 수 있다.

이건 보이지 않는 감독님의 조화인 것 같다. 우리 생활의 하루하루가 얼마나 의미 깊고 뜻 있는 것인가를 오늘 새삼스럽게 느꼈다. 그리고 큰아버지와 큰어머니, 이 선생에게 오늘을 빌어서 다시 한번 마음으로부터 진심으로 감사의 큰절을 올렸다.

나 같은 놈은 10년이고 20년이고 돌아다녀 봤자 이런 분들을 못 만났을 것이다. 큰아버지 큰어머니의 깨끗한 마음과 인간을 사랑하시는 마음을 보시고 하늘에 계신 보이지 않는 감독님도 끌려 인연을 맺어 주신 것 같다.

학으로 시작해서 학으로, 또 이젠 마무리 지으려고 하는 것 같다. 큰아버지에게서 전화가 올 때, 지금 우리들의 일로 바쁘다고 쉴 새 없다고 하실 때가 제일 기쁘다. 큰아버지가 쉴 새 없이 정성을 쏟아 부으면서 뛰어다녀야 우리는 우리의 소원을 1초라도 앞당길 수가 있으니까. 그렇다고 큰아버지가 앓으셔도 좋다는 것은 아니다. 건강한 몸으로 우리 일을 해 나가셔야 우리도 더욱 좋다. 오늘밤은 잠이 오겠는지.

우리를 지켜 주시는 큰아버지, 큰어머니, 이 선생님, 그리고 보이지 않는 감독님, 여러 후원자 분들께 감사를 드리고, 하시는 바 일이 모두 다 잘되시기를 빌겠습니다. 안녕히.

보금자리

오늘이 큰어머니와 인연된 지 한 돌이 되는 날인데, 날짜를 잘못 기억하고 20일에 기념을 했다. 큰아버지에게서 전화가 왔다. 학 접은 것을 보내라고 한다. 그러나 큰아버지가 학을 보내라고 하는 것은, 어딘가 학이 필요하기 때문이라고 생각한다. 그러니까 큰아버지가 오시지 않고도 학의 두 번째 단계를 거치는 셈이 된다.

우린 큰아버지가 오시지 않는 것이 좀 섭섭하지만 우리 일이 좀 더 빨리 진척될 수 있는 느낌에 기쁘다. 학 만든 것을 무엇에든 쓰면 그 다음에는 우리가 갈 차례인 것 같다.

종이학을 벌써 1만 마리를 넘게 접고, 우리가 접은 학은 배를 타고 진정한 보금자리로 찾아가는데 우린 떠나가는 학만 물끄러미 바라볼 뿐이다. 1만 마리가 넘는 학이 우리 전체 탈북자들을 한국까지 실어다 줄 수는 없는지. 종이학 천 마리만 접으면 소원이 성취된다고 알고 있는데.

여드름 약

사업이 바쁘신 큰아버지에게 한 가지 부탁하고 싶습니다. 여드름 약을 좀 얻어주셨으면 합니다. 이번으로 세 번째인데 아무리 약을 발라도 아무 소용이 없습니다. 점점 심해지면서 목,

머리, 온몸에 퍼지기 시작해서 온몸을 찌르는 것 같이 정신이 흐리멍텅하여 아무 일이든 정신을 집중하지 못하겠습니다. 팔, 목, 머리에까지 나지만 그런 곳에는 약을 바를 수도 없으니, 또 이미 두 번 써 보았는데도 소용없습니다. 바르는 여드름 약 대신 먹는 약으로 가져다 주셨으면 감사하겠습니다.

큰아버지에게 이 약 사주시오, 저 약 사주시오 할 수 없지만, 염치 불구하고 또 부탁드립니다. 큰아버지, 먹는 약을 좀 가져다주십시오.

사소한 것

삼촌이 총화 할 때 말을 해서 뒤늦게야 느끼고 있다.

"너희들 영어 수업할 때도 항상 '순결합시다, 사랑합시다, 감사합니다'라고 해야 한다."

삼촌이 김정일 장군에게 편지를 몇 장 썼는데 팔이 저리다고 했다.

그런데 이 선생님이 "너희들 각각 한 명에게 1권씩 교과서를 공급했는데, 그것을 다 베껴 쓰느라 얼마나 힘들었니. 그것 하나만 봐도 너희들이 얼마나 생각하고, 하나라도 더 배우려 애쓰는지 그 모습을 찾아볼 수 있다."고 했다.

그 말이 맞았다.

나는 아직까지도 그런 고마움을 느끼지 못하고 살아왔다. 그저 응당한 것으로 여기고 살아왔지, 보답하기 위해서 언제 한 번 열심히 배우려고는 생각지 않았다.

이 선생님이 가르쳐 주는 것은 나를 위한 것이지, 이 선생님을 위한 것은 하나도 없다. 우리가 더 열심히 배울 때 이 선생님도 신명이 나서 이것저것 더 가르치려고 노력하는데, 배우는 사람이 더 열성을 부리지 않으니 잘못된 것 같다.

삼촌이 옆에서 보다가 너무 기가 막혀서인지 한 마디 귀띔해 주었다. 이제부터라도 큰 것만 말고 사소한 것에도 감사할 줄 아는 마음을 키워나가야겠다.

모든 것에 대해 감사하게 생각하자.

연설

오늘 다른 공부를 하다가 여러 명이 책상에 둘러앉게 되었다. 마주 앉으니 우리가 두만강을 넘나들던 때의 일이 화제가 되었다. 민국이 형의 말을 이어 내가 두 시간 정도 연설을 늘어놓았다.

북한에서 잡혀서 고생하던 것과 광철이 아저씨 부부를 데려오던 것까지. 그런 말을 하기 시작하니 끝날 줄 모르고 추억 속에 잠기게 되었다. 우리가 그렇게 했다는 것이 지금은 모두 남의 이야기, 옛말 같았다. 또 생각해 보니 북한에 가고 싶은 충동이 일어났다. 지금 가면 아버지, 형님은 물론 이모까지 모두 안전하게 데려올 수 있다는 생각이 들었다.

고향으로 가고 싶다.

큰아버지가 가는 길을 열어주고, 경제만 허락된다면 당장이라도 갈 것 같다. 나의 부모, 형제들을 두고 나만의 행복을 위하여 자유의 나라로 간다는 것이 그들에게 죄를 짓는 것 같다. 밥을 먹으면서도 때론 고향 생각에 목이 메어 밥이 잘 넘어가지도 않는다. 그런데 자유로운 곳에 가서 복을 누린다면 더 견딜 수 없을 것 같다. 자유의 땅으로 가기 전에 그들 모두를 데려와 함께 가면 얼마나 기쁨이 크랴.

소련으로 간 탈북자

기쁜 소식이다. 큰어머니가 내일 저녁 대련에 도착하신다는 것이다. 또 대련에 며칠 머물렀다가 북경으로 회의 하러 가신단다. 우리 문제로 북경에서 어느 단체인가 와서 회의를 연다고 이 선생님이 알려 주었다. 우리에 관한 문제니 기쁘지 않을 수 없다. 그러나 겁도 났다.

소련에서 잡혀 중국으로 넘겨진 탈북자들(1999년 중국에서 소련으로 넘어간 탈북자 7명이 유엔으로부터 난민인정을 받았으나, 소련 정부는 그들이 왔던 중국으로 다시 돌려보낸 사건을 말한다. 중국정부는 국제여론을 무시한 채 이들 7명을 북한으로 송환했다.)처럼 되면 어쩌나. 그러나 큰아버지, 큰어머니가 계시는 한 하늘이 보살펴 줄 것이라고 믿는다.

내일이 기다려진다. 내일은 경사 중의 경사다. 지금 우리가 마치 한국으로 막 가는 것 같다. 또 큰어머니가 다른 때보다 더 기다려진다. 빨리 도착하셔야 그간의 소식을 다 들을 수 있으니까.

내일은 우리가 접은 종이학 한 박스가 배를 타고 한국으로 간다. 우리보다 먼저 가고 있다. 학이 우리 선봉대이긴 하지만 같이 가고 싶다. 종이학이 우리보다 낫긴 나은 것 같다. 우리도 넘기 어려운 국경을 자유롭게 넘나드니 부럽다. 한국에 도착할 때까지만 저 학처럼 될 수는 없는지.

큰아버지, 더운 여름철에 우리 일로 고생이 많으십니다.

감사합니다.

화해

큰어머니가 연길에서 도착하셨다.

큰아버지나 큰어머니가 오시는 그날 저녁은 모두 앉아서 이야기 듣는 것이 습관처럼 굳어졌기에 오늘 저녁도 큰어머니와 한 자리에 모여 앉았다.

그 동안 연길에서 어떤 변화가 있었는지 모두가 궁금해서 큰어머니가 어떤 말씀으로 첫 마디를 뗄까 하고 기다리고 있었다.

전에 오셨을 때는 다음에 오면 좋은 소식을 가져오겠다고 했으니 좋은 소식이 있을 거라고 생각했다. 그러나 좋은 소식은 커녕 가슴 아픈 이야기만 터져 나왔다. 모두가 한숨만 풀풀 내쉰다. 나도 한탄하면서 속으로 연길 사람들을 얼마나 욕했는지 모른다. 아예 그 사람들이 다 없어졌으면 하는 생각도 들었다.

그 사람들로 하여 우리 대련 식구들까지 피해를 입을 것 같았다. 15명이 한 명도 빠짐없이 다함께 한국으로 가야 한다는 큰아버지의 의도를 까맣게 잊은 채.

처음에는 나도 그 사람들이 그러지 않았으면 하고 생각하였다. 또 그 사람들이 말도 잘 듣고 수련도 잘 받아서 멋진 사람이 되길 빌고 또 빌었다. 그러나 그런 것도 한두 번이지 계속 그러니 아마 나도 그런 생각이 든 것 같다. 내가 데려온 사람들이 잘한다는 소릴 들어야 나도 기분이 좋겠는데.

그러나 우리는 끊을 수 없는 혈육의 관계요, 같은 처지의 탈북자다. 어차피 한 배를 탔으니 죽어도 살아도 함께 가야 한다. 그런 말을 들을 당시에는 그런 생각이 들어도, 차츰 시간이 지나면 또 보고 싶고 그리워지고 어떻게 지내는지 궁금해진다. 우리도 이렇게 근심하면서 속을 태우는데, 아마 큰아버지는 겉으로 표현을 안 하셔서 그렇지 얼마나 속이 타실까?

우리도 처음엔 그랬듯이 연길 식구들도 그런 시기인 것 같다.

우리보다는 좀 과하지만, 차차 날이 바뀌고 시간이 흐르면 큰아버지와 큰어머니의 정성과 인간을 사랑하는 마음이 그곳 사람들에게도 가 닿을 것이라고 생각한다. 우리도 그랬듯이 그들이 아직 몰라서 그렇지 '한국에 가야 한다, 가야만 산다.'는 생각과 각오는 뚜렷할 것이다.

감독님! 너무 심하게 하지 마시고 빨리 그 모든 사람들이 옳은 길로 갈 수 있도록 감독을 서 주십시오.

구라파 전쟁

한 달 엿새 만에 또 다시 구라파 전쟁이 붙었다.

아이들로부터 시작된 것이 마지막에 가서는 이모부와 어머니 싸움으로 번졌다. 어머니는 이모부에게 손가락질을 하면서 이모부를 누르려고 했다. 이모부는 머리털이 나고 처음으로 여자에게(어머니) 손가락질을 받아 본다면서 야단이다. 성만 나면 아무렇게나 하는 어머니였다.

삼촌과 큰어머니가 어머니에게 설교를 하고, 이모부는 창문가에서 "누가 더 청백한가는 역사가 증명해 준다."고 하셨다.

이에 지지 않으려고 어머니도 힘차게 소리치면서 대응을 했다. 여자인 어머니가 좀 져 주면(내 생각) 모든 것이 다 해결될 것 같은데, 삼촌조차도 어머니에게 정면에서 마구 욕을 하다시피 하니 점점 막힌 사람처럼 느껴졌다. 막 소리를 치고 싶다. 조용히 하자고.

그러나 나는 그럴 자격도 없고, 그럴 수도 없다. 그 누구도 지금 이 자리에서는 호통치지 못할 것이다. 큰아버지만 계셨다면 해결되겠지만.

어머니는 미친개처럼 계속 말을 이어 대고 있다. 참으로 답답하다. 이모부는 우리보고 큰아버지에 대한 의리도 도덕도 없는 인간들이라고 야단이다. 이모부가 큰아버지에 대한 의리와 도덕을 얼마나 잘 지켰는지 물어보고 싶다.

큰어머니는 너무 기가 막혔는지 거실에 계시다가 다시 들어오셔서 화제를 바꿔 버렸다. 그래도 싸움은 그치지 않았다. 이모부가 한 마디 하면 어머니는 열 마디씩 달려들었다. 서로 지지 않으려고 애쓰는 것 같았다.

화가 머리끝까지 올라온 이모부가 "야, 정순애! 당신하고는 다시는 말 안 한다. 말하지 마!"라고 소리쳤다.

"정순애, 화영이와 계속 싸움하는 것이 아이들 교육에 영향을 미친다. 그러니 아이들이 점점 외지 밖으로 달아난다."

이번에 큰아버지가 오시면 이모부가 연길에 가든지 아니면 어머니와 화영이가 가든지 제기하여 끝장을 내겠다고 하셨다. 어머니를 보고 말하기가 좀 뭣하니 거기에 화영이를 집어넣은 것 같았다.

내가 싸움의 장본인이기 때문인지, 어머니가 여러 사람들로부터 공격을 받아서인지 눈물이 계속 흘러내렸다.

이모부는 대련에 와서 어머니로부터 네 번이나 손가락질을 받으면서도 참아 왔단다. 잘도 기억하셨다. 이모부 입장에서 보면 나라도 여자가 손가락질하면서 달려들면 참지 못하고 그 자리에서 야단쳤을 것이다.

이모부의 자존심과 체면을 어머니가 마구 짓밟은 것이다. 이모부는 이모가 잡혀 나갔을 때보다도 더 속이 탄다고 하셨다. 잘못을 저질러도 말 없이 침묵만 지키는 이모부의 속마음을 누가 알까.

큰어머니가 물끄러미 지켜 보시다가 "싸움을 해야 키가 큰다. 싸움을 해야 상대방의 마음을 안다."고 말씀하셨다.

정말 딱 맞는 말씀이다. 내가 지금 그 처지에 놓였다면 어찌했을까. 생각도 해보고 연구도 해보았다. 싸움이 어떻게 일어나서 어떤 지경에 이르렀든 간에 이모부의 속마음을 조금이나마 알 수 있는 계기가 되었다.

오늘 싸움은 내가 저지른 것이다. 생각 없이 어머니를 교육한다며 어머니 신경을 건드려서 그것이 확대되어 싸움으로 번졌다. 내가 어머니를 교육할 만한 그런 정도도 아닌데.

오늘 저녁 총화 때 싸움의 장본인인 내 잘못을 빌고 또 반성하고 해서 사람들의 마음을 풀어 주려고 노력하겠다. 그러나 오늘 이 싸움이 헛된 싸움이 아니고 우리에게 무언가를 알려 주는 계기가 되었기에 기분이 나쁘지는 않다.

저녁 총화시간에 화해가 되겠는지 아니면 그 모양이겠는지. 내 생각에는 그냥 그 모양일 것 같다. 이모부가 점심도 먹지 않을 정도인데, 어떻게 해서라도 화해하도록 우리 자식들이 노력해야겠다.

지금이 6시니까 2시간 후에 총화 결과를 다시 적어야겠다. 큰아버지는 싸움이 일어나는 데 대해서 어떻게 생각하시는지.

저녁 총화 내용을 간단히 적겠다.

저녁 총화는 생각 밖으로 아주 평온한 분위기 속에서 진행되었다. 어머니는 오늘 결함을 고치고 윗사람을 존경하며 예의, 도덕을 잘 지키겠다고 하셨다. 이모부는 아직도 화가 풀리지 않았는지 "오늘은 말 못합니다."라고 하셨다. 화해가 될 것 같지 않았다.

이 선생님이 말했다.

"지난 기간 연길에 있을 때 부모들에게 잘못한 것이 후회되고, 이런 기회를 통해 그걸 알게 되었다. 큰아버지를 따르고 사랑하기 전에 곁에 있는 자기 부모부터 사랑하자. 친부모를 사랑하고 아낄 줄 모르면서 어떻게 큰아버지를 따를 수 있느냐?"

맞다. 자기 부모도 사랑하지 못하면서 어떻게 큰아버지를 사랑할 수 있을까. 어떻게 모든 인간을 사랑하고 그들을 위하여 살 수 있을까. 아무리 말로만 큰아버지를 따르고, 따르겠다고 해서는 아무런 의미도 쓸모도 없는 것이다. 우선 부모를 사랑하자.

이 선생님은 오늘 이모부가 싸움을 하고는 눈을 지그시 감고 하루 종일 밥도 먹지 않는 모습을 보면서 '우리 아버지도 저렇게 속을 태우고 있겠지'라고 생각을 했더니 모든 것이 다 풀리고 그 마음을 이해할 수 있었다고 한다. 그리고 아버지 노래, 어머니 노래를 불러 주었다. 큰어머니 앞에서도 지난 기간의 잘못을 이해하라고 용서를 빌었다.

그 순간 나도 속으로 북한에 계시는 아버지와 또 여기 함께 계시는 어머니에게 앞으로 잘하고, 모든 것을 잘 지킬 거라고 다짐했다.

그제야 좀 마음이 풀렸는지 이모부가 웃으면서 말씀하셨다.

"모두 다 잘될 거요."

그 말씀에 모든 의미가 포함되었다는 것을 모두가 알아차렸을 것이다. 그 순간 이모부가 얼마나 불쌍해 보이던지, 막 울고 싶었다. 그리고 앞으로 더 잘해 나가도록 하고 회의를 마무리 지었다.

싸우고, 화해하고… 그러나 이모부와 어머니의 화해는 아직 끝나지 않았다. 일기가 좀 길어졌다.

학비

큰어머니로부터 큰아버지 생활 형편을 조금이나마 듣고 눈물을 흘렸다.

큰아버지 자녀들이 학비가 없어서 쩔쩔 맨다고 하셨다. 큰아버지의 어려운 형편을 알고 학교에서 보조금이 내려온다고 하였다. 그런 처지에 놓여 있으면서도 우리 같은 인간들을 구원하시겠다고 자신의 모든 것을 희생시키시는 큰아버지를 그려볼 때 죄스러운 마음 뿐이다.

어디가 좀 아프기만 해도 병원에 가고, 하루 세끼 걱정 없이 푸짐한 식탁을 대하게 된 것이 누구 때문인가. 그런 것도 모르고 큰아버지를 사기꾼이요, 장사꾼이요 하였던 것이다. 직위가 높으니 어떠니 하고 지껄였던 내 자신이 부끄러워 지금에 와서야 울고 있다.

집안 형편이 그렇게 어려우시면서도 큰아버지는 언제나 우리를 웃음꽃 만발한 모습으로, 근심 걱정 없는 모습으로 대해 주셨다. 지금에 와서 생각하면 큰아버지 같은 분은 세상에 없다. 큰아버지가 세상에 없는 분이시고, 하늘이 보내신 하느님이라고 하면 이것은 진정한 내 마음의 소리인데 허위허식으로 여기지는 않으실지, 오해하지는 않으실지 모르겠다. 그렇다고 쓸 말을 안 쓰면 안 된다.

큰아버지의 그 뜨거운 사랑과 은혜를 어떻게 보답을 할까.

병원 가는 길

오늘 소화도 잘 안 되고, 또 다른 증세가 있어서 병원에 가려고 밖으로 나왔다.

어쩌다 나오니 바깥세상이 생소하게 느껴졌다. 또 정신도 몸도 텅 빈 것 같았다. 어리벙벙하기도 했다. 몸이 비실거리고 해서 균형을 잡기도 힘들다. 지나가고 오고하는 사람, 자동차, 물건, 건물들을 뚫어지게 쳐다보기도 했다. 몇 번 보았던 건물도 계속 다시 보게 되었다. 아마 바깥세상과 멀어지고 갇혀서 사는 것이 습관이 되고, 또 모든 것이 제한되어 있는 상태여서 그런 것 같다.

병원에 가는 시간만이라도 모든 것을 보고 느끼고 듣고 마음껏 즐길 수가 있었다. 또 이런 생각이 지나가면 걱정되는 문제도 생긴다. 조금만 아파도 병원에 가는 것 말이다. 다른 사람들보다 병원에 자주 갈 때마다 미안하고, 그들에게 죄를 짓는 것 같다.

그래서 병원에 한 번씩 갈 때면 한참동안 망설인다. 주위의 분위기도 살피면서 때로는 도둑고양이처럼 행동도 한다. 아파서 병원에 가는 것도 어려우니, 언제쯤 해방 맞는 날이 오려는지.

학의 날개

병원에 갔다가 돌아오니 큰아버지에게서 전화가 왔단다. 병원에 가지 않았다면 전화를 받았겠는데, 그놈의 병이 자꾸 뛰쳐나온다.

모든 사람들이 전화 내용을 말했다. 어머니하고는 학의 몸뚱이는 다 되었는데 이제 날개만 달면 된다고 하셨단다. 이런 말씀에도 그 어떤 의미가 들어 있을 것이다.

내 생각에는 우리가 한국에 가는 것이 잘되어 가고 있으니 더 열심히 하라는 것 같았다. 그 말이 끝나고 학을 접으면서 서로 수군거리고 있었다. 한국에 가는 일이 잘 진행되어 가는가 보다.

그런 생각에 잠기면 기분이 들떠서 아무 노릇도 하기가 힘들다. 그런 생각을 떨쳐 버리려고 애썼는데 잘 되질 않는다. 왜 빨리 가지 못하는 것일까.

모든 것은 다 잘되어 가는데 자금이 부족해서인가, 아니면 정말 우리의 수련 문제인가, 연길에 있는 식구들 때문인가. 어느 것이 정답인지 잘 모르겠다.

우리가 더 잘하고, 큰아버지가 또 더 열심히 하고 그러면 다 되는 건지, 여러모로 또 다른 힘이 필요한 건지.

우리의 정성과 소원, 기쁨이 배어 있는 종이학과 그림이 배를 타고 한국으로 갔다. 우리가 원하는 모든 것이, 큰아버지가 원하는 모든 것이 뜻대로 되겠지.

꽃향기

잠에서 깨어 일어나 보니 한눈에 안겨오는 것이 있었다. 흰 꽃이 피어 있는 화분이었다. 흐리멍덩한 정신에도 그 꽃을 보니 조금은 정신이 들었다. 며칠 전부터 한 송이 두 송이 꽃망울이 맺혀 있었는데 밤새 꽃이 다 피었나 보다. 밤새 빨리도 컸다.

이따금씩 목말라할 때마다 물을 먹여주고, 별로 거들떠보지도 않으면서 저런 염지(부추) 같은 데서 꽃이 피리라고는 생각도 못했다.

그런데 꽃이 피고 보니 지금까지 잘못 생각해 온 내가, 말 못 하는 꽃이지만 감히 꽃 앞에서 꽃향기 맡기가 부끄러웠다. 모든 인간에게 기쁨과 즐거움을 주는 꽃이 부럽다. 짧은 삶을 살면서도 인간에게 기쁨을 주는데 나는 그렇지 못하니까.

나는 인간에게 해를 끼치면 끼쳤지, 이로운 일은 한 번도 해보지도 않았으니…

순간을 살아도 저 꽃처럼 모든 인간에게 기쁨을 줄 수 있다면.

우주의 법칙

8월도 다 가고, 오늘 저녁이 이 달의 마지막 날 마지막 총화 시간이다. 이때까지의 한 달 생활을 총화하려고 한다.

나에겐 다른 변화가 있는 것 같지 않다. 한 가지 알게 된 것이 있다. '모든 것을 사랑의 마음으로 대하라.' 숨이 없는 물건이나 식물이나 모든 것을 말이다.

이 말을 여러 번 들어봤지만, 느끼게 된 것은 오늘 저녁 총화 시간이었다. 계속 말을 해도 느끼지 못했는데, 오늘에야 느끼게 된 걸 봐서는 아무 것이나 때가 있기는 한 모양이다.

큰아버지께서 때가 되어야 한다는 말씀을 하실 때 그것이 무슨 말씀인가 했다. 그런데 이제야 조금 알게 되었다. 모든 것을 사랑의 마음으로 대할 때, 해준 것만큼의 몇 배가 자기에게 기쁨으로 돌아온다는 것을.

이런 것이 우주의 법칙이고 인간의 법칙인 것 같다. 왜 이제야 비로소 이런 것을 느끼게 되었는가 원망도 된다. 또 나는 왜 아직도 불결한 인간에서 벗어나지 못하는가 생각하다가도 아마 때가 되지 않았는가 하는 생각도 하게 된다. 그렇다고 해서 올방자(책상다리)를 하고서 그때를 기다리겠다는 것이 아니고, 그런 때가 올 때까지 열심히 하겠다는 것이다.

하늘도 열심히 노력하고 뛰는 사람에게 그런 때와 기회를 만들어 줄 것이라고 생각한다. 모든 것을 자만하지 않고 열심히 잘해 나가겠다는 맹세를 큰아버지 앞에서 입이 아플 정도로 했지만, 이번 기회에 또 다시 맹세를 한다. 인내심이 부족하고 모든 것의 마무리가 잘 되고 있지 않으나, 좀벌레처럼 야금야금 뜯어먹어 나중에는 다 뜯어먹을 수 있도록 노력하겠다.

이 선생님이 눈물을 흘리면서 이런 말을 했다.

"우리가 생각하기로는 한미 할머니가 사랑을 찾아갔다고 하지만, 언젠가는 돌아와서 함께 날아가야 합니다. 언제나 정성을 다해서 한미 할머니가 돌아올 수 있도록 노력합시다. 큰아버지가 어려운 속에서도 열심히 노력하고 계시는데 큰아버지를 위하고 그리워하는 마음을 학에 담아 정성을 쏟아 부어야 합니다. 그러면 큰아버지 왼쪽 눈꺼풀이 움직일 것입니다. 우리가 정성을 쏟아 부을 때 그 정성, 우리의 마음이 큰아버지에게로 통합니다."

친척도 아니고 낯도 모르는 한미 할머니에 대해서 우리도 생각이 없는데, 이 선생님이 눈물을 흘리면서 이야기하는 것을 보고 감동을 받지 않을 사람이 없을 것이다. 우리가 오히려 생각이 없었으니까 말이다.

큰아버지는 아무런 가치없는 우리에게 인간 사랑의 마음을 쏟아 부으시고 계시다.

전기보다도 더 세고, 다이아몬드보다 더 값비싼 것을 우리에게 심어 주고 안겨 주신 큰아버지…

9 피신

패쪽

저녁 총화 시간에 새로운 규정이 나왔다. 그것은 화장실에 관한 것이었다.

나도 그렇고 모든 사람이, 화장실에 사람이 있는 것을 뻔히 알면서도 문을 두드린다. 화장실에 들어간 사람이 채 일을 다 보지 못하고 바지춤을 쥐고 막 뛰어 나올 때도 있다. 기다리는 사람이 크게 바쁘지 않아도 그런 현상이 계속 반복되어 이제는 습관이 되어 버린 것 같다.

남녀, 어른 아이 아홉 사람이 좁고 작은 화장실 하나를 사용하니 화장실에 사람이 없을 때가 없다. 화장실 문짝이 닳아 떨어지지 않는 것이 감사할 뿐이다. 문을 조용히 두드려도 괜찮은데, 언제나 쾅 쾅 두드린다. 중국인들이 대문 두드리는 모습을 보고 닮아 가는지.

그래서 이 선생님이 새로운 방법을 창안해 냈다.

화장실 문에 작은 통을 하나 붙여놓고, 매 사람에게 패쪽을 나누어 주어 화장실에 들어갈 때면 자기 이름이 적혀 있는 패쪽을 걸어 놓고 들어가는 것이다.

저마다 패쪽에 자기 나름대로 이름을 써 넣으려고 야단이다. 나도 패쪽에 그림을 그려 넣고 이름을 써 넣었다. '근무중. 방해하지 말 것'이라는 말과 함께.

아마도 며칠이 지나고 나면 멋진 일들이 많이 생겨날 거라고 생각한다.

흡혈귀

아침부터 어찌나 졸음이 밀려오는지 이겨내지 못하고 꿈나라에 빠져들고 말았다. 어젯밤에 잠을 못 자서 그런 것 같다.

며칠 동안 날씨가 흐리고 비가 쏟아지고 추워져서, 모기가 가을 바람에 쫓겨서 다 달아났는가 했더니, 날씨가 개이고 더워지니 또 나타난 모양이다.

어제 저녁엔 문을 다 열어놓아도 모기가 없어서 오늘도 괜찮겠지 하는 생각에 문을 다 열어놓고 잠자리에 들었다. 그런데, 구석구석에서 앵앵거리는 흡혈귀들의 소리가 연방 터져 나왔다. 온밤 잠을 못 자고 앞뒤로 긁으면서, 더는 참을 수 없어 일어나 보니 새벽 4시였다.

너무나도 괘씸하여 불을 켜고 보니 구석구석에는 피를 너무 처먹어서 배가 통통한 것들이 수두룩하였다.

'이놈의 모기 새끼!'

연속 잡아 족쳤다. 한 마리 한 마리가 내 손에 잡혀서 죽을 때마다 통쾌하였다. 나쁜 것들, 조선에서 말하는 미 제국주의 침략자들보다 더 악독한 놈들이다.

잠자는 우리 방에 쳐들어와서 피를 빨아먹는 그런 나쁜 놈들이 어디 있을까.

한국에 태풍이 몰려와 인명피해가 많다고 방송에서 전하던데, 큰아버지네 집은 땅집(개인주택)이라서 물이 들어오지 않았는지, 피해 보지 않았는지…

아마 태풍도 큰아버지네 집만은 피해서 갈 것이다.

형제의 화해

아침부터 어쩐지 기분이 매우 좋았다. 저절로 모든 것이 아름다워 보이고 신비하게 느껴졌다.

저녁때가 되어서는 더 큰 기쁨이 다가왔다. 이때까지 두 달이 거의 다 되도록 나와 형님 사이는 그저 언제 봤던가 싶었다. 서로 터놓고 싶고 지난날의 옛날 그 모습 그대로 돌아가고 싶었다. 지나가 버린 과거에 매달려 그것에 쫓기고 시달리다 보니 그런 용기와 힘을 다 잃어버린 것 같았다.

내 지나친 잘못이 더 크기 때문이다. 그래서 지금까지 형님을 속으로 많이 질책하기도 했다. 남자가 무슨 속이 그렇게 쇠갈고리처럼 옹그리고 있는가 하고.

그래서 형님에게 말을 걸어보고, 여러 차례 접근하려는 시도도 했었다. 그러나 형님은 받아주질 않았다. 아마 내 진실한 모습을 볼 때까지는 안 된다고 지켜보고 있는 것 같았다.

형님의 그 깊고 깊은 속마음을 미처 이해하지 못하고, 내 허무한 생각에 부풀어 있었던 것이다. 내 잘못을 뉘우치고 진실한 마음으로 대해야 할 점을 소홀히 했던 것이다. 단지 '우린 형제다'라는 그런 착각 속에 빠져 있었다. 형제, 부모, 친척에게 모든 것을 더 잘 지키고 더 잘해야 한다는 점을 미리 깨닫지 못했던 것이다.

이럴 땐 정말 내 자신의 모든 모습과 행동이 가슴 아프게 느껴진다. 이런 사소한 문제를 조금이라도 느끼고 형님을 대하고 보니 정말 죄스러웠고, 또 이런 나에게 한 마디 말없이 지켜보아 준 형님이 고맙게 느껴졌다.

"형, 오늘 운동할까?"

내 첫마디였다.

몸도 약한데 운동을 해야 건강에도 좋다는 등 여러 가지로 말했더니 형님은 얼른 승낙해 주었다. 그 순간, 나는 형님이 지난 기간 '너의 모든 잘못을 내가 용서해 줄게.'라고 나에게 소리치는 것 같았다.

나는 너무 기뻐서 "형, 운동하고 목욕도 하자."라고 하였다.

형은 그것도 어렵지 않게 허락하였다. 나는 함께 운동을 하면서 형님의 몸과 내 몸 한 부분이 스칠 때 행복과 기쁨 속에 빠져들었다. '아, 내가 이런 행복과 즐거움을 뿌리치고, 왜 발길로 걷어차고 형님 마음속에 상처를 남겨 놓았을까?' 또 나 자신이 미워지고 모든 것이 죄송스러웠다.

목욕도 함께 했다. 정말 나를 동생으로 대해 주는 형님이 고마웠고, 달려가 안기고 싶었다. '형님, 잘못했습니다. 용서해 주시오.' 하고 울부짖으며 호소하고 싶었다.

형님을 보면서 죄스러운 마음에 눈물이 쏟아져 내리는 것을 겨우 참았다. 참으로 기쁘고 행복했다. 형님이 아직 내려가지 않고 무언가 품고 있어도 이것만으로도 기쁘다.

오늘 형님이 고마웠고, 잘못을 반성하는 계기가 되었다. 앞으로도 형님과의 관계 문제에 더 힘쓸 것이며, 본래 우리 형제의 모습으로 돌아갈 것이다.

인구 검열

오늘로 우리가 대련에 온 지 다섯 달째 되는 날이다.

오늘 하루 생활을 놓고 본다면 일기를 쓰려는 내 마음은 부풀어 있다. 무엇부터 어떻게 써야 될지 몰라서 오늘 하루 발생한 일들을 모두 적으려고 한다.

병이 좀 발작하여 병원에 갔다 집으로 돌아오니, 큰아버지에게서 전화가 왔다고 하였다. 온 집 식구가 다 받았다는 것이다. 전화 통화할 때 두 번이나 빠지고 보니 아쉽다. 또 집에 들어서니 식구들이 방에 모여 앉아서 서로 무슨 내용의 전화를 받았는지 교환하는 것이었다.

방에 들어서며 집 식구들을 보는 순간, 내가 또 그 전과 같은 그런 비극을 만들지는 않을까, 식구들이 어떻게 생각할까, 오해라도 할까봐 겁이 났다. 나 자신도 어쩐지 망설이게 되고 그들 앞에 선뜻 나서기가 미안했다. 그러나 식구들이 말했다.

"길수야, 병원에 갔다 오느라 수고했다."

지금까지 그런 소리 한 마디 없었던 삼촌, 화영이가 이렇게 말하는 걸 들으니 어쩐지 기분이 좋지 않았다. 걱정하는 것 같은 말 속에 나를 겨눈 화살이 보이는 것 같았기 때문이다. 그래서 말을 걸어오는 것도 의식적으로 피해 버렸다. 오지 않는 잠도 청했다.

한참 있다가 깨어 보니 식구들이 우리 방에 모두 모여 있었다. 잠에서 깨어 얼빠진 정신인데, 이 선생님도 달려와 어머니를 꽉 끌어안으며 울음을 터트렸다.

식구들은 다 모여 있지, 이게 무슨 일인가. 혹시 큰아버지에게서 좋은 소식이 날아와 너무 기뻐서 저러는 것은 아닐까?

그러나 그것은 내 짧은 생각, 검열을 왔었다는 것이다. 이게 무슨 홍두깨 같은 소리야! 검열이라니?

잠시 후 식구들이 흩어지고 어머니로부터 대충 이야기를 들었다. 문 두드리는 소리가 다른 때보다는 약하게 들려왔다는 것이다. 마침 이 선생님이 시장에 가려고 망설이고 있던 참이었다. 어쩐지 시장 가기가 싫어져 조금만 있다가 가려던 참이었다고 했다.

그때 이 선생님이 현관문 작은 구멍으로 내다보니 검열 온 것이 분명해서 피하라고 손짓을 했단다. 그래서 모두 우리 방으로 달려들어 왔단다.

이모부네 방에는 상 위에 있는 책들과 학 접는 종이가 여러 곳에 널려 있어서, 척 들어와 보면 사람이 많이 산다는 것이 발각되기 쉽게 되어 있었단다. 다른 때 같으면 바빠서 허둥대면서 우리 방에 달려 들어왔을 사람들이 큰방에 커튼을 치고 여유 있게 들어갔단다.

참으로 그런 순간은 우리를 1,000미터 계주라도 시키고 남을 정도로 볶고 마음을 불안하게 한다.

이 선생님이 문을 열려고 하다가 말소리가 들리기에 주방을 건너다보니 어머니와 화영이가 점심을 하는 데만 정신이 팔려서 위험이 닥쳐 온 것도 느끼지 못했단다.

그래서 얼른 손짓을 하였더니 부랴부랴 피했단다. 피하고 있을 때, 이 선생님이 여자들 방에 들어가지 말아야 한다고 근심했는데, 바빠서 아무 방이나 들어갈 줄로 알았던 사람들이 함께 모인 곳으로 들어갔단다.

드디어 문이 열렸고 검열하는 사람이 들어왔단다. 난 그때 꿈 세계에 빠져 있었지만, 식구들이 불안과 공포 속에서 떨고 있었던 것과, 그 순간 어떤 생각이 그들의 머릿속에 들어 있을 것인지 나는 알고 있었다. 나는 그때 꿈나라에 빠져 있었지만, 언제나 그들과 함께 하고 있으니까 말이다.

10년에 한 번씩 하는 인구통계 검열이었는데, 이 선생님의 멋진 연극이 그 사람들을 속이고 돌아가게 하였다. 순간순간 판단력이 뛰어난 이 선생님이니까.

위험한 고비를 넘겼다. 10년에 한 번씩 하는 검열이 불안 속에서 멋지게 스쳐 지날 줄이야 꿈에도 생각하지 못했다.

밥상을 차려 놓았을 때 검열을 왔더라면, 또 다른 때처럼 먼저 자기 몸만 살겠다고 덤빌 사람들이 오늘은 왜 침착해졌을까? 또 어떻게 검열원이 아무런 눈치도 못 채고 그냥 속아서 갔을까?

이것은 다 큰아버지의 모든 것을 쏟아 부으시는 정성이, 사랑의 마음이 하느님께 전해졌는가 보다. 하느님이 은혜를 베풀고, 또 우리가 지금 자만하고 있을 때 더 경각성을 높이고 언제나 순간이나마 잘못될까봐 계시를 주시는 것 같았다. 그래서 나는 언제나 하느님이 우리 탈북자들과 함께 하신다고 믿고 싶다.

큰아버지, 감독님, 하느님. 언제나 우리와 지금 이 순간도, 앞으로도 영원히 함께 하여 주십시오.

오늘 저녁, 우리 집에 취재기자 한 명이 생겨났다.

아직은 모든 것이 부족하여 작은 녹음기가 취재기자나 다름없다. 거짓으로 말하지 않고 진실만, 멋지고 화려하게도 말고 마음 그대로, 하고 싶은 말 그대로 취재한다는 원칙을 세웠다. 내가 녹음기를 들고 사람들에게로 다가갔다.

'큰아버지에 대한 감정이 어떤가?'

'지금 보고 싶은가?'

'처음보다 지금의 마음이 큰아버지를 더 보고 싶고, 기다리는 마음이 간절한가?'

이것이 취재의 제목이다.

한 명 한 명 돌아다니면서 이야기를 녹음하였다. 나에게도 차례가 주어져서 녹음기 앞에, 기자 앞에 서게 되었다. 조금은 마음이 떨리고 있었다. '뭐라고 말하면 좋을까?' 잠시 생각을 굴리다가 말을 시작했다. 큰아버지가 처음에 대련에 왔을 때는 그립고, 막 갑갑증이 났다. 큰아버지가 우릴 달래주고, 좋은 말씀을 많이 해주길 바랐다. 또 큰아버지는 우리의 하느님, 우리의 구세주라고 생각했다.

그러나 지금 생활이 좀 안착되고 하는 일이 너무 많아져서, 하루 일을 마치면 피곤해서 잠자리에 들다 보니 큰아버지 생각을 할 수가 없었다. 생각할 사이가 없었다는 것은 거짓말, 생각을 하지 않았다.

내 근본을 잊었던 것이다. 자기 근본을 잊고서야 어찌 백만 대군을 거느리는 장군이 될 수 있겠는가? 장군이 되었다면 내가 잘나서 된 것이라고 야단이겠는데. 잠시나마 큰아버지를 잊고, 근본을 잊고 있었다는 것이 가슴 아프다.

요술 손

학접기를 계속하다 보니 이제는 손에 익어서 학을 접지 않고 놀고 있을 때도 맨손이 저절로 움직여진다. 밥 먹으러 나오면서도 접고, 화장실에 들어가서도 접고, 그러다 보니 정말 모두 손에 익었다. 책을 보면서도 학을 접는다.

이 선생님이 처음에는 야단을 쳤다.

그렇지만 지금에 와서는 야단도 못 치고 있다. 오히려 이 선생님이 이제부터라도 열심히 학을 접어서 손에 푹 익도록 노력하겠단다. 실례를 한 번 들면, 민철이가 머리를 깎으면서 너무 부스럭거려서 어머니가 말했다.

"야, 민철아! 그 밑에서 학 몇 마리나 접었니?"

보자기를 목에 두르고 그 밑에서 부스럭거리니, 아마 학이 잘 만들어지지 않아 애를 먹는 것으로 알고 농담을 했더니, 민철이는 "많이 접었습니다."라고 말했다.

어머니가 놀라서 보니, 정말 머리 깎는 그 시간 동안에 학을 많이 접어 놓았다. 어머니가 믿어지지 않아서 재차 물어보고 종이학을 보니 정말 많이 접었더라는 것이다.

이 한 가지 실례만 놓고 보아도 집 식구들의 머리 상태, 어떤 의식이 존재하는가를 조금이나마 느낄 수 있다.

질문 경쟁

오후 5시쯤 되어 형님이 이 선생님에게 가서 어제 영어수업 받은 것이 이해가 되지 않아 설명을 듣고 있었다. 내가 보기에는 형님이 열심히 이해하려고 애쓰는 것 같았다.

그런데 이 선생님의 옆에 앉았던 민국이 형이 이 선생님에게 질문을 하는 것이었다. 시간이 있을 때는 물어보지 않다가, 형님이 배우려고 하니까 '제제'(이 선생을 가끔씩 이렇게 불렀다. 누나라는 중국식 발음이다)하며 다가와 질문을 던졌다. 이 선생은 질문을 받았으니 싫든 좋든 대답해 주어야 했을 것이다.

형님은 민국이 형의 행동이 어처구니없다는 듯이 연필을 책상에 연속 내리꽂으며 허공만 바라보고 있었다. 그것을 보니 피뜩 '내가 배울 때도 민국이 형이 그랬지.' 하는 생각이 들었다.

"민국이 형, 다른 사람이 좀 보충강의를 들을 땐 같이 배우지 않을 거면 중간에 허리 꺾지 말라."

그랬더니 "야, 임마! 너는 말하지 말라. 다 안다."라고 하는 것이다.

'야, 잘못한 것이 있어 알려주는데 무슨 반박이냐. 다 알면서 그러는 것은 그 사람을 방해하려는 것이 아니냐.' 그 순간 내 생각이었다.

나는 얼른 자리를 피해 버렸다. 방에 들어와 민국이 형과 나누던 말들과 왜 민국이 형이 그렇게 나왔으며, 나는 왜 참지 못했는가를 생각했는데, 그 앞에서 말한 내가 큰 실수를 한 것이었다. 나는 어린 아이를 가르치듯 민국이 형에게 이건 나쁜데 고치라는 식의 막무가내로 내리 먹이는 것과 또 어린 내가 두 살이나 위인 형님을 가르치려고 들었던 잘못을 한 것이다.

내가 아무리 여러 번 그런 것을 겪었고 또 말했다 해도, 그 정도만 했어도 민국이 형이 알아서 고치려고 하였을 것이고, 크게 성을 내지 않았을 텐데…

내가 어리석었다. 가만히 생각해 보면 나도 모르게 민국이 형에게 무엇인가 오해를 하고 있는 것 같다. 이런 것도 느끼지 못하고, 깨치지 못하는데 어떻게 수련이 되어 가고 있다고 할 수 있는가.

계속 침묵을 지키면서 말로 상대방을 불쾌하게 만들지 않으려고 노력하면서도 이런 실수가 나올 땐 나 자신을 질책도 하지만 경험으로도 된다. 내가 좀 더 생각을 굴렸더라면 이런 일이 없었을 텐데. 그저 민국이 형이 내가 한 말을 탓하지 말고, 내가 좀 무식해서 그런다고 생각하고, 그런 것은 좀 고쳐 주었으면 하는 것 뿐이다.

수련의 최고봉

모두 총화를 하고, 마지막으로 내 차례가 되어서 간단히 총화를 하다가 큰 실수를 하였다.

“이젠 밤 10시가 되어도 크게 감독하지 않으니 마음대로인데, 무슨 똥궁리를 하는지 이제부터 좀 고칩시다.”

이 한 마디가 온 집안 식구에게 얼마나 불쾌하게 들렸을지 생각하니, 아직도 어떤 말을 하면 좋을지 몰라서 허둥대는 내 자신이 얄미웠다. 모두 나보다 나이가 많고 형님, 삼촌, 이모부, 어머니인데 '똥궁리'라고 했으니 정말 큰 실수였다.

아마 야생인 습성이 숨어 있다가 튀어나오는 것 같다.

그러나 그것을 통해서 한 가지 더 진실하게 알게 되었다. 말 한 마디로 그 사람의 일생 운명을 잘 되게도 하고, 나쁜 결과를 빚어낼 수도 있다는 것을.

그러고 보면 말 한 마디 한 마디가 얼마나 귀중하며, 함부로 내뱉는 것이 아니고 내가 이 말을 하면 상대방이 어떻게 나올까 하는 것을 여러 가지로 생각해 보아야 한다는 것을 알아야 한다. 이런 일들을 통해서야 수련의 최고봉까지 올라갈 수 있는 것 같다.

피신

이상한 전화 소리가 계속 들려온다. 전화를 들면 걸었던 사람이 전화를 놓는다. 한두 번도 아니고, 그런 전화가 열 번은 넘게 걸려왔다. 처음에는 잘못 온 줄로 알았지만, 계속 걸려옴에 따라 신변에 위험이 닥쳐오는 느낌이 들었다. 공안이 감시를 하는지, 어떤 나쁜 놈이 장난을 치는지.

아침부터 10분에 한 번씩 연속 걸려온다. 처음에는 모두 잘못 걸려오지 않았나 했지만, 급기야 모여 앉아서 토의가 붙었다. 무슨 전화일까? 공안이 전화를 계속 걸어 집 인원수를 확

인하려고 그러는지 등 여러 가지 의견이 많이 나왔다. 토의가 붙고 보니 점점 더 으스스해졌다. 지금까지 다섯 달 동안 쌓아 온 탑이 다 무너지는 것 같았다. 더구나 잡혀 나갈 것을 생각하니 아찔해지면서 정신이 싹 나가 버린 것 같다.

'아, 어떻게 할까?'

지금 당장 공안들이 들이닥치는 것 같았다. 우선 공안이 들이닥치면 밧줄을 타고 4층에서 내려가기로 결정했다. 그러나 그것도 거의 불가능할 것 같았다. 공안들이 막 들이닥치는데, 밧줄을 타고 도망간다는 것은 장난에 불과하다는 생각이 들었다.

다른 방법은, 우선 먼저 이 집을 피해서 다른 곳으로 몸을 숨겨야 한다. 우리가 막 야단치고 떠는 모습을 본 이 선생님도 좀 당황하였다. 이럴 때 더 침착하게 모든 것을 판단해야 할 이 선생님이 이런 경험이 없어서인지 갈피를 못 잡는 것 같다.

'빨리 피하자!'

토론 끝에 결정을 내렸다. 절반 인원은 한 선생님의 기름공장과, 절반 인원은 한 선생님 집으로 각기 갈라져서 가기로 했다. 처음 조가 한 선생님 집에 가기로 했다. 그리고 기름공장에 전화해 보니 공장에도 검열이 심하니 오지 말라고 하였다.

할 수 없이 모두 한 선생님 집에 가기로 했다. 모두 짐을 간단히 꾸려 가지고 한 선생님 집으로 갔다. 우리 조가 마지막으로 집을 나설 때 괜히 복잡하게 구는 것은 아닌지, 은신처를 나오는 것이 잘하는 것인지, 왠지 잘못되었다는 생각이 들었다. 그렇다고 나 혼자 다시 집으로 들어갈 수도 없었다. 형님에게 물어보았더니 형님도 그런 것 같다고 하였다.

할 수 없이 위험할 때 안전한 곳으로 옮길 수 있도록 방비대책을 세워놓지 않은 큰아버지를 원망하고, 우리의 신세를 원망하게 되었다. 공안들이 잡으러 오면 숨을 곳도 없고, 오갈 곳도 없는 우리 신세, 오직 믿을 건 큰아버지뿐이다. 그러나 지금 이 순간에 큰아버지는 우릴 지켜 주지 못하고 있다. 이런 경험을 크게 해보지 못해서 잘 모를 수도 있다. 이 선생님이 한국으로 전화를 걸어서 물어보았더니, 큰아버지 하시는 말씀이, "현장에서 판단하여 결정을 내리라."고 하셨단다. 그 말씀은 은신처에 그냥 있으란 말씀이 아닌가?

정작 한 선생님 집에 아홉 명이 들어가 있고 보니 피하기는 피했지만, 집에서 공안들이 쳐들어온다고 할 때보다 더 머리가 아프고 견디기가 어려웠다. 그래도 내 집이 제일인 것 같았다.

나는 한 선생님 집에 들어서는 순간부터 후회하기 시작했다. 빨리 집으로 돌아가고 싶었다. 나 혼자라도 말이다. 너무 속이 답답해서 나 혼자는 못 가겠고, 어머니를 부추겼다. 어머니도 나와 마찬가지였다.

그러나 이 선생님의 지시가 떨어지지 않는 한 꼼짝하지 못한다. 집으로 돌아가는 것이 어떠냐고 물어보았더니, 이모부와 삼촌은 다시는 돌아가지 않는다면서 모두 연길로 가면 어떠냐고 하였다. 연길로 가는 것도 합당한 것 같지 않았다.

한 선생님 집에는 아홉 명이나 있을 수는 없다. 그렇다고 더 이상 갈 곳도 없다. 갈 수 있는 곳이라곤 큰아버지가 잡아 준 우리 집 은신처뿐이다. 죽든 살든, 큰아버지에게 운명을 맡겨 놓고 다시 들어가는 수밖에는 다른 수가 없다는 생각이 들었다.

이렇게 되니 왜 나왔는가 하는 생각에 더 후회가 되었다. 형님하고 이야기해서 저녁에는 집으로 가서 잠을 자기로 했다. 다른 사람들이야 어떻게 하든 다시 집으로 들어갈 생각이다. 한 선생님 집에 있으려니 마음이 더 복잡하여 집으로 빨리 가고 싶었다. 오후 내내 아무것도 못하고 TV만 보았다.

저녁때가 되어서 이 선생님과 전화 연결을 하였더니 어른들과 무엇인가 토의를 하는 것 같았다. 무엇을 토의하는지 어떻게 되었는지 궁금했는데, 토의하고 나와서는 아무 말도 없다. 나는 기분이 좀 나빴다.

무슨 일이 있든 우리는 관계를 하지 않으니 아무 일이나 어른들하고만 토론하고 결정짓는다. 아이들이 어른들보다 생각과 모든 면에서 조금 부족하다 쳐도 그런 식으로 하는 것은 싫었다. 어른들이 결정한 대로 했다가 모두 피해를 입는다면 아이들은 어른들이 하는 일에 믿음이 없어지고, 그 다음부터는 자기 식대로 하게 된다.

저녁상이 들어왔다. 한 선생님 집 식구들까지 합하면 모두 12명. 북한에서 군대식으로 말하면 독립소대 인원 정도다. 이 인원이면 무엇인들 무섭겠는가 하는 생각도 해본다. 그렇지만 우리는 쫓기는 신세, 이 세상에 없는 사람들과 마찬가지인 것이다.

저녁식사를 하는 식구들의 인상과 그때의 표정은 나로서는 말과 글로 다 표현하지 못할 것 같다. 이 선생님도 식사를 하면서 우리들만 살피고, 어떻게 하면 좋을지 깊이 생각하는 것 같았다.

어른들만 모여서 쑥덕쑥덕하더니 밤 11시에 집으로 다시 돌아왔다. 다른 사람들은 집으로 들어올 때 어떠했는지 모르지만, 나는 겁은 좀 났지만 집으로 들어갔으면 했던 내 생각이 이루어지게 되어서 기뻤다.

집에 들어와서도 모여 앉아 토의를 했다.

"이곳에 있으면 안 된다."

"연길로 가자."

"산으로 가자."

그러나 그 모든 것들은 우리들의 헛생각일 뿐 이루어질 수 없는 것들이었다. 온밤을 씩둑거렸다.

결국에는 집에다 밧줄을 연결해서 타고 내려가게끔 해 놓고, 모두 잠을 자기 위해 각자의 방으로 들어갔다.

지금 일기를 쓰고 있으면서도 무슨 정신에 썼는지, 모든 것이 신기하게 느껴지고 제정신이 아니다.

고춧가루 작전

오늘 아침에도 심장을 도려내는 듯한 소리가 또 울렸다. 이젠 전화를 받지 않으면 받을 때까지 계속 벨이 울린다. 어떤 고약한 놈인지 잡기만 하면 어떻게 해서라도 가만 두지 않을 텐데. 오후에도 그런 전화가 계속 걸려 온다.

이젠 모든 사람이 수상한 전화가 걸려 오겠으면 오라는 식으로 뱃심이 든든해 있다. 이젠 아무렇게나 해도 좋다. 너희들 할 대로 해라 하는 심정이었다. '잡히게 되면 잡히고, 그렇지 않으면 살겠지' 또 이렇게 생각하니 모든 것이 편했고 원래 그대로 되었다.

저녁때가 되어서 이모부가 창문에 밧줄 네 개를 설치하고, 밧줄 사용법을 설명해 주었다.

총화를 간단히 하고 또 안전 토론이 붙었다. 공안이 앞뒤를 다 포위하고 올 때는 어떻게 할 것인가 하는 문제는 토의할수록 더 심중해졌다.

토의 끝에, 어머니가 나서서 우리 모두 고춧가루를 준비하자고 했다. 고춧가루가 있으면 정말 안전에 도움이 될 것 같았다. 흉기를 들고 공안에게 달려들 수도 없고, 가장 간단한 방법으로 공안들 눈에 고춧가루를 뿌리면 좋을 것 같다고 말했다.

이 문제는 이렇게 결정을 지었다. 만약 공안의 손에서 빠져 달아나게 되면 모두 한 곳에 모일 수 있는 집결 장소를 정하고, 또 그곳까지 달아나는데 드는 차비까지 미리 예견하여 정해 놓았다. 이렇게 해놓으니 마음이 좀 편했다. 조금이라도 대책을 세워 놓았다고 생각하니 말이다. 그러나 항상 경각성을 높이고 생활해야만 했다.

이렇게 어려움을 겪는 속 타는 심정, 공포가 수시로 따르는 우리를, 우주의 그 어느 사람도 관계치 않는다. 단지 큰아버지 한 분만이 우리의 모든 것을 알고 헤아리신다. 큰아버지가 우리를 지켜주고 인간으로 만들어주시기 위해 노력하니 정말로 감사할 뿐이다.

집이 위험해서 밖에 나왔을 때, 갈 곳도 없이 거리에서 방랑하는 처지가 되었다고 생각하니 그런 생각이 더 간절했다. 그리고 모든 사람들에게 호소하고 싶다. 큰아버지처럼은 못해도 우리 탈북자들에게 눈길을 한 번이라도 보내 달라고 말이다.

공화국 창건일

오늘은 조선민주주의인민공화국 창건일이다.

지금쯤 북한의 모든 사람이 굶주림에 시달리면서도 명절 분위기에 도취되어 있을 것이다.

우리도 조금씩은 그런 생각을 가지고 있다. 모두 무엇을 먹으면서 지내는지. 북한 이야기만 나오면 제일 먼저 걱정되고 생각되는 것은 굶어죽지 않고 살았는지 하는 것이다. 우리 아버지와 마을 사람들 모두 말이다.

김정일은 오늘이 국가 명절이라면서 술에 만취되어 흥청거리면서 야단이겠지. 백성들의 아우성 소리를 한 번이나 들어보려고 했는지. 그 놈은 술과 고급 음식을 넘기다가 목에 걸려 죽지는 않는지.

오늘도 우리는 긴장과 공포 속에서 하루를 보냈다. 잠을 자다가도 언제 어느 순간에 공안이 들이닥칠지 모르는 위험을 안고 말이다. 그러나 우리에게는 김정일보다 더 위대하고 귀중한 큰아버지가 계신다.

생활비

오늘은 우리들의 휴식일이다.

휴식이라고 해도 어느 누구 편안히 누워서 쉬는 사람이 없다. 휴식일이라도 우리에겐 아주 귀중한 시간이다. 아무리 쉬라고 해도 쉬는 사람이 없다. 다른 때보다 더 바쁜 것 같다.

저녁에 총화를 하는데 큰아버지가 생활비를 보내셨다고 이 선생님이 알려주었다. 그 소리가 나오자마자 삼촌이 얼마나 보냈는가 물었다. 그런 걸 물어보는 것은 돈에 욕심이 생겨서가 아니라, 그 돈의 액수를 듣게 되면 대충 모든 것을 짐작할 수 있기 때문이다. 이번에는 몇 달 더 있겠는지, 큰아버지가 언제 오시겠는지 하는 것 등을 말이다.

이번에 와서는 데려가지 않겠는지, 계속 있다간 여기도 위험할 것 같은데.

아마 큰아버지가 이번에 보내신 생활비는 우리가 위험하니까 염려돼서 보낸 것 같다. 빨리 오세요, 큰아버지.

꿈에 본 아버지

총화 때 모두가 꿈꾼 이야기를 했다.

누구나 없이 다 꿈을 꾸었다. 대표적으로 이모부는 어제 저녁 꿈에 이모를 보았다면서, 전에도 한 번 보았는데 이모만 꿈에 보이면 좋은 걸로 해몽을 하신다.

형님도 꿈을 꾸었는데 아버지가 여기로 오셨다는 것이다. 북한에서 오셨으니 밥도 많이 잡수리라 생각했는데 밥도 죽도 잡숫지 않았단다.

어머니가 아버지보고 우리도 살기 어려운데 왜 왔냐면서, 중국은 남자들 살기가 힘들다며 야단을 쳤단다. 모든 사람들이 꾼 꿈을 보면 거의 북한하고 연결되어 있다.

민국이 형이 꾼 꿈은 옆집 아주머니가 쌀이 없다면서 울상이 된 꿈이다. 추석이 되어도 제사를 지낼 낟알조차 없어서 그런 것 같다. 추석이 다가오면서 어떻게 지낼까 하는 근심 때문에 꿈에 그런 모습이 나타나는 것 같다.

아버지가 살아 계신지, 집에는 잡수실 것도 없을 텐데 무엇을 차려서 조상님들 산소를 찾을지 걱정이다.

우리가 오기 전까지만 해도 제사상에 풋 강냉이와 물 한 그릇을 올려놓고 제사 지내는 사람이 많았다. 올해는 어떤지, 좀 나아졌는지.

추석

추석날 제일 먼저 근심되고 생각나는 것이 북한 아버지는 어떻게 지내고 있을까 하는 것이다.

북한에서 어떤 집은 물 한 그릇을 놓고 제사를 지낸다고 말했지만, 정작 그날이 오고 보니 아버지도 그렇게 되지 않았을까 걱정이 되었다.

걱정이나 해서 무엇 하나, 감옥에 갇힌 죄수나 다름 없는데.

온종일 근심 걱정에 싸여 하루를 보냈다. 또한 세상의 모든 것이 높게 보였고 부러웠다. '마음속으로 제사를 지내자'. 행동으로 모든 것을 할 수 없는 우리는 언제나 마음으로라도 조용히 잠든 조상님들과 북한에 남겨두고 온 부모 형제, 친척 모든 사람과 함께 할 것이며, 언제나 잊지 않을 것이다.

때로는 아버지와 형님, 이모가 문을 막 열고 들어서는 것 같고, 그것이 꿈이 아닌 현실이 되었으면 하는 생각을 한다.

언제쯤 추석날에도 외롭지 않게 집 식구들과 함께 조상님들의 산소를 찾을 날이 오려는지.

큰아버지는 추석날을 어떻게 보내고 있는지, 우리 일 때문에 추석날에도 열심히 뛰면서 집에도 못 가시고 외지에서 고생하실 큰아버지와 큰어머니에게 감사의 인사를 드리고 싶다.

언제든 마음먹으면 가정으로 돌아갈 수 있으면서도 가지 못하는 그 심정, 감옥에 갇힌 우리보다 어쩌면 더 마음고생을 하실 것이다. 큰아버지 큰어머니, 우리 서로 힘을 내서 더 열심히 뛰웁시다.

저녁에 이 선생님이 우리를 위한 파티를 열어 주었다. 외롭고 쓸쓸한 마음을 조금이나마 달랠 수 있었다.

이 선생님 연구

오늘은 온 집 식구들의 분위기가 그리 좋지 않다. 저녁 총화 때 모두 이 문제에 대해 연구해 보았는데 원인은 이 선생님에게 있었다. 오늘 가만히 살펴보니 이 선생님이 어디가 아픈지, 기분이 좋지 않은지 완전히 기분이 내려가 있다.

오늘도 집중적으로 영어 수업을 하고, 또 하루 종일 개별적인 지도를 하자니 힘들었을 것이다. 하루 이틀도 아니고 매일이다시피 공부를 가르치고 바깥일은 일대로 다 해야 하니 힘도 들 것이고, 짜증도 날 것이다.

조금이라도 눈을 붙이려 하면 또 찾아가서 가르쳐 달라고 하고, 잠도 못 자게 못살게 구니까 말이다. 그런데 우린 그런 것도 잘 모르고 내가 좋으면 된다는 생각으로 마구 헤덤비고 있다.

그런데 이 선생님이 그런 기분에 사로잡힐 때면 우리의 잘못도 생각지 않고 그대로 행동해 버린다. 또 우린 잘하려고 해도 이 선생님 눈엔 들지 않고 때로는 기분을 잡치게도 할 것이다. 아무리 조심해도 잘 되지 않으니 이럴 땐 어떻게 하면 좋을까?

오늘 저녁도 이 선생님이 우리의 몇 마디 말 때문에 총화 시간에 화가 났는가보다. 총화가 채 끝나지도 않았는데 방으로 들어가서 나오지도 않고 있다. 우리보다도 모든 것이 높고 예민한 성격이라 우리가 잘 맞추려고 해도 때론 신경을 건드린다.

은신생활 반 년

은신처 앞 공터에 짓고 있던 건물이 벌써 완성 단계에 들어갔다. 집을 허물 때가 엊그제 같은데 벌써 완성이 되어 간다. 그걸 다 지을 때면 희망의 나라로 갈 수 있겠다고 생각했지만, 이미 겨울이 다가오니 다음 봄에나 가게 될 것 같다.

큰아버지가 전에 오셨을 때 그 집을 허물었었는데, 그때 큰아버지께서 '저 집을 다 짓기 전에 자유를 찾아 가야지'라고 하시던 말씀이 생각났다.

정말 큰아버지의 말씀대로 될까? 이제 집은 다 완성되어 가고 있다. 한 달만 있으면 완전한 집이 되는데, 한 달 동안에 우리가 자유의 나라로 날아갈 수 있을까?

큰아버지의 말씀을 듣고 난 다음부터 나는 '저 집이 언제면 완공될까, 이번 달? 아니면 다음 달?' 하며 짓고 있는 집을 쳐다보며 그 날을 기다리고 있다.

우리가 이곳 대련 은신처로 온 지도 반년이나 됐다. 반년 동안 땅 한번 마음 놓고 디뎌본 적이 없고, 마음 놓고 거리를 다녀 본 적도 없다. 솔직히 말해 은신생활이 몸에 배어서 이제 집에서 갇혀 사는 건 괜찮다. 그렇지만 '언제까지 밖에도 나가지 못하고 이렇게 살아야 되나' 이런 생각을 할 때면 눈앞이 아찔하고 캄캄해진다.

캄캄한 어둠 속에서 밝은 빛을 찾을 날은 과연 언제일까?

화장실 수리

화장실 변기 물통이 고장 났다. 전에도 고장 나서 겨우 수리했는데, 좀 편안하고 안정된 생활에 들어가자니 또 북새통이다. 뿜어 나오는 물을 막지 못해서 물을 담을 만한 것에다 받아 놓고 있다. 맑은 물이 흘러내려 소비되는 것도 안타깝지만, 이때까지 아껴 온 물이 다 흘러가니 지금까지 물을 절약하느라 헛수고했다는 생각도 들었다. 물을 그냥 버릴 바에는 그 물로 청소라도 하고, 빨래라도 해야겠다고 생각하고 모두 달라붙었다. 무슨 일이든지 격동만 되면 아무 것도 들리지 않아서 이 선생님에게 조용히 하라는 꾸지람을 들었다.

방금 시장에 갔다 들어온 이 선생님에게 두 번 세 번 부속품을 사러 내보냈더니, 마지막에는 화장실 앞에서 털썩 주저앉는다. 몹시 힘들었던 것 같다.

한참 난리를 피우고 있는데 큰아버지로부터 전화가 왔다. 무슨 좋은 소식이라도 있지 않을까, 기쁜 소식이 있으면 나부터 찾지 않을까 생각하면서 전화를 받았는데, 생각과는 영 달랐다.

큰아버지의 언제나 처럼 밝은 목소리였으나 비구름이 낀 듯한 느낌이 들었다. 전화를 받으면서 이번처럼 이런 느낌의 전화를 받아보기는 처음이었다.

며칠 동안 이 선생님의 기분이 좋지가 않다.

말도 없고, 웃음도 없고 우리에게 짜증만 낸다. 내가 생각하기에는 아마 며칠 동안 우리가 알지 못한 전화가 걸려오면서부터인 것 같다. 지금까지의 불만과 좋지 않은 생각이 쌓이고 쌓였다가 조금씩 겉으로 표현되고 있는 것 같다.

우리는 언제나 불쌍한 사람들이기에 응당 모든 것을 받아야 한다고 생각하고 행동해 왔다. 그래서 주위 사람들에 대해서 신경을 쓰지 않았다.

모든 것을 사랑하는 마음, 감사하는 마음이 마음속 깊이 자리 잡았더라면 좀 나았겠는데…

10

이 선생님과의 이별

30분의 소동

이 선생님과 병원으로 갔다.

꼭 여드름 치료를 하리라고 결심했다. 이 선생님이 밖에 공안이 돌고 위험해서 안 된다고 하기에 오랫동안 간청 끝에 겨우 병원에 가서 치료를 받고 왔다.

집에 들어서니 집 식구들이 막 달려 나와 공안이 왔다 갔다면서 옷을 다 주워 입고 단단히 준비를 하고 있었다. 빨리 어디로 가야 한다면서 옷장이고 구석구석 들어가 30분 동안이나 숨어 있는데 세 번이나 왔다 갔다는 것이다. 겁에 질려 이모부네 식구 모두가 야단이다.

잠시 생각해 보니까 그것은 공안이 아니라 쌀집 배달원이었던 것이다. 쌀을 사러 갔는데 쌀집에서 배달해 준다고 했다. 그래서 집에까지 배달해 주러 온다고 한 사람이 쌀자루를 메고 왔다가 집에는 사람이 있는 것 같은데 문을 열어 주지 않으니 세 번씩이나 올라갔다 내려갔다 하면서 문을 두드린 것 같다.

나는 그것을 알기에 안정되어 있는데 아무리 말을 해주어도 집 식구들은 곧이들으려고 하지 않는다. 말을 해 주어도 듣지 않고 공안이라 한다. 나는 열차를 타고 온 어열이 남아 있는지 바로 잠들고 말았다. 정말 그 사람이 쌀장수가 아니라 공안이었다면 큰일 날 뻔했다. 중국에 무슨 인구가 많은지 허구한 날 호구 검열이요, 인구조사요, 신분증 조사요 하면서 숨어서 겨우 살아가는 우리들을 이렇게 피곤하게 만드는지.

공안 귀신

아침 일찍 이모부네 식구는 옷을 입고 밖으로 출동한다. 무서워서 집에 있지 못하겠다는 것이다. 이모부네 식구들은 모두 나갔다. 나와 형님만이 남았다. 다 나가고 나니 집안이 텅 비어서 쌀쌀한 분위기였지만 조용해서 좋았다.

이모부네 식구들은 아침도 먹지 않고 나갔다. 하루 종일 있어도 공안이라곤 보이지도 않는데 어디에 나가서 떨고 있는지. 아침도 못 먹고 어찌하려고… 이모부네 식구들은 좀 특별한 것 같다.

공안이라면 그 누구보다 제일 무서워하는 사람들이 이모부네 식구들이다.

그렇게 안전에 대해서 신경을 많이 쓰는데, 연길에 있을 때도 공안이 이모부네 집에 자주 찾아왔다. 그런데도 시끄럽게 놀고 정말 이상하다. 이모부네 식구들에게 공안 귀신이 붙은 모양이다. 그렇지 않고서는 그럴 수가 없다.

북한 특무

형님이 아침 일찍 승리광장으로 나갔다. 목단강에서 오는 사람이 연변 랭면부(역전에 있는 조선족 냉면집) 있는 곳에 가 보라고 했다며, 그곳에 가면 자기 행동 방향을 알 수 있다고 했다. 랭면부 앞에서 손님 대접하는 사람을 찾아가서 만나라고 했단다.

나는 왠지 꺼림칙했다. 조선족이 운영하는 랭면부라면 북한 특무가 있을지도 모르니까 말이다. 가지 말았으면 하는 생각이었다.

다음날에 또 간다고 하면 나도 함께 가서 멀리서 형님의 행동을 살피려고 한다. 형님도 의심스러워하는 것 같았다. 더욱더 근심 되는 것은 목단강에서 만난 그 사람이 군사 복무를 하다가 탈북해서 한번 잡혀 갔다가 보위부의 임무를 맡고 다시 들어왔다는 것이다. 중국에 있는 '김정일 처단 위원회'를 잡으라는 임무를 받고 말이다.

그런데 그 사람은 그것이 하고 싶어서 교회로 숨어 다닌다는 것이다. 보위 사령부 특무들도 숨어든다는 말이다. 그런 놈이니 겉으로는 그렇게 말을 해도 속으로는 어떤 꿍꿍이가 있는지 알 수 없는 노릇이다.

길수가족이라는 것을 알면 무작정 연락하여 체포하려고 할 것이다. 생각만 해도 소름이 끼친다. 그런 놈이 생각과 마음이 형님하고 같다면서 형님은 그 사람을 찾아서 무조건 중국 국경을 넘어서 한국으로 가겠다고 한다.

형에게 그 사람을 만나지 말라고 말리자 자기는 특무든 무엇이든 간에 자기와 마음이 맞으면 무조건 같이 행동을 하겠다면서 누구의 말도 들으려 하지 않는다.

일이야 어찌 되든 간에 형님의 그 정신 하나만은 좋다.

형의 고집

어제 랭면부로 갔던 형님이 무사히 돌아왔다. 랭면부로 찾아가니 몽땅 허물어져 있더라는 것이다. 아! 하느님이 도우셨구나. 정말 춤이라도 출 듯이 기뻤다.

그런데 전화를 했는데 목단강(동북 지방 흑룡강성의 한 도시)에서 그 사람이 대련으로 온다는 것이다. 그 놈이 대련 땅에 들어오면 어쩌나. 우리가 어느 곳에 있는지는 모르지만 대련 땅에 온다는 것 자체가 꺼림칙했다. 그런데 더불어 더 근심되는 것은 형님이 그놈을 찾으러 역전에 가겠다는 것이다.

"가면 안 된다. 위험하다!"

온 집안 식구들이 위험에 처할 수 있다고 그렇게 말렸건만 형은 끝내 고집을 꺾지 않고 역전으로 나갔다. 나간 순간부터 근심되고, 공포에 쌓이게 되고, 형님이 잡히면 어찌 될까 하는 생각뿐이다. 나간 다음부터 가만히 앉아 있지 못하겠다.

'나도 따라갈까? 함께 가서 옆에서 살필까? 정말 특무라면 칼로라도 찌르고 도망갈까?'

그런 생각을 하니 겁이 났다. 나가면 잡힐 것 같고, 어쩐지 꺼림칙하여 감히 나가지 못했다. 형님이 잡혀 북송되면 어떻게 될까 생각하다가도 '고집을 세우고 말려도 갔는데 운명이 정해졌겠지. 하느님이 계시니 보살펴 주시겠지.' 라고 생각하니 조금은 안정된다.

아침에 나간 형님이 오후 2시쯤 되어 그 모습대로 돌아왔다.

밀수 배

한 선생님네 집에 있는 영희 누나가 왔다. 시원시원한 성격에 음성이 높다 보니 그 누나 덕에 서리 맞은 듯 싸늘하던 집에 조금이나마 화기가 돈다. 또 누나는 우리와 썩 잘 어울린다.

이것저것 이야기하다가 영희 큰아버지가 밀수를 하는 사람이라는 것이 생각나서, 모르는 척하고 밀수 배에 대해 물어 보았다.

그런데 들어보니 생각보다 너무도 힘들 것 같았다. 우리 같은 탈북자는 그런 배를 탈 수 있을 것 같지가 않았다. 탈북자를 데려가다가 잡히기라도 하면 3국이 관련되어서 문제가 엄청 커지기 때문에 위험성이 대단하다는 것이었다.

또 신분 보장을 할 수 없는 배에 탈 수도 없다. 또, 탈북자라고 하면 아무도 실어 주려고 하지도 않는다고 했다. 어디 그뿐인가. 배를 타고 가다가 감기라도 걸려 4일 내에 낫지 않으면 무조건 바닷물에 처넣는다는 것이다. 그렇게 되면 바다 고기들의 맛있는 밥이 되고 말겠지.

오! 무섭다. 세상이 이렇게도 무서운가. 왜 이리도 사람들이 악할까. 아무리 그래도 그렇지 가다가 그러면 어쩌겠는가! 그런 소리를 들으니 우리가 밀수 배를 타고 한국으로 간다는 것도 쉽지 않을 것 같다. 그렇게 가다간 다 죽어 버릴 수도 있지 않겠는가. 살려고 가다가 채 가지도 못하고 도중에서 없어지고 말겠다.

하긴 자유를 찾아가는 길에서 목숨도 아깝지 않다고 결심했지.

학창시절

나는 북한에서 학급 동무들과 함께 보낸 학교시절을 잊을 수가 없다. 중학교 3학년에 올라온 우리 학급 동무들은 기뻐했다. 한 학년씩 올라갈 때마다 그렇게 학생들은 좋아하였다.

새 학기가 시작되어도 학생들의 성적은 오르지 않았다. 우리 학급은 학교에서 가장 학습 성적이 낙후하여 주목을 받았다. 어떻게든 학교를 빨리 졸업하고 싶은 마음들 뿐이었다. 공부하기도 딱 싫어하는 동무들이었다.

음악 시간만 되면 뒷자리에 앉은 동무들은 노래를 마구 왜곡하며 선생님을 놀려댔다. 음악 선생님은 나이가 60살이나 되었다. 선생의 별명이 '황치질'이었는데, 학생들이 어찌나 노래를 왜곡하며 선생의 별명을 넣었는지 악에 바친 선생님은 놀린 아이들을 한 명 두 명 잡아내어 마구잡이로 때렸다. 선생이 칠판을 향해 돌아서면 우리는 주먹으로 선생을 때리는 흉내까지 냈다.

이렇게 황치질 선생은 수업시간을 제대로 마치지 못하고 아이들과 싸움질만 하였다.

학생들은 공부하는 것보다 선생과 싸움질하는 것을 더 재미있게 여겼다. 수업이 끝나 선생이 나갈 때면 일제히 선생의 별명을 부르며 놀려댔다. 이렇게 학생들은 선생들을 놀리고 선생들은 지시봉으로 학생을 마구 때리는 것이 일과 같았다. 그리고 학생들은 공부시간에도 학습에 열중하지 않고 책상 앞에 책을 세워 가리고 자거나 장난치는 일에 더 신경을 썼다. 그러니 공부할 재미도 없었다.

수업시간에 설명을 잘 듣지 않아 다음날 숙제를 못해 오면 또 마구 때리기 때문에 학교 가기가 싫었다. 또 오후 수업이 끝나면 퇴비 운반, 벼 가을(추수의 북한식 표현), 강냉이 가을, 겨울 땔감나무 베기 등 여러 가지 일을 자주 시켰기 때문에 학생들은 더 학교에 가기를 싫어했다.

어떤 때는 오전 수업이 거의 끝나갈 무렵에 책 한 권에 만년필 하나만 가지고 학교에 왔다가 선생님에게 얼굴만 대충 내밀고는 오후에 어디 갔는지 보이지도 않는다. 그리고 어떤 때는 학급 아이들이 통째로 집으로 도망칠 때도 있었다. 이것은 우리 학급뿐만이 아니라 전체 학교 학생들의 일반적인 흐름이었다.

중학교 3학년부터는 가을에 학생들이 농촌 지원을 나간다. 농촌 지원을 나간다면 다들 좋아한다. 도적질을 할 수 있는 기회이기 때문이다.

농촌 지원을 나가 강냉이 수확을 하는 날이면 강냉이를 도적질하는 날이다. 혁대를 차고 와서는 강냉이 이삭을 혁대에 쭉 한 벌 찬다. 옷 주머니에도 주워 넣고, 도시락에도 강냉이를 까 넣는다. 또 강냉이 이삭을 몰래 감추어 둔다. 나중에 염소 풀 베러 가서 강냉이 이삭을 주머니에 담아 염소 깔(꼴) 안에 넣어 집으로 메고 오기도 한다.

벼 수확을 할 때는 하루 일이 끝날 때 미리 준비해 간 마대와 면도칼을 가지고 논에 들어가 벼 모가지를 잘라 한 마대씩 메고 집으로 간다. 그리고 논이나 밭 가까이에 집이 있는 아이들은 볏짐채로 가져와 집 창고에 넣고는 아예 창고 문을 밖에서 걸어 잠그고 창고 안에서 벼 알을 훑는 집도 있다. 콩 가을을 하면 콩을, 강냉이 가을을 하면 강냉이를, 벼 가을을 하면 벼를 훔쳐 온다.

가을을 하면서 달구지로 강냉이를 운반하는 것이 제일 좋은 일이다. 강냉이 밭에서 탈곡장까지 거리가 멀기에 강냉이를 실은 달구지를 타고 가면서 길옆의 풀 더미 속에 한 배낭 가량 떨구어 놓았다가 저녁에 다시 와서 몰래 집으로 가져간다. 그런가 하면 낮에도 한 사람이 배낭을 메고 나와 떨구어 둔 강냉이를 가져간다.

농촌 지원이 끝날 때에는 농장에서 특식을 준다. 어떤 때는 염소나 돼지를 잡기도 하고, 떡도 내놓는다. 하지만 떡은 몇 조각밖에 안 되고, 염소 고기도 몇 점 안 된다. 한 번씩 특식을 할 때면, 명칭은 아이들에게 먹인다고 하지만 작업반 간부들이 거의 다 오고, 심지어는 당 간부들과 안전원들도 찾아온다.

학생들은 농촌 지원이 끝나고 학교에 와서는 서로서로 훔친 물건을 자랑스럽게 말한다. '나는 이번에 강냉이 20킬로그램을 훔치고 벼를 몇 킬로그램 훔치고, 콩은 얼마를 훔쳤다'고 하는 식이다. 그러면서 언제면 또 농촌으로 가을걷이 갈 날이 돌아오겠느냐며 가을을 기다린다.

5학년 때라고 생각한다. 한번은 '붉은청년근위대'(1970년 김일성의 지시로 창설된 고등중학교 5~6학년 남녀 학생을 대상으로 한 민간 학생 군사조직.) 훈련을 갔다. 훈련소는 우리 사는 곳에서 80리 쯤 떨어진 곳에 있었다. 자동차를 타고 가야 했지만, 마을에 있는 석성리(함경북도 화대군 석성리는 길수가 태어난 곳이다.) 자동차는 기름이 없어 운행을 하지 않으니 군부대 자동차를 얻어 타고 근위대 훈련소에 도착하였다.

도착한 우리들은 배낭을 한데 모으고 인원 점검을 마친 뒤 자기 병실로 가서 청소도 하고 자리 정돈도 하였다. 우리는 창고에 가서 모포와 매트리스도 가져오고 베개도 가져왔다.

우리는 줄을 지어 '장군님 위하여 총폭탄 되리'라는 노래를 부르며 식당으로 향했다. 식당에 가려면 걸어서 5분쯤 경사지를 내려가야 했다.

우리는 식당 칸에 들어가서 식사를 하였다. 식사량은 군대 밥 양과 같았다. 처음 며칠 동안은 괜찮았는데 며칠 지나니 배가 고프고 몸이 비실거려서 아이들은 맥을 추지도 못했다. 며칠 지나니 동무들 속에서는 빨리 집으로 가자는 말이 돌았다. 처음에 말이 나오니 우리 남학생들은 모두 집으로 가자고 하였다. 근위대 생활은 정말로 배가 고파서 모든 훈련을 잘하지 않고 말썽만 부렸다. 아침 5시에 기상하여 산으로 올라 뛰며 아침 달리기를 하고 아침 운동을 한 다음 세수를 하였다. 그리고 줄을 서서 노래를 부르며 식당 칸으로 가서 밥을 먹었다. 밥을 먹고 그 오르막을 헐레벌떡 올라오노라면 아침 먹은 것이 다 소화가 되어 배가 또 고프다. 밥은 한줌씩 주고 어찌나 하는 것이 많은지 죽을 지경이었다.

밥을 먹고는 중대별로 대열 행진하고 호박 수확을 하는 등 농사일을 하였다. 군사훈련이 아니라 순 일만 시켰다. 오후에는 산에 올라가 맨손으로 나무를 하게 하였다. 해온 나무를 중대별로 쌓아놓고 어느 쪽이 더 많이 했는가를 검열하고 적게 한 중대는 다시 산으로 올려 보냈다. 다시 올라간 중대원들은 나무는 하지 않고 전부 여기저기 흩어져 개암을 따서 깨어 먹었다. 그리고는 늦게야 내려와 욕을 먹는다.

근위대 훈련을 하는 중에 제일 싫은 것은 일을 시키는 것이다. 하루에 훈련은 몇 시간 안 하고 전부 일만 시킨다.

그러나 좋을 때도 있었다. 제일 좋은 날은 화부당번 날이다. 그 날이 왜 좋은가 하면, 식당 식모가 사회 여자들이었는데 그들은 우리보고 불 때느라고 수고했다며 밥가마치(누룽지)라도 실컷 먹게 해 주었기 때문이다. 밥도 좀 많이 주었다. 그래서 아이들은 서로 화부당번 서는 날을 손꼽아 기다린다. 그날이 되어야 밥이라도 실컷 먹을 수 있기 때문이다.

이렇게 하루하루 보내고 사격하는 날이 다가왔다. 훈련 끝나기 3일 전에 사격을 한다. 아침부터 나팔을 불며 사격하는 총소리가 울렸다. 우리 가슴은 쿵쿵 뛰었다. 왜 그런지 총을 쏜다고 생각하니 좋기만 했다.

감

오늘 한 선생님 집에 가스통을 바꾸러 갔다가 1시간 정도 앉아 비디오를 보았다. 오랜만에 보니 정말 신나고 재미있었다.

영희 누나가 크고 먹음직스러운 감을 한 개씩 주었다. 너무나 도 맛있어서 순식간에 다 먹어 치우니 배가 불룩하였다.

한참 후에 한 선생님이 또 감을 들고서 먹으라고 했다. 감사하지만 한 개 먹으니 배가 너무 불러 먹지 못하겠다고 했더니 기어코 주는 바람에 손에 받기는 했으나 먹지 못하고 있었다. 민철이는 먹기 싫은 것을 억지로 먹다가 절반쯤 남겨서 쓰레기통에 처넣었다. 한 선생이 그러는 것을 보고 한마디 했다. '배가 부른 모양이로구나. 감도 안 먹는걸 보니. 하긴 내가 잘못이야. 주지 말아야 하는건데'하였다.

나도 먹지 않기를 잘 했지. 연길에서 픽 뒤돌아 앉아서 귤 한 상자 같은 것은 눈 깜빡할 사이에 없앴던 때가 생각난다. 그땐 정말 제정신이 아니었다. 지금 생각하면 나도 놀랍다. 아마 지금도 한 끼쯤 굶으면 한 상자는 먹을까? 먹겠지.

언제나 말없이 있던 한 선생님의 친절에 감사하다. 처음에는 죄인처럼 말도 못하고 한쪽 구석만을 차지하고 있었는데 친절하게 대해 주시니 가슴이 쭉 펴지는 것 같다.

옛 생각

오늘 저녁은 오래간만에 이 선생님을 제외하고 이모부, 형님, 민철이, 나 이렇게 네 사람이 한자리에 모여 앉았다.

주로 북한에 있었을 때의 생활 모습들을 하나하나 되새겼다. 이모부가 먼저 그곳에서 힘들게 살던 때를 회상하면서 식량 사정이 곤란하여 굶주림에 시달리면서도 온 가족이 화목하고 재미있게 보내던 때를 이야기했다.

그 말을 듣고 있자니 나의 지나온 생활과 여러 가지 곤란으로 티격태격 하면서 생활하던 그때의 모습을 돌이켜 보지 않을 수 없었다. 생각하면 생각할수록 그 생활이 정말 그리워진다. 무엇이나 먹어도 맛있고 재미있었던 그때, 매일매일 학교에 가서 동무들에게서 담배 한줌이라도 얻으면 손에 쥐고 아버지에게 달려가 드리던 그때가 말이다.

어쩐지 오늘 저녁은 아버지, 어머니, 형님이 그립고 그때의 생활이 잊혀지지 않고 내 마음을 끌어간다. 아무리 맛있는 음식을 먹어도 북한에서 먹던 풀죽 한 그릇보다 못하다고 생각된다.

아무리 고급스러운 집에서 새 이불을 덮고 누워 있어도, 깨끗하지 못한 온돌방에서 누더기 이불을 덮었던 그 때가 그립다. 아버지 코 고는 소리가 듣기 싫어서 귓구멍을 틀어막던 그때가 그립다. 삼 형제가 한 이불을 덮고 서로 밀고 당기면서 빼앗아 덮던 그때가 가장 행복한 때였다. 이제 다시는 그런 때가 올 것 같지가 않다.

근심도 된다. 아버지, 형님, 이모는 지금 무엇을 먹고 어떻게 지내고 있을까. 내 생명과 굶주림에 시달리는 가족들의 생명을 바꿀 수 있다면.

포커 놀이

이 선생님의 병이 조금씩 나아지는 듯하다.

그동안 조용히 지내고 있었는데, 우리와 어울리기 시작한다. 벌써 여러 날 혼자 방에 갇혀 있어서 우리와 이야기라도 나누며 조금이라도 어울렸으면 하는 바람이었는데, 기쁘기 그지없다.

오후에 이 선생님이 우리 방으로 와서 포커를 치자고 요청한다. 네 사람이 재미있는 포커 판을 벌였다. 오랜만에 이 선생님과 어울리니 모두가 기분이 좋았을 것이다.

처음으로 썰렁한 분위기가 조금씩 사라져 가는 듯한 기분이다. 한참 놀고 나니 그냥 그 자리에 앉아 있기가 싫어졌다. 무언가 자꾸 새롭게 하고 싶은 생각이 들었다. 그래서 종이학을 들고 조용한 방으로 옮겨 갔다. 어쩌다 이 선생님이 놀자고 청했는데 몇 번 놀지 않고 빠지니 인사불성이 아닌가 싶었다. 그러나 남아 있는 사람들이 재미있게 놀겠지 하고 생각하니 조금은 위로가 되었다.

저녁에도 이 선생님이 또 찾아와 수수께끼를 내면서 우리와 재미있는 시간을 보냈다. 썰렁하던 집안 분위기가 점차 사라지는 듯한 기분이다. 또 난치(난방)가 오기 시작해서 춥던 방도 덥혀 주니 얼었던 마음도 풀리는 것 같다.

겹친 경사 같았다. 조그만 일에서 기쁨을 맛볼 수 있게 되었다. 이런 날들이 계속되기를 기대해 본다.

바로 오신다던 큰아버지는 왜 안 오시는지.

왠지 자꾸 앞길이 막히는 것 같고, 무엇인가 빠져드는 느낌이 자꾸 든다.

모험

하루 종일 집안에 앉아서 학을 접고 책을 보았다.

하루 이틀도 아니고 무한정 기다리자니 지루하고 신경질이 난다. 어떻게 하면 시간을 뜻있게 보낼 수 있을까? 아무리 생각해 봐도 방도가 없다.

밖에도 나가지 못하고 , 연길에 가고 싶지만 그곳에 가도 이 생활과 다를 것이 없다. 밖에 나간다 해도 한 가지다. 또 이런 은신처 생활은 우리 처지에는 매우 어려우니 과연 어떻게 해야 되는지. 아무리 궁리해 봐도 방도가 생각나지 않는다. 공부를 하려고 해도 안 되고, 모든 것이 하기 싫다. 방법이란 그냥 이렇게 있는 것이다.

요즘은 그래도 큰아버지가 오신다는 생각을 하니까 잠시라도 기다리는 마음이 생기니 조금 낫다. 저녁에 이모부와 마주 앉았더니 〈리더스 다이제스트〉에 1976년도인가 베트남에서 한 가족이 보트를 타고 태평양을 건너 미국에 망명한 내용이 있었다고 했다. 정 안 되면 우리도 한번 그렇게 해 보았으면 한다. 나도 그렇게 하고 싶다.

베트남에서 태평양을 건너가기도 하는데, 한국은 태평양과 대비하면 엎어지면 코 닿을 곳이다. 돈을 마련해 보트를 타고 다음해 여름쯤 해볼 생각이다. 아무래도 중국에서 있노라면 잡혀 나가 죽을 것이 뻔한데, 죽을 바엔 모험이라도 해 보고 싶다.

그 전에 큰아버지가 손을 쓰시겠지?

무리한 운동

지루한 하루가 또 시작된다.

온 오전을 겨우 견디어 냈다. 정말 참기가 힘들어 이 선생님에게 가서 사정을 했더니 롤러스케이트장으로 가겠단다.

정말 기뻤다. 점심을 대충 먹고 식구 모두가 집을 나섰다. 스케이트장에 도착해서는 목마른 이리처럼 손 껍질이 벗겨지는 것도 모르고 재미있게 탔다. 2시간을 타고 나니 온 몸이 뻐근하였다. 온 몸이 녹아내릴 것 같았다. 얼마간 갈증이 풀린 것 같다.

집안에만 틀어박혀 있지 말고 한 달에 몇 번씩이라도 나와 바람을 쐬고, 놀기도 하고, 운동도 하면 얼마나 좋겠는가. 그런데 이제는 모두가 은신처 생활이 몸에 배여서 꼼짝하길 싫어하고 밖에 나가기를 무서워하고 있다.

연길에 살 때, 처음에는 무서워서 길을 걸을 때도 얼굴도 못 들고 다녔는데 얼마간 지나고 나니 괜찮아졌었다.

집으로 돌아오니 온몸이 땀으로 잦아드는 것 같다. 누워 있을 맥도 나지 않고 온 몸이 쑤시기 시작했다. 운동을 무리하게 해서 그런 것 같다.

이 선생님 몸이 아픈지, 영양 보충을 하려고 그러는지 시장에 가서 채소를 사왔다. 그걸로 저녁을 맛있게 먹었다. 운동을 하니 밥맛도 당기고 정말 재미있게 하루를 보냈다.

큰아버지는 오늘 하루를 어떻게 보내셨습니까?

겨울

집안에 멍하니 앉아 있자니 연길 생각이 난다. 어머니, 할아버지, 할머니, 모든 식구들이 무엇을 하고 있는지 궁금하다. 우리가 올 때에 생활비가 다 떨어져 갔는데 어떻게 해결해 나가시는지. 모두 나가서 일을 하는지 어쩌는지.

이제는 대련도 물이 얼어붙는데, 연길은 더 말할 것이 없을 것이다. 모두 겨울옷도 없이 어떻게 보내는지. 집에 석탄이라도 많으면 불이라도 따뜻하게 땔 수 있겠는데… 겨울이 닥치니 내가 당하지는 않지만 무척 근심이 된다.

이곳 은신처는 이제 매일 난치(난방)가 들어와서 집안이 뜨끈뜨끈하다. 한 집에 여러 명이 모여 있으니 조심해야겠는데 워낙 목청들이 다 튀는지라 걱정이 된다. 모두 따뜻하게 지냈으면 좋겠다.

이 선생님과의 이별

줄곧 우리와 함께 울고 웃었던 이 선생님이 우리 곁을 떠나셨다.

이 일을 어찌 다 한 입으로 표현을 하랴. 망나니 같고, 야생인 같은 우리 식구들을 돌보다가 병을 얻어 치료차 길림성 수도인 장춘으로 떠나셨다. 그곳이 이곳보다 안전하고 큰아버지께서 병원을 알아보고 간병할 사람들도 조취를 취해놓으셨다고 한다.

이 선생님이 떠나실 때 큰어머니는 우리에게 아무 말씀이 없으셨다. 큰아버지께서도 애써 웃음 띄우시며 '곧 나으면 돌아 올거야!' 하셨지만 그렇게 쉽게 나을 병이 아닌 듯싶다. 우리가 마치 큰 죄라도 진 것 같아 몸 둘 바를 모르겠다.

그 동안 이 선생님이 우리와 함께 했던 시기는 7개월이지만, 이 선생님이 느끼기에는 아마 7년이나 70년같은 시간이었을지도 모른다.

겉으로는 이 은신처가 멋지고 그럴듯하지만, 우리와 부대끼느라 마음 고통이 얼마나 심했을까. 부디 다시 만날 것을 기약하며 보내는 우리 마음은 그저 큰 돌덩이처럼 무겁기만 하다.

아, 이 위험하고 스산한 은신처에 누가 우리의 보호자로 올 것인지…

11

열일곱 살

기다리다 지쳤다

내일은 형님 생일이고 다섯 날만 있으면 새해가 시작된다.

형님 생일인데 아무 준비도 없다. 모든 사람이 생일 하면 모두 등한해 하지만 동생인 나는 그저 '생일 축하합니다!'라는 말 한마디로 때우고 싶지 않았다. 물질적인 것보다는 마음이 중요하겠지만, 나는 형님에게 무언가 기념될 만한 추억이 되도록 해주고 싶다.

그러나 나에게는 1전 한 푼 없으니 답답하기만 하다. 큰아버지가 오시면 돈을 얻어서 시계라도 하나 사주고 싶은데 큰아버지는 양력설을 쇠고 오시는 모양이다.

양력설 전에 오시리라고 믿었는데 지금은 오시지 않으니 기대하고 있던 것도 모두 무너져 버렸다. 혹시 큰아버지가 지금 중국에 와 계실지도 모르지.

여러 방면으로 노력을 하다가 되지 않으면 마음속으로 진심어린 기도라도 드려야지. 어쩌다 책을 열심히 보고 있는 형님의 모습, 또 '나는 왜 키가 이리 작은가' 하면서 상심하는 형님의 모습을 바라 볼 때면 가슴이 아프다. 형님에게 잘 해주지 못하고 마구 굴던 내 자신이 원망스럽다.

이때까지 잘해 주지 못한 죄스러운 마음에서라도 이번 생일은 잘 챙겨 주자고 생각했다.

'형님, 이때까지 철없이 굴었던 모든 잘못을 고치고 모든 것을 잘 하도록 노력할게요. 편안한 밤 되세요.'

다섯 날만 있으면 1월 1일 2001년이 된다. 새해를 맞으면서 나도 무언가 새롭게 시작해야 되겠는데 여러 가지 생각이 많이 떠오른다. 어떻게 하는 것이 가장 옳은 일이고 잘하는 일일까. 물론 그것은 큰아버지를 믿고 수련을 더 하는 것이다.

모르고 있는 것은 아니다. 그러나 모든 것을 또 다시 새롭게 시작하고 싶다. 여기 한 곳에 이렇게 오랫동안 머물러 있는 것이 우리들의 꿈을 실현하기 위한 것이므로 참고 견디어야 되겠지만, 내 생각은 조금은 다르다.

여기에 있는 것이나 다른 곳에 가서 무엇을 배우면서 있는 것이나 육체적으로는 가까이 있지 않더라도 마음이 함께 하고 있으면 되지 않을까 하는 생각인 것이다. 그래서 교회에 들어가서 성경이라도 배우고 싶다.

교회에 들어가서 배우는 것도 큰아버지를 믿고 따르기 위한 준비, 곧 수련이 아니겠는가. 딱 여기에서 생활하고 있어야만 수련이고 큰아버지를 믿는다고는 할 수 없지 않은가. 여기서 너무 오래 있어서 지루하기도 하지만, 무언가 배우고 싶은 생각도 들고, 이런 저런 여러 가지가 합쳐져 이런 생각을 하게 된 것이다.

큰아버지를 버리고 떠난다는 것은 아니다.

나는 큰아버지를 버리고 떠난다고는 꿈에서라도 생각해 본 적이 없다. 이번에 큰아버지가 오시면 다시 한 번 토의를 해야 겠다.

오! 이제는 큰어머니가 너무한 사람처럼 생각된다. 누구와 처음 인연이 되었는데, 연길에 있을 땐 조금이라도 격동되면 눈물을 한 사발씩 흘리던 큰어머니, 감정이 풍부하던 큰어머니가 전화 한 통도 없고 감감무소식이다.

이때까지의 눈물이 거짓이었는가. 어쩌면 이리도 소식이 없는가. 이제는 기다리다 못해 질려 버렸다.

나는 왜 중국에 왔나

오늘은 형님 생일이다.

아침 일찍 일어나서 형님에게 인사를 했다.

"진심으로 생일 축하해!"

"응, 고맙다."

형님은 채 잠에서 깨지 못한 채 대답을 했다.

아침에는 집에 있는 채소를 총동원하여 그런 대로 한 끼니를 때웠다. 점심때 쯤 민국이 형과 시장에 나가 35위안짜리 손목시계 하나를 선물로 샀다. 그 시계가 큰 선물은 아니지만 무언가 내 힘으로 했다는 것에 마음이 후련했다. 그런 대로 형님 생일을 서글프게 쇠지는 않았다고 생각한다.

큰아버지가 주신 용돈이 남아 있었기에 망정이지, 그것마저 없었더라면 어떨 뻔했는가. 여기 모든 사람은 생일에 대해서 그다지 신경을 쓰지 않는 것 같다. 우리가 생일 노래를 하면 뒤돌아서 콧방귀를 뀔 정도다. 사회주의 사람들만 그런 건 아니겠는데 이상한 사람들이다.

자기가 이 세상에 태어난 날 만큼 기쁘고 중요한 날이 또 어디 있을까. 다른 사람들이 옆에서 볼 때는 그다지 크지 않은 일이지만 자기 생일 같은 날 신경 써주고 관심을 보여 주면 얼마나 좋겠는가. 또 자기 일이라고, 자기 생일이라고 생각하면 얼마나 좋겠는가. 여기에 그 누군가가 있었더라면 멋지게 생일을 쇠었을 것인데. 형님에 비하면 나는 생일을 너무 멋지게 보냈다.

모든 사람이 '우리 같이 아무것도 없는 처지에 큰아버지에게 신세 지며 살아가면서 생일은 무슨 생일이냐, 살아가기도 힘든데', 할지 모른다. 그렇지만 그렇게 생각하면 안 된다. 북한같이 굶어 죽는 데서도 쌀밥은 먹었다. 북한하고 여기 우리 생활 처지를 비교하면 안 되지만 그래도 생일은 생일이고 처지는 처지다. 안 그런가.

아무런 유학비도 들지 않고, 탈북자라는 이름 하나만으로 큰아버지에게서 유학비를 보장받지 않았는가? 그러고 보면 중국 사람들보다도 조금은 나을 수 있다고 할 수 있겠다. 큰아버지 말씀처럼 조선 민족은 선택된 민족이다. 얼마 전까지만 해도 이런 생각은 하지 못하고 있었다.

'내가 왜 중국에 왔는가?'라는 의문 속에서 늦게나마 찾은 답이다. 처음에는 순전히 먹고 살기 위한 전투 때문이라는 생각뿐이었다. 그러나 넓고 맑은 이 세상에 나와 보니 오직 먹고 살기 위해서라면 너무나 기가 막힌 일이고, 원시인이나 다름이 없는 것이다. 그땐 오직 먹고 살기 위해서 탈북 했다고 하지만, 나도 모르게 그 누구도 모르게 그 무엇인가가 작용했다는 것을 믿는다. 그것은 곧 큰아버지가 말씀하시는 '눈으로 볼 수 없고 손으로 만질 수 없는 보이지 않는 감독의 배후 작용'이다. 중국으로의 탈북 생활이 완전히 무의미하게 느껴졌었던 적도 있지만, 이젠 그런 생각이 없어져 버렸다.

큰아버지 말씀처럼 모든 것이 내 마음대로 내가 생각한 대로 되지 않는다는 것을 느끼게 된다. 북한에 다시 넘어갔을 때도 누가 가라고 한 것이 아니라 그냥 가고 싶어서 간 것이었다. 그때 감독님이 내 마음을 움직여 주셨던 것은 아닌가?

또 중국에 유학을 왔는데 맨 몸에 생소한 곳이라 감독님이 큰아버지와 인연을 맺어 주시어 보다 많은 것을 배우고 느끼게 하시는 것 같다.

이 일기를 다 쓰고 난 다음에 또 어떻게 될지 모르지만 유학생활 동안 많은 것을 배워야겠다. 20만, 30만의 탈북자가 생겨난 것도 다 감독의 지시에 따라 그렇게 된 것 같다.

나는 이렇게 생각한다. 큰아버지를 믿고 따르는 것이 곧 하느님을 따르고, 감독을 따르는 것이라고.

불합격

오늘 실매듭 만든 것을 22개나 가져갔다. 이제는 거의 나도 40개를 넘어갔다. 지금은 더 잘하느라고 애쓰고 있다. 그런데 오늘 가져갔던 것이 모두 그대로 되돌아왔다. 풀어서 다시 해오라는 것이다.

정말 아득하다. 22개 중에서 10개가 내 것이고, 나머지는 이모부 것이다. 10개를 다 풀어서 하려면… 보기만 해도, 생각만 해도 아름찼다(힘에 겹다, 벅차다의 순우리말). 무엇이 잘못인가 했더니 길이가 짧다는 것이다. 내가 할 때는 좀 길다 해서 근심했는데 완전히 생각 밖이었다. 도저히 믿을 수가 없었다.

나로서는 다시 풀어서 하기도 힘들었다. 또 책임감을 가지고 하느라고 열심히 노력을 했는데, 어찌나 화가 나는지 그대로 견딜 수가 없었다. 그래서 민국이 형하고 검열하는 집으로 찾아갔다. 가자마자 검열을 했는데 2개를 검열하고는 전체를 다 평가하다니, 이건 엄연히 세 사람이 만든 것인데 아무리 호소하려고 했지만 끝내 입을 열지 못하고 돌아왔다.

우리 입장에서는 몇 개라도 합격되길 바랐지만 또 검열하는 사람들의 입장은 달랐다. 바쁜 시간에 22개를 일일이 다 할 수는 없고 한두 개를 검열해서 불합격이면 모두 불합격이다. 그러니까 모두 잘하라는 것이다.

이것은 일머리를 가지고 다투는 것이다. 그런데 우린 일을 하다가도 이것쯤이야 하는 생각이 지배하기 때문에 불합격품이 나오는 것이다. 이것은 기술 문제가 아닌 머리 문제, 사상 문제인 것이다.

사람이 기계가 아닌 이상 불합격품이 나올 수 있는 것은 당연하다. 우리가 올바른 관념을 가지고 일을 하지 않기 때문이다. 오늘 또 이런 차이점들을 배우게 되고, 많이 생각하게 되었다.

남과 북, 자본주의 사회와 사회주의의 관리 운영 방법에 대해서도, 그러니까 서로를 잘 알고 같이 살아보고 피부로 모든 것을 느껴야 통일도 될 수 있다는 큰아버지의 말씀이 확실히 옳다.

일과표

한 선생님이 오셔서 내 것이 합격될 수 있다고 하셨다. 내가 한 것에 자신이 있기에 내 것만 따로 가지고 영희 누나와 검열을 받으러 갔다.

이번까지 불합격 되면 어쩌나. 검열을 하는데 너무나도 속이 조마조마했다. 마음속으로 기도까지 올렸다. 제발 합격시켜 달라고. 이번만은 다음부터는 잘해 나가겠다고 다짐까지 하면서. 기도 덕분인지 쉽게 합격이 되었다. 어찌나 기쁘던지.

눈앞에 돈이 막 보이는 듯했다. 한 선생님 말씀처럼 눈앞에 돈이 보였다. 내일은 우리 작업을 결산하는 날이다. 이때까지 내가 만든 것이 50개가 된다. 50개니까 50위안을 주겠는지 모르겠다.

처음으로 내가 일해서 내 손으로 번 돈을 받는다고 생각하니 이렇게 기쁠 수가 없다. 내 손으로 이렇게 벌 수 있으면 큰아버지 부담도 조금은 덜고 소비돈 같은 것은 내 손으로 벌어서 쓰면 얼마나 좋으냐.

오늘 일과표

- 아침 7시 기상
- 8시부터 10시까지 책 읽기
- 10시부터 12시까지 중국어 공부

- 오후 1시부터 6시까지 실 감기
- 8시부터 9시까지 중국어 공부
- 9시부터 10시 30분까지 30분 동안 일기 쓰기
- 11시 취침

열일곱 살

한 선생님이 오늘 월급을 가져오셨다.

우리가 실을 감은 값이다. 120위안을 가져오셨다. 세 명이 했으니까 한 사람 앞에 40위안씩이다.

손에 40위안을 받아 쥐니 어찌나 좋은지. 누가 그냥 준 돈이라면 그리 기쁘지가 않았을 것이다. 내 힘을 들여 내 손으로 번 돈이니까, 정말 내 노력으로 번 돈이니까 귀하게 생각되었다. 돈이 있으면 잘 쓰는 편인데 정작 사탕 한 알 사먹기가 아까웠다.

이렇게 기쁠수가! 내가 연길에서 채소 장사를 할 때 내놓고는 이 번이 두 번째가 된다. 몇 번이나 돈을 꺼내 보았는지 모른다.

새해 결심

지나온 1년, 2년을 돌아보게 된다. 정말 후회되는 것이 너무너무 많고, 뉘우치게 되는 것도 또한 많다. 머리에 지식이라도 많이 쌓았는가, 또 그렇다고 돈을 많이 벌었나. 여기저기에서 사람들의 미움과 욕설만 듣고 살아 왔다.

지나간 1년을 생각해 보니 시간은 너무나도 허무하게 빨리 지나갔다. 내가 이제 열일곱 살이라니. 할 일 없이 나이만 먹다니. 아, 서글프구나. 그러나 한 가지 아무런 후회도 되지 않고 감사한 것은 내가 큰아버지를 알게 되어 이때까지 무사히 살아왔다는 것이다. 천재 같으신 큰아버지를 모셨다는 것이다. 이것이 제일이다. 2년 동안의 성과라고도 할 수 있다.

새해를 맞으면서부터는 세월을 허무하게 보내지 말아야겠다. 다음해에 가서는 다시는 이런 일기를 쓰지 말아야겠다. 기쁨과 만족에 찬 일기를 써야 되겠다.

12

연길이 위험하다

설날

새해가 밝았다. 새해 첫 아침인데 날씨도 그렇고, 마음도 분위기도 그저 쓸쓸하다. 그전보다는 설날 아침이라는 기분에 약간은 흥분되어 있지만 아침에 만든 몇 가지 음식을 먹고 마쳤다. 설이라고 해도 중국은 음력설을 쇠니 그저 그렇다.

북한에서는 양력설을 쉰다. 1월 1일 아침이면 어려운 형편에서도 떡방아 소리가 쿵쿵 온 마을을 울렸는데, 여긴 완전히 다른 세상 중국이다. 귓가에 떡방아 소리가 들리는 것 같다.

사람들이 설 인사 하느라 줄지어 다니던 모습과 자기 집에서 만든 음식을 들고 이집 저집 다니던 모습들이 선하다.

그땐 설날이라면 어찌 기쁘던지. 설날에는 다른 날보다 잘 먹어서 그랬는지, 한 살을 더 먹어서 그랬는지, 지금은 기분을 바꾸려 해도 도저히 되질 않는다. 우리 아버지는 설날에도 흩어진 가족을 생각하면서 눈물을 펑펑 쏟고 계실 테지.

설날이나 생일에 좋은 음식을 먹을 때마다 생각나고 그리워지는 부모 형제다. 아버지는 이 겨울을 썰렁한 집에서 혼자 몸으로 밥을 끓여 주는 사람도 없이 어떻게 보내고 계실까. 우리와 함께 하면 얼마나 기뻐하실까.

아버지, 형님, 새해에도 건강한 몸으로 통일이 되는 날까지 쓰러지지 마시길. 복 많이 받으시길 진심으로 바랍니다. 큰아버지 큰어머니 가족 그리고 회원 여러분 새해에도 몸 건강하시고 하시는 바 일이 잘 되어 성과를 거두시기를. 복 많이 받으세요.

이모 생각

이모부와 민국이 형이 실매듭 작업을 그만두었다. 이모부와 민국이 형이 만든 것은 어째서인지 계속 불합격이 되니까 신경질이 나서 그만둔 것이다. 이제는 나 혼자 기계를 돌려야 하는 형편인데 근심거리가 여러 가지다.

책도 보고 한자 공부도 하자면 못 해도 두 명이 바꾸어 가면서 해야겠는데 참 딱하다. 모두 하지 않겠다고 하니 난처하다. 더 큰 근심은 기계를 가져갈까 봐 두려운 것이다.

한 달에 몇 십 위안이라도 벌어서 용돈을 만들어야겠는데 기계를 가져가면 어쩌나. 하여튼 하는 데까지 열심히 해보자. 하다 보면 늘어나겠지. 돈 버는 일이 그리 쉬운 일이던가. 이것도 못하면 앞으로 어떻게 살지. 되든 안 되든 끝까지 해보자. 하다 보면 성공하겠지. 하다가 그만두면 이미 감아 놓고 불합격된 것은 어쩐단 말인가. 참 답답하다.

이모 생각이 났다. 북한에서 아직도 살아 계신지, 하늘나라로 가셨는지, 아니면 차디찬 감방에서 고생을 하고 계신지…

이모님, 새해에도 살아 계시다면 하루 빨리 우리 곁으로 오세요. 집 식구들이 이모가 돌아오시길 기도하고 있습니다. 새해에도 건강한 몸으로, 세상의 복이란 복은 다 받으시길 진심으로 바랍니다.

두 생각

한 선생님이 오셨을 때 '중국인들이 사는 집으로는 가지 못하는가?'하고 또 물어 보았다. 그랬더니 그곳엔 가지 못한단다. 어떻게 하려는 것인지.

지금 한 선생님네 기름공장도 돌지 못하니 어려워서 이렇게 늦추는 것인가.

지금 나는 두 가지 생각을 하고 있다.

중국인 집으로 가면 그곳에서 큰아버지가 기다리라고 하는 기간 동안은 기다릴 것이다. 또 중국인 집이 되지 않으면 이번에 큰아버지가 오시면 토의해서 교회(길수가 큰어머니와 인연되기 전 한동안 교회 은신처에서 생활한 일이 있었다)로 들어가서 성경 공부라도 열심히 하려고 생각 중이다.

짧은 일기

오늘은 일기를 쓸 감도 없고 아무 생각도 없다.

그래서 오늘 일기를 몇 줄로 마치고 만다.

쓸 것이 없으니까 이유가 되는 것이다.

하느님

큰아버지 전화를 받았다. 새해를 축하한다고 인사를 했다. 큰아버지도 올해에는 너희들이 좋은 일이 많고 또 모든 일이 잘 되기를 바란다고 하셨다. 그 말씀에 조금은 용기가 났다. 잃었던 용기, 힘을 오랜만에 다시 찾은 듯한 기분이다.

큰아버지에게 이 다음에 오실 때는 신학에 대한 책을, 하느님에 대한 책들을 좀 가져오시라고 했다. 그랬더니 하시는 말씀이, '길수야, 하느님을 보았는가?' 하고 반문하셨다.

나는 하느님을 보지는 못했지만, 수많은 사람이 '하느님, 하느님' 하면서 보이지도 않은 하느님을 믿는 데 대해서 조금은 흥미를 가지고 있고, 또 나도 그렇게 믿고 싶다고 했다.

어렵고 슬픔에 부딪치면 생각지도 않았는데 입에서 '하느님' 하고 외치는 것을 보면 이상하기도 하다. 하느님에 대해서 미친다기보다도 성경의 말씀대로 생활하면 보다 건전하고 깨끗한 삶을 살 수 있을 것 같아서다.

하느님을 보지 못했지만, 인간이 만들어 낸 글 속에, 그림 속에, 생활 속에 하느님을 배워 온전한 삶을 살고 싶다.

하느님의 말씀을 알아야 큰아버지의 마음을 조금이라도 읽을 수 있을 것 같다. 큰아버지는 세상에 하나밖에 없는 하느님이요, 나도 하나밖에 없는 하느님이다.

인간을 사랑하고 인간에 대해 알려고 노력한다면 그때는 비로소 진정한 하나밖에 없는 하느님이 될 수 있을 것 같다.

분단

오늘은 어쩐지 북한에 두고 온 아버지와 형님 생각에 마음이 괴롭다. 이제 아버지도 52살, 형님은 21살이다. 생각해 보면 세월이 너무도 빨리 흘렀다.

내 나이를 세어 보면 놀라지 않을 수 없다.

벌써 중국에 온 지도 만 2년, 햇수로는 3년이다. 꿈만 같다. 내가 중국에 와 있다는 것도, 부모 형제와 떨어져 있다는 것도.

통일 예상 시기를 10년 내지 20년 후로 보고 있다는데, 20년 후면 아버지 나이 72세, 형님 41세, 내 나이 38세가 된다. 꿈 많고 화목하게 지낼 때는 이미 다 지나가고 부모 인생 말년에 만나게 된다니 그때까지 살아 계실지. 생각만 해도 소름이 끼치고 분단의 역사를 가져오게 한 장본인들이 몹시 밉다.

새해를 맞고 나니 왜인지 부모 형제 생각이 더욱더 간절하다. 온 가족이 모두 한 집에 모여서 화목하게 살고 계시는 큰아버지를 볼 때면 부럽다. 왜 나와 우리는 이래야 되는가 하는 생각도 든다. 또 이런 아픔, 분단의 아픔, 이산가족의 아픔을 하루빨리 없애려고 노력하시는 큰아버지를 보면 정말 감사하고 또 감사하다.

내가 중국에서 부모 형제와 떨어져서 할 일은 무엇인가. 그저 숨어 다니면서 먹고 자고 똥 싸고 이렇게 보낼 순 없지 않는가.

언제나 큰아버지를 믿고 따르자. 열심히 그들의 몫까지 다 해 배우고 또 그들의 몫까지 열심히 벌자. 이담에 늦게라도 찾아가 아버지, 형님에게 자식된 도리, 형제의 도리를 하고 싶다. 그분들이 남은 인생이라도 편하게 살 수 있도록 해 주고 싶다.

아버지, 형님, 그리고 이모, 부디 몸 건강히, 통일되는 그날까지 견디어 내시길 간절히 바랍니다.

고장난 기계

요즘 한 선생님이 우리에게 무척 관심을 보이는 것 같다. 하루에 세 번 네 번씩 오시는 것이 보통이다. 우리에게 일을 시키려고 계속 오시는 모양이다.

오늘 내가 돌리던 실 감는 기계가 고장 났다. 아침에 망가져서 바꾸어 왔는데, 오후에 또 망가졌다. 하루에 두 번씩이나 망가지니 내가 가기도 미안하고, 그래서 겨우 영희 누나를 달래어 기계 수리를 하러 보냈다. 즉시 영희 누나가 수리를 해 와서 다시 일을 하고 있는데 한 선생님이 매달 말경에는 더욱더 신경을 써서 잘하라고 하신다.

한 달에 한 번씩 사장이 오니까 그때만 잘하면 된다는 것이다. 보통 때는 좀 실수가 있어도 봐준다는 것이다. 먼젓번에 내가 일한 것을 가져갔을 때도 검열하는 조선족이 사장이 없으니까 불합격도 합격으로 받아 주었지만, 한참 생각해 보니 일을 저렇게 해서 되겠는가 하는 생각이 들었다. 저렇게 일을 하면 한국 사장도 골치 아프겠다는 생각도 들었다.

나부터 올바른 관념을 가지고 일하자. 사람은 돈을 번다기보다도 이 세상에 일을 하기 위해서, 무언가 하기 위해서 태어났기에 일을 해야 한다. 일을 함으로써 어떤 목적보다는 나의 의무를 다하고 있다는 기쁨을 맛볼 수 있어야 되는 것이다.

기분이 나쁘거나 슬프거나 너무 기쁘거나 하면 이 일이 잘되지 않는다. 실이 꼬이거나 끊어지는 것이다. 일할 때에 먼저 올바른 생각을 가지고, 남의 일이라고 생각지 말고 즐겁게 해나가야겠다.

미우면 미운 대로

아침에 민국이 형이 와서 "야! 어제는 우리 아버지 생일이었는데…" 한다. 하루 종일 말도 없고 그 칸에서 나오지도 않으니 생일날을 어찌 알 수 있으랴. 모두가 몰랐던 것이다. 지나간 다음에야 생각이 났던 것 같다.

민국이 형이 시장에 나가서 귤하고 돼지고기를 사 가지고 왔다. 이모부 생일이라고 해도 해놓은 것이란 하나도 없다. 가진 것이 없으니.

이모부께 맥주를 한 잔 부어 드렸다. 그리고 차려 놓은 음식을 실컷 먹어 주었다.

이모부가 음식을 드시면서 생일을 조용하게 하는 것이 좋다고 했다. 그 말 속에는 누구도 알아주지 않는다는 불만도 섞였을 것이다.

화영이가 어쩐지 보기가 싫다. 말을 하는 것도 그렇고, 행동하는 것도 그렇고, 화영이가 하는 모든 것이 싫다. 중국에 처음 올 때부터 그랬다.

나와 화영이는 계속 싸웠다. 화영이가 뭐라고 한 마디만 하면 아무리 좋은 말이라도 나의 귀에 거슬린다.

녹음기를 가지러 화영이 칸에 들어갔다가 책상 위에 펼쳐진 화영이 일기장이 있기에 몇 줄 읽어 보았다. 영희 누나가 여기에 처음 왔을 때 우리가 밖에 자꾸 나가면서 이 선생님에게 쓰던 수법이 계속 나온다는 글이 적혀 있었다. 그리고 누구는 관심 가져 주고 누구는 안 가져 주고 한다는 글도 본 것 같다.

무슨 수법이니 뭐니 하는 것이 참 우습지만 화영이에게는 그렇게 보인 것 같다. 우리가 그런 수법을 써서 무엇 한단 말인가.

나는 나에게 무슨 수법이 있는지 잘 모르는데 화영이는 참 잘도 알고 있다. 왜 화영이가 이렇게 보기 싫고 미울까. 내 눈에는 화영이가 마귀 할멈 같다. 아무리 좋게 보려고 노력을 해도 잘 되지 않는다. 그냥 미우면 미운 대로 살자.

애란이 아주머니

오늘 새벽에 나간 영희 누나(이 선생님이 병을 얻어 은신처를 떠난 후 잠시 길수 가족을 돌보고 있었다)가 하루 종일 오질 않는다. 일기를 쓰고 있는 이 시간까지도. 지금이 밤 11시인데 말이다.

지금 우리의 안전은 완전히 무방비 상태다. 한 선생님 집 아이들은 어떤 때는 아예 오지 않을 때도 있다. 이러다가 중국 공안이라도 쳐들어오면 어쩐단 말인가. 쳐들어오면 곧장 잡히게 될 정도가 되었다.

한 선생님 집 아이들은 어디까지나 모든 문제를 대강 대강 대수롭지 않게 지나쳐 버린다. 완전히 여기가 숙박집이 되어 버린 것 같다.

우리에게는 무엇보다 안전이 첫째다. 잡혀 나가면 죽고 마는 것이다. 그런데 큰아버지도 안전에 대해서 그전보다는 등한시하는 것 같다. 이러면 안 되는데. 우리가 잡혀도 크게 문제가 없다는 것인가.

우리에게는 지금처럼 이런 방식으로 관리하는 사람보다는

이전에 우리를 관리하던 이 선생님처럼 짐을 풀어 놓고 함께 생활하는 사람이 필요한 것이다. 사람이 없으면 연길에 있는 장마당 할머니나 애란이 아주머니께서 오면 되지 않을까. 그렇게도 안 되면 할 수 없이 연길로 가야 되는 것이다. 지금처럼 이렇게 무방비한 상태라면 연길에서 숨어 살기보다도 못한 것이다.

큰아버지는 지금 우리가 연길로 내려가길 원하시는가. 대체 무엇을 원하고 계실까. 이번에 오시면 정말 무슨 대책이 있어야 한다. 다른 때처럼 그냥 저냥 넘어갈 수는 없는 일이다. 안전을 완벽하게 하든지 아니면 연길로 가든지 해야 될 것이다. 아니면 연길에서 사람이 올라오든지.

만일 우리가 북한에 잡혀 간다면 끓는 기름 가마에 곧바로 들어갈 것이다. 생각만 해도 소름이 끼치는 세상이다. 북한, 아! 무섭다.

눈에 잠긴 천지

한국에 많은 눈이 와서 사람이 죽고, 실종 되고, 많은 피해를 입었다는 방송을 들었다. 언젠가는 장마가 져서 많은 피해를 입더니 이제는 눈 때문에 난리다. 왠지 한국에서 어떤 피해를 입었다면 왜 한국에서 그런 피해를 입었나 아쉽고 내 일같이 여겨진다. '중국이나 확 피해를 입을 것이지' 하는 생각도 든다.

북한이 피해를 입었다는 소식보다도 한국이 피해를 입었다고 하면 왜 그런지 더 근심이 된다. 여기 대련도 한국과 날씨가 거의 비슷한지 며칠 동안 많은 눈이 내렸다. 온 천지가 하얀 눈 속에 잠겨있다. 이전 같으면 눈이 많이 오면 밖에 나가서 바람도 쐬고 했는데 이제는 집 식구들이 밖으로 나갈 생각도 하지 않는다.

나도 마찬가지다. 스스로 안전을 자각해서 그런다기보다는 습관이 되어 버린 것 같다. 밖에 나가도 늘 보는 건물과 사람들뿐 아무런 재미도 없다. 집에서 책이라도 몇 줄 더 읽어야겠다는 생각에 나가지 않고 있다. 밖에 나가지 않아도 항상 같은 기분이니까 나가지 않는 것이 더 좋다. 아침 7시에 일어나 밥 먹고, 공부하고, 부업으로 돈벌기 하고, 운동하고, 책 보고, 일기 쓰고, 하루가 이렇게 흘러간다.

새해에는 좀 다르게 무엇을 한 가지라도 배우자고 결심을 했으니 실천에 옮기자면 큰아버지가 빨리 오셔야겠는데, 곧 오신다 하시고는 며칠이 흘렀다. 큰아버지가 '곧바로'라고 하시는 말씀은 대체로 며칠 정도를 두고 하시는 말씀인지 모르겠다. 큰아버지께서 지금 중국에 와 계실지도 모르지.

공안에 잡힌 꿈

지금 연길에서는 어떻게 지내고 있는지, 또 생활비는 누가 대고 있는지, 아니면 숨죽이고 살고 있는지, 연길 소식이 무척 궁금하다.

꿈을 꾸었다.

강변에서 돈을 150위안 정도 얻었다. 누군가가 물에다 쳐 놓은 그물에 걸린 고기를 가졌다. 그리고는 공안에게 쫓기고 있었다. 한참 가다 보니 앞에 총이 있길래 그것으로 공안들과 총질을 하면서 싸웠다. 다른 사람의 총은 잘 나가는데 내 총은 아무리 방아쇠를 당겨도 탄알아 나가질 않았다. 사람도 죽지 않는다. 그러다 잡히고 말았다.

벌떡 일어나 보니 아침 6시였다. 공안에게 쫓겼던 것처럼 숨이 차 헐떡거리고 있었다. 꿈속에서도 정말로 무서웠다.

이모가 오셨다

이모가 살아서 돌아오셨다!

연길에서 이모가 전화를 걸어와 우리 모두가 알게 되었다. 한참 실을 감고 있을 때, 민국이 형이 들어와서 이모가 연길에 오셨다고 알려 주었다. 이모가 오셨다니, 이게 무슨 소리냐! 꿈 같은 일이다. 전혀 믿어지지가 않았다. 내가 전화를 받았더니 정확히 이모 목소리였다. 나는 너무 기쁜 나머지 "이모!"하고 소리를 힘껏 질렀다.

내가 지금 꿈을 꾸고 있는 건 아닌가 하고 의심할 정도였다. 진짜로 죽은 줄로만 알았다. 가슴은 쿵쿵 뛰고 당장 숨이 넘어갈 것 같다. 이모네 식구들도 너무 좋아서 야단이다. 화영이는 누워서 엉엉 울고 있다. 정말 이모는 우리 기도로 인하여 하느님의 인도로 다시 돌아오게 된 듯하다.

이것이 큰아버지의 뜻일지도 모른다. 우리에게도 그렇고 큰아버지에게도 지금껏 지내온 중에서 제일 큰 특대 뉴스가 아닐 수 없다.

이모가 왔다는 소식을 전하자 제일 먼저 떠오르는 것이 아버지와 형님이었다. 이모가 형님이라도 데리고 왔으면 좋았을 걸 하는 생각도 가득하다. 이모부는 '이제부터 먹는 것이 살로 가겠다'면서 얼굴에 웃음기가 돌았다.

아버지, 형님도 함께 왔더라면 얼마나 좋았을까! 가슴이 찢어지는 것 같다. 이제 우리 가족만이 이산가족의 슬픔이!

아버지, 형님, 몸 건강히 잘 계신가요?

탈북자 30명의 운명

어제 저녁 KBS 사회교육방송 자정 뉴스에서 탈북자에 대한 소식을 들었다. 짧게 방송되어서 자세히는 듣지 못했지만 탈북자를 돕는 한 단체가 힘을 써서 탈북자 30명이 중국에서 난민 승인을 받게 하려고 수속중이라는 소식이었다.

30명이라도 안전이 보장되고 중국 땅에서라도 자유로울 수가 있다면 정말 다행이다. 우리도 그렇게는 될 수 없는지.

한국으로 가지 못한다면 그렇게라도 되었으면 좋겠다. 정말 중국에서 난민으로 인정해 준다면 탈북자들은 그때부터 발판을 잡을 수 있게 될 것이다. 잡아가지 않는다는 보장만 해 준다면 북한에 있는 사람들이 모두 넘어올 것이다.

강제송환

이모부가 뭔가 고민을 하고 계시는 것 같다. 아마도 이모 때문인 것 같다. 며칠 전에도 이모부가 하신 말씀이 생각난다. 이모가 연길 조양촌에 있을 때처럼 살아가려면 아예 이곳으로 오지 말라고 하는 소리를 들었다. 이모는 연길에서 돈을 벌려고 양고기 구이점에 나가서 일을 하다가 잡혀 북한으로 송환되었던 것이다. 이모부는 그렇게 안전하지 못한 곳에서 돈을 벌지 말라는 것 같다.

이모는 끝까지 돈을 벌려고 하는 것 같다. 이번에 기적적으로 살아 돌아왔지만 돈을 벌려고 하는 생각은 끝까지 굽히지 않으려고 할 것이다. 그러면 우리 외가 식구하고 이모부와의 장벽은 더욱 더 튼튼하게 다져질 것이다. 그러면 이모부는 외가를 또 다시 비난할 것이 뻔한 일이다.

또 그것이 계속 그런 상태로 나가면 이혼이니 뭐니 하는 소리도 나올 것이다. 복잡하게 될 것이다. 이모가 기적적으로 살아 나왔으니 돈이니 뭐니 하는 것보다 가족과의 상봉이 첫째라고 생각한다. 모두가 기다리는 대련으로 와서 가족과 다시는 떨어지지 말고 함께 생활했으면 하는 바람이다.

이제 다시는 강제 송환되는 비극이 일어나서는 안 된다.

까치

오늘도 큰아버지가 오지 않으셨다. 이미 비행기 올 시간이 지났고, 오늘까지 오시지 않는 걸 보면 음력설이 지난 다음에

나 오실 것 같다. 그런 생각을 하며 앉아서 실매듭(장식용 노리개 매듭짓는 일)을 감고 있는데 까치가 '깍! 깍!'하고 울어댄다. 대련에 와서 처음 들어보는 까치 소리라 듣기도 좋고 신기하게 느껴졌다.

까치가 울면 귀한 손님이 온다는데 오늘 좋은 소식이 있겠구나 하고 기대를 하고 있었다. 지금은 비행기 시간도 지났으니 큰아버지는 안 오실 것 같고, 구사일생으로 살아 돌아온 이모가 대련으로 오시나 하는 생각이 들었다.

한창 아무 생각 없이 실을 감고 있는데, 큰아버지가 오셨다는 소식이 왔다. 그 소식을 듣고 제일 먼저 입에서 "까치가 울더니 그놈의 까치, 어쩌면 그리도 신통하게 알까!"하고 소릴 질렀다. 참으로 까치에 대한 의문이 많이 생겼다. 까치는 사람과 완전 다른 짐승인데, 사람과 짐승하고도 그 무엇인가 연결되어 있는 것일까.

문이 열리더니 신사복 차림을 한 50대쯤 되어 보이는 남녀가 물건들을 이고 지고 들어왔다. 큰아버지 큰어머니였다. 들어서는 모습이 참으로 멋있다. 큰아버지는 항상 웃으시는 모습이고, 큰어머니는 완전 승리자의 모습이시다. 탈북자 인권회의에 가서 꼭 성과를 가지고 오겠다고 하셨는데, 정말 뭔가 소득을 안고 오신 것만 같다.

그러나 기쁨도 잠시뿐, 또 짐을 싸들고 연길로 떠나신단다. 사실 이번 목적지는 죽다 살아난 사람들이 있는 연길이었다. 대련을 떠나시면서 연길 사람들을 다시 대련으로 합친다고 하셨다. 쉴 새 없이 수고하시는 큰아버지 큰어머니 오늘밤도 안녕히.

지진이 일어나는 꿈

양떼가 풀을 뜯고 있는데, 지진이 일어나 양떼를 삼켜 버리는 것이었다. 네 곳에서 일어나는 것을 보았는데 모두 하얀 연기가 풀썩 풀썩하였다. 어느 작은 집에 이모부가 있었는데, 우리가 사는 집에도 지진이 터질까봐 무척 근심을 하다가 꿈에서 깨어났다.

잘못된 사회

지금 이모부는 연길에 간 사람들이 다시 대련으로 올까봐 두려워하고 있다.

큰아버지가 연길로 내려가실 때 내게 '어머니를 모시고 올까?' 하고 물어볼 때 이모부가 옆에 있었다. 그 말이 나오자 이모부 얼굴이 바뀌면서 '올라오면 좋지 않은데…' 하는 소리에, '데려오시오' 하는 말을 선뜻 하지 못했다.

어머니가 잡혔다가(한때 공안에 잡혔으나 가까스로 뇌물을 주고 풀려나왔다) 다시 살아 나왔다지, 또 헤어져 있은 지도 석 달이 넘었으니 나라고 왜 어머니와 한 집에 있고 싶지 않고, 보고 싶지 않겠는가. 당장이라도 모셔 오고 싶은 생각이 불같다.

이모부는 외가 편 사람들이 들어오면 아이들 교육에 영향이 간다면서 오는 것을 반대하고 있다. 아마 우리 외가 편을 적처럼 생각하고 있는 듯하다.

누구 때문에 여기까지 와서 배고픈 걱정, 입을 걱정, 아무 근심 걱정 없이 살고 있는데. 개구리 올챙이 적 생각 못 한다고 하더니 이모부는 세상에서 자기만한 사람이 없다고 자만하고 있는 것 같다.

이모부가 이제는 자식들에게까지 외가 편에 대한 나쁜 것만을 심어 주고 있다. 그래서 아이들도 아버지에게 배워서 외가를 싫어하는 모양이다. 이모 뱃속에서 나온 자식들인데, 이모부가 자기 자신은 그렇더라도 자식들까지 그렇게 교육할 필요는 없지 않을까. 그렇게 외가를 원수요, 적처럼 생각하면서 이모는 왜 기다린단 말인가.

이모도 우리 외가 편의 한 사람인데, 그러면 이모도 적처럼 생각하고 미워하고 상대를 하지 말아야지. 어떻게든 모든 것을 회복하고 화해하려고 하는 것이 아니라 앙심을 품고 있다.

이모부는 평시에는 그리 드러내 놓고 말하지 않고 행동하지 않지만 술만 드시면 그 본심이 그대로 드러난다. 지난 과거를 들추면서 할머니하고도 싸우고, 여러 사람들과 싸운 적이 한두 번이 아니다.

이 모든 것이 잘못된 북한의 사회 환경에서 성장한 탓일 게다. 이모부의 문제도 아니고, 그 누구의 문제도 아니다. 독재자를 잘못 만난 것이 문제라면 문제다.

악마를 만나 악마 비슷한 행동들을 하게 되었으니 누구를 탓하랴. 선량한 인간을 야생인처럼, 바보처럼 만든 그 사회가 저주스럽다.

심술꾼

요즘 물을 끓여 먹으니 여러 가지로 많이 좋아졌다. 우선 배 아픔도 없어지고 소화 장애도 어느 정도 좋아졌다. 오늘 저녁에도 물을 끓이려고 주전자를 찾으니 웬일인지 주전자가 보이지가 않는다. 어제도 형님이 주전자를 찾으니 화영이가 없다고 해서 찾지 못하고 수도에서 나오는 찬물을 그냥 마셨다.

오늘은 어떻게든지 끓인 물을 마셔야겠기에 화영이에게 물었더니 역시 대답은 마찬가지였다. 화영이에게 "주방에서 일하는 사람이 모르면 누가 아느냐?"고 했더니 엉뚱한 대답이다. "내가 어디 주방을 책임졌냐?" 하면서 시치미를 뚝 뗀다.

이곳저곳 찾아도 없었다.

마지막으로 한 곳이 남았다. 여기에 없으면 화영이 말이 딱 옳은 말이다. 그곳에 문을 여니 종이상자가 있었다. 그 뒤에 주전자가 있었다.

주전자를 찾은 기쁨보다도 '이것은 고의적인 것'이라는 생각이 들어 화가 치밀어 올랐다. 역시 이것을 치운 사람은 화영이었다. 다른 사람은 다 끓인 물을 마시니 그럴 사람도 없고, 또 찾자고 하니 없다면서 찾지도 못하게 하였던 것이다. 심술을 피워도 정말…

그냥 화영이에게 그러지 말라고 웃음으로 넘기려다가 참지 못하고 "야, 화영이! 이런 심술 피우지 마라." 하고 몇 마디 쏘아붙였다.

화영이 얼굴은 순간에 빨개지면서 억지로 웃음을 지으며 끝까지 모른다고 버틴다. 더 말하고 싶지 않았다. 말해도 쓸모가 없었다.

지금 일기를 쓰면서 곰곰이 생각해 보고 있다. 화영이의 이 행동은 그저 일시적인 심술에 지나지 않는다. 내가 화영이를 보기만 해도 구역질이 날 정도이니 화영이도 나를 보면 역시 그럴 것이다. 내가 화영이에게 그렇게 보였으니 화영이의 오늘 같은 행동이 나타났을 것이다.

화영이를 꾸짖고 미워하기 전에 나 자신을 꾸짖고 되돌아보자.

연길이 위험하다

큰아버지가 연길에 가신 줄 알았는데 연길엔 가시지 않았다. 전화가 왔다. 아마 내 생각으로는 연길이 위험한 것 같다.

연길에서는 어떻게 하려는지.

또 여기는 어쩌려는지.

여기라는 곳도 완전히 개판이다.

영희 누나는 매일 채소만 사놓고는 훌쩍 떠나 버린다. 매일 우리뿐이다. 가는 곳마다 기가 막힌 일들뿐이니 우리도 골치 아픈데 큰아버지 큰어머니는 더 하시겠지.

번개가 번쩍번쩍

큰아버지가 오셨다. 마음이 한결 기뻤다. 오시자마자 몇 분 있지 않으시고 어디론가 나가셨다가 오후 늦게 돌아오셨다. 말씀을 조금 하시다가 한 선생 집으로 가셨다. 항상 바쁘신 큰아버지시니까.

이번에 오셔서 하시는 말씀은 그리 좋지가 않으셨다. 모든 일이 생각 밖으로 꼬여 간다. 그리고 이제는 우리가 자립을 해야 한다고 하신다. "그렇지, 이제는 자립을 할 때가 되긴 되었지." 항상 전화하실 때는 "할 이야기가 많지. 만나서 이야기하자."고 하셨다.

내가 크게 말하지 않아서 그런가. 큰아버지는 현재 나를 어떻게 보고 계실까. 무척 궁금하다.

큰아버지가 하루만 쉬시고 내일 돌아가신단다.

완전히 번개가 번쩍번쩍 한다.

중국 풍습

오늘은 중국의 작은 설날이다.

참 이상하게도 중국에는 설날이 많기도 하다. 그래서 영희 누나와 함께 시장에 가서 밴새(만두)도 사고, 치통(폭죽)도 사고, 여러 가지를 사왔다. 저녁에 밖에 나가서 축포처럼 나가는 치통을 한 사람이 한 개씩 터트리면서 놀았다.

나는 2위안짜리 작은 치통이 있었는데 그것을 터지게 하려다가 그만 손에 쥔 채로 터치고 말았다. 나는 순간 몸을 움츠렸다가 일어났는데, 결국 내 입술에 와서 터졌다. 처음에는 너무 놀라서 아무것도 모르고 있었는데, 잠시 후 정신을 차리고 보니 입술에서 피가 나오고 통증이 생기기 시작했다. 작은 것인데 어찌나 위력이 센지, 눈에 와서 터졌다면 눈이 멀었을 것이다. 정말 순식간에 일어난 사건이었다.

피가 줄줄 흐르는 것을 닦아내고 다시 밖으로 나와서 이모부와 식구들과 함께 또 치통 놀이를 했다. 중국인들은 몇 백 위안씩 들여서 폭죽을 터트리고 있었다. 폭죽 터지는 소리가 여간 요란한 게 아니다. 여러 불줄기들은 나의 마음을 유혹하는 듯했다. 지금은 작은 설날이니 이 정도지, 음력 설날에는 잠을 잘 수가 없다고 한다. 매캐한 화약 연기가 집안까지 들어올 정도라는 것이다.

그들의 하나의 풍습이지만, 집집마다 얼마나 많은 치통을 터치는가를 가지고 서로 잘살고 못살고, 부자고 가난뱅이고를 판단한다며 서로가 경쟁을 한다는 것이다. 일 년 내내 번 것을 설날에 모두 날려 버리는 듯싶다.

설날이 가까이 다가오니 우리가 처음 얼어붙은 겨울 두만강을 건너 산 속에 숨어 있을 때의 생각이 났다. 당시 총소리 같은 것이 너무 요란하기에 중국 공안이 우릴 잡으려고 총을 쏘면서 산을 포위하고 올라오는 것으로 알고 무서워서 '이제는 죽었구나!' 하고 벌벌 떨고 있었다. 그런데 하루 종일 그치지 않았던 그 총소리가 알고 보니 치통이 터지는 소리였던 것이다.

모든 것이 봉쇄되어 있는 이 낡고 썩어 빠진 사회주의 사회에서 살았으니 세상 물정을 몰랐던 것이다. 강을 하나 사이에 둔 중국에 대해서도 몰랐으니 그저 웃음만 나올 뿐이다.

치통 터지는 소리가 하늘땅을 진동할 때면 중국이라는 나라가 순식간에 망해 나가는 것 같다.

연길에 가신 큰아버지 큰어머니 그리고 모든 식구들, 안녕히…

완전한 가족

어제 이모가 연길에서 오셨다. 이곳까지는 고마우신 영국이 아버지가 안내했는데, 영국이 아버지는 겨우 하룻밤을 보내고 오늘 급히 연길로 떠나셨다.

이제 이모네는 우리 길수가족 4가족 16명 중 가장 완전한 가족이 되었다. 비록 쫓기는 몸들이지만, 이산가족 없이 함께 모여 음력설을 재미있게 쇠는 모습을 바라보니 내 마음도 한없이 기뻤다.

이모네 식구들이 모여앉은 자리에 아버지를 비롯해 우리 식구들을 한 사람 한 사람씩 그려 넣었다. 웃는 모습, 음식을 먹는 모습, 여러 가지를 상상해 그려 보았다. 그러나 이게 현실이 아닌 꿈이라는 생각을 하니 기쁨보다는 슬픔이 앞섰다. 지구가 깨지는 아픔보다도 더 가슴이 터져나가는 것 같았다.

이모에게 북한에 있는 형님에 대해서 안부를 물었다. 언제인지는 몰라도 형님이 군대에서 탈영을 했다고 한다. 집에는 오지 않고, 어쩌면 중국으로 도망쳐 왔는지도 모른다고 했다.

아, 하느님! 형님을 보호하소서. 우리와의 상봉을 도와주소서.

근심에 또 근심이 쌓인다.

언제면 슬픔, 근심, 고민에서 영원히 해방이 될까?

조선족

이모에게서 연길 소식을 대충 들었다.

생활비가 없어서 어머니 친구에게서 쌀 한 자루를 얻어와 먹는다고도 했다. 할아버지가 감기를 앓는데 약도 쓰지 못한다고도 했다. 이 정도 소식이면 그곳 형편을 짐작할 수 있었다. 왜 이렇게 꼬인 것일까? 필시 장마당 할머니와 큰어머니, 그리고 할아버지를 비롯한 연길 식구들과 어떤 마찰이 있는 게 분명하다.

지금 이렇게까지 된 까닭은 어찌 보면 갈라진 남과 북을 보는 것과 같다. 지금까지는 우리 가족들이 큰어머니와 장마당 할머니의 도움으로 그래도 잘 유지돼 왔다. 그런데 새삼 무슨 문제가 발생한 것일까. 아마, 연길을 놓고 보면 지금 시기가 가장 어려운 것 같다. 그러나 어려움이 있다는 것은 성공에 한 발 다가섰다는 이야기도 된다.

큰아버지의 말씀대로 '때가 됐다'고도 볼 수가 있다. 과일나무에서 과일이 익어갈 때, 비바람을 많이 맞고, 온갖 병충해를 이겨내는 그런 어려움이 없이 어찌 맛있는 과일을 바랄 것인가. 우리 일도 마찬가지로 온갖 걱정, 근심, 괴로움, 다툼 없이 '자유'라는 '성공의 열매'를 얻을 수가 없다. 실패 없는 성공은 성공이 아니다.

지금까지 중국 조선족들이나 한국 사람들 그 누구도 보지도 듣지도 못한 것을 북한사람들을 통해서 듣고, 보고, 경험하게 하는 것이야말로 얼마나 귀한 재산인가. 큰아버지께서 우리와 인연이 되었을 때, 바로 이런 것을 하늘에 계신 감독으로부터 계시를 받고 터득했기에 우리와의 인연의 끈을 놓지 않으시는 것은 아닐까.

그런 면에서 중국 250만 조선족은, 장마당 할머니를 비롯하여 큰어머니까지도 사회주의 중국의 변화를 몸소 체험하고 지켜보았다. 그렇기에 남과 북 둘 사이에서 잘 적응하고 남과 북을 화합하게 하는 징검다리 역할을 할 수 있다고 본다. 중국 조선족이야말로 진정한 남북통일의 선봉장이 될 수 있는 것이다. 큰어머니처럼 북한을 비교적 자유롭게 왕래하고, 또한 한국을 드나들 수 있다는 것은 아무나 할 수 있는 일이 아니다.

나는 처음 큰어머니를 만났을 때, 우리 식구들이 다 그렇듯이 혹시 북한 특무(스파이)가 아닌가 경계를 했다. 우리들 모두가 한때는 경각심을 갖고 큰어머니를 지켜보았다.

큰어머니는 처음에 우리의 이중적인 속마음을 아마 몰랐을 수도 있다. 처음 큰어머니를 만났을 때, 북한에 살았던 우리들보다 북한의 실상을 더 속속들이 잘 알고 있었으니 어찌 의심하지 않았겠는가.

그래서 큰아버지의 선견지명으로 우리에게 조선족인 큰어머니를 보내주신 것이 아닐까? 한국 사람인 큰아버지가 우리를 직접 대했다면, 야생인 같은 우리를 벌써 차버렸을 것이다. 그러니 사회주의 환경에서 자라난 중국 큰어머니와 장마당 할머니를 내세워 한국-북한을 연결하는 다리로 삼으셨을 것이다.

특히, 큰어머니는 중국을 알고 북한을 알고 한국을 아는 유일한 분이니 큰어머니를 우리에게 보내주셨다고 본다.

우리도 중국에서 태어나고, 한국에서 태어났다면 이런 짐승 같고 망나니 같은 짓은 하지 않았을 것이다.

북한이라고 하는 21세기 둘도 없는 악마가 지배하는 환경에서 노예와 같은 운명으로 태어난 죄 뿐이다.

죽으면 어떻게 되나

어째서인지 요즘 가만히 있다가도, 무슨 말을 하다가도 문득 '오래 살 것 같지 않다', '이 해를 넘길 것 같지 않다' 하는 말을 버릇처럼 한다. 오늘도 또 그랬다. 이런 말을 버릇처럼 하다가 정말로 그렇게 되는 것은 아닌지 모르겠다. 죽는다, 죽는다 하는 사람은 기어코 죽고 만다고 하지 않던가.

죽으면 어떻게 될까? 죽으면 어디로 가는 것일까? 죽음을 앞에 둔 순간에는 어떤 마음일까?

나는 지금도 죽음에 대한 질문이 많고, 또한 두려움도 그만큼 많이 생겨났다. 내가 의문스러워하는 것에 대해 나는 아무것도 모른다. 그저 죽은 후에 땅 속에 묻혀 썩어 흙이 된다는 사실 밖에. 죽음이란 진정 무엇인지 알고 싶다.

죽지 않고, 죽음을 경험할 수는 없는지…

아버지 소식

어머니가 빨리 대련으로 올라오셨으면 한다. 몇 달 동안 떨어져 있으니 무척 보고 싶다. 이제는 부모가 얼마나 귀한 존재인가 느껴진다. 그래서 우리 한 가족이 조용히 살고 싶다.

이모에게 오늘 북한에 계시는 아버지 소식을 들었다. 아버지가 정신이 나간 사람처럼 우릴 찾는다는 것이다. 새 장가를 가라고 해도 듣지 않는다고 한다. 안전부에 가서 여권 수속을 해 달라고 졸라대기도 했단다. 나의 눈에는 지금 눈물이 줄줄 흘러 내린다. 슬프고 불안한 마음을 잡을 길이 없다. 어찌하면 좋을지.

지금 나의 머리는 오직 아버지와 형님을 구원해야 한다는 생각 뿐이다. 아무것도 하기 싫다. 지금 곧 북한으로 가고 싶다. 그러나 생각뿐, 갈 수 없는 몸이다.

이모는 또 말하기를, 우리 가족이 모두 도망했다는 소문이 자자하게 났다는 것이다. 내 한 몸 바쳐 아버지를 구출해오고 싶지만, 선뜻 나서질 못하겠다. 그곳에 가면 영락없이 잡히고 만다.

지금이라도 1,000위안만 있으면 화룡(연변조선족자치주의 한 도시)으로 가고 싶다. 그곳에 가면 1,000위안이면 북에 가서 사람을 데려올 수 있다는 사람이 있다고 들었다. 중국에 와서 2년 동안 담배 사 피우고, 옷 사 입고, 돈을 소비한 것만 모아도 아버지와 형을 구출하고도 남았을 것이다.

기도. 하느님 아버지, 너무나도 불공평하게 왜 우리 가족에게 이런 고통을 주십니까. 이모는 살아서 돌아왔건만, 왜 우리 아버지와 형님에게는 구원의 손길을 펴지 않으시는지요. 우리가 무슨 죄를 지었습니까. 무슨 죄를 지었기에 이 가슴이 재가 되도록 고통을 주십니까. 하느님 아버지, 대답 좀 해보십시오. 나나 우리 식구들이 씻지 못할 죄를 지었다면 우리들을 사랑의 마음으로 용서해 주시옵소서. 우리 아버지, 형님을 보살펴 주시고, 하루빨리 상봉의 그날을 보게 하여 주시옵소서. 전능하신 하느님의 능력을 단 한 번만이라도 우리에게 펼쳐주세요. 거짓이 아닌, 진심의 마음으로 하느님 앞에 두 무릎을 꿇고 간절히, 간절히 빌고 원합니다. 아멘.

13

슬픈 목소리

연길로 떠난 형님

한길 형님이 연길로 내려갔다. 나도 내려가고 싶었다. 그래서 다음에 큰아버지와 함께 어머니와 우리 형제, 이렇게 셋이서 함께 대련으로 올라오고 싶다.

어머니의 부탁

연길에 계신 어머니에게서 전화가 왔다. 오랜만에 목소리를 들으니 왈칵 눈물이 났다. 어머니도 울고 계셨다. "길수야, 큰아버지 곁을 떠나서는 안 된다. 제발 큰아버지 말씀대로 그곳에 머물러라. 교회고 어디고 떠날 생각을 하면 안 된다. 부탁이다."

뭔지 몰라도 연길이 위험한 것 같다는 생각이 자꾸 든다. 연길 소식을 들을 때마다 가슴이 찢어지는 듯 아팠다. 형님이 말하기를, 큰어머니나 큰아버지가 우릴 관계하지 않겠다고 했단다. 정말일까? 믿어지지 않았다. 그런데 어머니 말씀은 달랐다. "야, 길수야 지금 네 형은 벌써 연길 물을 먹어서 다시 대련으로 갈 것 같지 않다."고 했다. 참 알 수 없는 노릇이다.

나는 어디서든 하루빨리 우리 셋 만이라도 같이 살고 싶었다. 다시는 뿔뿔이 흩어져 살고 싶지 않았다. 보고 싶고 그리운 나의 어머니, 안전하게 몸 건강히 잘 지내세요. 어머니를 모시러 꼭 갈게요.

말

며칠 전 큰아버지의 전화로는 애란이 아주머니가 이 선생님 대신으로 대련에 오신다더니 큰어머니가 오셨다. 큰어머니를 뵈니 정말 기쁘기도 하고 가슴이 쿵쿵 뛰었다. 연길 소식이 답답하던 차에 큰어머니가 오셨으니 정말 반가웠다.

큰어머니에게 연길 소식을 직접 들으니 생각했던 것과는 많이 달랐다. 말이라는 것이 한 다리, 두 다리를 건너가면서 솜처럼 불어나는 법인가 보다. 떠도는 말을 다 듣고 믿었다가는 정신이 나갈 것 같다. 그러면 그렇지. 듣던 것처럼 큰어머니가 나를, 우리를 버리실 리 없지.

도량

연길 사람들이 큰아버지를 한국대사관에 신고를 했단다. 아, 숨이 막힌다. 이 말을 들은 지금 어디서부터 뭐라고 일기에 써야 좋을지 모르겠다. 오직 쓰고 싶은 것이 있다면, 큰아버지는 총명한 사람이라는 것뿐이다. 나 같으면 말도 되지 않는 그런 소릴 들었다면 당장 공안국에 신고해 버릴 것이다. 강제로 북송돼 가면 누가 알랴.

이런 황당한 일을 당하신 큰아버지로서는 열통이 터질 일이었을 것이다. 그렇지만, 잘 참고 견디시는 것을 보면, 도대체 큰아버지의 도량이 얼마나 넓으신지 잘 알 수가 없다.

웅변가

큰어머니가 며칠째 우리와 함께 생활을 하고 계신다. 매일매일 하루 시간을 우리와 함께 하신다. 큰어머니는 정말 큰어머니다운 점이 많다.

이야기를 해주시고 우리 심리에 맞게 사투리도 섞어 가면서 때로는 어린아이가 응석을 부리는 것처럼 행동을 하면서 우리를 대하신다. 그렇게 하시니 하고 싶지 않은 말도 나도 모르게 술술 나올 때도 있다. 큰어머니는 우리에게 질문을 하시는 것이 아니라 대화를 하면서 우리의 마음과 심리, 또 말하는 사람에 대해서 장악하시는 듯하다. 정말 큰어머니는 웅변가시다. 다르긴 다르신 분이다.

어떻든 큰어머니는 대단하신 분이다. 큰아버지 큰어머니가 나를 어떻게 보고 계신다는 것도 항상 짐작은 간다. 큰어머니가 지금처럼 나에게 웃는 얼굴로 잘 대해 주시는 것이 좀 불안할 때도 있다. 원래 나를 보면 저런 모습이 아니어야 하는데 억지로 좋은 모습을 보여 주시려고 애쓰시는 큰아버지, 큰어머니, 늘 감사합니다. 항상 감사의 마음을 가슴 깊이 새기고 있겠습니다.

연길 식구들

지금 큰어머니는 우리와 계속 이야기를 나눈다. 물론 그 속에 이모부도 함께 있다. 그런데 큰어머니가 좀 이러지 말았으면 하는 생각이 들었다. 연길서 있었던 일을 빠짐없이 말한다.

내가 보기에는 이모부에게는 피하는 것이 좋을 듯싶다. 어떤 말이 나오면 흉부터 보는 사람 앞에서 왜 그런 말을 하시는가.

연길 편을 들려는 생각은 조금 있지만, 큰어머니 입장에서는 그런 말을 하면 좋지 않다고 생각한다. 영원히 이모부가 외가 편하고 그렇게 지낼 것은 아니지 않은가. 십년 후든 20년 후든 언젠가는 화해를 해야 하는 일인데. 가뜩이나 꼴 보기 싫어하는 사람에게 연길 사람들의 허물을 털어놓으면 어쩌란 말인가.

이모부가 듣고 가만히 있으면 모른다. 그런 말을 들을 때마다 '그것들은 다 망해야 한다느니, 영감이 어떻다느니' 하는 사람에게 왜 자꾸 그런 말을 하는가.

빵

큰아버지가 오셨다. 다른 때보다 무척이나 힘들어 하시는 것 같다. 우리가 '한국 빵, 한국 빵' 하였더니 비행기에 빵을 싣고 오셨다. 큰아버지는 빵을 8조각으로 똑같이 쪼개 나눠 주셨다. "모두 의견이 없지?" 하시면서 완전히 사회주의 분배 법칙이었다.

나는 빵을 갈라놓는 큰아버지 모습을 한참이나 바라보았다. 얼굴이 많이 축이 났다. 내가 왜 큰아버지의 모습을 살펴보았겠는가? 얼굴 어딘가에 사기꾼처럼 보이지 않나 해서였다.

자기 얼굴에 '나는 사기꾼이요'라고 쓰고 다니는 사람은 없겠지만, 난 아무리 애쓰고 찾으려 하였으나, 그런 모습은 하나도 보이지 않았다. 오히려 큰아버지의 얼굴이 갓난아이의 순진

한 얼굴처럼 느껴질 뿐이다. 큰아버지 앞에서 저절로 머리가 숙여질 뿐이다.

'요 녀석, 앞에서는 기름 발린 소리, 뒤에서는 별소리 다하면서…'라고 생각하실 것이다. 나는 지난날의 나의 죄를 인정한다. 큰아버지가 알고 계신 것보다 더 큰 죄를 지었을지도 모른다.

그러나 나는 큰아버지가 "길수, 어떤 짓 했는지 다 알지. 다 말해 버리면 내가 달아나 버릴까 봐 말 안 하지." 하신 그 말씀은 큰아버지가 나의 모든 것을 다 말해 버린 것으로 생각한다. 내용 깊이는 들어가지 않았지만, 다 말한 것과 같다. 그러니 과거야 어찌됐든 앞으로는 더 잘, 열심히 하겠다. 이런 맹세 20번도 넘게 했을 것이다.

자립

아침에 큰아버지가 우리와 함께 잠깐 이야기를 나누셨다.

내용인즉 "자립해라. 자립 능력을 키워라. 나도 이제는 지쳤다." 그런 이야기였다.

그런데 한 가지, 생활을 자립할 수 있지만 안전은 자립할 수 없다. 안전에 대해서는 아무런 말씀이 없으시다. 다 생각이 있으시겠지. 정말 큰아버지 말씀은 틀린 말씀이 아니다. 우리 심정은 언제나 보호해 주시길 바랄 뿐이다.

큰아버지께서 전번에 오셔서 '4월쯤 좋은 소식이 있을까'라고 하셨는데, 또 4월에 가서 '이번 일도 잘되지 않았다'라고 할까봐 겁난다. 그럴 땐 또 몇 달, 몇 년으로 밀리겠지.

인생

큰아버지가 가져오신 물건을 보니 부탁한 물건을 하나도 빠짐없이 가져오셨다. 응당 내 마음은 가벼웠지만, 값을 내라는 소리에 좀 어리둥절하였다. 세상에 공짜가 없지만, 정말 값을 받으시려는가 하고 의문이 갔다. 그에 대한 대가를 치르는 것이 응당한 것이고, 그건 살아가면서 지켜야 할 생활규칙이나 다름이 없는데 나에게는 좀 해당되지 않았으면 하는 생각도 들었다.

또 한국 물건이라 값이 너무 비싸서 손이 떨릴 정도다. 책은 그런 대로 괜찮은데 소형 라디오는 200위안을 갚을 능력이 있으면 가지라고 하신다. 처음에는 라디오가 신기해서 집착심에서 받아들었다. 그러나 한참 생각해 보니 지금 내 처지가 라디오나 귀에 끼고 껄렁거리면서 살 때가 아니다.

또 먼저 가지고 값은 나중에 지불한다고 했는데, 값을 지불하지 못한다면 어떻게 되는가. 큰아버지 말씀처럼 나도 사기꾼이 되고 마는 것이다. 또 빚지고 살기는 싫었다. 그 물건을 내 소유로 하자면 두 달은 먹지 말아야 한다. 라디오가 있으면 여러 가지 우리에게 필요한 소식도 많이 듣고 한국에 대해서도 이해하기 쉽다.

그러나 아직은 그 정도 수준이 못 되고 있다. 그래서 아예 단념하고 다시 큰아버지에게 라디오를 바칠 작정이다. 어찌 생각하면 불필요한 것일지도 모른다.

지금은 큰아버지에게서 인생에 대한 교육을 많이 받는다. 처음 듣는 말이라 신비함이 가득하다. 큰아버지가 하시는 것만큼이나 하자면 아마 우린 늙어죽을 때까지도 하지 못할 것이다. 인생이란 살아가면서 배우고, 배우면서 살아가는 것인가 보다.

웃음거리

일기를 쓰다가 가만 생각해 보면 아이들 장난 같아 우습기도 하다. 여태껏 일기라고는 써 보지 못한 내가 괜히 사람들의 웃음거리라도 되지 않을까 걱정된다. 그래서 다른 사람들처럼 쓰지 않으려고 생각이 가다가도 큰아버지의 말씀이 떠올라서 잘 쓰든 못 쓰든, 다른 사람들이 보고 유치원생이 쓴 것보다 못하다고 하든 말든 쓰고 있다.

연길에 있는 어머니와 형님을 이곳으로 올라오라고 하니 어머니는 오려고 하는데, 형님이 내 말을 듣지 않는다. 연길에서 한국 사람을 만났는데 그 사람이 한국으로 보내준다고 했다면서, 그 사람을 열심히 따라다니느라 오지 못한다고 한다. 나는 하루빨리 올라왔으면 하는데. 정말 그 사람이 한국에 보내주려고 하는지, 사기를 치려고 그러는지. 내가 보기에는 사기꾼 같다.

만약 그 사람이 한국에 보내준다 해도 형님이 여기로 왔으면 한다. 그 사람이 내일 보내준다 해도 가지 않을 것이다. 몇 년 늦더라도 큰아버지를 따라갈 것이다. 내 생각에는 형님이야

잠시 착각해서 늦을 수 있더라도, 어머니는 하루빨리 왔으면 한다.

슬픈 목소리

연길에 있는 광철이 아저씨에게서 전화가 왔다. 나를 무조건 연길로 내려오라고 한다. 한국에 다 가게끔 되었다느니 어쩌니 하면서 듣고 싶지도 않은 소리를 하였다. 어머니와 통화했더니 목소리가 이상하였다. 슬픈 목소리였다. 이전에 생기발랄하던 어머니 목소리가 아니었다. 강요에 못 이긴 소리 같기도 하고, 아무 말도 안 하고 그저 힘없는 소리로 "길수야, 빨리 내려오라."는 말씀 뿐이었다.

가슴이 갈기갈기 찢어지는 것 같았다. 나도 정말 울음이 쏟아졌다. 목소리만 들어도 어머니의 모습을 그려볼 수 있을 것 같다. 이모가 올 때부터 신경이 예민해져서 몸이 말 못할 정도로 허약해졌다는데…

어머니를 보면 정말 죄송하고 가슴이 아프다. 온 가족이 이산가족이 되어 아버지는 혼자이고, 군대 간 형님은 탈영하고, 한길이 형은 자기 살 길을 찾아서 돌아다니고, 나라는 것은 대련에 있지… 결국 어머니 혼자서 온갖 고통과 슬픔을 다 떠안고 있겠으니…

나도 어머니 곁에 가서 함께 있고 싶고, 함께 큰아버지의 보호를 받고 싶다. 그러나 이곳을 떠나면 안 된다. 그렇다고 이곳에 있자니 어머니 걱정뿐이다. 어머니와 헤어진 뒤 넉 달 동안 하루도 편히 자 본 적이 없다. 내가 이제 연길로 내려간다고 하면 큰아버지가 일을 그르친다고 걱정이시다.

26번의 공정

나의 손에서 26번의 공정을 거쳐서 태어나는 종이학을 볼 때면 가슴이 뿌듯하고 기쁘다. 그 어느 곳에 가도 내 소원, 내 마음을 담을 곳이 없다. 몇 센티미터도 안 되는 종이학에 내 소원과 마음을 담을 수 있다는 것이 얼마나 행복한지 모르겠다.

오늘도 우리의 소원과 마음을 담아 싣고 한국으로 떠나는 학아, 부지런히 날아가 다오. 가서 대한민국 국민들의 마음속에 둥지를 잘 틀어다오. 우리들은 너를 멀리 떠나보내면서 자나 깨나 그날만을 손꼽아 기다린단다.

사나이 눈물

어제 큰아버지에게 연길에 계신 어머니에게 가겠다고 했다. 어제 저녁에도 큰아버지 말씀을 귀담아 들었지만, 오늘 저녁에도 큰아버지와 대화를 했다. 오늘 이곳으로 오신다던 어머니가 오지 못하니 큰아버지가 나의 의견에 대해서 알아보시려고 마주앉은 것이다. 언제나 큰아버지 앞에서는 내 마음이 꺾인다. 내 의견을 말씀드린 것에 대해 옳든 그르든 실행에 옮기지 못했다. 듣고 보면 항상 큰아버지 말씀이 옳고 정확했다. 난 아마 고집이 약한가 보다.

오늘도 큰아버지 말씀을 듣고 보니 큰아버지 말씀이 옳았다.

그래서 연길로 내려가는 것을 취소했다. 큰아버지를 믿은 바에는 나 혼자만이라도 끝까지 믿으리라 결심해 본다.

내가 연길로 간다고 해서 큰아버지에 대한 믿음이 없어서 그런 것이 아니라는 것을 아시는 것 같다. 심장을 뜯어놓을 수 있다면 대련에 뜯어 놓고 연길로 달려가겠는데, 그렇게 할 수가 없다. 어차피 함께 가려고 마음먹었던 일이니 끝까지 참자.

큰아버지가 나를 보시고 사내 녀석이 왜 눈물을 찔찔 짜느냐고 하신다. 옛날 같으면 아버지가 될 나이라면서 꾸짖으셨다. 나도 그 순간이 지나고 나니 다음부터는 눈물을 흘리지 말아야겠다고 생각했다. 그러나 눈물이 저절로 나오는 것을 어찌하랴. 어릴 때도 눈물이 너무 헤퍼 어머니에게 '남자는 눈물이 헤프면 못 쓴다'고 꾸지람을 많이 받았는데, 아직도 고쳐지지 않는다.

14

체포

길수야, 같이 살자

어머니로부터 전화가 걸려왔다. 전화 속의 첫마디가 "전화비 올라가는데 왜 이리 늦느냐?"고 해서 "그냥 늦었습니다."고 대꾸했다. 어머니는 이곳 형편을 나에게서 듣고 큰아버지 큰어머니 하신 말씀을 암송이나 하는 것처럼 외우셨다. "어머니, 열심히 믿고 따릅시다!" 라고 설명을 드렸더니, 어머니도 내 말에 동감하면서 "네 말이 옳으니 믿어야 된다."고 하셨다.

그 순간 너무 기뻤다. 어머니가 큰아버지를 믿겠다는 그 한마디에 이렇게 기쁠 수가 없었다. 어머니는 우셨다. 매번 우시는 울음이지만 이번만은 나도 슬펐다.

"네 형은 군대 가서 탈영하여 소식이 없는데, 우리까지 흩어져 살아야 되겠느냐. 길수야, 우리 세 사람이 같이 모여 살자. 몇 안되는 식구라도 마음을 합치자!"

정말 마음에 쏙 드는 말씀이었다. 눈물이 헤픈 나는 참느라 여간 힘들지 않았다. 형님이 자꾸 어디로 가겠다고 해서 가슴이 아프다는 어머니의 말씀. 어머니 혼자라면 시집이라도 가면 살 수 있지만, 우리들 때문에… 아직도 나의 귀에는 '길수야, 우리 같이 살자!' 하신 어머니의 애타는 목소리가 들리는 듯하다.

대사관

큰아버지에게서 전화가 걸려왔다. 연길에서 전화 온 내용이 정확하지 않다는 것이다. 그런 것도 모르고 우린 연길에 내려가 그곳 사람들의 마음을 누르자고 했다. 북경 대사관(주중 한국대사관을 찾아갔던 일. 연길식구들이 큰아버지를 사기꾼이라고 신고를 했다.)에서 부른다고 하니 가긴 가야겠지만, 올바른 사상을 가지고 함께 가자고 식구들과 토의를 하였다. 아무리 광철이 아저씨가 별난 짓을 다 해도 이 정도까지 나올까 하는 것도 의문이었다.

연길에서 연속 걸려오는 전화를 어떻게 하면 좋을까. 며칠 고민을 했다. 대사관에 가야 되는가를 놓고 밤잠 못자고 궁리를 했다. 통 잠이 오질 않는다.

체포

어머니가 공안에 잡혔다는 소식이 들렸다. 아- 어머니가 어쩌다 이 지경이 되셨는지.

15

정치범 수용소

장난

식사시간이 되어서 밥상에 마주앉아 모두 웃었다. 밥상도 차리기 전에 밥 먹자고 소리를 쳐서 모두 빈 밥상에 마주 앉아 웃고 말았다. 밥상에 밥은 없고, 머쓱했다. 장난치느라 했지만 조금 미안했다.

미안한 마음인지라 이모가 빨리 밥을 차려 주었으면 좋겠는데 내가 보기에는 더 늦게 행동하는 듯하였다. 몇 번 그러고 나니 이제 식구들은 내가 말하면 10분쯤 있다가 나온다. 모두 내가 장난치려는 것을 아는 듯하다. 그런데 정말로 말해도 늦게 나올 땐 조금 화가 난다. 이제부터 장난치지 않으련다.

외삼촌의 행동

외삼촌에게서 전화가 왔다. 집 근처에 있다면서 나보고 내려오라는 것이다. 내려가서 30분 동안 찾아보았지만 어디에도 보이지 않는다. 어디에 숨어서 나를 지켜보고 있을 것이라고 생각하였다. 참다못해 형님까지 동원해 찾았다. 정말 나타나지 않았다. 내려오라 해놓고 안 나타나다니, 정말 화가 났다. 사람 놀리는 것인가. 한참 후에 겨우 만났다. 숨어서 우릴 지켜보았다는 것이다. 그래도 반갑기만 하였다. 삼촌의 모습은 내 생각보다는 너무 달랐다. 외삼촌의 행동이 요즘 이상하다.

옷 차림새를 보니 지옥굴에서 금방 나온 사람 같았다. 가슴이 아팠다. 오늘은 외삼촌이 정말 불쌍한 생각이 들었다.

유언

외할머니가 살아서 오셨다는 소식이 왔다.

정말로 기뻤다. 어머니가 오셨다는 소식보다는 덜하지만, 할머니가 오셨다니 정말 기쁘다. 할머니에게서 어머니 소식을 들었다. 그런데 그 소식은 참으로 나에게는 이 세상에서 가장 슬픈 소식이었다. 비참하였다. 어머니가 정치범수용소에 갇혀 있다니…

그곳에 들어가는 사람은 다시는 살아나오지 못하는데, 어머니가 그곳에 들어가셨다니. 도저히 믿어지지가 않았다. 눈물도 나오지 않는다. 눈물이 왜 나오지 않는지 알 수가 없었다. 어머니가 감방에서 할머니와 헤어지면서 유언이 될지도 모르는 말씀을 남기셨다고 한다.

"큰아버지 큰어머니를 친아버지 친어머니로 생각하고 모시고 믿고 따르라. 꿈속에서 그리던 자유대한민국으로 꼭 가라. 이 엄마는 감방 속에서 항상 매순간 바랄 뿐이다."

그 소리에 그냥 아무 감각이 없이 눈물이 흘러내렸다. 눈물이 흐르는 것조차 의식하지 못했다. 너무도 가슴이 아프고 슬프다. 너무 격분해서 아무것이나 두들기고 싶다. 피가 터지도록 맞고도 싶다. 누구에게 가슴 아픈 이 심정을 하소연하겠는가. 어떻게 해야 좋을지 모르겠다.

어머니를 감옥에 두고 나 혼자 살 길을 찾아간다는 것도 마음에 걸리고, 정말 이때까지 힘들고 고달픈 일들이 많았지만, 이렇게까지 힘들지는 않았다. 어떻게 할까? 내 몸을 바쳐서라도 어머니를 구할 수 있다면… 그러나 나로서는 어찌할 수가 없다. 방법은 열심히 기도하고, 생각하고, 어머니가 바라는 자유의 땅에 죽어서라도 가는 것. 열심히 사는 것뿐이다. 이 세상이 왜 이리도 안타깝기만 한지.

우리 마음 전해다오

민국이 형과 함께 바닷가에 나왔다. 시원한 바닷물에 발을 담그고 있자니 어머니 생각이 났다. 어머니가 앉아서 노래 부르시던 바위 위에서 '죽어서 시체라도 대한민국에 갈 수 있게 해달라'고 하시던 어머니를 다시 한 번 그려 보았다.

자유라는 것이 얼마나 귀한 것인지. '목숨은 버려도 자유는 못 버려' 하는 노래 구절처럼 그냥 노래로만 생각했던 것이 이제는 목숨을 주고도 바꿀 수 없다는 것을 진심으로 알게 되었다.

그 자유를 찾겠다고 뛰어다니다가 얼마나 많은 피해를 입었는지. 그 중 한 사람이 어머니 아닌가. 나는 저 바다를 향해 어머니가 남기신 노래를 부르고 또 불렀다.

〈우리 마음 전해다오〉

산을 넘고 들을 지나 두만강을 건넜건만
이국땅엔 우리 살 곳 그 어디도 없다네

그 누가 알아주랴 안타까운 이내 심정을
바다 건너 남쪽 땅에 우리 마음 전해다오

새봄이 오면 돌아간다고 식구들과 약속했건만
철조망이 가로막혀 갈 수 없는 이 사연을
그 누가 들어주랴 타향의 슬픈 노래를
구름 너머 나는 새야 우리 마음 전해다오

정치범 수용소

큰아버지에게서 전화가 왔다. 전화기에 대고 '우리 마음 전해 다오' 노래를 불렀다. 눈물이 자꾸 나와 겨우 참았다. 어머니를 생각하지 않을 수 없다. 생각하면 생각할수록, 평생토록 눈물이 날 것 같다.

자유를 찾아 대한민국으로 가려고 하는 것이 희생 없이 될 수가 없다. 고마운 분들은 더 말할 것도 없고, 우리 가족으로 본다면 광철이 아저씨와 어머니가 우리의 희생물로 정치범 수용소에 갇혀있지 않은가. 희생된 사람들로 하여금 우리 일이 더 빨리 진척되지 않을까 생각해 본다.

때로는 우리도 그 속에 함께 갇히게 되지 않을까 걱정도 된다. 그러나 나에게는 절망보다 희망이 더 크기 때문에 이렇게 어머니를 감옥 속에 두고도 견뎌 나갈 수가 있다.

나는 오늘도 어머니를 그리며 노래를 부른다.

〈이제는 늙으셨네〉

나의 어머니, 이제는 늙으셨네
꽃처럼 곱던 얼굴, 이제는 늙으셨네
잊지 말자 나를 키운 나의 어머니
내 크며 알았네, 어머니 그 정성

꿈속에서 어느 하루도 어머니를 만나 보지 못한 적이 없고, 잠에서 깨면 온몸이 고된 일에 시달린 것처럼 녹아내리는 것 같다.

미안해요 이 선생님

이 선생님으로부터 전화가 왔다. 인사말을 하고 서로 한참 동안 아무 말이 없었다. 이 선생님이 입을 열어 "어젯밤 꿈에 길수가 몹시 앓더라."며 어디 아픈 데가 없느냐고 한다. 또 소화는 잘 되느냐고도 했다. 정말 고맙다.

전화를 끊고 대련에서 누나와 함께 보낸 날들을 되돌아보았다. 첫째로 누나에게 너무 미안하고, 또 많은 것을 배웠다. 그 시간들은 결코 잊혀지지 않을 것이다. 누나 병이 빨리 낫기를 빌었다. 새로운 모습으로 멋지게 살아가기를 진심으로 바랐다.

KBS2 라디오

요즘 나의 하루는 종이학을 접는 것으로 시작해서 라디오를 들으면서 일기를 쓰고 끝난다. 라디오는 내 친구가 되었다. 낮 시간에 KBS2 라디오를 듣는다. 라디오 듣는 것이 생각 밖으로 재미가 있다.

8시부터는 황금 프로, 10시에는 김보화 트로트 가요앨범, 11시부터 1시까지 김정균 박수림 신나라 쑈, 1시부터 3시까지 두 시가 좋다, 3시부터 5시까지 이호섭 임수민의 희망가요, 5시부터 7시까지 이무송 설지현의 즐거운 세상을 들으면서 하루를 마친다.

한국방송은 정말로 내 마음에 꼭 드는 재미있는 프로다. 퀴즈 풀이 할 때도 정답을 찾으면서 혼자 웃기도 하고, 편지 보낸 사연들을 들으면서 슬퍼서 울기도 한다. 한국 프로는 그 어느 것이나 재미가 있다. 위성 TV를 보면 광고까지도 신비롭게 느껴졌다.

방송국 사람들은 모두 말을 잘하는 사람이 아닌가 싶다. 매일매일 웃는 목소리로 청취자들 앞에 나와 생활의 힘과 용기를 주고 있다. 방송을 재미로 들을 뿐만 아니라, 여러 가지 정보와 지식들을 많이 배우고 있다.

화분

아침 시간에 잠에서 깨어 창문을 열면 가장 먼저 눈에 띄는 것이 두 통의 화분이다. 물을 주지 않아 모두 누렇게 물들어 가고 있다. 축 늘어진 화분을 보면서 나는 화분과 같은 삶은 살지 말아야겠다는 생각이 들었다. 땅에서 마음대로 뿌리를 박고 살던 꽃을 인간이 떠 가지고 와 작은 화분 통에 가두어 놓고 꽃의 자유를 빼앗은 것이다. 꽃은 억압을 당한 것이다.

사람인 내가 물을 주면 살고, 주지 않으면 그냥 스러져 가는 삶. 내가 화분 관리를 잘못했다는 생각이 들어 그 길로 나가 물을 주었다. 밥을 먹고 들어와 보니 방금 전까지만 해도 축 늘어졌던 화분에 생기가 돌았다. 지금 이 순간도, 앞으로의 화분의 화초와 같은 삶을 살지 말자고 다짐했다.

친구가 없다

중국에 와서 생활하다 보니 외로움 중 하나가 친구가 없는 것이다. 북한에서는 좋은 친구든 나쁜 친구든 함께 뛰놀고 하면 노는 시간만큼은 배고픔도 잊고 정말 좋았다. 그러나 중국에서는 나와 친구할 사람도 없고, 있을 수도 없다.

그러던 중 조선족 한 사람을 사귀었다. 나이도 나와 같다. 쥐띠였다. 처음에는 서로 잘 모르는 상태라 그럭저럭 지냈다. 점점 사이가 깊어지면서 자꾸 질문을 하는데 참 난감했다. 처음부터 끝을 맺을 때까지 거짓말을 해야만 했다.

한 번 거짓말을 하니 계속 거짓말이 되지 않고는 진짜 할 말이 없어졌다. 내가 처음 한 말을 얼마 후에 친구가 다시 물어볼 때면 잘 기억이 나지 않아 애먹은 일도 있다. 괴롭다. 진실을 말하지 못하는 내 자신이 말이다.

탈북자들의 생활이란 정말 괴로운 생활이다. 안전하기를 하나, 친구가 있나. 모든 것이 앞뒤로 막혀 있다.

나는 친구를 보면서 속으로 외쳤다.

“나도 네 앞에 떳떳하게 나설 수 있을 때가 있을 것이다. 그때면 내가 왜 그렇게 해야만 했는지 말할 수 있을 것이다. 미안하다.”

그때에야 진정한 친구를 사귈 수 있겠지. 지금은 도저히 사귈 수가 없다. 신분이 탈북자니까. 이 순간도 북한 고향의 내 친구들이 얼마나 그리운지 모른다.

영국이 아버지

지금 영국이 아버지와 함께 생활하고 있다. 불편한 것 하나 없이 정말 재미있게 보내고 있다. 처음에는 영국이 아버지에 대해서 그리 좋지도 나쁘지도 않은 인상이었지만, 지금은 좀 다르다. 영국이 아버지가 모두에게 다 잘 대해주니까.

진심으로 말해 지금 나는 처음 인상과는 다른 인상이다. 지금은 너무 자연스럽게 하루하루를 지내고 있다. 영국이 아버지가 우리 때문에 수고하시는 것도 알고 있다. 오라면 군소리 없이 왔다가도 가라면 또 내려가고, 기차 여행이 질릴 것이다. 우리 일로 많은 분의 도움을 받을 때면 나도 나 자신이 귀하다는 것을 느끼곤 한다.

두 아저씨

이야기를 나누다가 광철이 아저씨와 학철이 아저씨 이야기가 나왔다. 정말 생각해 보면 가슴이 아프기도 하고, 밉기도 하고, 불쌍하기도 하다. 영국이 아버지도 그렇고, 여러 사람이 두 아저씨를 곱게 보지 않고 있다.

그러나 나는 왜인지 아무리 무엇을 잘못했다 하더라도 두 아저씨들이 내게 잘해 주던 일만 기억에 남는다. 그들도 중국이나 한국, 미국에서 태어났다면 나에게는 믿음직한 아저씨들이었을 것이다. 나는 그들을 사랑한다. 나와 아저씨와 북조선의 모든 사람을 죄인으로 만든 그 사회를 저주할 뿐이다.

꿈나라

요즘은 계속 낮잠을 자도 꿈이고, 밤잠을 자도 꿈을 꾼다. 여러 가지 사건들로 이루어진 꿈들이 나를 괴롭히기도 하고 기쁘게도 한다. 북한에 잡혀 나간 모습, 한국으로 가는 모습, 친구를 사귀는 모습, 또 어머니를 만나 재미있게 지내는 모습…

꿈을 꾸고 있으면 그때는 정말 진짜처럼 느껴진다. 어머니를 꿈속에서 만나면 어찌나 기쁜지 말로는 표현할 수가 없다. 깨어나면 그냥 허전하기만 하다. 그래서 잠이 오지 않아도 억지로 잠을 청한다.

잠들기 전에 '이번에는 무슨 꿈이 기다리고 있을까?' 하고 기대하며 눈을 감는다. 영원히 꿈나라에 빠져 있으면 어떨까 하는 생각도 해본다. 꿈속에 있으면 아버지 어머니 형님도 만날 수 있고, 집에도 갈 수가 있다. 대통령도 될 수가 있고…

꿈꾸는 순간만이라도 기쁘고 즐겁다. 그때만은 꿈이 아니고 현실처럼 믿어지니까. 꿈을 꾸면서도 꿈꾸는 것을 의식하지 못하니까.

마음이 괴로우니 꿈나라에서 나를 도우려고, 괴로움을 덜어 주려고 하는 듯하다.

✦ 장길수의 중국 은신일기는 여기까지다. 2001년 6월 22일 길수를 비롯한 7명의 대련 식구들은 버스와 열차를 이용하여 은신처를 떠난다. 북경에 도착한 후 며칠 동안 머물며 기회를 엿보다가 큰아버지의 인솔로 6월 26일 유엔난민기구(UNHCR)에 전격적으로 진입하는 데 성공한다. 이들 가족은 국제사회의 뜨거운 관심 속에 진입 사흘만에 중국을 벗어날 수 있었다. 큰 아버지를 만나 은신생활 22개월 만에 그토록 꿈에 그리던 대한민국 자유의 땅을 밟았다.

장길수 연보

1984년

5월 12일 북한 함경북도 화대군 룡포리에서 교사인 아버지와 여군출신인 어머니 정순애 사이에서 3형제 중 막내로 출생

1991년 7세

함경북도 화대군 룡포인민학교 입학

1997~1999년 13~15세

룡원 고등중학교, 석성 고등중학교를 다님

1999년 15세

2월 11일 국경도시 회령에서 두만강을 건너 탈북

7월 14일 한 북한 여성을 탈북시키려 북한 입국중 체포

7월 17일 석방

7월 24일 탈북: 김광철, 이성희 부부 대동

8월 9일 이모를 구하기 위해 두만강 건너 북한 입국

외삼촌 정대한, 이종사촌 이민국과 동행한 후, 북한 국경수비대에 체포.

회령시 9.27상무 탈북자 수용소에 구금

8월 19일 친척 도움으로 세 번째 탈북에 성공

8월 21일 중국 길림성 연길시에서 조선족 서영숙(큰어머니)씨와 인연

9월 18~22일 대련에서 엔지오대회에 출품할 크레용 그림을 그리다

9월 23일 대련을 떠나 다시 연길 은신처로 옮긴다

10월 11~15일 '1999 서울 NGO 세계대회'에 길수 그림 전시

언론에서 '170개 엔지오 단체중 최고인기'라고 극찬

2000년 16세

1월 1일 길림성 연길에서 일기를 쓰기 시작하다

4월 3일 길수가족 8명, 대련 은신처로 옮기다

5월 5일 일가족과 공동으로 〈눈물로 그린 무지개〉(문학수첩) 한국어판과 일본어판(풍매사) 출판

5월 22일 뉴스위크, 길수그림 '운 좋은 남자' 소개

11월 5일 영국 일간 텔레그래프에 길수이야기 전면 게재

2001년 17세

3월 6일 길수어머니, 한 탈북자 밀고로 체포

3월 15일 길수 어머니 북송

3월 26일 주중한국대사관 방문하여 길수가족 구명청원

5월 29일 중국 대련 은신처에서 마지막 은신 일기를 남기다

6월 21일 길수 형, 이민국, 외삼촌 등 3명 몽골국경으로 이동

6월 22일 장길수, 큰아버지 인솔로 다른 6명의 식구들과 북경으로 이동

6월 26일 북경주재 유엔난민기구(UNHCR)로 진입

6월 29일 중국정부, 장길수를 비롯한 일가족 7명을 3국으로 추방

6월 30일 싱가폴 경유, 필리핀 마닐라서 한국 입국

7월 9일 미국, 시사주간지 '타임'지에 길수가족 소개

7월 16~18일 한국, 국회의원회관에서 그림전

10월 19~21일 일본, 동경 이와나미 문고 서유기화랑 그림전

2002년 18세

2월 9~10일 일본, 동경 재일한국 YMCA 회관 장길수 그림전

3월 24일 미국, 뉴욕타임스에 길수 그림 소개됨

5월 8일 김한미 일가족 5명 심양 일본영사관 진입

5월 23일 김한미 가족, 세계 언론의 주목 속에 한국 입국

2004년 20세

9월 4일 미국, 연방국회 샘 브라운백 상원의원 초청으로 워싱턴 방문, 그림전

10월 8~10일 한국, 국회의원회관 '북한 홀로코스트 세계순회 개막전'에서 그림전

2005년 21세

4월 18~20일 미국, 워싱턴 DC 연방 국회의원회관 그림전

5월 12~16일 미국, LA 한인 타운 갤러리아 백화점 그림전

7월 19일 미국, 워싱턴 DC 메이플라워 호텔 그림전

8월 5~6일 미국, 텍사스 주 미들랜드 '록 데저트(Rock Desert)' 페스티발 초청전

2006년 22세

한국, KCC(북한자유를 위한 교회연합) 주관

'통곡기도회' 초청 5대 도시 순회 그림전

2007년 23세

12월 4~18일 한국, 서울역광장

'김정일에게 희생된 3백만인 추모' 그림전

2008년 24세

10월, 형 장한길과 함께 유학차 형과 함께 캐나다로 출국

2010년 26세

4월 24~5월 1일 서울 프레스센타 '길수그림 원본전'

2011년 27세

미국, 영문 길수 그림책 출판

'Out of North Korea-A Korean Boy Tells His Rescue Story in Pictures'(History Maker)

2012년 28세

여름, 동해안 일대 해수욕장 순회 그림전

2014년 30세

6월 18~30일 인사동 '갤러리 이즈' 은신일기, 그림 원본전시

11월 25일 은신처 일기 〈우리, 같이 살아요〉(좋은이웃 출판사) 출간

은신처에서 보낸 날들

초판 1쇄 발행 2021년 11월 27일

지은이 장길수
발행인 함초롬
발행처 도서출판 열아홉
표지그림·디자인 *Papergum*

주소 서울시 영등포구 여의도동 14-8 극동VIP 빌딩 909호
이메일 nineteenbooks19@gmail.com
종이 월드페이퍼
인쇄 상지사

ISBN 979-11-976269-5-1 03300